JN080700

【日韓歴史共通教材】

調べ・考え・歩く

日韓交流の歴史

歴史教育研究会 編著

明石書店

刊行にあたって

　本書『日韓歴史共通教材　調べ・考え・歩く　日韓交流の歴史』は、日本と韓国の歴史学・歴史教育研究にかかわる大学教員と高校教員などが取り組んだ共同作業による成果である。私たちは、2013～2018年度の6年間、全9回にわたって日韓国際シンポジウムを開催し、それらを通じて多様なテーマについて検討してきた。その過程で多数の日韓歴史共通教材を案出したが、本書に収めた教材はその一部である。

　日本と韓国の歴史教育者が一緒に歴史教材を作る試みは今回が初めてではない。日韓間で歴史教科書の記述内容が繰り返し問題とされるなかで、それを乗り越えるために実践的な教材を提案する共同研究は、すでに幾度となく行われ、意義深い成果が発表されている。

　しかし、これまでに作られた共通教材は、日韓で十分に活用されてきたとはいいきれない面がある。日韓両国の異なる教育制度と教育課程とを結びつけることは容易ではなく、現場の教師たちが独力で、共通教材を授業に活用することは、さらに困難がともなったものと推測できる。

　本書は、このような状況を踏まえて、従来の共通教材の枠組みを乗り越えて、現場での利便性の高い内容と方法を模索したものである。説明中心の教科書形式の通史叙述ではなく、主題中心の学習教材で構成されている。教材案作成にあたっては、日韓両国が共有した歴史像を抽出し、それを記憶する様々な資料や解釈を紹介し、これを授業で扱う具体的な方法を例示することにつとめている。そして日韓両国の類似点や相異点に着目し、両国の歴史を相互に身近にとらえることのできる教材や、地域的な特性をとらえるためのフィールドワークを通じた活用教材などを収めている。

　以上のように、これまで日韓歴史共通教材が歴史叙述を通じて共通理解を図るものであったのに対して、本書は日本と韓国の高校教育の現場における教材活用を想定して、より実践的な共通教材を追求したものである。本書の主な特徴は次の通りである。

　第1の特徴は、高校生への動機づけに配慮し、時代別テーマだけでなく、文化的事象や地域素材を構成に組みこんだことである。第1章「文化にふれる」は、生徒たちの興味を喚起することができるように、日常生活にかかわる文化事象を扱っている。そして日本と韓国の生活文化における類似点や相違点に着目し、相互理解を図ろうとした。第2章「前近代の交流をたどる」、第3章「近現代の交流をたどる」は、日韓交流史のテーマを中心に時代の流れに合わせて構成したものであるが、第4章「日本と韓国を歩く」は、全体の教材を地域─空間的な側面から見直すことで、相互理解を深めることができるように工夫し、章立てしたものである。

　第2の特徴は、先史時代から現代にいたる歴史のトピックスをあげるだけでなく、図や表、グラフのほか、写真などビジュアルな資料を提示し、それを教育現場に適した形で再構成して、積極的に活用できるようにしたことである。さらに、学習の主眼点がどこにあるか、学習課題を明示した。自国の歴史の授業で全く経験したことのない資料や学習内容については、教材解説を付し、円滑に学習に取り組めるように配慮した。

　第3の特徴は、日韓の歴史問題にかかわる今日的課題を取り上げ、日韓双方の高校生に対し相互理解を促す方向性を模索していることである。この点は、実際の授業において充分に留意していただきたいことである。

第4は構成上の特徴である。各教材の冒頭に「学習課題」を掲げ、各テーマに即して多様な「資料」を配置し、探究学習を案内する「問い」を設定している。特にこの「問い」は、「資料の読解力」や「知識・技能」「思考力・判断力・表現力等」を問うものだけでなく、「資料の価値」「自分の経験や感想」を問う課題のほか、現状に対する未来的思考を問う課題などに及んでいる。実際の授業では、生徒たちの学習状況にあわせて、「資料」「問い」を取捨選択し、修正して利用すれば有用なものになると期待している。

　本書が日韓両国における歴史の授業を多彩に展開する触媒となり、日韓の高校生の相互理解をさらに深める上で少しでも役に立つことを切に願っている。本書の刊行は、決して今回の研究にかかわった者だけの成果ではない。これまで日韓歴史対話のために多方面で研究と実践を蓄積してきた先学による貴重な成果の上になったものである。そして、私たちの静かな歩みは、また別の新しい共同研究をもたらすだろうと信じている。

　　　2019 年 12 月

　　　　　　　　　　　　　　　　　　　　　　　田　中　暁　龍・具　蘭　憙

日韓歴史共通教材

調べ・考え・歩く

日韓交流の歴史

目　次

第4章　日本と韓国を歩く

本書の使い方

　本書は、日本と韓国の高校生が学ぶ日韓歴史共通教材であり、実際の授業で使用する教材と教員向けの教材解説（教授資料）から構成されている。

教材

①テーマと学習課題
「テーマ」を疑問形で表し、「学習課題」で何を学ぶのかを明確に示した。

②キーワード
学習上の重要語句を含めた「キーワード」を示し、教科書で学ぶ内容との関連がわかりやすいようにした。

③項目の表題とリード文
各節は2～4つ程の項目から構成され、学習教材となる「資料」に導く「リード」文を設けている。「リード文」を読むことで、「資料」の性格や位置づけがとらえやすいように工夫した。

④資料と問い
各節の内容を考察するための「資料」と「問い」を付している。「資料」は、読みやすくするために、旧字は新字にあらため、意訳をするなど、できるだけわかりやすくした。「資料」の中には、差別的表現が含まれているものもあるが、時代性を示すために、そのまま用いている。また、できるだけルビをふるとともに、朝鮮・韓国人名や朝鮮・韓国にかかわる事柄については、韓国語読みをカタカナで表記した。「資料」を活用し、探究的な学習をすすめていただきたい。

⑤コラム
「リード文」や「資料」を補い、理解を深めるための題材を「コラム」として付した。

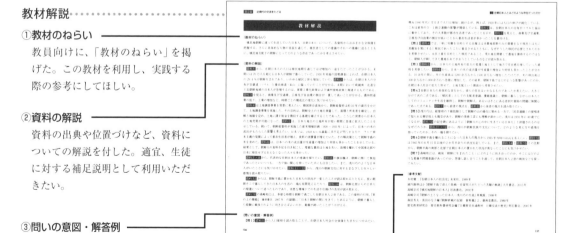

教材解説

①教材のねらい
教員向けに、「教材のねらい」を掲げた。この教材を利用し、実践する際の参考にしてほしい。

②資料の解説
資料の出典や位置づけなど、資料についての解説を付した。適宜、生徒に対する補足説明として利用いただきたい。

③問いの意図・解答例
「問い」の意図や「解答例」を記した。あくまで「解答例」であり、生徒の実情にあわせて柔軟に対応していただきたい。

④参考文献
各節を執筆する上で参考にした文献を掲げた。より深く学びたい方の参考の一助として活用してほしい。

第1章
文化にふれる

日本と韓国のポップカルチャーは好きですか

学習課題

　韓国では 1990 年代末に日本の大衆文化の流入制限が緩和され、日本のアニメや音楽などが流行する状況が生まれた。日本でも 2000 年代初頭に「韓流ブーム」が起こり、韓国のドラマや映画などが流行した。大衆文化が相互に浸透しあう現在の状況を歴史的に捉え返し、これからの日韓関係に与える影響について考えてみよう。

キーワード　ポップカルチャー（大衆文化）　文化開放　韓流ブーム　日韓共同作品

1. 国境を越えるポップカルチャー

　現在の日本では韓国の映画やドラマ、化粧品などを簡単に手にすることができる。なかでもK-POP は一つの音楽ジャンルを確立し、若者世代を中心に熱狂的なファンを生みだしている（資料1・3）。他方、韓国では日本のマンガ・アニメや小説が高い人気を得ている。評判の新作は短期間のうちに翻訳され、韓国の人々に届けられている（資料2・4）。

資料1　日本のファッション雑誌の表紙を飾る韓国のアイドルグループ「防弾少年団」

資料2　映画『君の名は。』（新海誠、2016 年）の韓国版ポスター

資料3　日本における「冬ソナ」現象

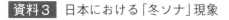

　韓国の TV ドラマ『冬のソナタ』（2002 年、韓国 KBS）は、2003 年4月〜9月にかけて NHK・BS 2で初めて放送された。その後、短期間のうちに再放送を重ね、2007 年以降は民放テレビ局でも放送された。この間、DVD などの関連商品の売り上げやロケ地ツアーなどの波及効果を生

み、「韓流ブーム」の火付け役となった。

　なぜ、2000年代初頭の日本社会で韓国ドラマが流行したのか。まず指摘すべきは、韓国のメディア産業の発達である。韓国のメディア産業は、1990年代以降にグローバル化やIT技術の革新の波に乗って放送コンテンツの輸出を拡大させ、中国や台湾などでブームを巻き起こした。その背景には民主化と経済成長が大きく関係しており、自由な雰囲気と十分な予算の下で魅力的な作品が相次いで生みだされていった。韓国政府も1997年の経済危機を契機に放送コンテンツの輸出に力を注ぎはじめ、この政策的な後押しも競争力を高める一因となってきた。実際、『冬のソナタ』もアジア各地で視聴されることを強く意識して制作されたと言われている。

『冬のソナタ』

　他方、同時期の日本ではTVチャンネル数の増加によって放送コンテンツが不足する事態が生まれていた。そこで業界関係者たちは、コストパフォーマンスの高い韓国ドラマに注目したのである。とはいえ、「韓流ブーム」の根本的な要因は、韓国ドラマが日本の視聴者の心をとらえた点にある。儒教的な道徳観念をめぐる葛藤やドラマチックなストーリー、豊かな表現力を備えた俳優などに魅了される日本の視聴者が続出した。

資料4 韓国のハルキストたち

　韓国の書店に行くと、日本の小説家たちの作品をすぐに見つけることができる。東野圭吾、江國香織、吉本ばなな、奥田英朗などが支持を集めているが、ブームを牽引してきた作家として村上春樹を挙げないわけにはいかない。韓国にも多くの「ハルキスト」がいるのだ。

　村上春樹が日本の文壇に登場し、広く知られるようになったのは1980年代初頭である。都市での消費生活を享受し、ドライな人間関係を保とうとする青年の喪失感や孤独感を洗練された文体で描き出し、若者たちを中心に圧倒的な支持を集めてきた。

　代表作『ノルウェイの森』は『喪失の時代』というタイトルで1989年に韓国で出版された。当時の韓国社会は民主化を経て政治の安定化が進み、消費社会の成熟期に差しかかっていた。これまで植民地支配や朝鮮戦争、民主化闘争などの

ハングルに翻訳された村上春樹の小説

重たい主題を扱ってきた韓国の文学作品とは明らかに異なる作風を持ち込み、熱心な読者を獲得していった。初期の村上作品は社会と距離をとり「個」として生きる姿が意識的に描かれているが、そうした態度が韓国でも広く受け入れられたのである。

　今日、村上春樹は世界各地で読まれるグローバル作家となった。その世界的流行の要因として

指摘されるのが「無国籍性」である。日本的な要素が薄く、あらゆる場所・文化圏に通じる普遍性を備えているとされてきた。実際、韓国の読者の多くも、村上作品を通じて日本文化に触れようとする意識は希薄である。なお、村上は地下鉄サリン事件（1995年）を契機に「社会に関わること」を主題化する方向に転換していったが、こうした作風の変化を韓国のハルキストたちはどのように受け止めているのだろうか。

【問1】 相手国のポップカルチャー（音楽、映画、ドラマ、アニメ、小説など）で知っている作品があるだろうか。お気に入りの作品がある人は、その魅力を語ってみよう。また、自国のポップカルチャーのうち、どのような作品が、いかなる理由で相手国に受け入れられているだろうか。資料3・4も参考にして考えてみよう。

2. 文化受容の過程──その葛藤と広がり──

　敗戦・解放後の日本と韓国で大衆的な文化が行き交うようになるのは、1990年代以降のことであり、まだ日の浅い現象である。どのような事情によって、日韓相互の文化受容は妨げられてきたのだろうか。

資料5　抹殺しよう！日本色音楽

　歌詞だけがわが言葉に変えられた日本の歌が依然として町にあふれている。その中心的なもので、軍国主義あるいはいわゆるブルース調の退廃主義的な歌詞と曲調がそのままあちらこちらで歌われている。こんなに哀れで恥ずかしいことはない。これに、文教部教化局では音楽教育に重点をおき、優雅で斬新な音楽を制定するために準備中であり、一方警務部では各劇場や喫茶、楽器店などで必ず低俗な歌謡を一掃するよう、各管轄警察庁に指示し、厳重に取り締まることにした。

（『東亜日報』1946年8月13日）

【問2】 資料5を読み、植民地支配から解放された直後の朝鮮半島では、日本文化に対してどのような感情が共有されていたかを読み取ってみよう。また、何がそうした感情を呼び起こしていたかを考えてみよう。

　1998年、韓国政府は日本の大衆的な文化を受け入れることを公式発表した。当時の韓国社会では、この「文化開放」をめぐり活発な議論が展開されていた。韓国の国会では、賛成と反対の立場から、どのような主張が展開されていたのだろうか。

資料6　韓国国会における日本文化の受容をめぐる議論

　A　国家間の文化開放は、民族的自尊心とも繋がる。日本との間には、過去の歴史問題もあり、民族情緒が格別であることは事実である。大衆文化開放は単なる文化分野だけの問題ではなく、政治・経済・産業・文化・社会・教育等の各分野との有機的連携で共同対処していく努力が必要である。

（『本会議議事録』1998年5月12日、朴信遠）

　B　日本文化が開放されると、一番の波及効果が予想される分野はアニメ・漫画産業である。先進技術で世界アニメ産業を独占している日本アニメ産業により、技術・資本力が劣っている韓国のアニメ・漫画産業が掌握される恐れがある。また、日本漫画の開放により、一番憂慮されることは、青少年非行問題である。　　　　　（『文化観光委員会会議録』1998 年 5 月 13 日、林鎮出（パクジンチュル））

　C　2002 年ワールド・カップ共同開催をきっかけに、日韓間の活発な文化交流が動き出している現時点において、いわば「65 年体制」はその寿命が尽きはじめ、もはや「2002 年体制」が新たに浮上しようとしている。また世界は国境なき地球村として互いの共同繁栄のためにあらゆるものが開放され、無限の競争時代に入りつつある。このような国際的潮流のなかで、特定の国家に対して文化交流を行わないというのは不自然なことである。

（文化観光部『日本大衆文化段階開放指針報道資料』1998 年 10 月）

　D　日本大衆文化開放による韓国文化産業への影響は憂慮のレベルではない。むしろ韓国文化産業の日本への進出の契機になっている。また、日本文化芸術界を含め日本国民の韓国大衆文化への関心が高まり、対韓感情がかなり友好的に変化していると評価されている。実際に、世論調査の結果からも一番旅行したい国として韓国が選ばれているとともに、日本人観光客が日増しに増加している。　　　　　　　　　　　（『文化観光委員会会議録』2000 年 6 月 27 日）

【問 3 】　資料 6 の賛成意見・反対意見 A ～ D を読み、韓国の国会で交わされていた議論の様子を確認してみよう。

資料 7 は 2000 年代初頭の日本で起こった「韓流ブーム」の画期性に言及している。

資料 7　「韓流ブーム」の画期性について

　『冬ソナ』の放映とそれに伴う現象は、戦後の日韓関係においては画期的な出来事だと評価して良いと思う。その意義をまとめてみると次のように整理できる。
　①日本人の対韓イメージを向上させた。‥‥
　②大衆文化の流れは、日本から韓国へが主であったが、双方向になった。‥‥
　③日韓間でビジネスになりうる新分野が開拓された。‥‥
　④日韓芸能史に新たな一章を刻んだ。日本芸能界で活躍する在日コリアンにも刺激を与えた。
　⑤韓国発のブームが日本で成立する例となった。ブームといえば欧米発が常であった‥‥
　⑥韓国人の日本イメージにもプラスとなった。「『冬ソナ』と『ヨン様』が日本列島を席巻」報道を好意的に受け止める韓国人が多数だった。　　　（小倉紀蔵・小針進編『韓流ハンドブック』）

【問 4 】　資料 7 の①～⑥で指摘されている事柄は現在も続いているだろうか。具体例を挙げながら話し合ってみよう。

3.　大衆文化に相互理解を促す力はあるのか？

　2002年のサッカーW杯の共同開催を契機として、日韓両国では映画やドラマなどを共同制作し、両国民に向けて発信する試みが活発化した。こうした日韓共同作品や相手国のポップカルチャーに触れることで相互理解が促進されるとの指摘がある一方、その影響力は限定的であるという見方や、むしろ偏見や憎悪を助長する作品も存在しているとの指摘もある。ここではポップカルチャーが持つ可能性と限界性について考えてみよう。

資料8　映画『道―白磁の人―』の監督・高橋伴明と主演・吉沢悠へのインタビュー記事

映画『道―白磁の人―』

　浅川巧（あさかわたくみ）生誕120年を記念し、その半生を基に製作された本作。およそ1か月にわたる韓国ロケも行われ、スタッフの8割が韓国人だったといい、主演の吉沢は「日本人と韓国人が一緒に撮影できたのが幸せだった」とニッコリ。共演のペ・スビンとも親友になれたといい「親友は国も言葉も関係なくできるんだと感じました。どんどん仲良くなる過程が、（劇中）友情をはぐくんでいく浅川巧とイ・チョンリムにリンクしました」と充実した撮影を振り返っていた。

　撮影前には、ソウル市にある浅川が埋葬されている共同墓地、忘憂里（マンウリ）を訪れたという吉沢。「そこに日本人の浅川さんが埋葬されているのを知らない人もいると聞きました。（本作は）韓国でも浅川さんのことを知ってもらい、いろんな意味で、たくさんの人たちに影響のある作品になると思います」と主演作に胸を張った。

　また高橋監督は、日本と韓国の撮影スタイルの違いに戸惑うこともあったというが「お互いのスタイルを話し合って、円満に撮影できた」とこちらも充実した撮影だった様子。しかし、併合時代の日本と韓国を描くというデリケートな設定ゆえに、「シナリオ上では『日韓併合』*と書いていましたが、それを読んだ韓国の年配の方から、これは『強制併合』にするべきだ、と指摘されたこともありました」と苦労もあったことを明かすと、「わたしはこの映画を撮る上では日本側と韓国側のどちらかに立とうという意識もなく、プロデューサーの判断にゆだねました。日本で公開するときは日韓併合でいいし、韓国で上映するときは強制併合でいいと思っています」と語った。

（「シネマトゥデイ」2012年5月25日記事）

　＊「日韓併合」という用語は、日本が韓国を植民地化したことの語感を弱め、あたかも対等な立場で併合した印象を与えるとの指摘がある。日本の歴史研究では「韓国併合」を用いるのが一般的である。

【問5】　資料8は、浅川巧（本書の第3章3節参照）の生涯を描いた日韓共同制作映画『道―白磁の人―』の監督および主演俳優へのインタビュー記事である。この記事を読み、日韓共同で制作される作品は、（A）既存の作品と比べてどのような特色を持ち、（B）その制作にはどのような難しさがあり、（C）日韓関係にどのようなポジティブな影響を与えるか、について議論してみよう。

　資料9は、2019年に日韓両国民を対象に実施した世論調査のうち、相手国に対して「よくない印象」「よい印象」を持っている人々が挙げた理由を示している。

資料9　日韓両国民が相手国に持っている印象とその理由（2019年度調査）

相手国に「良くない印象」を持っている理由（日本：499名、韓国：503名）

日本側世論	%	韓国側世論	%
歴史問題などで日本を批判し続けるから	52.1	韓国を侵略した歴史について正しく反省していないから	76.1
竹島をめぐる領土対立があるから	25.7	独島をめぐる領土対立があるから	57.5
韓国人の言動が感情的で激しいから	24.8	従軍慰安婦問題があるから	20.1
慰安婦合意をめぐる対立があるから	23.8	日本人は建前と本音が違うから	18.9
韓国人の愛国的な行動や考え方が理解できないから	23.2	日本の政治指導者の言動に好感を持っていないから	17.9
徴用工判決に伴う対応で、対立が深まっているから	15.2		
レーダー照射問題で、韓国政府が日本政府を批判したから	9.0	在日韓国人を差別するから	4.2
大統領の行動が北朝鮮に接近しすぎており、違和感を覚えるから	7.6	日本が軍事大国化を目指しているから	2.2
その他	5.2	その他	0.2
特に理由はない	1.2	特に理由はない	0.4

相手国に「良い印象」を持っている理由（日本：200名、韓国：320名）

日本側世論	%	韓国側世論	%
韓国の食文化や買い物が魅力的だから	52.5	日本人は親切で、誠実だから	69.7
韓国のドラマや音楽など、韓国の文化に関心があるから	49.5	生活のレベルの高い先進国だから	60.3
韓国の製品は安くて魅力的だから	23.0	日本製品の質は高いから	21.3
同じ民主主義の国だから	18.0	日本の食文化やショッピングは魅力的だから	16.9
韓国人はまじめで努力家で積極的に働くから	9.5	同じ民主主義の国だから	15.0
生活レベルの高い先進国だから	9.0	日本の伝統文化に関心があるから	7.8
その他	5.0	その他	2.5
特に理由はない	4.5	特に理由はない	0.6

（特定非営利活動法人言論NPO・東アジア研究院『第7回日韓共同世論調査　日韓世論比較結果』2019年をもとに作成）

【問6】 資料9の調査結果を手がかりにしながら、両国の相互理解を深める歴史映画を企画してみよう。また、本書を読み終えた後に、映画の題材にふさわしいと思った歴史的出来事や人物を選び、（A）相手国ないし自国のどのような人々に知って欲しいか、（B）それを通じてどのようなメッセージを伝えたいか、をそれぞれ提案してみよう。

教 材 解 説

〈教材のねらい〉

　本教材は、日本と韓国のポップカルチャーが国境を越えて相互に浸透している今日的状況に焦点を
あて、その歴史的な意義と今後の日韓関係に与える影響を考察するために作成した。はじめに互いの
ポップカルチャーの特徴や魅力を見つめなおし、続いて大衆的な文化が流入するに至った歴史的な背
景やその意味について考え、最後に両国関係に与える影響を考察する流れで構成している。生徒たち
の日常生活に深く浸透している現象であるため、彼らの生活経験や関心を組み入れた学習を展開した
い。

〈資料の解説〉

　資料1〜4は、相手国で受け入れられた作品事例である。ここで取り上げられた事例以外にも、
多くの作品や商品が国境を越えて流通している。ポップカルチャーの流行サイクルは非常に速く、そ
のジャンルも多岐にわたっている。生徒たちの関心も加味し、その時々に流行している作品等を柔軟
に幅広く取り上げて欲しい。

　資料5は、韓国の3大新聞紙の一つとされる東亜日報（1920年創刊）が、解放後の間もない時期に
報じた「日本色音楽」に関する記事である（金成玟『戦後韓国と日本文化』岩波書店、2014年より再引
用）。植民地期の朝鮮では、朝鮮総督府によって伝統的音楽や反日愛国歌・独立運動歌が排除・弾圧
される一方、官立・公立学校では「春が来た」「赤とんぼ」などの日本唱歌の移植が進められた。
3.1独立運動後の文化政治期には、朝鮮語の歌詞を懸賞募集し、それを日本人が作曲するという巧
妙な体制が構築された（高仁淑『近代朝鮮の唱歌教育』九州大学出版会、2005年）。資料の冒頭に記され
ている「歌詞だけがわが言葉に変えられた日本の歌」には、そうした唱歌教育政策が産み落とした歌
も含まれていたと考えられる。

　資料6では、韓国国会での「文化開放」をめぐる議論で提起された主要な意見を提示した（鄭榮蘭
「韓国における日本文化開放期の論議に関する政治的考察」『国際情報研究』10-1、2013年より再引用）。韓国
では1990年代半ばに「文化開放」をめぐる議論が起こり、1998年に金大中大統領が解禁方針を発表
した後、禁止規定が段階的に解除されていった。資料6のA・Bは「文化開放」公式発表以前の主
張である。この段階では過去の植民地支配に起因する警戒や、自国産業への否定的影響を懸念する見
解も示されていた。Cは公式発表直後の主張であり、「文化開放」は時代の必然で不可避との認識が
示されている。Dは「文化開放」後の主張で、むしろ自国文化の対外的発信の好機と捉える積極的な
認識が登場していた。資料7の出典は、小倉紀蔵・小針進編『韓流ハンドブック』（新書館、2007年）
である。

　資料8では、日本の映画情報ウェブサイトのシネマトゥデイに掲載されている映画『道―白磁の
人』の制作エピソードを取り上げた（https://www.cinematoday.jp/news/N0042369、 2019年9月確認）。今日、
ドラマや映画、ドキュメンタリー作品などを日韓共同で制作する試みが広がっている。テレビドラマ
の嚆矢は2002年にTBSテレビと韓国文化放送が共同製作した『フレンズ』であった。以後、両国の
著名な俳優をキャスティングする潮流が生まれる一方、『李藝―最初の朝鮮通信使』（乾弘明監督、
2013年）などの歴史的題材を扱う作品も生み出されている。また、先駆的なドキュメンタリー作品と

して NHK と韓国放送公社が 1995 年に共同制作した『空と風と星と詩—尹東柱・日本統治下の青春と死』がある。映像分野以外でも、マンガ『プルンギル—青の道』（原作・江戸川啓視、作画・クォン・カヤ）や演劇『焼肉ドラゴン』（脚本・鄭義信）といった作品が生まれている。

資料9 は、言論 NPO（日本）と東アジア研究院（韓国）が日韓両国の約 1000 人を対象に共同実施した世論調査の一部である。同調査は 2013 年から継続的に実施され、その結果はインターネット上で公表されている。ここで取り上げた項目以外にも、政治体制への評価や両国関係の将来展望、関係改善に向けた施策などの質問事項も設けられている。なお、本教材で取り上げた 2019 年度調査では、日本人の対韓印象が悪化する一方、韓国人の対日印象が改善する対照的な結果が示されている。すなわち、日本人の韓国に対する「良い印象」は調査開始以来最低の 20.0 ％、「良くない印象」も前年度から 3.6 ポイント増の 49.9％を記録した。これに対し、韓国人の日本に対する「良い印象」は過去最高の 31.7 ％、「良くない印象」は 49.9％で過去 7 回の調査で最低の数値となった。

〈問いの意図・解答例〉

【問 1】は、授業の導入場面での活用をイメージして作成した。日常生活のなかに相手国のポップカルチャーが深く浸透している現実について、様々な事例から理解することをねらっている。同時に、自国のポップカルチャーが相手国にも浸透していることにも気づかせたい。その上で、互いの文化が備えている魅力や特色を確認しつつ、これらが受容されるに至った社会的背景を考察させ、両国に暮らす人々が類似したライフスタイルや価値意識を共有し始めていることに捉えさせたい。こうした文化交流は長い歴史のなかでは珍しいことではないものの、現代史の文脈では「新しい」現象であることに触れ、問 2 以降につなげたい。

なお、魅力や特色を探るなかで「国籍」操作について考えるのも面白い。ポップカルチャーのなかには、異文化性を積極的にアピールする作品と、逆に生産地の文化性を押し出さない作品がある。日本のアニメや村上春樹の小説が世界各地で受容されている理由として、各地の地域的文脈への読み替えが容易な点が指摘される。日本のポップカルチャーの国際的流通は、そうした「国籍変更」が容易なジャンルで盛んな傾向にある。これに対し、韓国のポップカルチャーの国際的流通は、映画やドラマなど「国籍変更」が難しいジャンルでも進んでいる。とはいえ、これは一般的傾向に過ぎず、「日本性」が魅力になっている日本作品もあるだろうし、「無国籍性」が魅力になって受容されている韓国作品もあるだろう。普段は無自覚に接している文化商品の「国籍性」について考えてみるのもよいだろう。

【問 2】は、韓国において日本文化の流入が制限されてきた歴史的背景を考える設問である。日本の植民地支配が「音」にまで及んでいたことに気づかせ、そうした日本支配を象徴する「倭色文化」を一掃して、民族文化を確立する空気が充満していたことを捉えさせたい。

【問 3】は、韓国での「日本文化開放」をめぐる葛藤に迫る設問である。1965 年の国交回復以降、韓国では日本経済への従属化に対する危機感が高まり、「日本文化開放」をめぐる論戦でも 資料6 のＢに示されるような自国の産業保護の立場からの反対論が展開された。また、Ａのような植民地支配に起因する警戒感も根強く残っていた。一方で、ソウル・オリンピック開催（1988 年）やサッカーＷ杯の日韓共催決定（1996 年）などを経るなかで、文化交流の積極的な意義が認識されるようになり、自国文化を発信する必要性も自覚されていった。

なお、実際には「日本文化開放」以前にも日本文化が「非公式」に韓国社会に流入していたことが

広く知られている。日本のラジオ番組が国境を越えて韓国で受信されるケースや、日本産アニメが国籍を隠して韓国で放映された事例も数多くある。

【問4】は「韓流ブーム」の意義を捉え、その持続性を考える設問である。現在は「第3次韓流ブーム」にあるとされるが、「第1次ブーム」の様相に言及している資料7は、現在の高校生にとっては実感しにくい面があり、丁寧な説明が必要かもしれない。まず、第2次世界大戦後の日本社会では、欧米発の映画や音楽などが流行の先端に位置づく状況が長らく続いてきたことを伝え、この間、韓国からの文化流入は極めて限定的で、日本の芸能界で活動する朝鮮半島出身者たちが出自を公表することは稀であったことを知らせたい。こうした経緯を踏まえ、非欧米発の文化が広範に受け入れられた点、日韓の双方向的な文化交流を生み出した点、「韓国発」であることを積極的に打ち出している点などから「韓流ブーム」の画期性を捉えさせたい。また韓国への印象が変化した人が存在することや、新たな市場が開拓されることなどについても気づかせ、こうした影響・効果が現在も続いているのかという観点から、その時々の社会情勢を診断させて欲しい。

【問5】は、「日韓共同制作作品」の特質や困難性、可能性を考えさせる設問である。一口に「日韓共同制作作品」と言っても多様な「共同制作」のあり方が存在している。ただ、ここでは厳密な定義や類型には踏み込まず、ひとまず両国で制作チームを組み、両国民に向けて発信した作品と捉えておきたい。そうした日韓共同制作作品の特質の一つは、二つの社会の視点を意識的に組み込んでいる点にある。このことの意義を、既存の「ナショナル・メディア」と対比して捉えさせたい。だが、それゆえ、制作の過程ではバランスのとり方や文化・言葉の違いへの配慮などで苦慮することになる。そして、どちらかの視点に偏ったり、相手文化への配慮を欠く場合などには非難に晒されるリスクもある。このような困難さを伴いながらも、複数の視点を含み込んだ作品は両国の相互理解を促進することが期待でき、またビジネスの観点からは市場拡大やリスク分散というメリットを有している。

【問6】は、世論調査から日韓関係の現状を捉え、特に相手国の眼差しを意識しながら歴史を見つめなおすために考案した設問である。まずは自国の相手国への評価、相手国の自国への評価をじっくりと分析し、特に関心を持った事項に焦点を定め、それに対応する歴史事象・人物を題材とした企画づくりに取り組ませたい。「相互理解」にも、相手国の誤解を解くことや自国の人々が見落としている相手国の姿を伝えること、友好の歴史を示すこと、表層的な理解から深い理解へ導くこと、などの多様なアプローチの仕方が存在するだろう。企画づくりが難しい場合は、本書全体から印象的だった歴史事象や人物などを選ばせ、その理由などについて意見交換するような活動でも有意義だろう。

〈参考文献〉
石田佐恵子ほか編『ポスト韓流のメディア社会学』ミネルヴァ書房、2007年
金成玟『戦後韓国と日本文化―「倭色」禁止から「韓流」まで』岩波書店、2014年
玄武岩『越境するメディアと東アジア―リージョナル放送の構築に向けて』勉誠出版、2015年

2 正月の行事・料理にはどんな意味があるか

学習課題

　急激な社会の変化にともなって、日本と韓国では伝統的な行事や生活文化が失われつつある。しかし、日本でも韓国でも新年を祝う正月の行事については、伝統的な営みが部分的に残されている。ここでは正月の行事や料理、なかでも餅に注目しつつ、両国の生活文化にふれてみたい。

キーワード　正月行事　お節料理　チャレ（茶礼）　雑煮　トックク

1．日本と韓国の正月行事

　日本でも韓国でも、新年を迎える正月は特別な年中行事であり、生活文化の最大の節目（一年の内のいくつかの節目を「節句」という）となってきた。現在の日本での正月は、太陽暦で営まれる地域がほとんどである。これに対し、韓国の場合、日常生活は太陽暦に基づく一方、正月などの伝統的な行事の多くは太陰太陽暦に基づいて営まれている。日本と韓国の正月行事には、本来どんな意味があったのだろうか。次の資料1〜6を参考にして考えてみよう。

資料1　日本の正月

　新年を迎えた1月1日（元旦）から3日、もしくは7日まで、地域によっては20日までを正月として、晴れ着を身につけ、その年をつかさどる歳神様を迎えてお祝いをした。歳神とは、祖霊神（氏神）や山海の神、田の神であり、家族や社会に幸福をもたらし、実り豊かな生産活動を支えてくれるムラの神であった。
　正月には、お迎えした歳神様に、節句を祝う特別な料理（節句料理→お節料理）を供えたうえで、歳神様とともにお節料理（節句料理）を食べてお祝いした。お節料理（資料3）には、様々な農産物や山野河海の幸が使われた。また、繁栄と豊作を前もって祈るための特別な料理でもあり、数の子（ニシンの魚卵の塩漬け）に子孫繁栄の願いが込められているように、一品一品に縁起のよい意味が込められている。現代のお節料理が彩り豊かに品々を盛り付けるのも、そのためである。ムラの神社や寺へのお参りも行われ、その名残が現在の寺社への初詣（資料5）となっている。

資料2　韓国の正月

　韓国では、太陰太陽暦による元旦（ソルあるいはソルラル）を迎えると、韓服を着るなど正装して、祖先のために位牌をまつり、茶礼を行なった。茶礼とは、祖先を祭る儀式のことで、茶礼床（資料4）の一列目には中央に神位を、その左右にスプーンと箸、盃、トッククを置き、二列目

には肉・魚を炙ったものや餅など、三列目には肉・野菜・魚のスープなど、四列目には野菜や醤油、キムチなど、最後の五列目には果物などを置く。

　茶礼が終わると、親戚が集まって最年長者（大体、祖父母）に対して、まず新年の挨拶をする。その後、子どもたちが他の大人に対して新年の挨拶をする。このような新年の挨拶を歳拝という。このときの挨拶は、クンジョルと呼ばれる最も敬意のこもった作法で行われる。歳拝をした子どもは、大人からセベットンをもらう。トンはお金のことである。むかしは、歳拝の後に果物や餅を与える風習があったというが、いつしかお金に変わった。家庭での行事が終わったあとには、省墓（墓参り、資料6）が行われた。

資料3　日本のお節料理

資料4　韓国の茶礼床

資料5　日本の初詣

資料6　韓国の省墓

【問1】皆さんの家庭や地域では、どのように新年を迎えているだろうか。正月の特別な行事や遊び、そして食べ物にはどのようなものがあるだろう。具体的に書き出してみよう。

【問2】資料1・2の文章を読み、さらに自分の体験もふまえて、日本と韓国で共通する正月の行事、あるいは両国の違いを見つけて書き出してみよう。

2．餅をどうして食べるのだろう

　米類を主食とする日本と韓国において餅は、特別な食べ物であった。餅を食べることの意味については、諸説あるが、日本と韓国では正月や祝い事などの重要な行事に際して、神や祖先に餅が供えられ、食べられてきた。

資料7 日本の雑煮と韓国のトックク

　日本の雑煮（資料8）は、もともとは歳神様に供えた餅を焼き餅などにして、鶏肉や魚介、野菜などでつくったスープに入れた料理で、「雑煮餅」ともいった。雑煮の具材は、お節料理と同様に地域性が強く、各地域の特産物などが用いられた。関西では白みそ仕立てで、餅は丸餅が使われ、関東ではしょうゆ仕立てで、四角の切り餅が一般的だといわれる。

　韓国のトックク（資料9）は、餅入りのスープである。韓国語で「トック」とは、餅のことで、「クク」は汁を意味する。見た目が白いので「白湯」とも、また餅を入れて煮込んだ湯という意味で「餅湯」ともいわれた。トッククに入れる餅は、細長い形の餅を薄くスライスしたもので、これを食べると健康や長寿が得られるといわれ、茶礼で先祖に供えたあとに家族で分けて食べるものであった。

資料8　雑煮

資料9　トックク

【問3】 皆さんの家庭での雑煮やトッククには、どんな食材が入っているだろうか。また、雑煮やトッククにまつわる言い伝えなどはあるだろうか。調べてみよう。

コラム　日本と韓国の餅文化

　日本の鏡餅：日本では、正月に歳神様などの神仏に供える餅を鏡餅という。鏡とは、円形の意味で、人の魂（心臓）を模したものという。正月の11日まで供え、11日には「鏡開き」といって、神に供えた鏡餅（堅くなっている）を割るなどして、いただいた。

　韓国の松餅：松餅は米粉をこねて皮を作り、豆や胡麻、栗などを餡にして包み、蒸した餅菓子をいう。韓国最大の民族行事の一つである秋夕の時に家族が集まり、作って食べる。松餅を上手に作るとよいことがある、という言い伝えもある。

鏡餅

松餅（ソンピョン）

教 材 解 説

〈教材のねらい〉

　本教材のねらいは、日本と韓国における正月の行事や料理を具体的に比べ、自分たちの生活文化の意味を見つめ直すとともに、相手国の生活文化にもふれることで、相互理解の糸口をつかむことにある。まずは、気軽にお互いの生活文化にふれ、関心を持たせたい。

〈資料の解説〉

　資料1・2は、日本と韓国の正月行事について概説したものである。日本のお節料理と韓国の茶礼の意味を大まかに理解できるよう作成した。

　資料3～6は、日韓の正月行事についての理解を補助する写真である。視覚的にイメージをふくらませることができるだろう。資料4・6は韓国の「国立民俗博物館民俗現場調査」より。

　資料7は、日本の雑煮と韓国のトッククについての説明であり、資料8・9はそれを補助する写真である。

〈問いの意図・解答例〉

　【問1】は、まず高校生一人ひとりが各自の体験を整理するための設問である。それを踏まえて【問2】では、資料1～6を通じて、日本と韓国の共通点や相違点について考えさせたい。グループで情報を豊かにすることも考えられる。【問3】も同様に、雑煮やトッククに関する各自の経験を再確認した上で、調べ学習を促すものである。

　こうした一連の学習活動によって、生徒たちは日本と韓国における正月の行事や料理の共通点と相違点について、理解を深めていくことであろう。生徒たちが直観的に感じたり、考えたりした感想を自由に話し合うことが重要である。日本と韓国の共通性に着目して年中行事の意味について考えさせたい。また、日本と韓国の相違に注目して、日本の歳神信仰と韓国での祖先に対する深い儀礼について理解を深めさせたい。

〈参考文献〉

飯倉晴武著『日本人のしきたり』青春出版社、2003年

韓国文化体育観光部海外文化振興院『韓国文化へのガイド』翰林出版社、2009年

小川直之『日本の歳時伝承』角川書店、2018年

中村善裕著『日本の伝統文化しきたり事典』柏書房、2014年

NPO法人日本語多読研究会監修『木村家の毎日「お正月」』アスク出版、2010年

ハン ホチョル『歳時風俗物語』知識と教養、2016年（韓国語）

3 かなとハングルはなぜ創られ、どのように使われているか

学習課題

　世界の言語は6千余りに達しており、その中には文字のない言語が数多くある。日本と韓国はともに漢字文化圏に属し、それぞれかなとハングルという独自の文字を発展させてきた。日本と韓国の文字文化の成り立ちに触れ、その類似性や独自性を知るとともに、実際に相手国の言語を活用してみよう。

キーワード　漢字文化圏　ひらがな　カタカナ　ハングル　訓民正音　表音文字

1. 日本語と韓国語の違い

　日本と韓国は、同じ漢字文化圏に属している。日本語は漢字とかな文字（ひらがな、カタカナ）、韓国語はハングルを用いて書き表される。韓国語には漢字語に由来する言葉も多い。漢字が形で意味を示すことのできる表意文字であるのに対し、かな文字やハングルは文字で音素を現す表音文字に区分される。表音文字と表意文字を混ぜて使用するのは、世界の言語のなかでも日本語と韓国語だけである。

資料1　日本語と韓国語の漢字音

가구 ＝家具　간소 ＝簡素　구민 ＝区民　온도 ＝温度　지리 ＝地理

（カグ、カンソ、クミン、オンド、チリ）

資料2　日本語と韓国語の語順

日本語	私は学校に行く。
韓国語	나는 학교에 간다 .（私は／学校に／行く）
英語	I go to school.（私は／行く／学校に）
中国語	我去上学 .（私は／行く／学校に）

【問1】　資料1は、日本語と韓国語でよく似た漢字音をもつ単語を示している。資料2は、4つの言語を用いて同じ例文を書き表している。日本語と韓国語の共通点を書き出してみよう。

2. 漢字の受容

　中国に起源をもつ漢字は、朝鮮半島で使用がはじまり、さらに日本列島にも伝わった。現在使用されている日本の漢字には、中国・韓国の漢字にみられない文字がある。日本では、それらを「国字」と呼び、日本で独自に発達し、使用されてきたと考えられてきた。しかし、近年、韓国での発掘調査

で発見された木簡（もっかん）によって、日本でいう「国字」の起源が見直されるようになっている。

資料3　韓国で出土した古代の木簡

（a）生鮑□十九月□□□
　　　（慶州 雁鴨池 190 号木簡）
（b）畠一形得六十二石
　　　（羅州 伏岩里 5 号木簡）

【問2】資料3（a）には「鮑（あわび）」、（b）には「畠（はたけ）」の文字が使われている。これらの文字は、従来日本の「国字」とされてきた。資料3の木簡の発見から、どのような文字の伝播を考えることができるか、話し合ってみよう。

3．かなと訓民正音の登場

　日本では万葉仮名、韓国では吏読（イドゥ）という、漢字を借りて自分たちの言葉を書き表す方法が発達した。やがて、日本では8世紀末以降に、かな文字が発達し、韓国でも15世紀に朝鮮国王世宗（セジョン）のもとで「訓民正音（フンミンジョンウム）」（資料5）が考案され、ハングルの基礎ができた。

資料4　カタカナはどのように生まれたか？

　中国で漢字に翻訳された経典（きょうてん）は、日本や韓国でも普及した。漢字の読み方や意味を覚えるのは難しかったので、僧侶たちは漢字の一部を使って、経典の行間にメモを書き入れるなど工夫して経典を学んだ。新羅（シルラ）の写経に書き入れられた文字と、日本の写経に書き入れられた文字には共通点もある。とくに奈良の東大寺の僧侶が使った仮名については、新羅の写経の影響を受けた可能性が指摘されている。東大寺は日本の華厳宗（けごんしゅう）の総本山であるが、華厳宗は新羅の高僧によって確立された宗派である。

資料5　ハングルはなぜ作られたか？

　（朝鮮）国の言葉は中国とは異なり、互いに相通じないので、愚かな（文字知識のない）民は言いたいことがあっても、書き表せないことが多い。私（世宗）はこれを憐れに思い、新たに28字を作った。民に容易く学ばせ、日頃の生活に役立てて欲しい。

　（「訓民正音」諺解本、1459 年、西江大学校所蔵、ソウル）

【問3】資料4は日本でのカタカナの出現について、資料5は朝鮮でのハングルが考案された理由に

ついて、それぞれ述べたものである。カタカナ（かな文字）とハングルの歴史に共通するのは、どのような点か考えてみよう。

4．デジタル時代のかな文字とハングル

いまやインターネットを通じて、日本や韓国の最新ニュース、文化・歴史に関する情報を瞬時に受け取り、SNSなどを通じてお互いの国の友達や仲間とコミュニケーションをとれる時代になった。私たちの手元にあるスマートフォンやパソコンでも、すぐにメッセージを送ることができる。

資料6 かな文字とハングルのしくみ（〈まみむめも〉と〈キムチ〉を例に）

　日本語のかな文字は、例えば、ひらがなの「ま」は1文字でmaの1音節を表す。基本の文字は約50音だが、これに濁音「゛」・半濁音「゜」や促音「っ」や「きゃ」「きゅ」などの拗音があり、これらに対応するカタカナがある。さらに、漢字には音読みと訓読みがある。文章を作成するに際は、漢字とかな文字を混ぜて使うので、日本語を母語としない人にとっては、修得に時間を必要とする言語の1つである。ただし、かな文字は音自体は少なく、アルファベットを利用したローマ字入力を利用すれば、パソコンのキーボードで簡単に入力できる。

　一方、韓国語におけるハングルは、基本の24文字から成り立っている。これらが「子音＋母音」「子音＋母音＋子音」のように組み合わさって、すべての音節を構成している。発音は日本語よりも難しいが、文法はよく似ているので、最初に24文字を覚えることが修得の近道である。

資料7 ハングルの入力方法（iOSの韓国語入力画面）

　言語設定を変更すれば、韓国語の入力が可能になる。

　左手側のㄱ、ㄴ、ㄷ、ㄹ、ㅁ、ㅂ、ㅅ、ㅇ、ㅈなどが子音、右手側の、ㅡ、ㅏ、ㅑ、ㅗ、ㅛ、ㅜ、ㅠなどが母音にあたる。

【問4】　かな文字とハングルの書き方や入力方法はどのように違うか、資料6・7を参考にして説明してみよう。

資料8　かな・ハングル対応表

あ	い	う	え	お	や	ゆ	よ
아	이	우	에	오	야	유	요
か	き	く	け	こ	きゃ	きゅ	きょ
카 가	키 기	쿠 구	케 게	코 고	캬 갸	큐 규	쿄 교
が	ぎ	ぐ	げ	ご	ぎゃ	ぎゅ	ぎょ
가	기	구	게	고	갸	규	교
さ	し	す	せ	そ	しゃ	しゅ	しょ
사	시	스	세	소	샤	슈	쇼
ざ	じ	ず	ぜ	ぞ	じゃ	じゅ	じょ
자	지	즈	제	조	자	주	조
た	ち	つ	て	と	ちゃ	ちゅ	ちょ
타 다	치 지	쓰 쓰	테 데	토 도	차 자	추 주	쵸 조
だ	ぢ	づ	で	ど	―	―	―
다	지	즈	데	도	―	―	―
な	に	ぬ	ね	の	にゃ	にゅ	にょ
나	니	누	네	노	냐	뉴	뇨
は	ひ	ふ	へ	ほ	ひゃ	ひゅ	ひょ
하	히	후	헤	호	햐	휴	효
ば	び	ぶ	べ	ぽ	びゃ	びゅ	びょ
바	비	부	베	보	뱌	뷰	뵤
ぱ	ぴ	ぷ	ぺ	ぽ	ぴゃ	ぴゅ	ぴょ
파	피	푸	페	포	퍄	퓨	표
ま	み	む	め	も	みゃ	みゅ	みょ
마	미	무	메	모	먀	뮤	묘
ら	り	る	れ	ろ	りゃ	りゅ	りょ
라	리	루	레	로	랴	류	료
わ	―	―	―	を	―	―	―
와	―	―	―	오	―	―	―

※「ん」は ㄴ で表す　（例）かんだ → 칸다
　「っ」は ㅅ で表す　（例）さっぽろ → 삿포로

【問5】　資料8をみて、自分の名前や住所などを書いてみよう。

教 材 解 説

〈教材のねらい〉

　本教材は、生徒たちが日常的に慣れ親しんでいる言葉や文字を素材に、両国の歴史文化への相互理解を深めることを意図して作成した。1では、日本語と韓国語の語彙や文法を対比させ、その類似性に着目させている。2と3では、両国がともに漢字文化を受容してきたことに目を向け、相互に交流を深めながら独自の文字文化を発展させてきた経緯を扱っている。4では、相手国の言語を実際に活用する活動を組み入れている。

〈資料の解説〉

　資料2では、英語・韓国語・日本語・中国語の文型を対応させて示した。まず、韓国語と日本語は語順や助詞がほぼ一致していることに気づかせたい。朝鮮半島と日本列島では早くから漢字を用いて自国語を表記する努力を重ねてきた。日本と韓国の言語は、漢字の音読みが非常に似ている。資料1で示したように、「家具」、「簡素」、「区民」、「温度」、「地理」をはじめ、「しみん（市民）」、「しんじゃ（信者）」、「むり（無理）」、「せろん（世論）」など、音読みが共通する単語が数多く存在している。また、音読みだけではなく、「かま（窯、釜）」などのように、訓読みにも同じ発音の単語があることも確認したい。このような類似点を踏まえて互いの言語への親近感を高めるとともに、その背景にある相互交流の歴史にも目を向けさせたい。

　資料3は、韓国の慶州および羅州で発見された木簡の文字表記を再現している。今日まで日本では38万点以上の木簡が出土しているが、これらは640年以降のもので、大多数が672年以後のものと推定されている。一方、韓国では1997年に約120点に過ぎなかった木簡出土が、2009年には約520点と増加している。その内訳をみると百済と新羅の6世紀後半の木簡が多い。日本の木簡は、漢字表記や記載様式、材料（松と杉）等の点で百済の木簡との類似性が目立つ。資料3のように、それまで日本の「国字」と考えられていた粷（もみ）や鮑（あわび）、畠（はたけ）の文字が朝鮮木簡からも発見されたことから、朝鮮半島との深い交渉を通して「朝鮮化」した漢字が日本に伝えられたとの見方が示されるようになった。

　資料5は、いわゆる『訓民正音』を翻訳して示した（写真はウィキペディアより引用）。日本では漢字の一部を抜き出し、変形させるなどしてかな文字を作り出し、漢字と折衷的に表記する様式を発展させてきた。これに対し、世宗大王と集賢殿の学者が中心となって生みだした訓民正音は、漢字を借りて表記する方式とは全く異なる文字様式を生み出した。訓民正音は話し言葉を意識して創案され、母音は天地人（天＝・、地＝丨、人＝一）の東洋思想を反映し、子音は口、唇、舌などの形を模してそれらを組み合わせた独特の文字である。

　なお「訓民正音」は世宗大王の愛民思想のもとで漢字を克服する意図から生み出されたが、そこには元と明との国際関係が大きく作用していた。すなわち、高麗時代にモンゴル帝国の多様なアルファベット文字（モンゴル語、チベット語、パスパ文字など）と接した経験と共に、明の建国により中国の標準音が南方から北方漢字音に変容し、この環境変化によって朝鮮の漢字音を再整備する必要が生じた。一方、臣下の崔萬理などは漢文でなく訓民正音を使うと、蛮夷と同様になるとし、文字を独占する支配層中心の階級構造を維持しようとした。

　訓民正音は諺文とも呼ばれ、世俗的な文字という意味も含んでいた。日本のかな文字も、漢字＝まな（真名、真字）に対する「仮の文字」という含意があった。このように程度の差こそあれ、近代以前の時期においては訓民正音とかなは漢文に比べて軽んじられていた。だが、近代以降になると状況が一変する。国民国家の建設に際して民衆の俗語の重要性を認識した両国の先覚者たちが言文一致運動を進め、新しい「自国語」意識が生まれるようになったのである。ただ、植民地朝鮮の「国語」は日本語であった。ハングルは民族主義と深い関わりを伴って発展し、解放後は近代国家の言語として再認識され、その使用が一般化した。

　資料6 は、〈キムチ〉を例にハングルの文字構造を示した。かなとハングルの違いは、文字の組合せにある。ともに母音と子音を持つが、日本語は母音を一文字で表す。すなわちアイウエオはそれぞれ独立した文字で表現される。これに対し、ハングルは子音と母音を組み合わせて一つの文字を構成しており、子音＋母音が最小単位となる。一般に、一つの文字は母音で終わる。ただし子音で終わる場合、最後の子音をパッチムという。「パク（박）」の場合、「ㅂ（子音）＋ ㅏ（母音）＋ ㄱ（子音＝パッチム）」のような構成になる。

〈問いの意図・解答例〉

　【問1】は、日本語と韓国語の類似性に気づかせる設問である。日本語・韓国語は〈主語－目的語（補語）－述語〉の構造を持つのに対し、中国語は英語と同様に〈主語－述語－目的語（補語）〉の構造を備えている。そのため、中国語の語順に沿う漢文は、日本や朝鮮半島ではそのままでは理解しにくいという問題が発生し、漢文の訓読などの各々の言葉に対応させる試みが自然と開始された。漢文との違いに着目させ、日本と韓国の文字文化が発達した歴史的な経緯に触れることもできる。

　【問2】は、木簡を通して浮き上がる文化交流を捉える設問である。それまで、日本の「国字」と考えられてきた鮑（あわび）や畠（はたけ）などの文字が、韓国出土の木簡に記載されていたことから、日本と朝鮮半島の間に深い交流があったことを捉えさせたい。

　【問3】は、かな文字とハングルの成立過程を理解し、それぞれの方式で漢字から自立した文字文化を発展させてきたことを捉える設問である。資料4 には、漢字で記された経典を読解する過程でかな文字が成立した経緯が記されているが、この営みが新羅でも共通に見られた点に注目させたい。また、資料5 からは、ハングルもまた漢字の葛藤を乗り越える意図をもって考案されたが、漢字からより自立した文字様式を確立したことをつかませたい。

　【問4】は、かな文字とハングルの構造と入力方法を捉えるための設問である。まず、資料6 に示した〈キムチ〉の事例を通して、母音を一文字で表記するかなとは異なり、ハングルが母音と子音の組み合わせによって表記されることを理解させたい。その上で、資料7 の入力画面に進み、その操作方法をイメージさせたい。

　【問5】では、相手国の言葉を実際に使用する機会を提供するために、自分の名前などを書き記す活動を取り入れた。資料8 の対応表を手がかりにして自由に取り組ませたい。その後、ハングル表記した歴史上の人物を提示し、資料8 を使いながらそれが誰なのかを考えさせる活動も考えられる。

〈参考文献〉

亀井孝ほか編『日本語の歴史』全8巻、平凡社、1963 ～ 1976年

金文京『漢文と東アジア：訓読の文化圏』岩波書店、2010年

小林芳規『角筆のひらく文化史』岩波書店、2014年

中村春作編『訓読から見なおす東アジア』東京大学出版会、2014年

藤本幸夫編『日韓漢文訓読研究』勉誠出版、2014年

山口明穂ほか『日本語の歴史』東京大学出版会、1997年

李成市ほか編『岩波講座 日本歴史』第20巻 地域論、岩波書店、2014年

国立国語院編『訓民正音（わかりやすく解説した訓民正音）』思考の木、2008年（韓国語）

4 子どもは何をどのように学んでいたのか

学 習 課 題

　現在の日本と韓国の子どもは、学校という空間で国が定めたカリキュラムを踏まえて国語や算数、音楽などの教科を学んでいる。それでは、学校教育が導入される以前の子どもは、何を、どのように学んでいたのだろうか。ここでは日本の寺子屋と朝鮮の書堂とにおける学びの様子に迫ってみよう。

キーワード　日本の寺子屋　朝鮮の書堂　科挙制度　儒学

1．絵画を通してみた寺子屋と書堂

　18世紀後半〜19世紀前半に作成された以下の2つの絵画は、日本の寺子屋と朝鮮の書堂、いずれかの様子を描いている。

　日本の寺子屋は、武士以外の庶民を対象にした初歩的な教育施設として都市部を中心に現れはじめ、次第に農村にも広がっていった。近代学校の普及とともに消滅したが、教育水準を高めるうえで重要な役割を果たしてきた。

　一方、朝鮮の書堂は初級者たちを対象にした私的な教育機関で、その運営は個人や宗族、村民協同などで担われた。日本による植民地支配のもとでも存続し、1943年にいたっても約3000堂が確認されている。ともに初等レベルの教育機関であった寺子屋と書堂での学びには、どのような共通点と相違点があるだろうか。

資料1

資料2

【問1】　資料1・2は、どちらが日本の寺子屋で、どちらが朝鮮の書堂だろうか。そのように判断した理由も書きなさい。

　以下の２つのテキストは、書堂と寺子屋で子どもたちに使われていたものであり、下に各々の内容を示している。

資料３　童蒙先習

　本書は、わが国の学者によるものである。最初に五倫をまとめて論じ、次にそれをまた親と子、王と臣下・家来、夫と妻、大人と子ども、友だち同士の順に並べて一つひとつ説明している。そして、太極がやっと分けられてから、三皇・五帝・夏・殷・周・漢・唐・宋をへて明に至るまで、やはり詳しく記録されている。我が国に関しては、檀君から三国をへて本朝に至るまで、やはり詳しく記録されている。（意訳）

資料４　庭訓往来

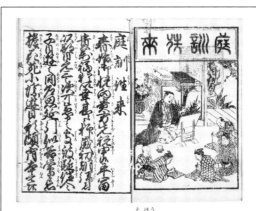

　初春のお慶びを先ず恵方（えほう）に向いお祝しました。貴方様（あなた）にも富貴万福幸い限りないことを祈ります。とりわけ朝拝（ちょうはい）は必ず元旦に勤めるべきですが、折しも初子（はつね）に当たり人々の野遊びにそゝのかされて心ならずも遅くなりました。ちょうど谷に棲（す）む鶯（うぐいす）が軒端（のきば）の梅の花のほころぶのを忘れ、苑（えん）の胡蝶（こちょう）が今だ春陽の移ろいを悟らずになお日影で遊ぶようなもので、全く本意ではございません。（意訳）

【問２】　資料３・４は、寺子屋と書堂で用いられた代表的な教材の一部である。どちらが寺子屋、どちらが書堂で用いられたものか。そのように判断した理由も書きなさい。

2．誰が、何を学んでいたのか

　寺子屋と書堂では、誰が、何を、どのように学んでいたのだろうか。

資料５　日本の寺子屋と朝鮮の書堂での学び

（1）就学について
（A）集った子どもたちは、７・８歳から15・６歳が中心であった。しかし、入学年齢に対する制限がなかったために、年を重ねた男も入学することができ、必要な場合は20歳を超えた人も入学して、一緒に勉強することができた。
（B）入学年齢は制限がなく、行きたい者が行きたい所へ通った。都市部では入学は６歳に集中し、男子は12歳、女子は14歳頃で終了した。女性師匠が女子に教えるものもあった。商売や職人

として家業に励む女性も多かったからである。農村では上層農民を除くと女子はまれだった。

（2）学習内容

（A）授業はいろはや算数の初歩から始め、漢字を交えた読み書きの勉強へと段階を踏んだ。紙の模範文が教材として用いられた。生活に必要な一般教養・社会常識を集めた『庭訓往来』、手紙の慣例語句を書いた『消息往来』、商業活動に必要な知識を掲載した『商売往来』などである。

（B）『小学』『明心寶鑑』『撃蒙要訣』などを主要教材に活用した。教材の共通点は、特別に子どもを念頭に置いて製作されたということである。これらは儒教の基本原理を児童水準に合わせて入れており、日常生活で守らなければならない礼儀作法、修養のための格言、忠臣・親孝行の事績などを集めていた。

（3）学習方法

（A）授業は、本を読む、詩や文章の作成、習字の三種類があった。読むのは個人に合わせて範囲を定めておき、終日熟読させ、次の日に暗唱させた後、次の事柄を学ぶようにした。また、夏には好みの詩や律を読み、春・秋には史記・古文、冬には経書を読んだりした。

（B）朝やってくると、まず墨をすり、それぞれのお手本をもとに各自が習字に取り組み、そのうちに師匠が登場し、教師より個別に添削や指導を受けた。内容は、手本を見て清書する、手本を見せずに暗唱・暗書する、公衆の前で正装して文字を書く、であった。

【問3】 資料5の（1）～（3）は日本の寺子屋と朝鮮の書堂での学びの様子である。各項目について、（A）と（B）のどちらが寺子屋で、どちらが書堂について述べたものかを推測し、そのように判断した理由も述べなさい。

3．何のために学んでいたのか

朝鮮や日本では、それぞれ資料6・7のように、異なる教育制度において教育が施されていた。

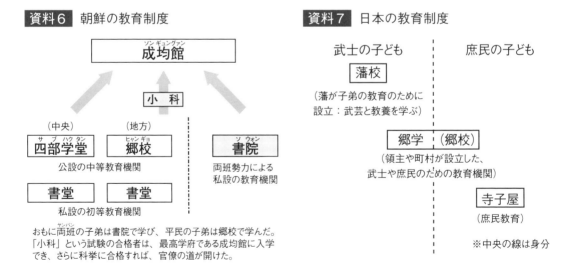

資料6　朝鮮の教育制度

成均館（ソンギュンヮン）

小　科

（中央）四部学堂（サブハクタン）　（地方）郷校（ヒャンギョ）
公設の中等教育機関

書院（ソウォン）
両班勢力による私設の教育機関

書堂（ソダン）　書堂（ソダン）
私設の初等教育機関

おもに両班の子弟は書院で学び、平民の子弟は郷校で学んだ。「小科」という試験の合格者は、最高学府である成均館に入学でき、さらに科挙に合格すれば、官僚の道が開けた。

資料7　日本の教育制度

武士の子ども　｜　庶民の子ども

藩校
（藩が子弟の教育のために設立：武芸と教養を学ぶ）

郷学（郷校）
（領主や町村が設立した、武士や庶民のための教育機関）

寺子屋
（庶民教育）

※中央の線は身分

【問4】 日本の寺子屋と朝鮮の書堂は、それぞれどのような目的で教育を行なっていたのだろうか。資料6・7の図とともに、資料1～資料5を参考にしながら、それぞれの目的を書きなさい。

教材解説

〈教材のねらい〉

　本教材の目的は、朝鮮時代の書堂と江戸時代の寺子屋の比較を通して、当該期の朝鮮半島と日本社会における子どもたちの学びを理解することである。近代の教育が主に国家による学校中心の教育システムに統合されていくのに対して、朝鮮時代と江戸時代は、個人経営のいわゆる書堂や寺子屋での教育が盛んとなった。

　朝鮮では高麗時代より官僚を選別するための科挙制に基づく教育システムが確立され、朝鮮時代には儒学が教育の基本となった。朝鮮時代に入り次第に国家制度が安定していくと、それまでの身分のうち良人は両班、中人、平民に分化し、さらにその下層の賤人の4つの階層に分けられた。両班でも科挙に合格しなければ官職につけず、人口の大多数である平民は書堂に通い、農・工・商に従事した。これに対して、日本の江戸時代の場合、武士の支配の下で、身分は大きく百姓・職人・商人などに分けられ、武士とそれ以外では学びのあり方も異なった。武士の子どもは基本的に藩校で学び、それ以外の百姓や職人・商人など庶民の子どもは、寺子屋で日常生活に必要な知識を往来物などの手紙類から学んだ。

　本節では、両国でよく知られている資料を選定し、それらを比較分析することを通じて、教育の内容や方法、目的などにみられる類似点・相違点を把握させることをねらった。

〈資料の解説〉

　資料1 は、江戸後期の武士で画家であった渡辺崋山（1793-1841）の「一掃百態図」のうち、寺子屋を描いたものであり、資料2 は、朝鮮後期（1745-1806 以後）の画家金弘道の「檀園風俗図帖」のうち、書堂の様子を描いたものである。渡辺崋山は三河国田原藩家老であったが、蛮社の獄で謹慎生活となり、そののち自殺した。「一掃百態図」は崋山が26歳の時の作品であり、一筆で百態の動きを表すことからこの名がつけられた。25点の風俗画を集めた「檀園風俗図帖」は、金弘道の40代前後の作品で、人物中心に、商人や農民などあらゆる階層の風俗を描いている。

　資料3 は「童蒙先習（トンモンソンスプ）」である。13代の国王である明宗の時代の儒学者である朴世茂が書堂で千字文取得後に学ぶテキストとして編纂したものである。「父子有親」「君臣有義」「夫婦有別」「長幼有序」「朋友有親」という人の守るべき儒教での五倫を詳しく解説している。資料4 の「庭訓往来（ていきんおうらい）」は、往来物（往復の手紙）の形式で、寺子屋で習字や読本として使用された初級の教科書の一つである。

　資料5 は、学習内容と方法に関する資料である。各内容の出典は次の通りである。（1）はキムジョンス（1987）、パクレボン（1977）、小山静子（2002）、大石学（2009）、（2）はキムジョンス（1987）、パクレボン（1977）、大石学（2009）、（3）はキムジョンス（1987）、パクレボン（1977）、山田恵吾編（2014）。資料6 は『検定版　韓国の歴史教科書』（明石書店、2013 年）を参考にした。なお、『消息往来（ミョンシムボガム）』『明心寶鑑』『擊蒙要訣（キョンモンヨギョル）』は高校生には難解と思われるが、あえてルビをふっていない。

〈問いの意図・解答例〉

　【問1】の解答例は次の通りである。資料1：日本の寺小屋（予想される理由）　先生が脇に刀を差しているので、武士なのか。日本の着物を着ている。資料2：朝鮮の書堂（予想される理由）　頭の帽子

が朝鮮のものにみえる。服も朝鮮のチョゴリのようだ。

　日本の寺子屋の写真は歴史教科書にもよく用いられ、近代の教室での教師による一斉授業との比較されることも多いが、ここでは同時代の朝鮮と比較することで、類似点・相違点を視覚的にとらえることを目的としている。

　【問2】の書堂と寺子屋の代表的な教材についての解答例は次の通りである。資料3：朝鮮の童蒙先習（予想される答え）　漢文で書かれている。中国の歴史。儒学の内容か。資料4：日本の庭訓往来（予想される答え）　季節の事柄、手紙の内容であるので、日本の往来物か。

　【問3】の書堂と寺子屋の教育状況についての解答は次の通りである。（1）就学について：（A）書堂　（B）寺子屋、（2）学習内容：（A）寺子屋　（B）書堂、（3）学習方法：（A）書堂　（B）寺子屋

　（1）就学については、寺子屋も書堂も入学年限はあるものの厳格でなかった。しかし、寺子屋は都市部であれば女子も通うことができたが、書堂は儒学の影響で男性しか通うことができなかった。（2）学習内容は、寺子屋は生活に必要な一般教養・社会常識、生業に必要な基礎的な知識を学ぶことに主眼があったが、書堂で使われた教材は漢字を学習したり、儒教の基本原理を学ぶ内容であったりした。（3）学習方法は、書堂は個人に合わせて学習はなされるものの、基本的に文章暗唱という読む行為、習字として書くという行為に重点があった。これに対して寺子屋は教師が個別に添削や指導を行った。

　【問4】書堂と寺子屋を通した庶民教育の目的については、次の解答例を挙げる。「朝鮮時代や江戸時代になると知識を得ることは庶民にとっても重要となった。朝鮮の教育は官僚を選別するための科挙制に基づいている。書堂から国家最高の教育機関である成均館に至る教育システムがあった。書堂から儒学を学ぶために、漢文の講読や詩や文章の作成、習字を学んだ。これに対して日本は、武士かそれ以外かという身分により教育も分かれ、武士の子どもは藩校で学ぶ代わりに、庶民の多くは寺子屋で学んだ。日本では個別学習で実用的な手紙類の教材で習字を中心に学び、都市部では女子の就学も見られた。」

〈参考文献〉

市川寛明・石山秀和『図説江戸の学び』河出書房新社、2006年
大石学『江戸時代のすべてがわかる本』ナツメ社、2009年
小山静子『子どもたちの近代―学校教育と家庭教育』吉川弘文館、2002年
朴世茂『童蒙先習　啓蒙篇・童蒙須知』YB出版、2001年
山田恵吾編『日本の教育文化史を学ぶ―時代・生活・学校』ミネルヴァ書房、2014年
キムジョンス「朝鮮朝書堂の教育研究」『漢文学研究』4、啓明大学漢文学、1987年（韓国語）
パクレボン「書堂の教授法と講に関する考察」『教育』創刊号、中央教育院、1977年（韓国語）
韓国教育研究所編『韓国教育史　近現代篇』プルピッ、1993年（韓国語）

5 武士と両班はどのような生活や考えを持っていたのか

学 習 課 題

　近代以前まで、日本では武士が、朝鮮では両班が、多数の人々を支配する特権的な存在となった期間が長く続いた。武士と両班はそれぞれどのような生活を営んでいたのだろうか。また、武士と両班はどのような行動規範を持ち、それらは現代にどのような形で引き継がれているかを考えてみよう。

キーワード　両班　武士　チョゴリ　ボソン　肩衣・袴　性理学　赤穂事件

1. 武士と両班の服装と容姿

　朝鮮の両班は、基本的にパジ（パンツ）チョゴリ（上着）を着用し、そしてボソン（韓国の伝統的な靴下）を履いた。結婚した男性は髷を結ったが、両班は外出する時には資料１のようなカッを、日常生活では資料２のような程子冠をかぶった。

　資料３は、江戸時代の武士の通常の正装（「肩衣半袴」）であり、着物の上に、肩衣と袴を同じ生地で作り、肩衣には両胸などに家紋を入れた。江戸時代の人々は成人の証として髷を結ったが、資料４のように、頭髪を大きく剃りあげたのは、兜をかぶったときに頭部が蒸れることを防ぐためだと考えられている。これを月代と呼んでいる。

資料１
カッを被っている両班

資料２
程子冠

資料３
『武家装束著用図』

資料４
武士の月代と髷
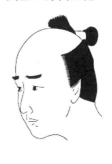

【問１】下線部に関して、日本の歴史にも同じような風習がなかったのか調べてみよう。

【問２】日本の武士および朝鮮の両班の服装や容姿が現代にどのような形で残っているか、例をあげてみよう。

35

２．両班の心得と武士の心得

（１）両班の心得

　両班は経済的には地主層であり、政治的には官僚層であった。両班は、資料５のように生産には従事せず、儒学者としての素養と資質を磨く生活を送った。こうした生活は中央の官僚を目指したり、自らの社会的地位を子孫に受け継がせたりするためであった。このような両班の姿が、高麗や朝鮮王朝の時代に定着するようになった。

資料５ ある両班の一日

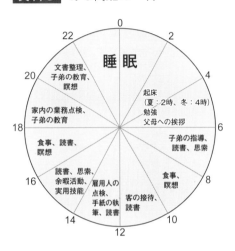

資料６ ある両班の生活

　鄭　光天（チョングァンチョン）は、いつも鶏が鳴くと髪型を整理して衣冠を正した。夫人と共に自ら夜明けに食べ物をもって親が寝ている部屋へ行って優しい声で寒くないのかを尋ねた。誠意をもって食べ物を差し上げて必ず門の外で待っていて親が味わわないとその場を退かなかった。必ず美味しいものを差し上げ、昼食、夕食にも同じことを繰り返し、日が暗くなっても同じことをした。布団を敷き、いい寝所を用意した。夏になると扇子で枕元をあおって涼しくし、冬になると布団の中に先に入って温めておいた。毎日のようにまるで子どものような優しい顔で少しもこのような生活を怠らなかった。

（蔡夢硯（チェモンヒョン）撰『鄭光天行状』）

資料７ 両班の心得

　初めて学ぶ人は、志を抱いて必ず聖人になることを自ら約束し、少しでも自分を粗末にして言い訳しようとする考えを持ってはならない。普通の人も聖人もその本性は同じである。心の澄みと濁り、純粋さと不純粋さの差異がないわけではない。しかし、真の知を知り実践して、昔の悪い習慣を捨てて、その本性の真の姿を取り戻せば、あらゆる善が備えられるようになるだろう。どうして普通の人が聖人になることを自ら諦めるだろうか。

（李珥（イ　イ）『撃蒙要訣（キョンモンヨギョル）』）

【問３】両班が最も重要なものとして実践したことは、何だったのだろうか。また、両班はどのような生き方を志向していたのだろうか。資料６・７を読んで話し合ってみよう。

（２）両班の住居から考える性理学の影響

　朝鮮の両班は性理学（せいりがく）を学んだ。性理学は、統治の理念だけではなく個人と家庭を治める規範や理念でもあった。資料９のような両班の家屋は、大門をくぐった先に、お客を迎える空間、その奥に母屋がある。そして、家の最も奥の高い所に祖先を祭る祠堂（サダン）が置かれた。特に祖先や親を敬う「孝」が求められたため、一般民衆も祠堂を建てることが多かった。家を建てるときは、祠堂を他の建物より高い位置に建てるため、まずその場所を決めなければならないほど、重要な建物であった。

資料8 尹斗緒（ユンドゥソ）の家屋の構造図

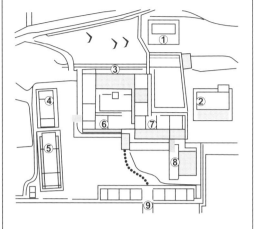

①祠堂　②仙巌齋（あずまや）　③母屋　④精米所
⑤離れ屋　⑥中門間　⑦舎廊房（主に主人が居て、
客を接待する部屋）　⑧迎風楼（応接室）　⑨大門間

資料9 尹斗緒の家屋（19世紀再建）

【問4】資料8・9のような朝鮮の両班の住まい
　　　 の構造は、どのような思想を背景として
　　　 いたのか調べてみよう。

（3）武士の心得

　日本では17世紀に戦国の世が終わり、社会が
安定してくると、支配階級である武士が封建社会
の秩序を維持させることを重んじるようになっ
た。主君と家来がともに儒教倫理を学び、それを
政治理念の基盤におくべきことを説いた儒学者た
ちが幕府に登用された。また、儒学者である山鹿
素行（そこう）が、「士は三民（農工商）の長として、道を説
き、教を述ぶべき」と述べている通り、武士には
学問をおさめることが特に重視された。

資料10 聖堂学問所（官立の朱子学の学校）で
の講義

資料11 諸士法度

一　忠孝に励み、礼法を正しくし、常に文道・武芸を心がけ、義理を大切にして、生活・習慣を乱さない事
一　戦時の勤めは、お定めのごとく、旗・弓・鉄砲・甲冑（かっちゅう）・馬などの諸道具・武器の準備や供の人数の確保などを間違いなく行っておく事
一　屋敷の新設の際には、豪華なものではなく、今後も身分に応じて質素である事
一　喧嘩（けんか）・口論を堅く禁じる。もし起こった際に荷担することは重い罪となる。喧嘩・口論の時には一切馳せ集わない事
一　支配の土地において、税等を絞り取って百姓をむやみに困窮させない事
一　跡継ぎはきちんともうけて、養子をとる場合は、本人が生存のうちに決めておく事
1663年8月5日　　　　　　　　　　　　　　　　　　　　　　　　（『徳川禁令考』）

【問5】 当時の武士たちは、日々の暮らしのなかで何を大切にすべきだと義務づけられていたのか、
資料11を参考にして推察してみよう。

（4）赤穂事件から考える武士の生き方

1701年、赤穂藩主の浅野長矩が吉良義央を江戸城中で斬りつけ、軽傷を負わせる事件が起きた。これを赤穂事件と呼んでいる。幕府は即日、浅野長矩に切腹を命じ、赤穂藩は改易となり、浅野家は断絶となった。この件について、吉良義央は幕府から処罰されることはなかった。しかし翌年、浪人となった浅野家の旧家臣（大石良雄など）たちは、主君の仇を討つという忠義の心から、吉良邸に討ち入り、吉良義央の首を取った。討ち入りを

資料12 赤穂の武士たちの討ち入りを描いた絵

長谷川貞信画「仮名手本忠臣蔵　十一段目」

行った浪士たちに対する処分について、幕府は時間をかけて検討を行い、事件から一か月後に切腹が命じられた。資料13は赤穂浪士の討ち入りに関する様々な意見をまとめたものである。

資料13

A 幕府（裁定）

　主人の仇を討つとして、家来四十六人が集団で団結し、吉良邸へ押し込み、飛び道具（半弓）など持参して吉良を討ったことは、公儀を恐れないことで、十分に不届きな行動である。これによって切腹を命じる。
（『細川家御領始末書』）

B 松平定直（譜代大名・討入り浪士を預かっていた）

　この度、皆さんの心根には感心している。ご馳走をふるまうこともできるが、幕府の決まりによって、そうしていない。しかしながら、すべてのことに不自由がないように申し付けているので、用事があれば家来達まで相談してほしい。
（『江赤見聞記』）

C 林 信篤（のちの聖堂学問所の長）

　亡くなった主君のあだを討った四十六士は武士道を実践したのであり褒められるべきであるが、法律の立場から考えると吉良を討ったことは天下の法を犯していることになり、処罰は正当である。
（『復讐論』）

D 荻生徂徠（8代将軍徳川吉宗の儒学の師）

　浅野長矩は幕府に処罰されたのであって吉良に殺されたわけではないから、吉良は赤穂浪士にとって「主君の仇」ではなく、大石良雄の行為も先祖の事を忘れた不義の行為である。したがって赤穂浪士の行動は、同情の憐みを禁じえないものの、「君の邪志」を引き継いだものだから「義」とは認められない。
（『四十七士の事を論ず』）

【問6】 資料13を読み、吉良邸に討ち入りを決行した浪士の処罰について、どのような考え方があったか読み取ってみよう。また、浪士たち全員の切腹という処罰をどのように考えるか、各自の意見を自由に述べてみよう。

教 材 解 説

〈教材のねらい〉

日韓両国の高校生にとって、武士と両班はとても身近な存在である。歴史の授業のほか、小説やドラマ・映画などを通じて接しており、両国の歴史を学ぶ導入として相応しい題材といえる。しかしながら、近代以前の日本や朝鮮は歴然とした身分社会であり、武士と両班は長期間にわたって社会を支配する立場であったことに留意しなければならない。まずは生徒たちにとって身近な存在である武士と両班の服装や住まい、行動に目を向け、その背後にある思想や社会構造との関係を考えるとともに、現在の私たちの生活との繋がりを見つめさせたい。

〈資料の解説〉

資料1 は、「カッを被っている両班」の写真（Wikipedia より）、資料2 は、「程子冠」の写真（高麗大学校博物館所蔵）である。資料3 は、日本の国立公文書館蔵。有職故実家の松岡辰方が 1794 年に作成した武家の装束図である。『武家装束著用図』からは、武家の世界においても、将軍から大名、旗本・御家人に至るまで、儀式や行事に応じた作法や服装が定められていたことがよく伝わる。資料4 は、『イラストで見る日本史博物館第2巻　服飾・生活編』（柏書房、2008 年）より引用。同書では江戸時代における様々な髪型が図化されている。

資料5 は壬辰倭乱前後に生きた文人の鄭光天の日常生活について説明した資料。両親への孝を行うことが指針となったことがわかる。資料6 は、朝鮮時代の儒学者である李珥の著書である『撃蒙要訣』の一部である。李珥は李滉とともに朝鮮の性理学を集大成した。また、日本が侵入してくることを憂慮して十万養兵説を説いた。2019 年現在の 5000 ウォンの紙幣の肖像となっている。資料8 は、朝鮮末期の文人画家尹斗緒の家屋の構造図。資料9 は、尹斗緒の家屋の写真である。朝鮮後期における家屋の様式をよく見せてくれる文化遺産である。18 世紀に建てられたと推測されるが、現在残されているのは、19 世紀に建て直されたものである。

資料10 は東京大学史料編纂所蔵の「聖堂講釈図」である。湯島聖堂付属の学問所では、定期的に儒員講経が行われ、旗本・御家人を中心とする武士たちが受講した。資料11 は、1663 年 4 代将軍家綱のときに発布された「諸士法度」（『徳川禁令考』前集 1、創文社、1959 年）である。「諸士法度」は、「武家諸法度」に照らし幕府に仕える旗本・御家人の守るべき規律を制定したものである。3 代将軍徳川家光が、1632 年に初めて制定した。内容は忠孝、軍役、振舞、喧嘩口論、跡目、知行所務などにわたっている。資料13 は赤穂事件をめぐる儒学者達の論争や幕府の裁定などを口語訳したものである。儒学者の間でも、主君の仇を討った行動を評価すべきかどうかについて論争を呼ぶことになった。また、幕府もその裁定に時間がかかり、武士の体面を保って打首ではなく、「切腹」を命じた。資料を通して、武士に求められる生き方とは何かを生徒が考える一助としたい。

〈問いの意図・解答例〉

【問1】は、中世の烏帽子などの答えを想定している。尚、江戸時代には武士だけでなく町人なども月代を身につける習慣が広まった。問 2 の武士の服装については、現在でも伝統芸能や祭礼などの時に肩衣や袴を着用する習慣が残っていることに気づく生徒が多いだろう。家紋は、墓石や女性の留

袖などに使用されていることに気づかせたい。また、相撲の力士には髷の文化が残っている。他方、韓国では伝統的な婚礼衣装として両班のパジやチョゴリなどが用いられることがある。【問1】【問2】とも武士や両班を考えるきっかけになることをその意図としている。

　【問3】では、両班が聖人の教えを学び、実践して自ら聖人になるために生活をしていることに気付かせたい。また、そのためにも親への孝が重要であることを読み取らせたい。このように、両班が儒学者としての素養と資質を高める生活が可能であったのは、両班が土地と奴婢を所有し、科挙・蔭叙・薦挙などを通して国家の高位官職を独占し、経済的には地主として、政治的には役人層として存在していたからである。【問4】では、祖先を祭る祠堂がその中心に据えられていることから、父祖への孝が求められているという解答を引き出したい。

　【問5】では武断政治から文治政治へ転換する中で、武士には治者としての道徳的意識が強く求められていったことを読み取らせたい。本文でも登場した山鹿素行は、その門人が集録した『山鹿語類』において、武士の職分は人倫（父子・君臣・夫婦・長幼・朋友の間の道徳的秩序としての人間の倫理）の道を天下に実現することであると述べている。このような武士のあり方は一般的に士道と呼ばれたが、それは必ずしも、武士道と相いれないことがあった。実際に儒学者は武士道を戦国の残りものの習慣と決めつけ、否定的な見方を示すこともあった。

　【問6】は、主君への忠をどのように判断するか、法のもとにいかに社会秩序を維持すべきか、武士の在り様を考察する設問で、浪士の処罰に対する議論は一枚岩でなかったことを捉えられるように意図している。それぞれ、Aは徒党を組んで押し込みをした暴挙と判断し、（忠義を果たした講堂に配慮し、武士としての体面を重んじて）切腹とする、Bは主君の仇を討った忠義の心根に感心している、Cは主君の仇を討った忠義に感心するも、法を犯す者は処罰すべきである、Dは浪士に同情するものの、浅野が幕府裁定で処罰されたので、仇討ちとは言えず、幕府裁定に抗う不義の行為である、などととらえている。この問題は、そもそも浅野を一方的に切腹とした幕府の処分が間違っていたとの議論もあり、赤穂事件をめぐる浪士の処罰に対して、生徒の自由な意見交換を促したい。また、（1）赤穂事件が起こった背景（例えば、幕府内で儀礼・儀式が重視されるようになったこと、戦国時代以来の喧嘩両成敗に対する認識など）を学びつつ、赤穂浪士の討ち入りの理由を考えることで、武士の思想や行動を考える一助にもなる。

〈参考文献〉

朝尾直弘『日本の近世　7 身分と格式』中央公論社、1992 年

髙橋昌明『武士の日本史』岩波書店、2018 年

武田幸男・宮嶋博史・馬渕貞利『地域からの世界史 1 朝鮮』朝日新聞社、1993 年

日韓共通歴史教材制作チーム編『学び、つながる日本と韓国の近現代史』明石書店、2013 年

山本博文『赤穂事件と四十六士』吉川弘文館、2013 年

歴史教育研究会・歴史教科書研究会編『日韓歴史共通教材　日韓交流の歴史』明石書店、2007 年

第2章
前近代の交流をたどる

先史時代の人々の交流はどのような ものだったか

学習課題

　先史時代の日本列島と朝鮮半島については、石器の発見など考古学調査によってさまざまな交流の痕跡が明らかになっている。人々は、どのようにして海を渡り、どんな道具や技術を交換し、共有していたのだろう。そこにはどのような交易や文化交流が生まれ、どのような人々が移動したのだろうか。

キーワード　人類の拡散　氷河期　旧石器　新石器　黒曜石　勒島遺跡　原の辻遺跡

1．ホモ・サピエンスの拡散と到達

（1）東アジアへの道のり

　ホモ・サピエンス（現生人類）の起源についてはさまざまな説がある。一説には約15～10万年前にアフリカで誕生して進化を遂げた人類と考えられている。そして約7～6万年前にアフリカを出てユーラシア大陸にわたり、各地に分散した。朝鮮半島や日本列島に到達したのは約4～3万年前とされている。定説はないが、アジアやシベリアなどいくつかのルートを経由して、環境に適応した人類が両地域にたどり着いたと考えられている。

資料1　ホモ・サピエンスの旅

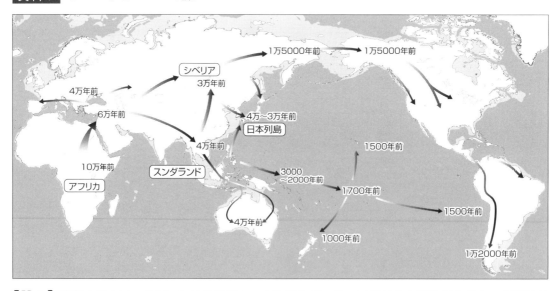

【問1】資料1はホモ・サピエンスの拡散ルートを示している。アフリカ大陸を出たあと、人類はどのような道のりを移動して朝鮮半島・日本列島に到達したと考えられるか。次頁の資料2も参考にして、推定される複数のルートについて説明してみよう。

（2）氷河期の活動

　最近の研究では、氷河期の朝鮮半島と日本列島は陸続きではなく、大型動物や人類は海を渡って2つの地域を行き来したと考えられている。4.8万〜3.3万年前の遺跡である日本の野尻湖底遺跡（長野県信濃町）ではナウマンゾウ、オオツノシカの化石とともに槍や骨で作った皮剝ぎ用のスクレイパー、ナイフ形石器が見つかっている。これらは朝鮮半島・対馬と海を渡って日本列島にやってきた大型動物であり、遺跡は人々が狩りをして、解体作業を行う場所であったとみられる。このほか、マンモスやヘラジカなどは陸続きだったサハリン—北海道ルートを経由して日本列島にやってきたことが知られている。

資料2　約2万年前の東アジア

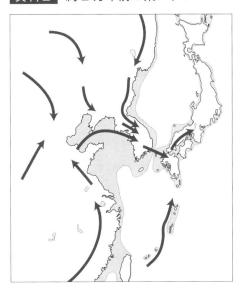

資料3　剝片尖頭器

(左) 宮崎県・蔵田遺跡出土
(右) 丹陽・垂楊介遺跡出土

【問2】 資料3は、日本列島と朝鮮半島で出土した「剝片尖頭器」と呼ばれる旧石器時代の石器である。両者の形状はとても似通っている。製作技法もほぼ同じだったと考えられている。この種の石器を用いて人々はどのように大型動物を狩っていたのだろうか。また、2つの遺跡で出土した石器が共通点を持つのはどうしてだろうか。グループで話し合ってみよう。

2. 新石器時代の交流と交易

　新石器時代になると、気候は温暖になり海水面も上昇した。その結果、およそ1万年前には現在のような朝鮮半島と日本列島が姿を現した。気候の変動は動植物相や人々の生活に変化をもたらした。針葉樹の広がる森林は落葉・照葉樹林に変わり、ナウマンゾウやヘラジカなど大型動物はしだいに絶滅した。人々はシカやイノシシなど俊敏な動物を捕獲するために、弓矢を使用するようになった。ドングリなど森林の豊かな恵みを利用するために、調理器具としての土器の使用がはじまった。河川に流れ出た栄養分の豊富な土壌は河口の環境を変化させ、魚や貝、海藻を採る漁撈も盛んに行われた。日本列島と朝鮮半島で出土した狩猟・漁撈に用いられた道具には、地域ごとの特徴とともに、地域を越えた共通性がみとめられ、海を越えて交易が行われたことが分かっている。

資料4 黒曜石の主要産出地と交易

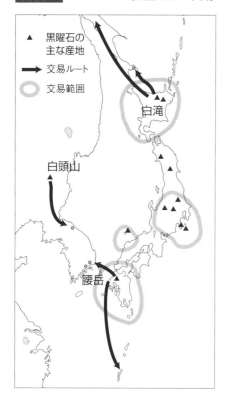

- ▲ 黒曜石の主な産地
- → 交易ルート
- ◯ 交易範囲

白滝

白頭山

腰岳

資料5 韓国と日本で出土した結合式釣針

日本　　　　韓国

資料6 蔚山市大谷里盤亀台の石刻画

【問3】黒曜石は石器の原材料の1つで、矢の先に取り付ける石鏃、槍先に取り付ける尖頭器として利用された。火山岩の一種であるため、ふくまれる成分を調べればその産出地が判明する。資料4は主な黒曜石の産出地とその交易範囲（交易ルートを矢印、交易範囲を◯枠で示している）を示したものである。この図からわかるように、日本列島から海を越えて運ばれたものもある。どこで採れた黒曜石が、どこで発見されているか説明しよう。

【問4】資料5は、シカなどの獣の骨や角を加工して作られた結合式釣針である。朝鮮半島で出土したもの（左）は軸を石で作り、鉤を動物の骨で作る。一方、日本列島で出土したもの（右）は軸・鉤ともに動物の骨で作られている例が多い。これらの釣針を利用して、人々はどのような魚を捕ったと考えられるか。また、釣針の軸と鉤が別々に作られているのはなぜか考えてみよう。

【問5】資料6は、韓国の蔚山市で見つかった新石器時代～青銅器時代の石刻画である。河岸の壁面に山海の動物や人の姿が描かれている。どんな動物が描かれているか、できるかぎり書き出してみよう。そのうえで、石刻画には人々のどのような願いが込められていると考えられるか、グループで話し合ってみよう。

3．海上の道を行き来した人と船

　日本や韓国の各地からは岩壁や土器・金属器に刻まれた船の絵、あるいは船の一部などが先史時代から古代にかけての遺物とともに発見されている。現在のように位置情報システムもなければ、方位を示す羅針盤もなかった大昔、人々は陸地のみえる沿岸を山や島、岩礁の形をたよりに航海し、太陽

や星から船が進んでいる方角を知ったり、潮の流れを読んだりしながら目的地を目指したのだろう。

　航海には巨木を半分に割って内側を刳りぬいてつくられた丸木舟や準構造船が利用された。準構造船は、丸木舟に舳先や舷側板、竪板（波よけ板）、櫂を漕ぐためのピボット（回転軸）、船室を区切る隔壁などを備えた船で、外洋の大波を越えるための工夫がなされていた。

`資料7` 大邱市達城郡坪村里で出土した船形土器

`資料8` 慶州市金鈴塚で出土した船形土器

`資料9` 大阪府の高廻り2号墳で出土した船形埴輪

【問6】資料7〜9は先史時代の船の様子を伝える資料である。資料8は丸木舟で、資料7・9は、準構造船である。これらの船はどのような特徴をもっているか。船の大きさや船首・船尾などの構造に注目して、分かることをグループで話し合ってみよう。

4．発掘された交流の拠点

　稲作の伝播、鉄資源の獲得、占いなどの祭祀やのちの仏教・儒教の受容が示すように、朝鮮半島との交流は、日本列島の文化や人々の生活に大きな変化をもたらした。先史時代に海をまたいで両地域の交易の中継地として発展し、先進文化との接触を可能にした場所として注目されるのは、慶尚南道泗川市の勒島遺跡であり、長崎県の壱岐で見つかった原の辻遺跡である。紀元前後〜3・4世紀を中心とする遺跡であるが、これらの遺跡から浮かび上がるのはどのような交流の姿だろうか。

`資料10` 勒島遺跡の出土品

　勒島遺跡では、秦の半両銭、漢の五銖銭など中国の硬貨のほか、装身具として使用された貝製品、木簡や筆が出土している。貝製品は日本の南西諸島などで加工されたものと考えられる。

　大量に出土した土器の中には右の写真のような弥生土器も含まれていた。それらは日本で作られたもので、形は北部九州で出土する一般的な弥生土器とほぼ同一である。

`資料11` 勒島遺跡出土の弥生土器

資料12　原の辻遺跡の特徴

　　勒島は重要な国際交易の中心地だったが、楽浪
郡の設置など朝鮮半島の情勢の変化により、紀元
前後には列島の人々の交易活動の中心は原の辻遺
跡に移った。原の辻遺跡は、3世紀末の記録であ
る『魏志』倭人伝にみえる「一支国」の中心地と
して栄えた環濠集落と推定されている。居住エリ
アには、物見櫓や倉庫のほか、身分の高い人の
住まいや外国からの使節（交易司や通訳など）が滞
在した建物があったと考えられ、原の辻には多く
の渡来人や倭人が移り住み、まさに交易を担う集
落の様相を呈していた。
　　遺跡からは楽浪や三韓でつくられた硬質の土器
が出土したほか、鉄製品、北部九州や中・南部九
州、瀬戸内など西日本各地の土器が見つかってい
る。

資料13　勒島と原の辻

【問7】資料10の勒島遺跡の出土品はどこから運ばれてきたものか。わかる出土品と運ばれてきた
　　　　場所を答えよう。

【問8】資料10の出土品の中の「木簡」・「筆」は何のために使われたのだろうか。また、どんな文
　　　　字が使用されたか考えてみよう。

【問9】日本列島側の交易の担い手はどのような人々であったと考えられるか、資料10・12を読ん
　　　　で説明してみよう。

教 材 解 説

〈教材のねらい〉

　先史時代における朝鮮半島と日本列島の交渉を、具体的な遺跡・遺物を通して高校生に考えさせることを本節のねらいとしている。

　「1．ホモ・サピエンスの拡散と到達」は、人類の両地域への到達と狩猟生活をテーマとし、半島から列島へという1本道ではない、複数の道を通って列島に人類が拡散したことを理解させるとともに、半島から列島へ海を越えて移動した痕跡があることを剝片尖頭器の類似性を通して理解させたい。「2．新石器時代の交流と交易」は、黒曜石や結合式釣針などの道具の利用を通して、両地域に共通する文化を見出し、交易の範囲が日本列島から朝鮮半島にまで及んでいた事実を理解させたい。また、資料6 を通して先史時代の狩猟・漁撈と人々の信仰について考えさせたい。「3．海上の道を行き来する人と船」は、船形土器・埴輪、線刻画に着目させて、対馬海峡を越えて彼我を往来する人々の姿をとらえることをめざし、「4．発掘された交流の拠点」では、先史時代の交易地として韓国の慶尚南道泗川市の勒島遺跡、長崎県壱岐市の原の辻遺跡を取り上げ、交易の実像を理解させたい。

〈資料の解説〉

　資料1 からは、人類は4〜3万年前までには朝鮮半島・日本列島に到達したこと、拡散ルートをたどれば、シベリア経由、中国経由、東南アジア経由の3つがあり、さらに朝鮮半島から日本列島にいたるルートがあったことを確認できる。両地域の歴史は各地からの人類の移動によってはじまったのであり、その初期から文化的な多様性を帯びていたことが予想される。この点は先史・古代の両地域の歴史や文化を理解するための前提として重要である。氷河期の朝鮮半島と日本列島については、陸続きであったか否か議論が分かれる。資料2 に示したように、ここでは陸続きではなかったとする説に沿って教材を作成した。資料3 の2つの剝片尖頭器は、どちらが日本で出土し、韓国で出土したものか一見しても区別がつかないが、道具の使用法や狩りの方法に注目すれば、旧石器時代における両地域間の人々の交流をうかがわせる資料となろう。

　資料4 は黒曜石の主要産地とその交易圏を図示する。黒曜石が採れるのは日本列島では北海道白滝、長野県和田峠や伊豆諸島の神津島、佐賀県腰岳、朝鮮半島では白頭山周辺など限られた場所だったが、産出地から遠く離れた地域においても黒曜石を利用して、矢の先に取り付ける石鏃、槍先に取り付ける尖頭器などの石器の製作が行われていた。資料5 は結合式釣針である。解説を加えたように、軸と鉤を別けてつくる点で構造的には共通点を見出せるが、軸材に石と骨の違いがみとめられる。

　資料6 は、1971年に蔚山市で発見された盤亀台石刻画である。幅8メートル、高さ5メートルの壁面に237点もの絵が描かれている。描かれているのは陸上動物97点、海洋動物92点、人物17点、船6点などであり、豊饒や豊漁を祈って刻まれたものと考えられている。237点のうち62点はイルカをふくむクジラの絵である。壁面の右下部分には捕獲したクジラを解体している様子を描いたと考えられる絵もある。当時、蔚山周辺の海でクジラ漁が行われていたことが分かる。蔚山の新石器時代の遺跡からは縄文土器の破片が見つかっている。クジラを追って両地域を行き来した集団があったと

も考えられる。

　なお、日本で捕鯨業が盛んになるのは16世紀後半以降である。しかし、本州以南ではすでに紀元前4000年頃（縄文時代早期）には捕鯨が行われており、丸木舟を利用して、狭い湾内に追い込み、銛を使用して漁をしたと考えられている。北海道ではオホーツク文化期にあたる6～10世紀に行われていた。8世紀に書かれた『壱岐国風土記』の逸文にもクジラに関する記録がみえる。韓国や日本には現在でもクジラの肉を食べる文化が残っているが、その歴史は新石器時代にまでさかのぼる。

　資料7～9 は先史・古代の船の構造をうかがわせる資料である。朝鮮半島と日本列島を行き来するには、対馬を経由する航路のほかに、日本海を直線的に航海する方法があった。ロシア沿海州からオホーツク海を越えて北海道を目指す航路もあった。準構造船に使用される木材は、再利用されることが多かったとみられ、丸木舟に比べて出土例は少ない。古墳からの出土品としての船は、死者の霊魂を運ぶために作られたもので、実用品とは異なるが、細部に注目すれば、当時の船の構造を理解することが可能である。資料7・9 は、船首と船尾がせり上がった大型の船である。これにより外洋の大きな波を乗り越えることができた。

　資料10・11 は勒島遺跡、原の辻遺跡に関する簡単な説明文である。出土した遺物や遺跡を通して交易の実態を理解させるようにした。原の辻遺跡は紀元前200年頃に集落として誕生し、環濠集落として発展した。紀元前後には朝鮮半島との交易の中継地として対外交流の拠点となった。3世紀には「一支国」の王都として繁栄したが、350年頃に遺跡は廃絶する。この廃絶は倭王権の朝鮮諸国との積極的な交流がはじまる前後のことである。資料12 の冒頭にふれたように、朝鮮半島と日本列島の交易においては、はじめは勒島遺跡がその拠点であり、北部九州の首長層も交易品を求めて勒島に人を遣わした。その後、原の辻遺跡が交易の拠点となり、西日本や朝鮮半島から人々が集まってきたが、4世紀半ば以降になると交易の中心は対馬や博多湾周辺に移っていく。

　『魏志』倭人伝には、「又南渡一海千餘里。名曰瀚海。至一大国。官亦曰卑狗、副曰卑奴母離。方可三百里。多竹木叢林、有三千許家。差有田地。耕田猶不足食。亦南北市糴」とある。ここにみえる「一大国」は他書に「一支国」とあり、記事の文脈からも、壱岐にあったクニを指すと考えられている。末尾に「南北市糴」とあるように、人々は交易活動を生業にして暮らしていたのである。これらの文献資料と復元された原の辻遺跡を重ねあわせれば、両地域の交易・交流を理解する助けとなるだろう。

〈問いの意図・解答例〉

　【問1】は、資料1 の1矢印をたどりながら、人類がアフリカを出たあと5万年前に東南アジアに到達し、中国・シベリアへと北上して4－3万年前には朝鮮半島・日本列島に移動したこと、また東南アジアから海上の道を北上して日本列島に移動したこと、さらに3万年前にシベリアに到達した人類の一部がその後サハリンを経て日本に移動したことを理解させたい。【問2】は、図示した形状から、尖頭器が狩猟に使う道具であり、獲物を刺突するために先端を鋭く尖らせて、槍の先に装着して用いられた石器であることを理解させたい。2つの遺物から、両地域で同じような狩りが行われており、大型動物を追って人々が移り住んだ可能性や交易によってもたらされた可能性を想定できることが問いのねらいであり、【問1】と関連させて人々の活動を理解させたいところである。

　【問3】は、地図に示された矢印によって、腰岳産の黒曜石が朝鮮半島でも出土していること、白滝産の黒曜石がサハリンの遺跡で出土していることを理解させたい。朝鮮半島ではプサンの東三洞遺

跡、慶尚南道統営の烟台島などで腰岳産の黒曜石製の石器が見つかっている。【問4】は、結合式釣針がいずれも大きな針であることに留意すれば、人々が外洋に出かけて、回遊するマグロやサメなどの大型魚を採るための道具であったことが理解されよう。軸と鉤を別々に作るのは、獲物を釣り上げる際に破損する可能性があるためである。

　【問5】については、〈資料の解説〉を参照してほしい。クジラの背中に小さい子クジラを描いているものがあり、祭祀を行う人を描いた人物も左下に描かれている。石刻画の内容をどのように理解するかについて正解はないので、じっくりと観察して石刻画を描いた人々の願いや暮らしに想像力を向けてほしい。

　【問6】関わる 資料7〜9 は、いずれも葬送儀礼のなかで死者の霊魂を送るために利用された船である。 資料7 は船底が分厚くつくられている。船底に丸木を利用したことによるものである。船首と船尾には波切板（竪板）があり、船首・船尾と船体を分けるための仕切板、櫂（オール）をさすためのピボットが3つ並んでいる。 資料8 は1人用の船で、積荷を船体の真ん中に積んだとみられる。 資料9 はより大きな船で、基本的な構造は同様である。せり上がった船首・船尾や波切板の存在から、外洋に出て遠距離を行き来したことが想定され、こうした船を利用して朝鮮半島と日本列島のあいだを航海したことを理解してほしい。

　【問7】は、 資料10 を手がかりにすれば、中国・日本との交易の姿が見えてくるだろう。【問8】の木簡・筆は、伝達手段としての筆記具であり、帳簿の管理が行われていたことを示唆する。【問9】は、北部九州産の弥生土器が持ち込まれていることから、北部九州の首長層が交易に参入していたことがうかがえる。南西諸島の貝製品も彼らを介して勒島遺跡にもたらされた。また、原の辻遺跡には、西日本各地の土器が流入しており、広範な地域の首長層が交易に参入したことが予想される。勒島遺跡との違いが認められる。原の辻遺跡には、渡来人の移住や外国使節の往来があったと考えられており、こうした人々も交易に従事したとみてよい。

〈参考文献〉

壱岐市立一支国博物館編『海の王都　原の辻遺跡と壱岐の至宝』2015年

藤尾慎一郎・松木武彦編『ここが変わる！本の考古学―先史・古代史研究の最前線』吉川弘文館、2019年

歴史教育研究会・歴史教科書研究会編『日韓歴史共通教材　日韓交流の歴史』明石書店、2007年

2 古墳にはどのような日韓交流の痕跡が残されているか

┌ 学 習 課 題 ┐
　古代の人々が石積みや盛土をして築いた墳墓（本節では「古墳」とする）は、祭祀の場であり、地域の首長や王の権力の象徴であった。墓室や棺、墓に納めた副葬品には当時の死生観や死後の世界に対する考えが投影されている。日本列島と朝鮮半島との古墳を比較して両地域の交流を理解しよう。

キーワード　壁画古墳　装飾古墳　女性図　天文図

1. 朝鮮半島と日本列島に築かれた古墳

　古代の人々は、死者をまつるために石を積んだり、盛土をするなどして権力者の墓を築いた。朝鮮半島で作られた古墳は、中国文化の影響を受けながら各地域で独自に発展したものであり、日本列島で作られた古墳もまた、そうした朝鮮半島の古墳に影響を受けながら、独自に発展した要素を備えている。

資料1

資料2

資料3

資料4

封土
積石
副葬品を収める箱　棺

A.　**磚室墳**（せんしつふん）：壁面の上部を少しずつ内側の方へ傾かせてドーム状の墓室を造った。磚はレンガのことで、城壁や墓室に使われた。中国の南朝の影響を受けてつくられた。写真は百済（ペクチェ）の武寧王（ニョンワン）の墓である。墓からは墓誌（ぼし）とともに、地下世界の土地を買うための買地券が見つかった。武寧王は北部九州のとある島で生まれたと伝えられ、その棺は日本に自生するコウヤマ

キという樹木を用いて作られていた。

B. 積石木槨墓：死人と副葬品を安置する木槨（もっかく）の上に石を敷きつめて、さらにその上に盛土（封土（シルラ））をしてつくる。新羅の王都に築かれた古墳の特徴である。ペガサスのような図（資料5の写真）が出土した天馬塚（チョンマチョン）がよく知られている。

資料5 天馬塚出土の図

C. 積石塚：地面に穴を掘らず死人の上にピラミッドのように石を積み上げてつくられている。側面に巨石を立て掛けている。高句麗（コグリョ）の古墳の特徴だが、百済が支配していたソウルにもみられ、日本でも確認されている。写真は広開土王（クァンゲトワン）の墓とされる将軍塚。

D. 前方後円墳：方墳と円墳を組み合わせた形をしている。墳丘（ふんきゅう）を石で葺（ふ）き、まわりに人や動物、建物をかたどった埴輪をならべているものもある。近畿地方から九州・東北地方に広がった。5世紀には大山古墳（だいせん）（伝仁徳天皇陵（にんとく））など巨大な墓が築かれた。写真は保渡田古墳（ほどた）（群馬県高崎市）。

【問1】 資料1〜4は、3〜7世紀の朝鮮半島や日本列島でつくられた代表的な古墳の写真であり、解説文A〜Dは、資料1〜4の古墳に代表される古墳の形式についてのいずれかの説明である。資料と解説文との対応関係を考え、それらの古墳がどの地域に分布したかを資料6の地図から推測してみよう。そして、資料6の地図の空欄に資料1〜4と古墳の形式を記入しよう。

資料6 日本列島・朝鮮半島の主な古墳

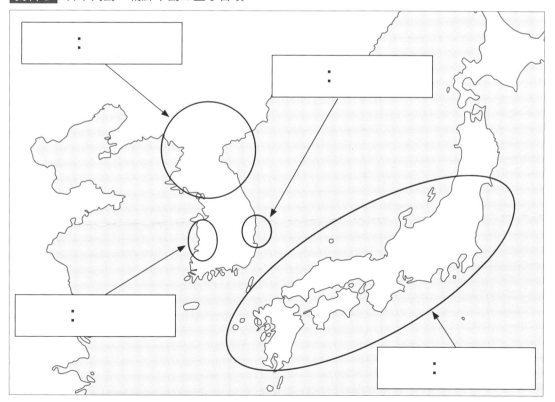

２．生活や風俗を描いた高句麗の壁画古墳

　高句麗の古墳は４世紀後半に積石塚から封土墳へと変化し、横穴式の墓室の壁面などに色彩豊かな絵が描かれるようになった。これを壁画古墳といい、これまでに80基以上が発見されている。壁画の内容は築造時期によっても異なるが、当時の生活や埋葬された人物の生前の姿、狩猟や相撲、四神図（青龍・白虎・朱雀・玄武）、星座などが描かれている。

| 資料7　徳興里古墳 | 資料8　角觝塚 |

【問２】　資料７・８は、高句麗の壁画古墳に描かれた壁画の一部である。それぞれどのような様子が描かれているかを観察して、高句麗にどのような文化があったか説明してみよう。また、現在の日本や韓国に似通った文化があれば、話してみよう。なお、資料７の中央上部から右下におりる線は、天の川である。資料８の左奥に描かれた樹木の下には熊と虎が描かれている。

３．日本列島の装飾古墳

　日本でも５〜６世紀に壁面に彩色を用いて様々な意匠を描いた古墳が造られた。それらは装飾古墳と呼ばれる。九州を中心に650基を超える古墳が見つかっている。

| 資料9　王塚古墳内部ａ | 資料10　王塚古墳内部ｂ |

【問３】　資料９・10は、日本の福岡県の王塚古墳内部の装飾壁画の様子である。下欄のア〜オの意匠（模様）がどこに描かれているか確かめてみよう。

ア　蕨手文（曲線の端が植物の蕨のように渦状に巻いている）　　イ　円文
ウ　靫（矢を入れて背負う）　　エ　連続三角形　　オ　馬

4．海を渡った古墳の文化

　日本の奈良県の高松塚古墳に描かれた女性図やキトラ古墳に描かれた天文図に代表されるように、7世紀末の日本には高句麗系統の壁画古墳が出現する。東アジアの大きな変化を背景に、画工たちが海を越え、日本列島に新しい文化や技術を伝えたのである。

資料11 高句麗安岳3号墳：夫人図

資料12 日本の高松塚古墳：女官図

【問4】資料11〜12に表現された女性像に共通する要素や相違点を書き出してみよう。

資料13 日本のキトラ古墳（天文図）

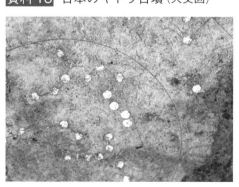

資料14
高句麗の双楹塚：日象
図（三足烏）

資料15
高句麗の双楹塚：月象
図（蟾蜍）

【問5】資料13~15は、高句麗と日本の古墳に描かれた天文図である。どんな天体や星座が描かれているか。資料14・15の円は太陽と月を表している。それぞれの中に描かれた動物は何だろうか。

【問6】ここで学んだ日本列島と朝鮮半島と古墳文化の交流について整理しよう。

教 材 解 説

〈教材のねらい〉

　本節では、3〜7世紀の古墳築造とそれをとりまく文化の展開を軸に、同時期の朝鮮半島と日本列島の交流の様相を取り上げた。古墳の形状や石室に描かれた壁画に注目して両地域の交流がどのようであったかを、具体的に考えさせていきたい。

〈資料の解説〉

　「1．朝鮮半島と日本列島に築かれた古墳」では、朝鮮三国（高句麗・百済・新羅）と倭に特徴的な古墳の形態を1つずつ取り上げた。

　資料1 は高句麗古墳の特徴をなす積石塚（集安の将軍塚）である。将軍塚をはじめ、高句麗の旧都であった中国吉林省集安に営まれた古墳が代表的で、百済の拠点であった漢江下流域にも分布する（ソウル市・石村洞古墳など）。神話上、百済の始祖は、高句麗にルーツをもつとされるが、古墳にも類似性が認められる。

　百済では、中国の文化的影響を受けた横穴式石室墳や磚室墳（資料3、公州の武寧王陵）が築造された。新羅の積石木槨墓（資料4、慶州の天馬塚）は、楽浪郡の漢人文化と高句麗の積石塚の影響を受けて築造されたものである。日本の古墳としては前方後円墳（資料2、群馬県の保渡田古墳）を挙げた。後円部に死者を葬る埋葬施設があり、前方部は死者をまつる祭祀、大王・首長の交替儀礼が行われたとされる。前期の前方後円墳は竪穴式の石室をもつが、朝鮮半島の影響を受けてしだいに横穴式の石室に変化する。

　両地域における墳墓の築造は多様に展開し、この限りではない。日本の古墳から見つかる副葬品のなかには、朝鮮半島との交流をうかがわせる鉄製品や装飾品も少なくない。交流史の視点から古墳文化を取り上げる際には、それらの物証にも注目したいところである。

　「2．生活・風俗を描いた高句麗の壁画古墳」は高句麗の壁画古墳を取り上げる。

　資料7 に描かれるのは牽牛と織女であり、上から左下に天の川が流れる。資料8 は相撲をとる褌姿の男たちを描く。

　「3．日本列島の装飾古墳」では、福岡県の王塚古墳の石室内部（資料9・10）を取り上げている。装飾古墳の出現の前提には、高句麗などで盛行した壁画古墳があったと目される。古墳に描かれた蕨手文などの文様は、邪悪なものを寄せ付けないよう施されたものとされている。前室から玄室にはいる門柱には黒と茶色の4頭の馬（牡牝2頭ずつ）が描かれている。馬は死者の魂をあの世に運ぶ乗り物であった。5世紀以降の日本の古墳からは、馬をかたどった埴輪や副葬品として馬具などが出土する。馬を飼育する文化は朝鮮半島から伝わったもので、それが日本列島の人々の生活だけでなく霊魂観など、精神生活にも変化を及ぼしたことを理解できよう。

　「4．海を渡った古墳の文化」では、壁画古墳に描かれた女性図と天文図を取り上げる。

　資料11 は高句麗の安岳3号墳の墓主夫人図、資料12 は日本の高松塚古墳の女官図である。安岳3号墳は長寿王が427年に遷都した平壌に築かれた古墳である。壁画の女性は麗美な色合いの衣服を幾重にも重ねており、中国大陸の文化の受容に積極的であった平壌時代の衣服の特徴として理解するのが一般的である。高松塚古墳に描かれた女官たちの姿は、安岳3号墳の女官の衣服に通じる特徴を

持つ。被服や衣冠の中国化の反映と考えられる。

　資料13 は、7世紀後半に築造された日本のキトラ古墳の天文図（部分）である。資料14・15 は、5世紀末に築造された双楹塚（朝鮮人民共和国南浦市）の内部に描かれた太陽と月の図像である。太陽の中には三足烏が描かれる。日本の神話では八咫烏というが、三本足の烏はアジアに分布する太陽信仰にみられる。一方、月の中には蟾蜍が描かれる。他に蟾蜍と兎が描かれる場合もある。高句麗では星に対する信仰が受容され、道教の知識に基づいて、北斗七星には死を掌る神が宿り、南斗六星には生命を掌る神が宿ると考えられていた。星に対する信仰や知識は朝鮮半島諸国から日本列島に伝わった。キトラ古墳はその事実を示唆する。資料13 には、中央に北斗七星、内規（赤線で引かれた中央の円）や赤道・黄道（の一部）がみえる。

〈問いの意図・解答例〉

　【問1】は、説明文A～Dを読めば解答を導ける。【問2】の 資料7 は、年に一度、七夕の日だけ会える牽牛と織女（彦星と織姫）の姿である。天の川にも気付かせたい。資料8 は相撲の様子を描く。樹下の熊と虎は、朝鮮の建国神話である檀君の降誕とかかわる。【問3】のアは 資料9 の下部や 資料10 の馬のまわりに、イは 資料11 の上部（石室の天井部）に星を表現するように描かれている。ウは 資料11 の下方左右に、エは 資料11 の中央の石棺とその周辺に、オは 資料10 の左右に描かれる。【問4】については、〈資料の解説〉を参照。襞のついた裳（スカート）、後ろでまとめた髪、胸の前で組みあわせた両手を袖で覆い隠している点など、気付いた点を書き出すだけでよい。【問5】も〈資料の解説〉を参照。日本の生徒には、三足烏と八咫烏の共通点に気付き、神話の世界がアジアとのつながりを持っていることを知ってもらいたい。

〈参考文献〉

全国歴史教師の会編『躍動する韓国の歴史』明石書店、2004年（韓国版は2002年）
平山郁夫・早乙女雅博監修『高句麗壁画古墳』共同通信社、2005年
チョンホテ『古墳壁画からみた高句麗物語』プルピッ、1999年（韓国語）
キムイルグォン『高句麗の星座と神話』四季節、2008年（韓国語）

3 日本と新羅の外交はどのように展開したか

┌─ 学 習 課 題 ─────────────────────────────┐

　　4〜7世紀の朝鮮半島では、高句麗・百済・新羅が覇権を争った。日本列島では倭が先進の
文化や技術、鉄資源を獲得するために、百済や加耶諸国と交流し、半島情勢に介入した。そして、
7世紀後半に百済・高句麗が滅亡すると、倭（日本）と新羅の新たな交渉がはじまった。ここ
では7・8世紀の両国の外交と交流について考えよう。

└──────────────────────────────────────┘

キーワード 白村江の戦い　席次争い　神功皇后　正倉院　新羅文物

1. 百済・高句麗滅亡後の倭と新羅の関係

　倭は百済（ベクチェ）の復興のために、唐・新羅（シルラ）に挑んだが、663年に白村江（はくそんこう）の戦いで大敗した。両国の侵攻を恐れた倭は、北部九州をはじめ西日本の防衛体制の整備を急ぎ、各地に山城を築き、烽燧や兵士（防人（さきもり）、防人）を配置した。一方、新羅は668年の高句麗（コグリョ）滅亡後、朝鮮半島にとどまる唐の勢力を排除しようと動き出した。これにより、新羅と唐の関係は悪化していった。

資料1 唐の将軍と新羅王が交わした手紙

┌──────────────────────────────────────┐

（A）唐の将軍薛仁貴（せつじんき）が新羅王（文武王（ムンムワン））に信書を送った。

　　皇帝の命を受けてこの地に赴いたが、貴殿はこびへつらい、偽りの心をもって辺境の地で武力をふるっている。‥‥先王（武烈王（ムヨルワン））の存命中、新羅は唐の援助をうけた。しかし、貴殿は誠実を装って礼を行い、天の偉大な功績をむさぼり、唐の恩恵を受けながら、のちに反逆をはかった。それは先王がよしとしなかったところである。

（B）これに対して、文武王は返書を送った。

　　（前略）乾封3年（668）、唐の将軍李勣（りせき）は新羅の騎兵500人を使って城門に入り、平壌（ピョンヤン）を撃破し、（高句麗を）討滅するという武功を挙げた。ときに新羅の兵は言った。「（新羅と唐が協力して百済・高句麗を）征すること9年、（新羅は）人力を尽くして平定にあたり、今日、積年の願（ねが）いを果たした。わが国は（唐の皇帝から）恩恵を施され、人々も功にあずかるだろう」と。しかし、英公は言った。「新羅がさきの戦で時期を守らなかったことも考慮しなければならない」と。兵士たちは、その言葉に恐れおののいた。

　　総章元年（668）、百済は盟約を破り、移封し、標（しるし）をかえ、田地を奪った。‥‥また、各地からの連絡や噂によれば、国家（唐）は船舶を修理し、外には倭国を征伐すると言っている。しかし、本当は新羅を攻撃しようとしているのだという。人々はこの話を聞いて、驚き、怯（おび）え、心が安まることがないのである。

　　　　　　　　　　（『三国史記』新羅本紀・文武王11年（671）7月26日条、一部を抜粋・意訳）

└──────────────────────────────────────┘

資料2 671 年　対馬からの使者が報告した僧道久らの伝言

　（11 月）10 日、唐国の使人郭務悰ら 600 人、送使沙宅孫登ら 1400 人、あわせて 2000 人が、47 隻の船に乗り、比智島*に停泊している。彼らは、「我々は人も船も多く、突然押し寄せたら、かの国（倭）の防人は驚いて攻撃してくるだろう」と言って、私たち（僧道久ら）を遣わした。

（『日本書紀』天智天皇 10 年（671）11 月条を意訳）

*比智島：未詳。韓国慶尚南道の巨済島西南に比珍島がある。

【問1】 資料1は、旧百済領にいた唐の将軍（薛仁貴）と新羅の文武王が交わした手紙の一部である。また、資料2は同じく唐の駐留軍の使者が対馬に到着した際のものである。2つの資料を通して、当時の新羅と倭（日本）は、唐との関係において、どのような課題に直面していたと考えられるか。資料1・2から読み取れることをまとめよう。

資料3　倭（日本）・新羅の外交使節派遣（664 〜 702 年）

使節が派遣された年次	664	665	666	667	668	669	670	671	672	673	674	675	676	677	678	679	680	681	682	683
倭（日本）→ 新羅					○	○						○	○					○		
倭（日本）→ 唐							○													
新羅 → 倭（日本）					○	○		○	○	○	○	○	○	○	○	○	○	○	○	○
新羅 → 唐	○	○		○	○	●	△		●			●								

	684	685	686	687	688	689	690	691	692	693	694	695	696	697	698	699	700	701	702
倭（日本）→ 新羅	○			○					○								○		
倭（日本）→ 唐																			○
新羅 → 倭（日本）	○		○			○			○			○		○					
新羅 → 唐				○								○							

●印は、唐への「謝罪」を目的とする使節　△印は、渡航失敗により中止

【問2】 資料3は、664 年〜 702 年の倭（日本）・新羅の外交使節派遣状況を整理したものである。倭（日本）・新羅両国の、唐への通交に比べて、両国間の使者の往還は頻繁であった。なぜこのような交流が続いたのだろうか。【問1】や資料3の●印も参考にして考えてみよう。

【問3】 7世紀後半の両国の関係は、倭（日本）や新羅の政治・社会にどのような影響を及ぼしたと考えられるか。教科書や資料集を調べてまとめてみよう。

2．8世紀以降の日本と新羅の外交と交流

　朝鮮半島の盟主となった新羅王は、8世紀に入っても引き続き日本に通交を求めた。新羅は唐との外交関係の回復を背景にして、日本に対して対等形式での外交に臨んだ。しかし、日本は新羅を朝貢国として扱い、朝貢国の使者としての振る舞いを強要した。そのため、両国の関係は悪化し、新羅は779 年を最後に外交使節の派遣を停止した。これにともない、日本の遣唐使船は、朝鮮半島を経由せず、海を横断して直接唐に向かう危険な航海を試みた。日本は9世紀前半に新羅に使者を送ったが、唐への外交使節派遣に先立って船舶の保護を求めたものに過ぎなかった。

資料4 753年 唐の朝賀での席次争い

　唐の天宝12載年（753）の正月、百官と諸蕃（唐に朝貢する諸外国の使者）が、（皇帝に）新年のあいさつを行った。皇帝は宮殿で朝賀を受けた。この日、（唐の役人は）日本の使者（大伴古麻呂）を西の第二の吐蕃国（チベット）の下の席につけ、新羅の使者を東の第一の大食国（ペルシア）の上の席につけた。私は次のように主張した。「昔からこの方、新羅は日本に長らく朝貢してきた国である。ところが、いま、新羅は東の上席に列し、私はその下にいる。容認できない」と。ときに（唐の）将軍の呉懐実は、私が引かないとみて、新羅の使者を西の第二の吐蕃の下につけ、日本の使者を東の第一大食国の上の座席につけた。　　　（『続日本紀』天平勝宝6年〈754〉条）

【問4】 資料4は、日本の遣唐使が唐から帰国した直後に報告した内容である。大伴古麻呂は、新羅の使者が自分たちより上の席についたことに異議を唱え、唐側に席次を変更させたという。彼はなぜ、日本の使者の方が上位の席にあるべきだと主張したのだろうか。資料から読み取ってみよう。

【問5】 唐が日本よりも新羅を上位の席につけたのは、どうしてだろうか。また、唐はなぜ席次を変更したのだろうか。話し合ってみよう。

　新羅の資料には、新羅が日本への外交使節の派遣を取りやめた経緯について、何も残されていないが、日本の資料には、日本中心の立場から、新羅をどのように扱おうとしていたかが分かる記録がある。それらを通して、両国の外交関係が破綻した要因を考えてみよう。

資料5 新羅使が来日した際の記録（760年）

　新羅国の金貞巻が朝貢した。‥‥貞巻が「職貢（朝貢）を修めないまま久しい年月が過ぎたので、本国の王が御調*を貢進させたのです。また、日本の風俗・言語をよく知る者がいないので学語2人を送ります」と述べたので、（日本の）朝廷は次のように伝えた。

　「およそ朝貢するにあたっては、忠と信をもって礼義を通すものである。新羅の言葉には信義もなく、また礼義も欠いている。これは本末転倒でわが国が賤しむところである。また、王子金泰廉が入朝した日、故事にしたがって（日本に）仕えると言った。その後、小野田守を遣わしたとき、新羅の扱いは礼を欠くものだった。そのため田守は使命を果たさずに帰国した。王子も信用できない。ましてや今回の使者は官位の低い使者である。どうして信用できようか。」

　貞巻は、「田守が新羅に来た時、私は地方官として赴任しており、都にはおりませんでした。それに、身分の低い私のような者には詳しい事情は分かりません」と答えた。

　そこで、（日本の朝廷は）貞巻に対して、「使者の身分が低いので賓客として接待することはできない。大宰府より帰国させるのでそなたが本国に報告せよ。今後は、使者として処遇するにふさわしい人を送り、忠信の礼をとり、旧来どおりの調物*を献上し、朝貢国であることをはっきり述べること。この四つをすべて整えて来朝せよ」と通達した。

　　　　　　　　　　　　　　　　　　　（『続日本紀』天平宝字4年〈760〉9月癸卯条、意訳）

＊御調・調物…朝貢品、もしくは服属の意志を示すために献上される品。

【問6】 資料5は760年に新羅使金貞巻が来日した際の記録である。下線部で、日本が新羅に要求した4つの事柄とは何であったか。そして、それらはどのような意味を持つものであったか、考えてみよう。

コラム 「神功皇后の三韓征伐」は本当か？

資料6 月岡芳年が書いた神功皇后（『日本史略図会』）

　日本には、神功皇后が神意を受けて朝鮮半島に進軍して新羅を降伏させたという伝説がある。この話は8世紀前半に編纂された文献（『古事記』『日本書紀』）に登場し、その後も史実であるかのように扱われ、19世紀には朝鮮の権益を獲得するための口実としても利用された。かつて日本が朝鮮の国を服属させたとする認識は、朝鮮に対する日本人の優越感を満たすもので、朝鮮に対する蔑視観を生み出した。文献によれば、神功皇后は4世紀後半の人物である。その頃から倭は朝鮮半島の情勢に外交・軍事の面から関わりをもつようになった。そのことは高句麗広開土王碑にも刻まれている。しかし、現在まで、古代日本が朝鮮半島を支配していたという考古学上の発見はない。倭が新羅や他の諸国を圧倒し、支配下に置いた事実は認められないのである。

---

3. 日本に伝えられた新羅の技術・文化

資料7 鳥毛立女屏風 第4扇（部分）

　古代の日本は朝鮮半島諸国との交流を通して、土器の製法やカマド、土木・建築の技術、文字や仏教・儒教など、さまざまな技術・文化を学んだ。

　8世紀に来日した新羅の外交使節は、数多くの交易品も携えており、その品々は貴族層のあこがれであった。日本の奈良県の東大寺正倉院の鳥毛立女屏風（資料7）の下貼から発見された「買新羅物解」は、日本の貴族が新羅から購入しようとした物品の目録や全体の価格を書いた購入申請文書である。そこには、人参や松の実など新羅産とみられる物品のほか、香料・薬物・顔料や金属器など、唐ないしは東南アジア、西アジアから運ばれてきた物品名が書かれていて、両国間の交易の事実とともに、当時の新羅商人の交易活動の様子をうかがわせる貴重な資料となっている。

資料8 　新羅製の墨

　　正倉院には 15 挺の墨が伝えられている。1 挺は
大仏の開眼供養に用いられた大型の墨で、その他
は船形や棒状の実用の墨である。そのなかには船底
（裏）の部分に「新羅楊家上墨」と刻まれたものや「新羅武家上墨」と刻まれた船形の墨がある。

資料9 　白銅剪子

　　把手に 蕨 手状の飾りを施した白銅製のハサミ。先端が半円形にふ
くらんでいる。従来、直径約 3 cm の金具を付けていた痕跡が残ってい
たが、用途はよく分かっていなかった。しかし、新羅の都があった慶
州の雁鴨池からほぼ同じ形のハサミが発掘され、その先端には半円形
の金具が付けられていた。刃を合わせると円形になって、切り取った
ものが落ちない仕組みになっていた。蝋燭の灯心を切るために用いら
れたものであると分かり、正倉院に伝わる白銅のハサミも同じ用途で
使われたと考えられるようになった。

資料10 　佐波理加盤と新羅文書

　　佐波理は銅 80％前後、錫 20％前後に少量の鉛・ヒ素を加えた合金で、あざやかな金色であ
る。飲食や供養の容器だが、たたくと美しい音色がするので梵音具としても用いられた。4 口が
現存する。佐波理加盤には、再利用された新羅の文書が挟み込まれていた。表と裏は別々の文書
で、表は「巴川村」という地方の村から
の貢進物か租税を月ごとに記した帳簿の
控えで、貢進物の収納や保管を担当す
る新羅の中央官庁で作成された。裏は官
人たちに対する俸禄の支給を記録したも
ので、両面が使われて反古紙になったあ
と、工房に払い下げられて佐波理加盤の
包装や保護に利用されたと考えられる。

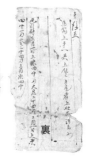

表　　　裏

【問7】 資料 8 の墨に刻まれた文字からは、どのようなことがわかるか。説明文も参考にして考えて
　　　　みよう。

【問8】 資料 9 は何に使われたハサミだと考えられるか。説明文を読んで答えよう。

【問9】 資料 10 は複数の鋺が入れ子式になった重ね鋺である。外側の鋺に新羅の文書が付いていた。
　　　　この文物はどのような経緯で日本に入ってきたと考えられるか。資料 8 も参考にして話し
　　　　合ってみよう。

【問10】この節のまとめとして、8 世紀の日本と新羅の外交関係と文化交流について整理してみよう。

教 材 解 説

〈教材のねらい〉

　ここでは、7世紀後半以降の日本と新羅の外交関係と交流の特徴を把握させることをねらいとしている。新羅は7世紀前半の外交を通じて、対高句麗戦争、対百済戦争における隋・唐の支援をとりつけ、660年には百済を滅ぼし、次いで668年には高句麗を滅ぼした。百済滅亡後、倭は百済復興を企図して兵士を朝鮮半島に送り込んだが、唐・新羅の連合軍に敗北した。この敗北を機に、倭は唐・新羅の侵攻に備え、国内政治の再編を進め、8世紀初頭までに、天皇号の創始、国号＝日本の制定、律令の制定、官僚組織・中央－地方行政組織の整備など、その後の国家体制の基盤となる改革が推進されたのである。

　663年の交戦後から702年まで、倭は唐に対して正式の外交使節を派遣していない。同じ交戦国ではあっても、新羅使・遣新羅使の頻繁な往還が示すように、新羅とは緊密な関係を回復していた。新羅は678年に百済の故地から唐の駐留軍を追い出して、三韓一統を果たすが、それまでの間、百済遺民の抵抗があり、また唐の軍勢に苦しめられていた。百済・高句麗を滅ぼした後も、朝鮮半島地域を支配領域とするには困難な状況が待ち受けていたのである。そうしたなか、新羅は金東厳を倭に派遣して国交回復を図った。それは侵攻に備える倭にとっては望外の出来事であった。

　この間の新羅と倭の交渉は、『日本書紀』に国政の報告や朝貢等と記されているが、中国の文物を先取していた新羅との交流は、前述の諸改革を進めるうえでも重要であった。当該期から奈良時代にかけての仏教や仏教美術には、新羅の文化的影響が認められる。

　8世紀になると、日本は新羅に朝貢形式の外交を強要し、新羅は日本に対等な外交関係を求めたことから、外交姿勢をめぐって対立を深め、国家間の外交は終焉を迎える。その転換点は、730～40年代に求められるが、大局的にみれば、7世紀末の大祚栄による渤海建国、唐での武則天の即位にともなう東アジア国際関係の変化をその背景にみることができよう。武則天は、自身の国内での立場の脆弱性から、国際関係において強硬な政策をとらず、諸国との良好な関係を模索した。新羅や日本が唐との国交を回復したのもこの時期であったが、渤海との軍事的緊張を背景に、新羅は唐との信頼関係を取り戻し、国内支配の安定とともに、日本との外交に新たな関係を求めていく。

　新羅と日本の交渉は、東アジア情勢を背景とした戦争・対立のみならず、外交使節の往還や交易活動によって、新しい知識・文化を日本にもたらした。その一端を伝えるのは、東大寺正倉院に残る新羅文物である。本節の最後に、それらの文物の理解を通して両国の交流の痕跡を

〈参考〉日本と新羅の外交関係の推移

年	事　項
686	新羅、約10年ぶりに唐に朝貢する
690	唐で武后が即位する
698	大祚栄、渤海を建国する
702	日本、約30年ぶりに唐に朝貢する
722	新羅、日本の侵攻に備えて城を築く
733	唐、渤海を討つため、新羅に出兵を要請する
734	新羅、国号を「王城国」としたことを日本に伝える 日本、使者を受け入れず帰国させる
737	日本で新羅侵攻計画が浮上する
752	新羅使金泰廉の一行が来日する
753	唐で日本が席次争いをおこす（資料4）
759	日本で新羅侵攻が計画される（実行されず）
760	新羅使金貞巻が来日 日本、4カ条の要求を示す（資料6）
779	新羅使金蘭蓀が来日（最後の新羅使）
836	日本、遣唐使の保護を要請するため、紀三津を新羅に派遣（最後の遣新羅使）
842	新羅人の入国を禁止する

知る手がかりとして教材化した。

〈資料の解説〉

資料1 は、『三国史記』新羅本紀・文武王11年条にみえる唐の将軍薛仁貴と新羅の文武王のやりとりである。長文のため一部を抜粋した。朝鮮半島の支配権をめぐって、新羅と唐が対立するなか、新羅においては、唐の侵攻の噂が広まっていた。

資料2 は、『日本書紀』天智天皇10年（671）11月条である。旧百済領に駐留する唐軍の使人郭務悰らの派遣を伝える。倭では防人を置くなど臨戦態勢を整えていた。そのため、突如大挙して到来すれば、交戦に発展する可能性があった。そのため、唐軍側は事前に僧道久らを派遣したのである。2つの資料から、7世紀後半の百済・高句麗の滅亡、および白村江の戦い後、両国ともに唐の侵攻を警戒しなければならない状況にあったことが理解できよう。

資料3 は、7世紀後半から8世紀初頭に、倭（日本）・新羅が外交使節を派遣した年を○印で示した簡略な年表である。●印は新羅が唐に謝罪使を派遣した年で、資料1 の出来事の直後に、唐の侵攻を回避すべく3度派遣された。この状況が新羅の対唐関係の悪化に繋がっていることが分かる。

資料4 は、『続日本紀』天平勝宝6年（754）条である。大伴古麻呂は、同4年（752）に入唐した遣唐使の副使で、同5年（唐の天宝12載）正月に玄宗が出御して挙行された朝賀に臨席し、その後、鑑真を乗せて日本に帰国した人物である。資料は、唐で日本が起こした席次争いを伝える。日本の立場に依った主張であることに留意して、資料を読んでほしい。

資料5 は、760年に来日した新羅使金貞巻に通達した日本の要求である。日本は、これ以前、752年の金泰廉来日時に、「故事にしたがって」朝貢するとの言質を得たとされる（資料4 はこの直後の出来事）。しかし、それによって、新羅が日本に朝貢の礼をとった訳ではない。753年に日本から小野田守を派遣した際にも、新羅の迎接は礼を欠くもので、両国の不信は解消されなかった。そこで、金貞巻来日に際して、新羅側に朝貢国としての礼をとるよう強要した。

新羅を朝貢国とみなす日本の史料の扱いについては注意が必要であろう。事実上、最後の交戦となった白村江の戦いに勝利したのは新羅である。新羅は戦勝国であるから、日本の史料に看取される新羅が古来より朝貢国であったとする日本の貴族層の認識の歪みが問題になる。『三国史記』など新羅の歴史資料には、必ずしも日本に対する外交認識が看取されない。それゆえ、日本資料に依拠して両国の関係を取り上げれば、日

〈参考〉日本と新羅の外交使節往還

日本→新羅（遣新羅使）			新羅→日本（新羅使）		
年	使者	出典	年	使者	出典
700	佐伯麻呂	『続日本紀』	700	金所毛	『続日本紀』
703	波多広足	『続日本紀』	703	金福護	『続日本紀』
704	幡文通	『続日本紀』	705	金儒吉	『続日本紀』
706	美努浄麻呂	『続日本紀』	709	金信福	『続日本紀』
712	道首名	『続日本紀』	714	金元静	『続日本紀』
718	小野馬養	『続日本紀』	719	金長言	『続日本紀』
719	白猪広成	『続日本紀』	721	金乾安	『続日本紀』
722	津主治麻呂	『続日本紀』	723	金貞宿	『続日本紀』
724	土師豊麻呂	『続日本紀』	726	金造近	『続日本紀』
732	角家主	『続日本紀』	732	金長孫	『続日本紀』
736	阿倍継麻呂	『続日本紀』	734	金相貞	『続日本紀』
740	紀必登	『続日本紀』	738	金想純	『続日本紀』
742	不明	『続日本紀』	742	金欽英	『続日本紀』
752	山口人麻呂	『続日本紀』	743	金序貞	『続日本紀』
753	小野田守	『続日本紀』	752	金泰廉	『続日本紀』
779	下道長人	『続日本紀』	760	金貞巻	『続日本紀』
799	大伴岑麻呂	『続日本紀』	763	金体信	『続日本紀』
804	大伴岑麻呂	『続日本紀』	764	金才伯	『続日本紀』
806	不明	『三国史記』	769	金初正	『続日本紀』
808	不明	『三国史記』	774	金三玄	『続日本紀』
836	紀三津	『続日本後紀』	779	金蘭蓀	『続日本紀』
878	不明	『三国史記』	803	不明	『三国史記』
882	不明	『三国史記』			

本寄りの思考を相対化できない。ここでは、この点に配慮して、〈コラム〉として神功皇后伝承を取り上げた。客観的に歴史を考える手がかりとして、その虚構性を扱った。資料8～10 は東大寺正倉院に伝わる新羅関係の文物である。資料の性格は本文に解説した通りである。

〈問いの意図・解答例〉

【問1】資料1 には新羅国内に唐の侵攻を恐れる人々の姿があったこと、資料2 には倭が唐の侵攻を警戒して臨戦態勢を整えていたことが書かれている。新羅・倭両国で唐に対する軍事的緊張が高まっていたことが窺われる。【問2】新羅と倭（日本）は、【問1】でみたように唐を警戒しつつも、両国が連携を深めていったことを示唆する。唐との関係は、両国ともに長い断絶期間が認められる。【問3】日本では天武・持統天皇が在位した時期にあたり、飛鳥浄御原令の制定、藤原京の造営をはじめ、律令国家の骨格が形成された時期にあたる。

【問4】資料4 の中段にみえる大伴古麻呂の主張は、新羅が日本の朝貢国であるというものである。それゆえに、元日朝賀において日本よりも新羅の使者のほうが上座にあることを不満とした。【問5】唐側は古麻呂の主張により、やむを得ず両国の使者の席次を変更したが、唐を中心とする国際秩序においては、日本よりも新羅の地位のほうが高かったことが分かる。【問6】日本側は金貞巻を通して、新羅に、①国の使者としてふさわしい人物の派遣、②日本に対して忠信の礼をとること、③朝貢国の証として調物を献上すること、④日本の朝貢国であると言葉で伝えること、を要求した。総じて、新羅を日本の朝貢国として下位に位置付けようとする要求であった。この要求は新羅の受け入れるところとならなかった点にも注目させたい。

【問7】「新羅楊家上墨」「新羅武家上墨」は、新羅の「楊家」「武家」で生産された上質の墨であることを明記した文言である。新羅貴族の邸宅や工房などで作られた製品が、外交使節派遣に際して交易品として日本に持ち込まれたと考えられる。【問8】灯りをともすために使用する蠟燭の芯を切るための道具である。【問9】地方の村で作成された文書が新羅の中央政府に送られたあと用済みになり、工房に払い下げられた。佐波理加盤が日本に輸出される際に、傷がつかないよう保護するためにこの文書が挟み込まれたと考えられる。

〈参考文献〉

石井正敏「大伴古麻呂奏言について―虚構説の紹介とその問題点」『法政史学』35、1983年
鈴木英夫・吉井哲編『歴史にみる日本と韓国・朝鮮』明石書店、1999年
鈴木靖民『古代対外関係史の研究』吉川弘文館、1985年
李成市『東アジア王権と交易―正倉院の宝物が来たもうひとつの道』青木書店、1997年
歴史教育研究会・歴史教科書研究会編『日韓歴史共通教材　日韓交流の歴史』明石書店、2007年

日本と渤海はどのように交流を深めたのか

学 習 課 題

　渤海は 698 年に高句麗遺民と靺鞨人が建てた国で、日本とも頻繁に交流した。9世紀の日本は新羅との関係が悪化し、遣唐使の派遣も順調ではなかった。しかし、渤海との交流は盛んであった。両国の交流において、温かい友情を交わした貴族も少なくない。渤海人と日本人はどのように交流を深めたのだろうか。

キーワード　遣唐使　渤海使　留学生　漢詩文　王孝廉　空海　貞素　霊仙

1. 空海と王孝廉の出会い

　814 年に日本に初めて来た渤海国使の王孝廉は、日本に密教を伝えた空海に手紙と漢詩文を贈ったことで知られる人物である。空海と王孝廉との出会いは 10 年前にさかのぼる。804 年に日本から派遣された遣唐使は、長安での滞在中、渤海国から来ていた王子一行の訪問を受けた。このとき、王孝廉は王子に随行していた外交官僚であったとみられる。

　資料1は、そのときの両者のやりとりを伝える記録である。留学僧としてこの遣唐使に同行していた空海は、渤海王子に送った大使藤原葛野麻呂の手紙を代筆している。資料2はその手紙の内容の一部である。また、資料3は王孝廉が渤海国使となり、日本に来た際（資料4参照）、空海と手紙を交わしたことを伝える。3つの資料から、9世紀初頭の両国の親密な関係を垣間見ることができる。こうしたなかで、空海と王孝廉はお互いの親交を深めようとしたのである。

資料1　805 年　長安での出会い

　805 年、長安滞在中の日本の遣唐大使のもとを、渤海国の王子一行が訪ねてきた。王子は、むかし、遭難した渤海国の船を送り届けたことに恩義を感じて、大使に感謝の気持ちを伝えようとした。しかし、日本の大使はその後、王子のもとを訪ねてお礼を伝えることができないまま、唐を出立する日を迎えた。そこで、大使は渤海国の王子の恩義に対して感謝を伝えるために、空海に代筆させて書を送った。　　　　　　　　　　　（『大使遊方記』巻1・賀能帰国条を意訳）

資料2　空海が代筆した渤海国王子への手紙

　渤海と日本は、南北に分かれ、人は天地によって塞がれていますが、善隣の志によって結ばれている。互いを尊重しながら交流して久しい。・・・・本日、離別の日を迎えました。今後再会できるか分かりませんが、私の心は変わらないことを謹んで申し上げます。
　　　　　　　　　　　（『遍照発揮性霊集』巻5・為藤大使与渤海王子書を意訳）

資料3 空海が王孝廉に送った手紙

　　（815年）1月19日、使者の信満が私のもとに来ました。辱くも一通の手紙と一篇の詩文を
お送り頂きました。それを拝見して、喜び、また畏まるばかりでした。‥‥、大使（王孝廉）に
幸運が宿り、わが国より特別な待遇を受けられますことを、お慶び申し上げます。お目にかかる
ことができず、心苦しいかぎりです。‥‥　ここに、使者の信満に託して、謹んで手紙をお送りい
たします。　　　　　　　　　　　　　　　　　　　　　　　　（『高野雑筆集』巻下より、意訳）

【問1】 資料3より、空海と王孝廉はこれ以前に出会っていたと考えられる。2人が出会っていたと
　　　　すれば、どのような経緯で出会っただろうか。資料1・2から検討してみよう。

2．王孝廉の来日

　814年に渤海国の大使として日本に来た王孝廉は、平安京に到着し、翌年の正月儀礼などに参加し
た。『文華秀麗集』や『経国集』には、その間、天皇・貴族と王孝廉が交わした漢詩文が収録され
ている。資料4は、渤海国使の日本での動向を整理したものである。同年5月、王孝廉は帰国のため
の渡航に失敗し、さらに疫病にかかり、故郷を再び見ることなく死去する。
　王孝廉が亡くなったことを知った空海は、資料5の漢詩一首を作って王孝廉に捧げた。この詩は
藤原明衡の『日本秀句』に収められていたが、その後散逸してしまい、『拾遺雑集』に2句だけを
残すのみである。

資料4 王孝廉の来日

年	月日	出来事
814年	9月30日	渤海国使王孝廉が出雲国に到着する
	12月	王孝廉たちが平安京に到着する
815年	1月1日	嵯峨天皇が大極殿に渤海国使を迎える
	1月7日	五位以上の貴族と渤海国使のために宴会を催す
	1月16日	嵯峨天皇が豊楽院で五位以上と渤海国使を迎え、宴会を催す
	1月17日	嵯峨天皇が豊楽院に渤海国使を招き、射礼をみる
	1月20日	朝堂院で渤海国使王孝廉をもてなす
	1月22日	渤海国使、日本からの国書を託されて、平安京を去る
	5月中旬	渤海国使、本国に向けて出雲国の港から出航するが、悪風のために難破し、越前国に漂着する。漂着後、渤海国使の間に疫病が流行し、王孝廉らが死亡する
	6月14日	死亡した王孝廉のために正三位の位階を贈る

出典：『日本後紀』巻24に依拠して整理

資料5 空海の王孝廉を弔う詩

　渤海王大使王孝廉が旅半ばで帰らぬ人となったことを傷む
　　一度会っただけの私でさえ訃報を聞くのは忍びないのに故国郷里の人々の胸のうちはいかほ
　どであろうか　　　　　　　　　（『拾遺雑集』（『弘法大師空海全集』巻7）より意訳）

【問2】 資料5で、空海はどのような気持ちでこの詩を捧げたのだろうか。2人の交流を想像し、また、資料3を参考にして詩の内容を考えてみよう。

3．日本と渤海の文人の交流

　9世紀以後、日本と渤海との間には、両国の文人同士の交流があった。資料6に整理したように、渤海の裴頲（ベジョン）・裴璆（ベグ）父子と日本の菅原道真（すがわらのみちざね）・菅原淳茂（あつしげ）父子は、いずれも日本と渤海を代表する文人の家柄であり、世代を越えて漢詩の贈答を通じた交流があったことが知られている。

資料6　渤海と日本の文人同士の交流

到着年	渤海の文人	日本文人
814	王孝廉	桑原腹赤（くわはらのはらあか）、滋野貞主（しげののただぬし）、巨勢識人（こせのしきひと）、坂上今継（さかうえのいまつぐ）
821	王文矩	滋野貞主、安倍吉人（あべのよしひと）、嶋田清田（しまだのきよた）
871	楊成規	都良香（みやこのよしか）
882	裴頲	菅原道真、紀長谷雄（きのはせお）、嶋田忠臣（しまだのただおみ）
894	裴頲	菅原道真
908	裴璆	菅原淳茂、紀長谷雄、大江朝綱（おおえのあさつな）
919	裴璆	菅原淳茂、大江朝綱、紀在昌（きのありまさ）、紀在中（きのありなか）

資料7　菅原道真が裴頲のために作った漢詩

「夏夜於鴻臚館餞北客帰郷」（夏の夜、鴻臚館＊において北客＊＊の郷に帰るを餞（はなむけ）＊＊＊す）

　　帰らめや浪は白くまた山は青きを
　　恨むらくは界（さかい）の上（ほとり）の亭（てい）を追（たず）ひ尋ねざることを
　　腸（はらわた）は断ゆ前程（ぜんてい）相送る日
　　眼（まなこ）は穿（うが）つ後（のち）の紀（としまろ）転び来らむ星
　　征帆（せいはん）は繋（つな）がむとす孤雲の影
　　客館争（きゃくかんいか）で容（ゆる）さむ数日の厨（たむろ）
　　惜別何為（せきべつなんす）れぞ遙かに夜に入（い）る
　　落つる涙の人に聴（き）かるるを嫌ふに縁（よ）りてならむ

（『菅家文草（かんけぶんそう）』巻2）

＊鴻臚館：異国からの客人をもてなす施設、今日の迎賓館
＊＊北客：渤海国使をさす、裴頲のこと
＊＊＊餞：旅立つ人に金品や詩歌を贈ること

【問3】 資料7は、菅原道真が本国に帰る裴頲に贈った餞の詩である。首題から、鴻臚館（こうろかん）（平安京にあった外国使節の滞在所）で渤海国使の裴頲を交えた席で贈ったことが分かる。おそらく、道真と裴頲はお互いに詩を贈りあったのであろう。裴頲はどのような詩を作って道真に別れを告げたのだろうか。2人の気持ちを想像して書き表してみよう。

４．日本と渤海の僧侶の交流

貞 素は渤海の僧である。唐に留学して応公のもとで学んだが、その縁で、霊 仙という日本の僧とも親しくなった。そして、貞素は霊仙のために、日本に渡航するという長く苦難に満ちた旅を経験した。貞素はなぜ日本を目指したのだろうか。

資料8 貞素の霊仙への思い

渓谷に寺院がある。屋舎は破れて人もいない。名づけて七仏 教 誡院という。･･･ 日本の僧霊仙がかつてここに暮らし、亡くなった。渤海の僧貞素が霊仙を哀悼する詩を書いて釘で壁に打ちつけている。これを写すに次のとおりである。

　　　日本国内供奉大徳霊仙和尚を哭するの詩ならびに序　　　　　渤海国の僧貞素

　　　私を仏の道に導いたのは応公である。･･･ 元和８年（813）の晩秋、とある宿であなた（霊仙）に会った。はじめから意気投合して、真剣に仏法を議論した。･･･ 瞬く間に時が過ぎ、やむを得ず別れることになったが、あなたも心痛かったことだろう。･･･ この霊仙大師は、我が師応公の師父*である。かつて仏法の真理を得て、衆生に示した。

　　　長慶２年（822）、大師は五台山に入ったが、病身を厭い、俗世に耳を傾けなかった。①長慶５年（825）、日本の大王は遥々黄金100両を長安に届けた。②私はその黄金と手紙を受け取り、大師のもとに届けた。③大師は舎利**や経典を私に託して、日本に行って感謝の気持ちを伝えるよう頼んだ。私は大師の願いを承諾した。このように約束して、どうして遠く幾重にも押し寄せてくる波々を恐れることがあろうか。④私はすべての仏縁をあつめて、遂にこの遠大な夢を叶えた。そうして、⑤日本を去る時に、新たに黄金100両を託されたが、⑥太和２年（828）４月、霊 境 寺を訪ねて大師を探したが、大師は亡くなってすでに久しかった。

　　　私は血の涙を流し、心の痛みに崩れた。大海に浮かび、死に直面しながら、食事をするように日々旅を続けたのは、応公との出会いがあったからである。私の信仰のすべては我が師応公にあった。･･･

　　　太和２年４月14日　書す

　　　　　　　　　　　　　　（『入唐求法巡 礼行記』巻3・開成5年〈840〉7月3日条より抜粋、意訳）

＊師父：父のように敬愛する師
＊＊舎利：仏や聖の骨、塔に納める

【問4】 資料8は、霊仙の死後まもなく唐に留学した日本僧円仁の日記の一節である。貞素と応公、霊仙はどのような関係だったか説明してみよう。

　霊仙の依頼に応えるため、貞素は渤海経由で唐と日本の間を行き来した。唐や日本に向かう渤海国使に便乗したのである。渤海国使の日本への来航には、12年に１度という規定があった。825年に貞素を伴って来日した渤海国使は、これに違反するものであった。そのため、日本の国内には霊仙に関する情報をもたらしたとはいえ、すぐに帰国させるべきだという強硬論もあった。しかし、主張は認められなかった。使節一行は、翌年５月、無事に平安京に到着した。次の資料9は、霊仙に関する日本と渤海の交渉記録をまとめたものである。

資料9　霊仙をめぐる両国の交渉と貞素

821年	渤海国使の王文矩が日本に到着する 日本、黄金100両を霊仙に送り届けるよう依頼する
824年	渤海国使の大聡叡ら唐に到着、託された黄金100両を長安に届ける
825年	貞素、（a　　　　　　　　　　　　　　　　　） 霊仙、（b　　　　　　　　　　　　　　　　　） 渤海国使の高承祚ら、貞素を伴い日本に到着する
826年	高承祚、平安京に到着。貞素に託された（c　　　　　　　　　）等を日本に伝達する 日本、貞素に（d　　　　　　　　　）を託し、唐の霊仙に与えるよう依頼する
この間	渤海国王、唐に向かう使節に（e　　　　　　　　　）を託す。貞素も唐に入る
828年	貞素、霊仙を探して、（f　　　　　　　　）寺を訪ねるが、霊仙はすでに死んでいたため、哀悼の詩を作り、長安に去る
840年	渤海国使の賀福延が日本に到着する。霊仙の死亡により黄金を伝達できなかったことを伝える 円仁、五台山の七仏教誡院を訪れ、（g　　　　　　　　）が（h　　　　　　　　）のために作って壁に掛けた漢詩を見つける

（『類聚国史』巻194、『続日本後紀』巻11、『旧唐書』巻17上、他より抜粋、意訳）

【問5】 資料8の下線部を読んで、資料9のa〜hの（　　　）に文や語句を入れて、年表を完成させよう。

【問6】 資料8の下線部の出来事①〜⑥は、次の地図（資料10）のどこで起こったと考えられるか。資料9も参考にしながら、資料10の（ア）〜（エ）の　　　　　に、①〜⑥の番号を書き込んでみよう（重複回答可）。

資料10　貞素の旅

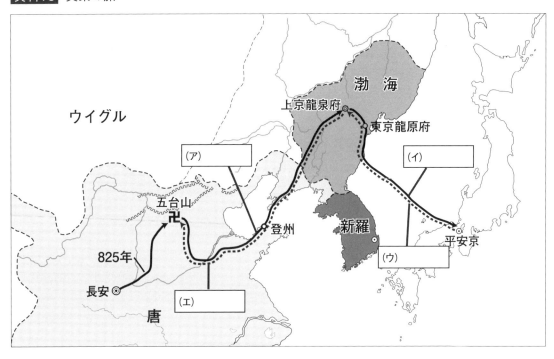

教　材　解　説

〈教材のねらい〉

　渤海は、698年に大祚栄らが建国し、926年に契丹によって滅ぼされた。その約200年の間に、日本に34回の使節を派遣した、一方の日本も渤海に13回の使節を派遣した。この派遣回数については、諸説ある。746年の渤海・鉄利人の来着を使節に数えて、前者を35回とする説、779年に大綱公広道を送高麗客使（「高麗」は渤海を指し、「送高麗客使」は渤海国使を送還するために派遣された使節をいう）、720年の靺鞨国の遣使などを数に入れて、後者を15回とする説もある。しかし、いずれにしても、渤海の比較的短い歴史からすれば、合計47回にもおよぶ両国の通交は頻繁であったといえるだろう。

　本節では、日本と渤海の交流の実像をさまざまな資料から浮かび上がらせ、出来事の推移を時間軸に沿って整理する探究能力や、人物の心の内を理解するための想像をはせる力を身につけることを目指している。

〈資料の解説〉

　まず、資料1〜5は、空海と王孝廉の交流に関連する資料である。2人が直接面会したという記録はないが、王孝廉の来日後のやりとりなど（資料3・5）から、それ以前にすでに接点があったとみるべきである。ここでは、日本の遣唐使が唐で渤海国王子らの訪問を受けたこと（資料1）、遣唐大使藤原葛野麻呂が空海に手紙を代筆させたこと（資料2）をきっかけに、2人は出会ったとみて教材を作成している。

　資料4は、来日した王孝廉が日本でどのような扱いを受けたかをまとめたものである。渤海国使は元旦の朝賀をはじめとする正月の諸行事に参列することが多かった。渤海国使の迎接に関しては、両国で交わされた外交文書の内容とともに、六国史などに記録が残されている。資料5は、病死した王孝廉に対する哀悼の詩である。（原文は「一面新交不忍聴、況乎郷国故園情」である。）

　文人貴族にとって渤海国使の来日は絶好の活躍の機会でもあった。『懐風藻』や『凌雲集』『文華秀麗集』『経国集』のほか、『菅家文草』『本朝文粋』などには、渤海国使の漢詩やそれに唱和して作られた日本の文人の漢詩が数多く収録されている。両国の交流においては、父祖の代から文人の家柄であった者や、父子で外交官僚として来日した者もいた。資料6には、そうした文人の名前を確認することができる。資料7は、渤海国使の裴頲を囲んで、菅原道真や嶋田忠臣らが唱和した漢詩の1つである。裴頲は882・895年の2度来日し、道真らとの親交を深めた。難解だが、離別の詩であることを踏まえ、言葉を追い、意味を推し量りたい。

　資料8は、日本僧円仁に書き留めた貞素と霊仙に関する貴重な資料である。五台山を訪れた円仁は、七仏教誡院に壁に懸けられた貞素の文章と漢詩を見つけた。これによって、貞素が霊仙のために日本に行き来した事実を知ることができる。資料9は、日本に残る記録を中心に、霊仙のためにとった日本と渤海の動きを年表風に整理したものである。括弧内は資料8を読んで埋められるようにしている（【問5】参照）。

　日本僧霊仙（759〜827？）は、774年頃に奈良の興福寺に出家し、賢憬から法相（唯識学）を学んでいる中、804年に空海、最澄らと共に入唐した。810年、長安にいた時に、貞素と出会ったと推定される。820年に五台山に着いて修学した。一方、貞素については、資料8を除いてはその生涯をよ

く伝える資料はない。

　また、霊仙と貞素の交流を記した『入唐求法巡礼行記』は、838年に遣唐使と共に入唐した円仁の日記である。本来、短期間の滞在しか許されていなかったが、唐での求法のために、「不法」に帰国船を下り、山東半島や楚州などに居留していた新羅人の力を借りて、正式な通交許可を取得し、五台山・長安へと旅立った。本資料は、入唐から日本への帰国まで約10年に及ぶ出来事を記している。唐の社会情勢や張宝高（張保皐）ら新羅人の活動について言及した内容も多く、9世紀半ばの東アジアの交流史を考えるうえで重要な資料となっている。

〈問いの意図・解答例〉

　【問1】は、資料1・2を読むことで考えさせたい。唐での日本の遣唐使と渤海国王子一行との交流に、空海が関与したことが知られる。王子一行のなかに王文矩の姿もあり、この交流のなかで出会った可能性がある。【問2】は、資料3を読めば、空海が王孝廉に会えずに残念に思っていることが分かる。資料5は断片的ではあるが、王孝廉に対する思いを理解する手がかりになるだろう。【問3】は、資料7の裴璆は、遥々異国から訪ねて自分をた大切な客人として温かく迎えてくれ、次はいつ会えるとも分からないのに、再び別れようとしているという状況にある。したがって、裴璆の心中には、歓待してくれたことや別れを惜しんで餞の場を設けてくれたことへの感謝や、惜別の思いがあったと考えられる。

　【問4】は、資料8を通して、貞素と応公、霊仙と応公の関係をまず理解してほしい。応公は貞素の師であり、霊仙はその応公の師である。その応公を介して貞素と霊仙は出会った。

　【問5】は、825年の項の上段aに、貞素が長安で受け取った日本からの黄金や手紙を霊仙（大師）のもとに送り届けたこと、下段bに霊仙が舎利や経典を貞素に託したことを書く。年の項の上段cには、「舎利・経典」、中段にはd「黄金100両」が入る。この間の項eには「黄金」が入る。828年の項fには「霊境寺」（もしくは五台山）が入る。最後の840年の項g・hには、それぞれ「貞素」「霊仙」が入る。

　【問6】は、（ア）は五台山→長安であり、④があてはまる。（イ）は渤海→日本であり、ここも④があてはまる。（ウ）は日本→渤海であり、①⑤があてはまる。（エ）は長安→五台山であり、②⑥があてはまる。2つ以上にあてはまるものがあるので注意したい。

〈参考文献〉

上田雄『渤海使の研究』明石書店、2001年

川口久雄校注『菅家文草 菅家後集』日本古典文学大系72、岩波書店、1966年

東北亜歴史財団編『渤海の歴史と文化』明石書店、2009年

具蘭憙『渤海と日本の交流』韓国学中央研究院出版部、2017年（韓国語）

具蘭憙『渤海王朝実録』サルリム出版社、2016年（韓国語）

5 高麗水軍に救出された日本人女性は何を語ったか

学習課題

　10〜11世紀になると、東北アジアには中国中心の朝貢体制に代わって新たな国際関係が形成された。ここでは1019年、女真の海賊が高麗と日本へ侵攻した際に、海賊の捕虜となった多数の日本人が高麗水軍に救出され、帰国することができた事件から、東北アジアの新たな国際関係について考えたい。

キーワード　刀伊の入寇　女真海賊　大宰府　進奉船

1．女真海賊の高麗・日本への侵攻はどのようなものであったか

　10〜11世紀の東北アジアでは、契丹（遼）が中国北部にまで領土をひろげ、女真も勢力を拡大しつつあった。渤海に続いて新羅が滅亡し、高麗が朝鮮半島を再統一しても、日本と高麗の間では正式な国交が結ばれないままであった。こうした前代以来の日本と高麗のちぐはぐな関係が改善されていく契機となった出来事の一つが、1019年の女真海賊の高麗と日本への侵攻事件であった。資料1と資料2から、女真海賊の活動を見てみよう。

資料1　11世紀初期の女真海賊の侵攻ルート

資料2　女真海賊の高麗・日本への侵攻

1005年	高麗の登州に侵攻
1009年	高麗王の顕宗が軍船を建造して、女真海賊を防ぐ
1011年	100余艘で高麗の慶州に侵攻
1012年	高麗の清河・迎日・長鬐県に侵攻
1015年	船20艘で高麗の狗頭浦（所在地不明）に侵攻
1018年	于山（鬱陵島）に侵攻
1019年	高麗の東海岸に侵攻後、日本の対馬・壱岐・九州北部に侵攻 ＊女真海賊は多数の高麗人とともに、日本人1280人余りを捕虜としたが、高麗水軍が鎮溟で女真海賊を迎え撃ち、日本人捕虜259人も救出された。高麗は、救出した日本人捕虜を丁重に日本に送りとどけた

（『高麗史』巻3・4より作成）

【問1】資料1・2から、女真海賊の高麗や日本への侵攻の経過を読み取りながら、資料2の女真海賊の侵攻ルートを、1005年の事例にならって資料2の地図に書き込もう。

２．救出された日本人女性の報告

　1019 年の女真海賊の侵攻事件は、日本の高校日本史教科書では「刀伊の入寇」として取り上げられているが、高麗水軍が日本人 259 人を救出し、日本に送還したことまでは記述していない。高麗は救出した日本人を順次、対馬に送還したが、いち早く体調のすぐれない者や女性など 10 人ほどが日本に帰された。実は 10 人は、女真海賊の捕虜になった母や妻子を探そうと秘密裏に金海府に渡った対馬の役人長岑諸近とともに対馬に送還されたのであった。女真海賊の侵攻に対して防戦した九州の大宰府は、長岑諸近と女性 2 人を大宰府に召還し、捕虜にされてからの経緯を詳しく聞き取った。その時の調書は、大宰府から日本の朝廷に提出された。

　次の資料 3 は、その調書（救出された日本人女性の報告）の一部である。資料 3 を読んで、この事件に対して日本と高麗はどのように対応しようとしたのか考えていこう。

資料3　救出された日本人女性の報告

> 　内蔵石女等が申し上げることは、
> 　　刀伊（女真のこと）の賊徒にとらえられ、高麗に向かうまでの海路での出来事や、日本に帰
> 　　国するまでのことなどです。
> 　①さて、石女は安楽寺所領の筑前国志麻郡板持庄の住人で、阿古見は対馬島の住人でした。私たちはとらえられ、各々刀伊の賊船に乗せられました。その後も、賊船は各所で合戦し、私たちが捕虜とされた船では、賊徒 5 人が日本軍の矢にあたりました。そして、対馬に着いたときには皆死んでいました。他の賊船でも、次々と傷つき死んでいきました。高麗の沿岸に着くと、刀伊の賊徒は毎日未明になると上陸して、海辺や島々の家宅を襲い、物や人を奪い取りました。昼には島々に隠れ、体の強い捕虜を選びとり、老人や衰弱した捕虜は打ち殺しました。日本人の捕虜で病気の者はみな海に投げ入れられました。夜になると刀伊の賊徒たちは、船を漕ぎ急ぎ去っていきました。
>
> 　②こうして 20 日ほどたった 5 月中旬のころに、高麗の兵船数百艘が襲来して賊徒を撃ちました。賊徒も全力をあげて合戦しましたが、高麗水軍の攻勢を前にして刃向かうことはできませんでした。高麗の船体は高く大きく、たくさんの武器を備えており、賊船をひっくりかえし、賊徒を殺しました。賊徒は高麗軍の攻勢にたえられず、船中の捕虜を殺害したり、海に投げ入れたりしました。石女等も同じように海に投げ入れられ、波間をただよっていました。そのため、その後の合戦の様子はよく見ておりません。ほどなく高麗船にたすけられ、ねぎらいをうけて生き返ることができました。救われて乗せられた高麗船の内部は広く大きく、刀伊の賊船とは異なり、二重に造り、上に櫓を立て、‥‥、また他の船も長く大きなものでした。
>
> 　③合戦が終わったあと、石女等といっしょに救出された 30 人余りは、各々駅馬を与えられ、高麗南部の都、金海府に至るまでの 15 日の間、駅毎に銀の器でもてなされました。そのねぎらいはたいへん豊かなものでした。高麗政府の役人の仰せでは、厚いもてなしはあなた方をねぎらうためだけではなく、ただ日本を尊重させていただくためである、とのことでした。金海府に着くと、まず白布が与えられて、各々の衣裳とされ、さらにおいしい食事が石女等に与えられました。こうして 6 月の 30 日の間、金海府で安らかにすごすことができました。

④そうしていたところ、対馬の役人であった長岑諸近が、刀伊の賊徒に捕らえられ連れ去られた母・妻・子等を探すために、高麗に密かに入国してきたのでした。母子の死亡を聞き、日本に帰国することにした諸近は、秘密裏の出国をとがめられることをおそれて、捕虜の救出のために出国したことにしようと、捕虜の女性等10人とともに帰国することを高麗政府に願い、許されたのでした。

⑤石女・阿古見をふくむ10人が諸近とともに、帰国するその日には、帰国に際しての食料として一人につき、白米3斗と干魚30枚、さらに酒が与えられたのでした。ただし、金海府に集められている日本人と、3カ所に保護されている日本人捕虜300人余りは軍船に乗せ、残る2カ所に保護されている日本人が集められてから日本に使者をつかわせ帰国させる、と伝えてほしいとのことでした。

以上が、捕虜として連れ去られてから、帰国するまでの出来事でございます。

寛仁3年（1019）7月13日　　　　　　　　　　多治比阿古見

　　　　　　　　　　　　　　　　　　　　　　　内蔵石女

　　　　　　　　　　　　　　　　　　（『小右記』寛仁3年8月記裏書）

＊①～⑤の番号は、便宜付した。

【問2】資料3の①・②において、「刀伊」の賊徒による日本や高麗の沿岸への侵攻や高麗水軍との合戦の様子、救出された高麗船の構造などが詳しく報告されている。日本の外交を担う大宰府の役人は、石女等からどんなことを聞き出そうとしたのだろうか。また、他の資料から当初、日本の朝廷や大宰府は「刀伊」を高麗人ではないかと疑っていたが、石女等の報告でその疑いは晴れたであろうか。石女等の報告にもとづいて考えてみよう。

【問3】資料3の③・⑤の報告には、④に見える対馬の役人長岑諸近と高麗政府の役人とのやり取り（両国関係を円滑にするための交渉もなされただろう）も含まれていると思われる。資料3の③・⑤の下線部を参考にして、高麗政府は日本人救出を契機に、日本とどのような関係を築きたかったのだろうか、考えてみよう。

【問4】石女等の詳しい報告を得た大宰府の役人は、高麗による日本人捕虜への厚遇や外交上の接触に対してどのような考えをもったであろうか。大宰府の役人の立場から推測してみよう。

【問5】高麗側の外交的な思惑や大宰府の役人の対応とは別に、高麗水軍に救出されてやっと帰国できた石女等は、高麗政府や高麗の人びとに対してどのような思いをもっただろうか。石女等の報告から考えてみよう。

3．高麗の対応と日本の応答

その後、同年（1019）9月には、高麗の使節鄭子良が正式な高麗国王の国書（高麗国牒状）とともに救出した日本人259人のうち、まずは100人余りを対馬に送還してきた。その知らせを大宰府から受けた日本の朝廷では、高麗国使鄭子良を大宰府に呼んで休ませ厚遇すべきだとか、大宰府からの以前の提出文書には賊徒を「刀伊国」の者とあったが、高麗国王の国書には「女真国」とあるのはどうしてか、などの疑問点について問うことがよいといった議論がなされた。高麗国王の国書で、高麗は日本との正式な国交を求めたが、日本はそれには応じず、翌1020年4月、国使鄭子良に日本から

の返答の国書と礼物（記録では「禄物」と表記）を与えて帰国させたのであった。ちなみにその際の礼物について、この事件にもふれる歴史物語の『大鏡』には「金三百両」とある。

【問6】 1019年の女真海賊の侵攻に関わる日本と高麗とのこうした外交交渉をどのように評価すべきだとあなたは考えるか。「国の意識」と「民の意識」の違いにも留意して考えてみよう。さらに、グループ毎に意見交換してみよう。

4. 東北アジアの新たな国際関係

結局、日本と高麗との正式な国交が開かれることはなかったが、その後、商人同士の民間交流は盛んとなった。東北アジアでは、隣国の商人を互いに朝貢使として扱う「商客接待体制」が成立し、12世紀後半には日本と高麗の間において、進奉船の往来を通じた公式的な外交関係も形成された。

一方、女真は12世紀になると、中国東北部で契丹（遼）にかわって勢力を強め、1115年には金を建国することになる。

資料4 12世紀の東北アジアの交易関係

資料5 唐の時代の朝貢貿易体制

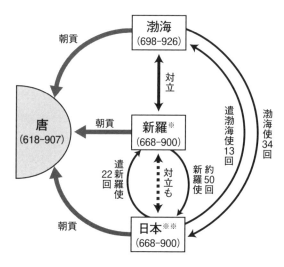

※「新羅」は統一新羅の時代。
※※「日本」は飛鳥時代後半～平安時代前半。

【問7】 資料4は、12世紀の東北アジア諸国間の交易関係をあらわしたものである。資料5の唐の時代の朝貢貿易体制とはどのように異なっているだろうか。

【問8】 11世紀前期の女真海賊の高麗・日本への侵攻（南下）は、東北アジアでの新たな交易関係の成立過程に位置付くものと考えられる。そうだとすると、女真海賊の侵攻（南下）は何を目的としたものであったと考えられるだろうか。グループ毎に話し合ってみよう。

教 材 解 説

〈教材のねらい〉

　高麗は 10 世紀末から 11 世紀初頭にかけて、契丹（遼）から度重なる侵攻をうけていた。しかし、1018 年には亀州において姜邯賛が契丹軍に勝利し、1019 年には契丹軍を撃退した。また、女真の海賊も高麗の東海岸に繰り返し侵攻していた。1019 年の 3 月から 4 月にかけて、女真海賊の侵攻は高麗の東海岸から日本の九州へと及んだ。

　日本の貴族の日記『小右記』や高麗の正史『高麗史』によれば、女真海賊は高麗の東海岸に侵攻し多数の高麗人を捕虜にした後、日本の九州北部に侵攻して、日本人捕虜 1280 人余りと牛などの財物を略奪した。女真海賊が本拠地に帰ろうと高麗の東海岸を戻っていったところを高麗水軍が迎え撃ち、高麗人のみならず日本人の捕虜も多数救出したのであった。

　この事件について、日本の高校日本史教科書は「刀伊の入寇」などと呼び、武士の成長の事例や摂関政治期の閉鎖的外交姿勢を示すもの、などとして記述しているが、260 人もの日本人が高麗水軍に救出されたことは記述していない。一方、韓国の高校歴史教科書は、契丹（遼）の侵攻と姜邯賛による契丹軍に対する勝利（亀州大勝）については詳しく記述しているが、同じ年の女真海賊のことは記述していない。

　この事件に関する韓国での歴史研究がほとんどないために、韓国の歴史授業でこの事件を教材とすることにはためらいがあろうが、日本側には多数の歴史研究の成果があり、ここで取り上げた関係史料（教材）は十分に史料批判に耐えうるものである。事件に関わる日本と高麗の交渉過程は、日韓の交流史の観点から注目されるものであり、日本と韓国の高校生が民衆の視点から、日韓（日麗）関係を考えるよい教材である。

　こうした理解の上に立って、本節では高麗成立後の日本と高麗との関係について概観するとともに、国家間の正式な外交関係と民間交流との両面から日本・高麗関係を考察できるように工夫した。民間交流は活発でありながら、なぜ日本と高麗との公式的な関係は 12 世紀後半の進奉関係の成立をまたねばならなかったのか。高麗軍に救出され、いち早く日本に送還された二人の日本人女性の報告を、主題学習あるいは探究活動の教材とすることで、東北アジアの国際秩序に対する両国の認識の違いや民衆の意識などについて授業を展開していくことができよう。

　なお、これまで日本の歴史教科書では「刀伊の入寇」と表現してきたが、「女真海賊の侵攻」という用語を使用した。「刀伊」という表記は、韓国語で「夷狄」を意味する言葉である「도이」の音訳であるため、史料の引用を除き「女真」という表記を使用している。当時の女真（なかでも東女真）は、半農半牧の生活様式によって、朝鮮半島東北部から沿海州にかけて部族単位で散住していたものと考えられている。なお、「女真海賊」という表記は、参考文献にあげた村井章介の論考ですでに使用されている。

〈資料の解説〉

　資料1 は、『日韓交流の歴史』80 頁の図をもとに作成したものである。また、資料2 の年表は、『高麗史』から作成したものである。『高麗史』は、高麗王朝（918 － 1392）の正史で、朝鮮王朝時代の1451 年に完成したものである。『高麗史』には、朝鮮半島の北、沿海州の女真（東女真）が 10 世紀初

頭からしばしば高麗の東海岸に侵攻していたことが記載されており、1019年4月29日条には、「鎮溟の船兵都部署の張渭男などが（女真）海賊8艘をとらえ、賊がうばった日本の生口男女259人を駅令の鄭子良に送らせた。」と見える。

資料3は、『小右記』寛仁3年8月記の裏書に残されたものである。『小右記』は、貴族の最高位にあった藤原道長と同時代の貴族であった藤原実資の日記で、道長が「この世をば我が世とぞ思ふ」と謳ったと批判的に書かれていることで有名である。平安・鎌倉時代の貴族の日記は、貴族社会の公的な記録でもあった。実資は九州の大宰府の長官藤原隆家と親しく、隆家は女真海賊の侵攻（「刀伊の入寇」）に関する情報や公文書を朝廷に上申するついでに、京都の実資にも手紙で知らせていた。資料3の「救出された日本人女性の報告」（「内蔵石女等申文」）の正文は朝廷に提出されたが、隆家はその写しを実資に送付していた。これを重要なものだと考えた実資は、日記の裏にあえて全文を書写したのであった。そのために、今日まで伝えられた貴重な史料である。

ちなみに、本文で触れた『大鏡』は、平安時代後期の歴史物語であり、2人の老人が歴史を語り、若侍が口をはさむという形式での物語となっている。語りの場は1025年に設定されており、藤原道長などの権勢を語っているなかでの話として、この事件の顛末に触れている。なお、礼物の「金三百両」は、砂金で300両＝約11,250gということになろうか。

資料4は、『日韓交流の歴史』の図である。図に載る地名に注目してもらいたい。宋の登州と明州（寧波）、高麗の碧瀾渡（開京の外港）と金海、日本の博多（大宰府の外港）を結ぶ航路は、12世紀の東北アジアの「商客接待体制」や「進奉関係」を支えたルートであり、東北アジアには朝貢関係によらない交易圏が存在しており、そこには南からアラビア商人も参入していた。女真（金）は遼（契丹）を倒すことで、北から東北アジア交易圏に参入し、北方貿易を独占しようとしたと推定される。

〈問いの意図・解答例〉

【問1】は、生徒が資料2の年表に見える地名を資料1の地図にマークし、さらに地図上に女真海賊の侵攻ルートを記入することで、まずは生徒に事実の経過を確認させるものである。女真海賊の高麗・日本への侵攻の意味を生徒が主体的に考える前提としたい。解答例の地図を載せておく。

【問2〜5】は、資料3を読み込みながら、事実認識を深化させ、価値的な認識へと高めさせるものである。【問2】では、藤原隆家などの大宰府の役人たちが知りたかったことは何であったのか。大宰府の役人たちは、石女等から高麗船の構造を詳しく聞くことで、「刀伊」の賊徒が高麗人ではないことを確認したはずである。まずは、こうした事実認識を深めさせたい。【問3】では、高麗側の外交的な思惑を読み解くことで、高麗と日本との

【問1】解答例

外交課題についての理解を深めさせたい。ただし、高麗側の外交的な思惑のみを読み取るのではなく、女真海賊の捕虜とされていた日本人を高麗人と同様に積極的に救出し、丁重に保護した高麗の対応についても歴史的事実としてしっかりと読み取らせたい。

　【問4】では、高麗などの東北アジア諸国や諸民族との外交の前面にいた日本の大宰府の立場からこの事件を考えることで、国の意識との乖離を想定させたい。「国の意識」とは、3節で簡単に解説したような京都の朝廷（中央政府）の外交姿勢のことであるが、朝廷の外交姿勢とは異なる意識（あるいは認識）を大宰府の役人たちは持ち得たのではないか。【問5】は、救出された石女等女性たちの視点、つまり民衆の視点からこの事件を考えさせるものである。実際に接触・交流した人びとの視点、「民の意識」で歴史を考えることが本節の主題である。「国（あるいは国家）の意識」のみで歴史を考えるのではなく、「民（民衆）の意識」からも日韓の交流史を生徒には考えさせたいと思う。

　【問6】は、【問2〜5】での事実認識の多面的な深化を前提に、価値的な認識へと高めることをねらいとしている。生徒一人ひとりが、この事件を「国の意識」と「民の意識」から重層的にとらえ、両者の違いに留意しつつ、主体的で個性的なまとめをするように促したい。こうした方法は、本書がめざすねらいの一つでもある。

　【問4・問5】のような設問の形式は、高麗側の場合では、実際に日本人捕虜を救出した軍人や沿岸地域の人びとの意識と高麗政府の意識との相違としても考えられるべきことであろう。時間はかかるかもしれないが、生徒がこの事件に遭遇した当事者の様々な立場にたって、資料3 を読み込んでいき、「国の意識」と「民の意識」について留意しつつ、この事件をめぐる日本と高麗の外交交渉について討論することができたらよいと考える。もちろん理想としては、日韓の高校生が一緒にこの教材に取り組み、相互討論する場が望まれる。

　さらに【問7・問8】は、直接的な外交課題は解決されなくとも、一連の交渉後、東北アジアには中国中心の朝貢体制に代わる新たな交易関係が成立したという事実から、いま一度、女真海賊の侵攻の歴史的な意味について考えさせようとするものである。女真海賊を悪者にして、日本と高麗が仲良くなったというようなまとめは望ましくない。東北アジアでの国際関係の変容の問題として考えさせることが重要である。

〈参考文献〉
片倉穣『日本人のアジア観』明石書店、1998年
鈴木哲雄「内蔵石女等申文・考」『史海』50、2003年
村井章介『日本中世の異文化接触』東京大学出版会、2013年
李領『倭寇と日麗関係史』東京大学出版会、1999年
歴史教育研究会・歴史教科書研究会編『日韓歴史共通教材　日韓交流の歴史』明石書店、2007年

6 モンゴルの侵攻は日本と高麗の関係にどんな影響を与えたか

学習課題

　女真海賊の侵攻事件後に成立した、日本と高麗との進奉船の往来を通じた外交関係は、モンゴルが登場し、高麗や日本への侵攻を本格化させるとどうなったのか。そして、モンゴルに対する高麗の外交政策は、日本との関係にどんな影響をあたえたのであろうか。ここでは、モンゴルからの国書や高麗からの国書に関わる資料から考えてみたい。

キーワード　モンゴルの侵略　李蔵用　フビライ　高麗三別抄　鎌倉幕府

1. 日本への蒙古国牒状の到来から侵略まで

　1231 年からモンゴルによる高麗侵略が本格化すると、翌年には高麗の朝廷は開京から江華島に遷都して防衛体制を強化した。1234 年、金（女真）を滅ぼしたモンゴルに対して、高麗では崔氏の武臣（武家）政権による抗戦が続けられたが、モンゴルとの講和を目指した宰相の李蔵用が武臣政権を押さえて、1259 年モンゴルと講和した。しかし、武臣政権は江華島を拠点にモンゴルと対決しようとしたため、1270 年高麗の朝廷は、モンゴル軍と協力して武臣政権を打倒し、開京に都をもどした。

資料1　至元 3 年（1266）8 月の蒙古国牒状（国書）写

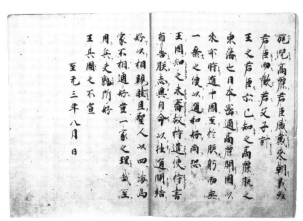
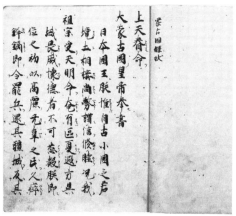

　この間、フビライは 1266 年 8 月、日本に朝貢を求める蒙古国牒状（国書）（資料 1）を作成し、高麗の朝廷に使者黒的らを送って日本への案内と交渉をさせようとした。フビライは、日本が朝貢の要求を受け入れなかった場合は、日本を征服しようとしていた。こうした状況のなかで、フビライと積極的に交渉した人物が高麗の宰相李蔵用であった。彼はモンゴルの要求に対してどのように対処したのか。また、李蔵用によるモンゴルとの交渉は、高麗と日本にどのような影響を及ぼしたのだろうか。まずは、李蔵用がモンゴルの使者黒的に送った手紙（資料 2）を見てみよう。

資料2 1267年、李蔵用がモンゴルの使者黒的に送った手紙

　　日本は海をへだてて万里も離れており、中国と通交しても、中国に毎年貢ぎ物を捧げたことはありません。そのため中国もそれを意に介さず、もし来訪してくれば受け入れたが、来なければ関係を絶ってしまいました。つまり、日本に朝貢させても中国にとって得なことはなく、日本を棄てても皇帝の威信が傷つくことはありません。‥‥虫けらのように無知な小夷（日本）があえて服従しないことがありましょうか。ですから、今あえて日本に国書を送るのはよいことではありません。隋の文帝の時代に日本が隋に送った文書には、「日生ずる処の天子、書を日没する処の天子に致す」とあったように、傲慢で道理をわきまえないものたちです。先に国書を送り、傲慢な回答に不敬な言葉が使われたら、かえって大朝（モンゴル朝廷）の過ちになるはずです。また、日本を征伐しようとしても、風と波が険しく皇軍の安全を保証できないでしょう。あの者たちがどうして大朝の功徳の盛んなことを聞かないことがありましょうか。だから歳月をおいてゆっくり様子を見て、将来、朝貢してくれば彼らの帰順をほめ、朝貢しなければ最初から度外視して、遠い土地で無知蒙昧なまま生きていくようにすることが最善の方策です。

（『高麗史』102巻・列伝15・李蔵用伝より抜粋意訳）

【問1】 資料2で、李蔵用は日本をどのような存在だと語っているか。また、李蔵用が「日本を無知でつまらない存在だ」とモンゴルの使者黒的への手紙に書いた、本当の意図は何であったか考えてみよう。

2．高麗の宰相李蔵用によるフビライとの外交交渉

　　さらに李蔵用は、黒的らを朝鮮半島東南岸の巨済島まで案内させ、遠く対馬を望み、渡海がいかに危険かを悟らせ、黒的らの渡日を断念させた（資料4参照）。しかし、それに憤慨したフビライは、高麗国王に命じて、1268年1月には日本の九州大宰府にモンゴルの使者と蒙古国牒状（資料1）を届けさせた。その際、高麗の朝廷は日本にモンゴル（元）への朝貢を促す「高麗国牒状（国書）」を添えた。資料1の蒙古国牒状は1268年の高麗国牒状とともに鎌倉幕府に送付され、さらに京都の朝廷へと提出されたのであった。また、フビライは1264年と1268年に李蔵用を元の首都大都に呼んで、日本侵略のための準備をするように高麗に重ねて要求した。次の資料3は、李蔵用とフビライとの交渉の様子である。

資料3 モンゴルの軍事要請に対処した李蔵用の外交活動（左が李蔵用、右がフビライ）

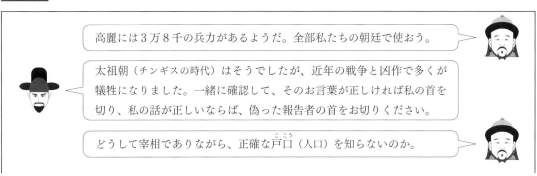

高麗には3万8千の兵力があるようだ。全部私たちの朝廷で使おう。

太祖朝（チンギスの時代）はそうでしたが、近年の戦争と凶作で多くが犠牲になりました。一緒に確認して、そのお言葉が正しければ私の首を切り、私の話が正しいならば、偽った報告者の首をお切りください。

どうして宰相でありながら、正確な戸口（人口）を知らないのか。

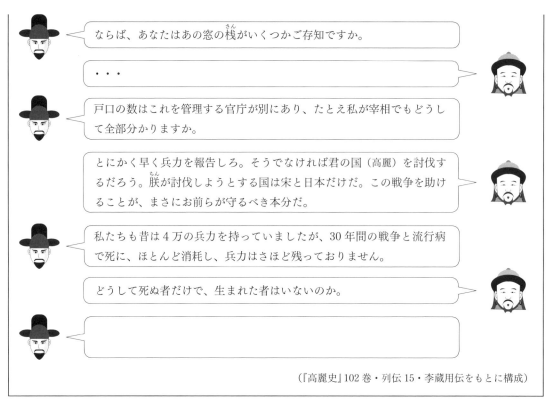

ならば、あなたはあの窓の桟がいくつかご存知ですか。

・・・

戸口の数はこれを管理する官庁が別にあり、たとえ私が宰相でもどうして全部分かりますか。

とにかく早く兵力を報告しろ。そうでなければ君の国（高麗）を討伐するだろう。朕が討伐しようとする国は宋と日本だけだ。この戦争を助けることが、まさにお前らが守るべき本分だ。

私たちも昔は4万の兵力を持っていましたが、30年間の戦争と流行病で死に、ほとんど消耗し、兵力はさほど残っておりません。

どうして死ぬ者だけで、生まれた者はいないのか。

（『高麗史』102巻・列伝15・李蔵用伝をもとに構成）

【問2】資料3のように、李蔵用が一貫してそんなに多くの兵力はない、人口もよくわからない、と述べた理由が何か考えてみよう。もしあなたが李蔵用だったら高麗の宰相として最後にどんな返事をするか、よく考えて資料3の空欄に記入してみよう。

資料4　13世紀後期の東北アジア―本節に関連する地名

3．高麗三別抄が日本に送った「高麗国牒状」

　そして2年後の1270年には、高麗の武臣政権はモンゴル軍の協力を得た李蔵用によって打倒されたが、武臣政権の主力部隊であった三別抄が反乱をおこし、拠点を南の珍島に移して、開京の高麗朝廷とモンゴル軍を相手に抗戦を続けた。翌1271年、朝鮮半島南部の沿岸部を掌握した三別抄は、「高麗国王」を称して「高麗国牒状（国書）」を日本に送った。日本の鎌倉幕府は、三別抄からのこの「国書」の情報にもとづいて御家人（幕府に従う有力武士）等を九州に派遣した。一方、この「国書」は鎌倉幕府から京都の朝廷に回付された。残念ながらこの「国書」そのものは残されていないが、この「国書」について日本の朝廷で議論されたことにもとづいて、貴族が日記に記したこの「国書」の要旨（資料5）やこの「国書」の疑わしい点について議論したメモ（資料6、資料7は原資料）が残されている。

　ここでは、資料5と資料6から、当時の高麗朝廷と高麗三別抄の関係や三別抄がこの「国書」で日本に期待したことは何であったのかを調べ、当時の東北アジアの国際状況を考えてみよう。

資料5　「高麗国書」をめぐる日本の朝廷での議論（1271年9月）

> 　3日、晴れ。‥‥高麗国牒状（国書）のことについて、上皇（位を譲ったあとの天皇。この時の朝廷の実権掌握者）の御所において会議がありました。
> 　4日、晴れ。‥‥その牒状の趣旨は、蒙古兵が日本に来て攻めようとしていること。また、兵糧の提供を求めていること。そのほかに救兵の派遣を要請していること、などのようだ。こうした牒状の趣旨について、貴族の会議では意見が分かれた。
> 　　　　　　　　　　　　　　　　　　　　　　　　　（『吉続記』文永8年（1271）9月3・4日条）

資料6　1271年の「高麗国牒状」の不審点

> 　高麗国牒状（国書）の不審な点について
> （1）一　以前の1268年の高麗国牒状では、蒙古の徳を賞賛していたが、今度〔1271年〕の牒状には、「葦虆*」（蒙古のこと）は控え目な行動などしないとあるのはどうしてか。
> （2）一　1268年の牒状には蒙古（元）の年号が書かれていたが、今度の牒状に年号が書かれていないのはどうしてか。
> （3）一　1268年の牒状には、高麗は「蒙古の徳に帰し、君臣の礼を成す」（蒙古へ朝貢している）とあったが、今度の牒状には、江華島に遷都して40年近くなるが、「被髪左衽**」（蒙古の習俗）は聖人・賢人が憎む夷狄のものである。そのために蒙古に従わず珍島に遷都した、とあるのはどうしてか。
> （4）一　胡騎（騎馬）数万の兵の派遣を要請してきたこと。　　　　（「高麗（国）牒状不審条々」）
>
> ＊葦虆：獣の毛皮のことで、蒙古（モンゴル）をさげすんだ言い方。
> ＊＊被髪左衽：髪を結ばず衣服を左前に着るという蒙古の習俗のこと。
> （1）〜（4）は適宜付した。なお、資料6には、日本の朝廷において、正式な高麗朝廷ではない三別抄の勢力が送った今回の国書（1271年）と、以前に高麗朝廷が送った国書（1268年）を比較して、不審と考えたことが具体的に書き出されている。

資料7 高麗牒状不審条々

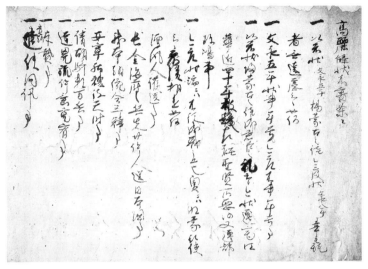

【問3】資料6の（1）（2）（3）には、日本の貴族たちが不審（疑問）としたことが書かれている。これまでの学習にもとづいて、不審（疑問）点について日本の貴族たちに説明してあげよう。

【問4】資料5・6から、高麗三別抄がこの「高麗国牒状」によって日本と交渉しようとしたことはどのようなことであったか、まとめてみよう。

4．高麗の外交交渉と日本との関係

　その後、1271年末には、高麗朝廷とモンゴルの連合軍の攻撃で三別抄の拠点であった珍島は陥落するが、三別抄の一部はさらに済州島に移って抗戦を続けた。しかし、1273年には完全に鎮圧されてしまう。そして、翌年の1274年10月、高麗に軍船と軍隊を準備させたうえでモンゴル軍3万余が高麗南部の合浦を出航し、日本への第一次侵略（文永合戦）がはじまる。

資料8 モンゴル・高麗・日本の関係図式

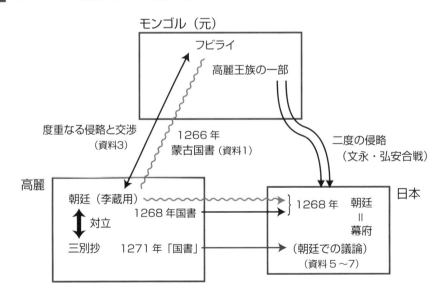

【問5】李蔵用によるモンゴルとの外交交渉は、モンゴル・高麗・日本の関係にどのような影響をもたらしたか。また、高麗での三別抄の抗戦は、結果としてモンゴルの東北アジアに対する侵略にどのように関係したか。資料8も参照しつつまとめてみよう。

教 材 解 説

〈教材のねらい〉

　モンゴルによる高麗や日本への侵略を東北アジア史の枠組みで、高校生に考えさせたいというのが本節のねらいである。

　この教材の背景には、高麗の宰相李蔵用による外交がある。李蔵用は高麗後期の 10 年間余り、門下侍中（高麗時代の最高中央政治機構である中書門下省の長官＝宰相）を歴任し、武臣政権の最高権力者・崔竩の義父でもあった。この時期の高麗は、崔氏武臣政権とそれに反対する文臣との政争にモンゴルの干渉が重なって、政治的困難に直面していた。宰相李蔵用は、文臣が崔氏武臣政権を打倒する過程でも失脚せず、モンゴルとの講和に際しても反対派を退け和議を実現するなど、高麗の国政を主導した。何より日増しに高まるモンゴル（元）の軍事支援の要求や、モンゴルの日本招諭の要求などに対して、巧みな外交活動を展開した。彼の粘り強い外交活動がなかったなら、モンゴル侵略の過程で高麗や日本など東北アジア全体の対立と葛藤は早期に深まり、より大きな破局を招いたかも知れない。

〈資料の解説〉

　資料1 の「蒙古国牒状写（1266〔至元 3〕年）」は、モンゴル帝国の皇帝フビライが高麗国王を通じて日本に送った国書の写し（奈良の東大寺所蔵）である。「上天眷命（天帝がいつくしむ）大蒙古国皇帝、書を日本国王に奉る。」で始まり、途中「高麗は朕（フビライ皇帝）の東藩（諸侯の国）なり。日本は高麗に密邇（間近に接する）し、開国以来、亦時として中国に通ぜり」と、すでに高麗は朝貢しているといい、さらにモンゴル帝国以前の日本と高麗、中国との関係を確認したうえで、「冀わくば今より以往、問を通じ好を結び、以て相に親睦せん」と日本の朝貢を要求したものである。最後に、「兵を用ふるに至りては、それ孰か好む所ならん。王それこれを図れ（日本国王はこのことをよく考えて取り計らえ）」という脅し文句があることも有名である。

　資料2・3 の出典『高麗史』については 2 章 5 節参照。『高麗史』102 巻・列伝 15・李蔵用伝は、李蔵用に関する伝記をまとめたものである。資料2 は、「李蔵用伝」の該当箇所を意訳したもので、1267 年モンゴルが兵部侍郎・黒的らを使者として高麗に送り、1266 年の蒙古国牒状を日本に伝達させようとしたとき、李蔵用がモンゴルの使者黒的を説得するために送った手紙の一部である。表向きは日本が無知蒙昧な存在なのでモンゴルの相手にならないと語り、モンゴルの威信を立てているように見えるが、日本がモンゴルの要求に応じないことを知らせ、不必要な葛藤を起こさないことが望ましいということを黒的に理解させようとの趣旨が行間にこめられている。

　資料3 の原文は、「李蔵用伝」の元宗 5 年（1264）条と同 9 年（1268）条である。資料3 は、日本への攻撃を支援せよとのモンゴルの要求が強まるなかで、李蔵用がフビライと直接交渉した場面を「李蔵用伝」の記事（1264 年と 1268 年の交渉）にもとづいて、ロールプレイング用の教材として再構成したものである。実際の授業では、二人の生徒にフビライと李蔵用の問答をロールプレイさせてもらいたい。

　資料3 からは、高麗の戦争負担を最小限にしようとする李蔵用の外交的努力と危機に対処する知略を垣間見ることができよう。実際、彼の帰国時に、ともに高麗にきたモンゴル使節・吾都止は、高

麗が日本遠征のために支援できる兵力は1万だとフビライに最終的に報告した。軍事支援の要求を避けることはできなかったが、4万の要求とは違い、1万の軍事支援で決着したのは李蔵用の役割が大きかったといえる。

　ちなみに、フビライが高麗の兵力が4万にのぼると主張したのは、当時モンゴルの人質としてモンゴル皇室の女性と結婚した高麗王族の永寧公・王綧が伝えた情報を根拠としたものであった。そのため、李蔵用は、自分の話が正しければ、偽りの報告を行った王綧の首を切るべきだと主張して、フビライとわたりあい、粘り強く交渉したのであった。

　資料4の「13世紀後期の東北アジア」は、本節に関係する地名が高校生にすぐにわかるように、新たに作成したものである。

　資料5の『吉続記』は、鎌倉後期の朝廷の役人であった吉田経長（1239〜1309）の日記である。書名は先祖の吉田経房の日記『吉記』にちなむ。当時の日本の朝廷と鎌倉幕府の関係やモンゴルの侵略に関する史料として重要である。

　資料6・7の「高麗牒状不審条々」は、参考文献の石井正敏論考で紹介されたもので、東京大学史料編纂所所蔵。高麗三別抄は新たに「国王」をたて、1271年の「高麗国牒状」を日本に送付し救援を求めたのであった。この史料は、京都の朝廷で1271年の「高麗国牒状」の内容について議論した際に、以前の1268年の「高麗国牒状」との比較から貴族たちが「不審」（理解できないこと）としたことをメモしたものと推定されている。三別抄からの1271年の「高麗国牒状」そのものが残されていないため、その内容を知るための重要な手掛かりとされている。

〈問いの意図・解答例〉

　【問1】は、資料2の「1267年、李蔵用がモンゴルの使者黒的に送った手紙」をまずはよく読み、そのうえで高麗国の宰相としての李蔵用が外交手段として書いた手紙の「真意」を考えさせようとするものである。高麗としては、モンゴルの日本への侵略に巻き込まれたくないわけで、日本との関係で不必要な葛藤を起こさないことこそがモンゴル朝廷にとって望ましいことだったはずである。資料2だけでは、高校生に難しければ、【問1】を保留して、次の資料3についての【問2】の後に、改めて【問1】に取り組むことで、高麗の宰相李蔵用の立場からこの手紙の真意に近づくことができるのではないか。

　【問2】は、【問1】とも関わるが、資料3でのフビライと李蔵用の問答を二人の生徒がロールプレイすることを前提としている。ロールプレイすることで、高校生なりに「李蔵用」の考えに近づくことができよう。ちなみに、後半の「もしあなたが李蔵用だったら・・・・」について、『高麗史』（列伝15　李蔵用伝）での李蔵用の実際の返事（返答）は、「我が国がモンゴルに朝貢してから、成人した者は皆モンゴルの兵とされたため、今は子供しかおらず軍隊にたえるものはおりません」というものであった。多くの高校生がそれに近い解答を準備するのではないか。

　【問3・4】は、資料5・6から三別抄の「高麗国牒状」の内容を考えるものである。【問3】では、資料6の（1）〜（3）の不審点について、生徒はここまでの学習で解答することができよう。1271年の「高麗国牒状」が開京の高麗朝廷からのものではなく、高麗朝廷やモンゴル軍と抗戦中の三別抄からのものであったからと。【問4】についても、救兵や兵糧の要請であったことがわかろう。仮に日本側がその要請を受け入れれば、高麗三別抄と日本の鎌倉幕府軍の同盟が成立することになったわけである。しかし、日本の鎌倉幕府や朝廷は応じなかったのである。資料5・6からわかるように、

1271年の「高麗国牒状」が高麗朝廷やモンゴルと抗戦を続けていた三別抄を主体とするものであったことを、日本側は理解できなかったのである。

【問5】は、高麗の宰相李蔵用のモンゴルとの交渉や高麗三別抄の抗戦は日本のためになされたわけではないが、結果として、モンゴルの日本への襲来を遅らせ、また襲来の近いことを知らせ、日本の防戦体制の準備に寄与したのであった。もちろん、高麗には、李蔵用の勢力や三別抄の他にも、早くからモンゴルに従属した勢力も存在した。そのために、二度にわたる日本へのモンゴルの侵略で、主導的な役割を果たした高麗出身の将軍もいたが、モンゴル軍の中の高麗兵の大半は三別抄の滅亡後にモンゴルに駆り出された服属兵であった。

〈参考文献〉
石井正敏「文永8年来日の高麗使について」『東京大学史料編纂所報』12、1977年
佐伯弘次「蒙古襲来以後の日本の対高麗関係」『史淵』153、2016年
秦野裕介「クビライ・カアンと後嵯峨院政の外交交渉」『立命館文学』624、2012年
村井章介『北条時宗と蒙古襲来』日本放送出版協会、2001年
李領『倭寇と日麗関係史』東京大学出版会、1999年
歴史教育研究会・歴史教科書研究会編『日韓歴史共通教材　日韓交流の歴史』明石書店、2007年
イスンハン『クビライ・カンの日本遠征と忠烈王』プルンヨクサ、2009年（韓国語）

倭寇は高麗や朝鮮、日本の外交にどのような影響を与えたのか

学|習|課|題

　14世紀中頃から朝鮮半島や東シナ海沿岸で猛威をふるった倭寇とは、どのような存在であったのか。その活動の実態を資料から調べていき、倭寇が高麗や朝鮮、14・15世紀の日本の政治や外交関係にどのような影響を与えたのか考えてみたい。『高麗史』などにはどのように書かれているのか。まずは、それから確認していこう。

キーワード　倭寇　李成桂　通信使外交　応永の外寇（己亥東征）　癸亥約条

1．深刻な倭寇の侵略

　1350年頃から本格化した倭寇の高麗への侵攻は、高麗滅亡（1392年）までに299件に及ぶとされる。まず、倭寇が高麗に与えた影響がいかに深刻であったかについて、『高麗史』の記録をもとに、その活動回数が一番多い1377年5月の状況から見てみよう。

資料1　1377年5月の高麗各道への倭寇侵攻

資料2　倭寇の根拠地と侵略地（1223年〜1419年）

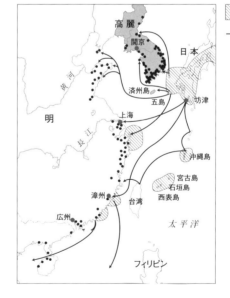

資料3　『高麗史』に見える1377年5月の倭寇

○密城（慶尚道）に倭寇が侵攻し、村落を侵略して麦を取り船に載せた。その様子は無人の境を踏むようであった。安東（慶尚道）の助戦元帥王賓が倭寇を撃ちしりぞけた。
○禹仁烈が倭賊と太山新駅（慶尚道）で戦った。ついで精兵500騎を派遣して倭寇を沙弗郎松旨

で撃ち破った。李成桂（イソンゲ）が援軍を率いていき倭賊を智異山（チリサン）（全羅道）で大破させた。

○倭寇が 100 余騎で、南陽・安城・宗徳等の県（ともに楊広道）に侵攻した。

○倭寇が 50 艘で金海南浦（キメナンポ）（慶尚道）に至り、後来の倭賊に「黄山江を遡（さかのぼ）り、ただちに密城を攻撃せよ」と指示したという。朴葳がこれを察知して、伏兵と舟軍をもって後来の倭賊を江口で撃ち破った。また、裴克廉（ペグッリョム）が倭賊の頭領覇家台（パクウィ）（博多）が率いた万戸の兵を破った。

○倭寇が江華（楊広道）より楊広道の沿岸部を攻め落とした。初めは 22 艘であったが、高麗の戦艦を奪って 50 艘となり、無数の人々を殺傷した。また、倭寇が慶陽および安城郡（ともに楊広道）に侵攻し、水原（スウォン）（楊広道）府使の朴承直（パクスンジク）の兵を破り、軍士を多く殺傷した。水原より陽城・安城（ともに楊広道）に至るまで、ものさびしいほどに人家がなくなってしまった。高麗国王は宮城を鉄原（チョルォン）（交州道）に築くこと（遷都）を命じたが、崔瑩（チェヨン）の反対によって中止された。

○倭寇が 50 艘でまた江華に侵攻し、江華府使の金仁貴（キムイングィ）を殺し、警固兵千人を攻略した。また水原府に侵攻した。高麗国の元帥楊伯淵（ヤンペギョン）・羅世が、戦艦 50 艘をもって倭寇を撃退した。羅世が、江華の境にて倭賊 29 人を殺した。

○また、倭寇が江華に侵攻した。烽火（のろし）が江華より昼夜絶えまなくあがり、京城（ケギョン）（首都開京）では戒厳体制がしかれた。多数の元帥を東西の江（湾）に派遣して防御した。

○また、倭寇が江華に侵攻し、ほしいままに略奪をおこなった。

（『高麗史』より。（　）内の道名等は引用者が補った。）

【問1】 資料3から、1377 年5月の倭寇による慶尚道周辺への侵攻状況を確認し、関係する地名を資料1の地図にマークしよう。また、倭寇軍の数なども資料1に記入してみよう。

【問2】 高麗の首都開京のある京畿道周辺への侵攻状況を確認し、関係する地名を資料1の地図にマークしよう。また、倭寇軍の数なども資料1に記入してみよう。

【問3】 資料3に見える倭寇の頭領（首領）の名前は「覇家台（はかた）」とあるが、これは「博多（はかた）」のことと考えられる。博多とは日本の九州北部の重要港湾都市のことであるが、倭寇の頭領が「覇家台（博多）」と名乗っていたとすると、その倭寇の頭領はどんな人物であったと考えられるか。

２．1380 年の倭寇と李成桂の活躍

　1380 年8月、鎮浦（ジンポ）に侵攻した倭寇は 500 艘の大船団であった（資料4参照）。この時、倭寇の大軍は鎮浦で高麗水軍に敗れ、多くの船が焼かれた。これは高麗が開発した火砲によるものであった。しかし、生き残った倭寇集団はそこから沃州（オクジュ）へ向かい、先に上陸して略奪行為をしていた先発部隊と合流し、利山・永同県を侵した。さらに8月末までに、中牟（チュンモ）から禦侮や化寧さらに功城・善州、南に向かって京山府（キョンサンブ）薪谷部曲（シンゴクブゴク）・沙斤乃駅（サグンネ）・咸陽（ハミャン）へと侵攻し、9月には南原山城（ナムォン）・雲峰県（ウンボン）を経て引月の戦で、李成桂の討伐隊によってほとんどが滅ぼされた。しかし、生き残った一群は智異山に逃げ込み、翌年には一部が海へと逃げたものと考えられる。

　また、1380 年9月の南原山城での戦い（荒山の戦）で、李成桂が倭寇の賊軍を打ち破った様子については、『高麗史節要』という資料に詳しい記述がある。資料4・5を参照して、1380 年8月に 500艘の大船団で鎮浦に侵攻した倭寇の一連の動きについて見てみよう。

資料4 1380年の倭寇侵攻ルート

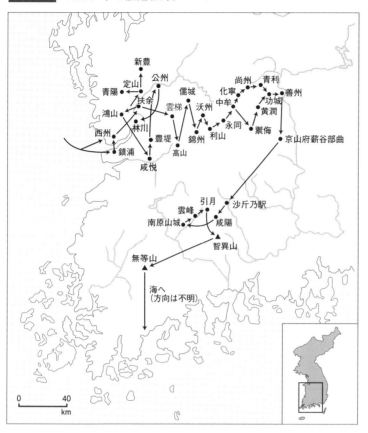

資料5 荒山の戦（南原山城、1380年9月）

　李成桂は、倭寇が放った矢にあたって負傷したが、ひるむことなく8人を殺した。そして太陽をさして、左右をかえりみて「卑怯者は去れ、われはただ賊を殺すのみだ」といった。そこで将士は感奮して勇気百倍し、死力をつくして戦った。けれど賊軍はうごかない。賊軍のなかに、わずか15、6歳の大将がいた。容姿は端麗であり、しかも勇ましいことこの上ない。白馬にまたがり、槍をふるって馳せまわり、これに敵するものがない。高麗軍は彼を「阿只抜都」と呼んで、できるだけ避けるようにした。

　李成桂は阿只抜都の勇鋭を惜しくおもい、部下の豆蘭に生け捕りにするように命じた。豆蘭は「生け捕ろうとすれば、必ず負傷者が出ます。それにかの人は顔に堅甲を着けているので、矢で射る隙がありません」と答えた。そこで成桂は「自分がかれの兜の頂子を射よう。兜が落ちたら、汝がこれを射よ」といい、馬を躍らせて、これを射た。矢は兜の頂子に命中し、兜の緒が切れた。阿只抜都は、これを整えようとし、成桂がさらにこれを射たところ、またも頂子に当り、兜はついに落ちた。そこに豆蘭が射かけ、阿只抜都を殺した。

　こうして倭寇軍は気がくじけ、成桂は大奮戦して倭寇軍を破った。川の流れは血によってことごとく赤く染まり、6〜7日間色が変わらなかった。敵の馬1600余匹を捕獲した。

（『高麗史節要』庚申辛禑6年9月条を意訳）

【問4】 資料5に見える倭寇の頭領はだれか。どんな活躍をしているか。また、1380年倭寇の軍勢（武力）にはどのような特徴があるかまとめてみよう。

【問5】 資料3と資料5から李成桂による「倭寇討伐」の様子や活動地域をまとめよう。また、李成桂が朝鮮を建国するまでの過程を調べてみよう。

3．朝鮮の成立と通信使外交

　李成桂は、それより前の1363年には、高麗の首都開京（開城）を占領していた中国の紅巾軍を破って、東北方面の軍事長官となり、ついで高麗国王の恭愍王に協力して、元（モンゴル）の勢力を朝鮮半島から追い出した。その後、「倭寇討伐」でも名声をあげた李成桂が、新興の文人勢力の支持も得て、1392年、新たに朝鮮を建国した。李成桂（太祖）は即位後、日本の将軍足利義満に倭寇の禁圧と朝鮮人捕虜の送還を求めるとともに、国交樹立を要請した。将軍義満もこれに応じたため、1404年、日朝間での対等な外交関係が成立し、国家間の日朝貿易が行われることになった。室町幕府からの日本国王使に対して、朝鮮国王使（回礼使、のちに通信使）が派遣され、通信使外交が成立した。

　しかし、倭寇が完全に鎮まったわけではなく、ついに朝鮮は1419年、倭寇の本拠地と見なした対馬を攻撃した（応永の外寇・己亥東征）。その後、朝鮮は日朝貿易を統制しつつ倭寇を減らすために、貿易港を富山浦（釜山）・薺浦（乃而浦、現在の昌原付近）・塩浦（蔚山）の三浦だけに制限し、さらに、最初の通信使であった李芸の主導によって、1443年、朝鮮と対馬の宗氏との間で癸亥約条（資料6）が結ばれた。この約条によって、日朝間の貿易は対馬の宗氏を介して行われることになった。

資料6 癸亥約条（1443年）

　　日本国王（室町将軍）および有力諸侯の使節が朝鮮に来たならば、接待する。
・対馬島主（宗氏）からの遣使は、毎年50艘とする。
・有力諸侯（領国・領地を治める者）からの遣使は、毎年1、2艘の者が14人。1艘の者が27人。その他の諸侯が特別な理由で来朝したときは、臨時に国王の命令に従って応接する。
・我が国（朝鮮）の官職を受けている者（受職倭人*）は、毎年1回の来朝とする。
・日本国王の使節は、本船と副船の2艘あるいは3艘とする。有力諸侯は、本船と副船のみ。他の諸侯は1艘。
・他の諸侯の使節は、必ず対馬島主の文引（渡航証明書）を受け取ってから来朝すること。
　　　　　　　　　　　　　　　（申叔舟『海東諸国紀』の「朝聘応接紀」の一部を意訳）
＊日本の西国の武士や商人の中には、朝鮮の官職を受けている者がいた。それを受職人や受職倭人といった。（本書第4章6節参照）

【問6】 資料6から、癸亥約条によって成立した日朝間の貿易船についての規定を整理してみよう。また、約条の内容から考えて、この約条の目的は何であったか考えてみよう。

【問7】 その後の日朝貿易では、どのような品物が交易されたか調べてみよう。また、日朝貿易において対馬はどのような役割を果たしたか考えてみよう。

教 材 解 説

〈教材のねらい〉

　「倭寇」という言い方は、韓国や中国の諸史料に見られるが、「倭寇」のもっとも古い用例は、高句麗広開土王碑文の第2段で倭および百済と高句麗が交戦した記事に、「倭寇潰敗、斬殺無数」(広開土王14年 (404) 庚申条) とあるものである。日本では、この記事は高句麗軍によって「倭軍が壊滅し、無数の兵士が斬殺された」という意味で、ここでの「倭寇」は「倭が寇す」という言葉と理解し、「倭寇」が成語として固定したのは14世紀中葉以降のこととされている。これに対して、韓国では、この記事の「倭寇」は「倭の侵略勢力」を意味する成語であると理解されている。そのため、韓国史では「倭寇」は、倭人あるいは日本人の侵略行為一般を意味するものとして使用されている。他方、日本では14世紀中葉以降の東シナ海周辺での日本人を中心とした海賊あるいは海賊行為を「倭寇」と呼んでいる。

　朝鮮時代の文宗元年 (1451) につくられた『高麗史』には、倭寇に関する豊富な記事が載るが、その『高麗史』での初見は高宗10年 (1223、日本では貞応2年) 5月条にある「倭寇金州」である。日本では、ここは「倭が金州を寇す」と読むべきものとされている。高麗忠定王2年 (1350) の『高麗史』などに、固城・竹林・巨済などの地方に倭寇があったことが記録された際に、「倭寇の侵、これに始まる」とか「倭寇の興る、これに始まる」との表現が見られる。日本の研究者田中健夫は、ここでの「倭寇」は成語であり、この時期に高麗において「倭寇」という観念が固まったとしている。

　以上のように、日本と韓国の間では、「倭寇」という文字表現の理解そのものをめぐっても対立があるが、ここでは高麗・朝鮮時代の倭寇の実態が把握できるようにつとめ、資料とともにわかりやすい地図も配置した。

　また韓国では、朝鮮の外交官李芸 (1373〜1445) を最初の通信使としており、日朝間の通信使外交は、朝鮮建国後から一貫した日朝間の外交関係と考えられている。こうした韓国側の理解を踏まえて、本節では通信使を日朝間の基本的な外交関係と捉えている。豊臣政権期の日本による朝鮮侵略は、それまでの通信使外交を反故にしたものであり、江戸幕府による日朝外交の回復は、通信使外交の復活であった。

〈資料の解説〉

　資料1 の行政区分は高麗時代のものである。資料3 は、『高麗史』巻40 (世家40) 以下、巻114 (列伝27)、巻133 (列伝46)、巻116 (列伝29)、巻126 (列伝39) の記載内容を要約し整理したものであり、村井章介『中世倭人伝』24頁に基づいて意訳した。資料4 は、李領『倭寇と日麗関係史』248頁の図6による。

　資料5 は、田中健夫による『高麗史節要』(庚申辛禑六年九月条) からの意訳によった (同『倭寇』)。なお、『高麗史節要』は1452年に成立した高麗の正史の一つであり、『高麗史』の節要 (要約) という位置づけだが、『高麗史』よりも詳細な記述もある。

　資料6 は、朝鮮の最高知識人であり、官僚・外交官であった申叔舟が、1471年に記した『海東諸国紀』の「朝聘応接紀」(使節の接待規定) の一部である。

　なお、引月の戦の「引月」という地名については、李成桂が倭寇討伐の時に、明るい光を照らすた

めに月を引いてきたことによる説話が残されている。

〈問いの意図・解答例〉

【問1】では、1377年5月だけでも慶尚道に繰り返し倭寇が侵攻した事実を具体的に知ることを、そして【問2】では、同様に首都開京のある京畿道での倭寇の侵攻を知ることで、倭寇がいかに高麗国に対する脅威であったという事実を、それぞれにまず確認するものである。

【問3】では、資料3で「万戸の兵」を率いていたという倭寇の頭領「覇家台（博多）」が如何なる存在であったかを生徒に考えさせることで、倭寇勢力のあり方に迫らせたい。解答例を明確に示すことはできないが、14世紀末に九州博多を支配下においた有力武士ということになろうか。

【問4】は、若き頭領「阿只抜都」率いる倭寇軍が、もはや船団ではなく騎馬軍であったことに注目させたい。ここからも倭寇侵攻の深刻さがわかろう。

【問5】は、こうした倭寇の討伐に活躍した李成桂の事績（1377年5月の倭寇では、智異山で倭寇を大敗させ、荒山の戦では高麗軍を指揮し、阿只抜都が率いる倭寇を破ったことなど）を資料3・5で確認させたうえで、李成桂について調べ学習を行わせるものである。

【問6】は、癸亥約条（資料6）そのものを読み解くことで、日朝貿易の枠組みを理解するものである。倭寇の多様な侵攻活動に対する朝鮮からの統制策と関連づけて、癸亥約条の内容（対馬島主宗氏の遣使船は毎年50艘など）を具体的に理解することがベストではあるが、とりあえずは癸亥約条を読み解くことである。そのうえで【問7】での調べ活動を行わせれば、対馬の宗氏を介した日朝貿易（日本からは武具、硫黄、銅などが輸出され、朝鮮からは木綿や糸、織物、大蔵経などが輸入された）と、通信使外交に対する理解は深まろう。

〈参考文献〉

田中健夫『東アジア通交圏と国際認識』吉川弘文館、1997年

田中健夫『倭寇』講談社、2012年（初出1982年）

橋本雄「東アジア世界の変動と日本」『岩波講座日本歴史 中世3』岩波書店、2014年

浜中昇「高麗末期倭寇集団の民族構成」『歴史学研究』685、1996年

村井章介『中世倭人伝』岩波書店、1993年

李領『倭寇と日麗関係史』東京大学出版会、1999年

歴史教育研究会・歴史教科書研究会編『日韓歴史共通教材 日韓交流の歴史』明石書店、2007年

8 「文禄・慶長の役」か、「壬辰・丁酉倭乱」か、「抗倭援朝戦争」か

学 習 課 題

　1592年から約7年間にわたっておきた朝鮮侵略は、朝鮮が明に救援軍を要請して、朝鮮と明が日本に対抗して戦う東アジアの国際戦争へと拡大した。この戦争の性格をどのようにとらえればよいか、戦争の名称や三国のかかわりから考え、そしてさらに、強制連行された陶工に対する、後世の人々の眼差しなどについても考察してみよう。

キーワード　文禄・慶長の役　壬辰・丁酉倭乱　沙也可（金忠善）　李参平

1. 朝鮮侵略には、どのような名称を用いるとよいだろうか

　豊臣秀吉が天下を統一した後、朝鮮と明を征服するために大軍を派遣すると、朝鮮は明に救援軍を要請して、朝鮮と明が日本に対抗して戦う戦争へと拡大した。この東アジア国際戦争は、日韓中の中学校歴史教科書において、それぞれ名称を異にして記述されている。資料1は日韓中の中学校歴史教科書における朝鮮侵略を、それぞれ抜き出したものである。また、資料2は、「歴史用語」の意味を説明したものである。これらを読んで、後の問いに答えてみよう。

資料1　各国の中学校教科書における「朝鮮侵略」に関する記述

> 　日本　1592（文禄元）年には、明の征服を目指して、諸大名に命じ、15万人の大軍を朝鮮に派遣しました（文禄の役）。日本の軍勢は、首都漢城（ソウル）を占領して朝鮮北部まで進みますが、救援に来た明軍におしもどされました。また、各地で朝鮮の民衆による義兵が抵抗運動を起こし、朝鮮南部では、李舜臣の水軍が日本の水軍を破りました。そこで、明との間に講和交渉が始まり、明の使節が来日しました。しかし、講和は成立せず、秀吉は1597（慶長2）年から再び戦いを始めました（慶長の役）。日本の軍勢は苦戦し、1598年に秀吉が病死したのを機に、全軍が引きあげました。　　　　　　　　　　　　　　　　　　（『新編新しい社会 歴史』東京書籍、2016）
>
> 　韓国　朝鮮は永らく平和を享受して国防を疎かにして、建国当初の強力だった軍事力が次第に弱まっていった。‥‥この頃、日本は豊臣秀吉が戦国時代の分裂を収拾して統一を成し遂げた。彼は不平勢力の関心を外へ向け、大陸に進出する野心で朝鮮を侵略した（壬辰倭乱、1592）。
>
> 　　　　　　　　　　　　　　　　　　（『中学校歴史（上）』チョウンチェクシンサゴ、2015）
>
> 　中国　1592年、日本の権臣・豊臣秀吉が軍隊を派遣して朝鮮に侵入した。‥‥その翌年、明政府は朝鮮政府の要請によって援軍を派遣して朝鮮に到着し、朝鮮軍と共に、日本軍の精鋭部隊を敗退させ、実地を取り戻した。‥‥日本侵略軍はほぼ全滅し、援朝戦争は勝利を獲得した。
>
> 　　　　　　　　　　　　　　　　　　　　　　　　　　　（『中国歴史』人民教育出版社、1987）

資料2 歴史用語について

　歴史用語は、単に過去にあった出来事を記録するための手段ではなく、現在を生きる人々が過去をどのように記憶して判断するかを示し、過去に基づいて未来をどのように展望するかを知らせる重要な手がかりです。また、過去の出来事に参加し、関わった人々に対する評価を示し、また、適切な用語を決定するために社会構成員の意見を集めるので、ある社会の集合的理性と民主主義のレベルを示してくれる尺度でもあります。結局、歴史用語の決定は、過去に対する現実認識、民主主義の実現、未来に対する見通しとつながる問題です。

　東アジアの国際戦争を指す各国の名称が異なるのは、この戦争を眺める各国の見方が異なるからです。韓国が使用する「壬辰倭乱」という用語は、正式な国号である「日本」を使わず、内乱を意味する「乱」という用語を使用するなど、日本に対する民族感情が入っており、当時の国際情勢と出来事の実体を正確に捉え難いです。

　日本が使っている「役」という用語は、日本の植民地支配下の朝鮮と日本が一つであるという「内鮮一体」の観点から、国内で行われた反乱を平定するという意味を込めているので、適切な用語ではありません。中国は「援朝」という用語を使用して困難な朝鮮を助けたという意味を強調しています。しかし、明は当時、自国の危機を克服するための戦略的な目的のため参戦したのにもかかわらず、単に「朝鮮を助けるために」参戦したニュアンスが漂っています。

（歴史批評編集委員会『歴史用語　書き直し』歴史批評社、一部改稿）

【問1】 資料1における日韓中の教科書では、この戦争をそれぞれどのような名称で表記しているだろうか。また、同じ戦争をなぜ各国の教科書では、それぞれ違う歴史用語で表記しているのだろうか、その理由が何か話し合ってみよう。

【問2】 資料2は「歴史用語」の意味を説明した文である。この文を参照して、この戦争に対して日中韓3国が共通で使用できる戦争の名称としては何がふさわしいか考えてみよう。

2．戦争は日朝中3国にどのような影響を及ぼしたのか

　次の資料3は「16世紀末〜17世紀初頭の日本・朝鮮・中国」の関係を示すものである。この表を見ながら、下の問いに答えよう。

資料3 6世紀末〜17世紀初頭の日本・朝鮮・中国

年	中　国	朝　鮮	日　本
1592	朝鮮に援軍を派遣	各地で義兵が起こる	豊臣秀吉の軍が朝鮮を侵略（文禄の役、壬辰倭乱）
1597			講和交渉の決裂、日本軍の再侵略（慶長の役、丁酉再乱）
1598			朝鮮から撤収
1600	朝鮮から撤収		対馬で朝鮮と捕虜送還、国交再開の交渉はじまる
1603		日本に講和条件を提示	徳川家康が将軍に就任
1607		日本に使臣派遣、鳥銃500丁、日本刀購入	
1609			朝鮮と宗氏が己酉約条を締結
1615			豊臣氏が滅亡（大坂の陣）

年	中　国	朝　鮮	日　本
1616	ヌルハチが後金を建国		
1619	後金が明軍を破る		
1627	清が朝鮮を攻める		
1636	清が朝鮮を攻め、朝鮮降伏	日本に通信使を派遣	
1644	明が滅び、清が北京に遷都		幕府は明国の援兵要請を拒否

【問3】 資料3は、16世紀末〜17世紀初頭
　　　　の日本・朝鮮・中国の関係を示したも
　　　　のである。各時期の、3国の関係を見
　　　　て、中国と朝鮮、朝鮮と日本の間の友
　　　　好関係は‘○’、敵対関係だった時期
　　　　は‘×’とし、それぞれ右の表に表示
　　　　をしてみよう。また、この作業を通し

関係	敵対関係		友好関係	
年	中国-朝鮮	朝鮮-日本	中国-朝鮮	朝鮮-日本
1592				
1600				
1609				
1636				

　　　　て、秀吉の朝鮮侵略が招いた影響について、日朝中3国の変動という観点で話してみよう。

　　　朝鮮侵略では、日本軍から朝鮮に投降した日本兵（「降倭」）がおり、戦争を通じて朝鮮側で功績を
立てた「降倭」の一人として沙也可（金忠善）の名が『朝鮮王朝実録』にも記されている。次の資
料4は、沙也可の伝記の一部である。沙也可の子孫が彼の功績を記念した背景にはどんな事情があっ
たのか考えてみよう。

【資料4】　沙也可（金忠善）が帰順を決心した理由を明かした文―『慕夏堂文集』―

> 　　1592年に壬辰戦争が始まった時、加藤清正軍の1人であった沙也可は、朝鮮に帰化の意を伝
> え朝鮮の兵になって様々な戦闘で功績を立てた人物である。宣祖（朝鮮国王）は彼に「海を渡っ
> てきた砂から金を得た」として「金忠善」という名を与え、高い位を下賜した。金忠善は壬辰戦
> 争の他にも李适の乱、丁卯戦争（丁卯胡乱）、丙子戦争（丙子胡乱）でも活躍して三乱功臣と呼ば
> れる。金忠善のように朝鮮に投降した「降倭」は、約1万人程度と推定されているが、彼らの多
> くは豊臣秀吉の朝鮮侵略に不満を抱き、長い間の戦闘にともなう食糧不足などで意欲を喪失した
> 人々が多かった。朝鮮では「降倭」から鉄砲と弾薬製造技術および鉄砲射撃方法などを学んだ。
> 「私が卑劣な男でもなく、私の部隊が弱いことでもない。しかし、朝鮮の文化は日本より発展し、
> 学問と道徳を重んずる君子の国を踏みにじることはできない。それで私は（朝鮮に）帰順したい
> と考えている。」
> 　　　　　　　　　　　　　　　　　　　　　　　　　　（ファンジンサン他『東アジア史』、一部改稿）

【問4】 資料4は伝記のため史実かどうか注意が必要だが、何代もの子孫たちによって顕彰され、今
　　　　日までも語り継がれている。なぜ投降した日本軍の兵がこのように顕彰され、伝記としてま
　　　　とめられたのだろうか。

【問5】 この資料（『慕夏堂文集』）については、日本が植民地として支配していた時代に日本の歴史
　　　　学者によって、信用に値しないとして、その資料的価値が否定された。なぜ、当時の日本の
　　　　学者は、沙也可の存在を否定したのか考えてみよう。

3．朝鮮侵略は今日、日本と朝鮮の人々にどのように影響を与えているのか

　朝鮮侵略によって、多くの朝鮮人が日本に強制的に連行されてきた。特に、朝鮮人陶工らが日本に連行され、その後日本の各地にお国焼きを生んでいったことはよく知られている。次の資料5は、朝鮮人陶工李参平が神として祀られて陶山神社が生まれ、その後近代に入ってから、新たに陶祖李参平碑が建てられたことについて述べたものである。資料7の陶祖李参平碑は、1917年、資料6の陶山神社の背後の山の頂に、磁器創成300年を記念して建てられたものである。これらの資料を見ながら、下の問いに答えてみよう。

資料5 陶山神社と陶祖李参平碑

　1650年代に入ると、有田焼は伊万里港を通じてヨーロッパに大量輸出されます。オランダの東インド会社は、もともと中国景徳鎮陶磁器をヨーロッパに輸出してきましたが、17世紀半ばに中国が明清交替期の戦乱で入港すら禁止されると、景徳鎮の陶磁器を供給できなくなります。このときに、長崎にいたオランダ東インド会社の商人は、日本の有田焼を注文してヨーロッパに売ったのですが、これが大成功したのです。日本最初の磁器輸出は、このようになされま

資料6 陶祖神社

した。ヨーロッパに大量輸出された有田焼はヨーロッパ全域に広がって、日本の磁器は世界的な名声を得ることになりました。1659年だけで五万点もの有田焼が輸出されました。トルコのトプカプ宮殿だけで2000点が所蔵されています。‥‥陶山神社は1658年8月に建てられた古い神社である。‥‥1917年に有田窯業が300周年を迎えると、この地域の有志である深川六助

資料7 陶祖李参平碑

が李参平を陶祖と崇めて、神社には佐賀藩の藩祖で有田の陶磁産業育成に決定的な貢献をした鍋島直茂と陶祖李参平を応神天皇と一緒に祭ることを提案して住民の同意を得たのである。このとき、神社の名前も陶山神社に変えた。そして、陶山神社の上の稜線には「陶祖李参平碑」を建てた。‥‥李参平に関する最も古い記録としては、‥‥『金ヶ江旧記』がある。‥‥要約すると次の通りである。李参平は丁酉倭乱（1597年）の当時、加藤清正麾下で戦争に参加していた肥前佐賀藩の藩祖鍋島直茂に連れられてここに来た。‥‥彼は金江島出身であるため金ヶ江三平という日本名を得て、多久安順のもとで陶磁器を作りながら18年を過ごした。
（俞弘濬著・橋本繁訳『日本の中の朝鮮をゆく　九州編』）

【問5】 資料5を読みながら、陶山神社や陶祖李参平碑がいつどのような背景の中で創建されていったかを考えてみよう。また、陶祖李参平は、1990年、韓国陶磁器文化振興協会の協力を得て、李参平の出身地と考えられている韓国忠清南道公州郡の鶏龍山にも、李参平の記念碑が建てられ、顕彰が行われている。このことから、李参平の伝承が今日、日本と韓国の関係にどのような意味をもっているかを考えてみよう。

教 材 解 説

〈教材のねらい〉

　この教材は、日本の朝鮮侵略が東アジアの国際戦争に発展し、日朝中の東アジア3国に大きな影響を及ぼしたことをとらえることを目的としている。

　始めに、日韓中3国の歴史教科書において、それぞれの国が用いる用語が異なる理由を問い、これを通して、朝鮮と明、日本が戦争を行った意図を把握し、かつ現在の日本、韓国、中国が過去の歴史についてどのように考えているのかを考えてみたい。

　そして、この戦争が朝鮮と明、日本にどのような影響を及ぼしたのかを確認し、特に日本へ連行された陶工の果たした役割に着目しながら、日本と韓国の両国の人々がその陶工の功績をいかにとらえていたかを考えてみたい。

〈資料の解説〉

　資料1 は、朝鮮侵略について記した、日韓中3国それぞれの中学校教科書の一部である。資料2 は、歴史批評編集委員会『歴史用語　書き直し』歴史批評社の中の、歴史用語の使用の意味の部分を抜き出して提示した。資料3 は、「16世紀紀末～17世紀初頭の日本・朝鮮・中国」の年表である。資料4 は、韓国の高等学校の教科書『東アジア史』に記載されている「降倭」に関する説明である。「東アジア戦争を通した人と文化交流」という小題目の下、「金忠善になった沙也可」という題名で叙述されている。

　資料5 は、陶山神社と陶祖李参平碑について述べた文章（兪弘濬著、橋本繁訳『日本の中の朝鮮をゆく　九州編』岩波書店、2015年〈韓国語版は兪弘濬『私の文化遺産踏査記　日本編1　九州』創批、2013年〉）の一部を抜粋したものである。資料6 は陶祖神社、資料7 は陶祖李参平碑である。

〈問いの意図・解答例〉

　【問1】日本が「文禄・慶長の役」（東京書籍、帝国書院、自由社、育鵬社、2015年版）という用語を使用し（見出しに「朝鮮侵略」という用語を使用している〈東京書籍・教育出版、2015年版〉）、韓国が「壬辰倭乱」という用語を使用し、中国が1980年代まで中学校教科書に「降倭援朝戦争」という名称として学習内容に教えていたが、1990年代以降の教科書では記されていない。参考として、北朝鮮の教育課程で教えている日本の朝鮮中級学校3学年の『朝鮮歴史』の記述を下記に掲げる（北朝鮮は、この戦争を「壬辰祖国戦争」という用語を使っている）。

第2節 1592～1598年の壬辰祖国戦争（『朝鮮歴史3』学友書房、2009年）

1. 壬辰祖国戦争の始まりと朝鮮水軍の勝利

豊臣秀吉は、いよいよ1592年4月13日に20万余の陸軍と水軍で朝鮮侵略戦争を起こした。侵略軍が釜山城と東莱城に駆け寄ると、防衛者などは鄭撥と宋象賢の指揮の下、命がけで抗戦したが城は陥落された。

　【問2】では、生徒にとって、歴史用語が単に過去の事実を表記するのではなく、用語の中に、その用語を使用する人々の意図と歴史認識が含まれていることを理解させたい。武田忠利「歴史用語と

歴史教育」(『歴史学研究』628、1992年)は、「国内の事件は、正当なる国家権力の外にあると考えられる辺境でおこった事件か、あるいは正統なる国家権力に対する命令違反の罪に問われたものを役と名付けている。」「朝鮮征伐（出兵、侵略、文禄・慶長の役）と台湾征討（出兵、征台の役）である。この二つはいずれも対外侵略行為の呼称であるが、この場合日本に従属しないもの＝「非なるもの」という思想によって武力侵略を正当化しようとするもので、皇国史観思想そのものである。文禄・慶長の役の呼称は、二度の侵略行為を詳しく表記したものにすぎない。」と述べる。また、柳鏞泰「自国史の帝国性を問う」(『歴史教育』137、2016年)は、「国家対国家の戦争を「役」や「戦役」で表すのは、やはり「征伐」の論理と繋がっている。『説文』によると、役は即ち戍であり国境の守備を意味した。一般的に一国内で既存の秩序に挑戦する勢力を鎮圧する中央の軍事行動を「役」とした。‥‥戦争は、対等な国家対国家の争覇であるが、役や戦役は、相手国の対等性を否定する華夷論的位階秩序の論理を内包しているのである。」(訳文)と述べる。そして、東アジア地域で通用できる戦争の名称を考えさせることにより、この戦争が東アジアの全体に影響を与えた国際戦争であった特質を理解させたい。また、各国がそれぞれ違う名で呼んでいる戦争の名称を、東アジア国際戦争に相応しい用語を作ってみることにより、東アジアを一つの地域単位で考えてみるようにしたい。

【問3】では、表の事項を読み取り、かつ作業課題を通じて、秀吉の朝鮮侵略が単に朝鮮と日本の戦争に終わるものではなく、東アジア3国が全て大きな影響を受けて国内の政治的変化につながる戦争であったということをとらえたい。朝鮮侵略の期間は日本と朝鮮・中国の間で敵対関係となり、1609年以降は日本と朝鮮が国交を回復し、以後、胡乱の期間を通して朝中の間が敵対、日朝の間が友好関係となった。また、日本と中国では政治勢力が変わったこともとらえさせたい。

【問4】では、朝鮮侵略により朝鮮の国土は荒廃し、多くの人命や文物が失われた。その憎しみや抵抗の気持ちが強固に継承されていき、沙也可の伝記に仮託されていったことが考えられる。また、1910年の韓国併合後には、日本の植民地支配の政策により、降倭の存在が許されなかった。

【問5】には、戦争による陶工の連行が、日本文化にいかなる影響を及ぼしたのかを考える意図がある。有田焼を開いた李参平が陶祖としてあがめられた陶山神社の創建とは異なり、陶祖李参平碑は、1917年有田焼創業300年を記念して建立される一方、当時の日本の植民地政策ともあいまって「内鮮一体」の理念のもと建立されたものである。李参平の伝承を通して、朝鮮侵略の事実を直視する一方、日韓の互いの友好が深まり、陶磁器文化の交流が広がっていく意義を確認したい。

〈参考文献〉

歴史教育研究会・歴史教科書研究会編『日韓歴史共通教材　日韓交流の歴史』明石書店、2007年

韓日関係史研究論集編纂委員会『壬申倭乱と韓日関係』景仁文化社、2005年（韓国語）

東北亜歴史財団『東アジアの歴史』Ⅱ、2011年（韓国語）

歴史批評編集委員会『歴史用語　書き直し』歴史批評社、2006年（韓国語）

通信使外交は日朝間の摩擦をどう乗り越えたか

⎡学⎤⎡習⎤⎡課⎤⎡題⎤

　日本による朝鮮侵略の後，日本と朝鮮はいかに国交を回復し、朝鮮政府が派遣した通信使と日本との間でどのような外交関係が築かれたのだろうか。また、その外交交渉でいかなる政治的な摩擦が起き、日朝両国がそれをいかに乗り越えたか、朝鮮側が記録した諸資料から考えてみよう。

⎡キーワード⎤　朝鮮人捕虜　刷還　国交回復　通信使　姜沆　雨森芳洲　申維翰

1．日本の朝鮮侵略で連行された朝鮮人捕虜は、その後どうなったか

　1590年代の2度にわたる日本の朝鮮侵略により、多くの朝鮮人捕虜が日本へ連行された。資料1は、16世紀末以降、朝鮮人捕虜が朝鮮へ帰国を果たした人数の推移と、日朝間の関係事項を示したしたものであり、資料2は、日本に連行された朝鮮人捕虜のうち、自力で帰国を実現した人の一人（儒学者姜沆）の記録である。

⎡資料1⎤　朝鮮人捕虜の帰国人数

年代	刷還主体			合計人数	日朝間の関係事項
	自力	日本	朝鮮		
1599	11	19		30	対馬が朝鮮に対して使節を派遣し、講和交渉を行う
1600	149	480		629	対馬が被虜人約200人を朝鮮へ送還する
1601	91	290		381	
1602	3	634		637	朝鮮が対馬に使節を派遣する
1603	14	94		108	
1604	2	51		53	朝鮮が対馬に使節（探賊使）を派遣する
1605		362	1391	1753	朝鮮の使節が京都で日本側と会見する
1606		456		456	朝鮮が国交回復にあたって日本側に2つの条件を示す
1607		94	1418	1512	朝鮮が使節を日本へ派遣し、日本との国交が回復する
1608		8		8	
1609		9		9	朝鮮と対馬とが巳酉約条を結んで交易を開始する
1610		38		38	
1613		3		3	
1616		41		41	
1617		4	321	325	朝鮮が使節を派遣する
1618		160		160	
1625		3	146	149	1624年、朝鮮が使節を派遣する
1627		1		1	
1629		9		9	
1637	2		1	3	
1643			14	14	
不明		4		4	
合計人数	272	2760	3291	6323	

1607年以降、1624年までに3度にわたって朝鮮から使節が派遣されたが、この使節は回答兼刷還使と呼ばれた。刷還とは、捕虜となった人々を朝鮮へ帰国させることである。ここでは、独力で帰国した者を「自力」とし、帰国させた主体により、「日本」と「朝鮮」に分けている（米谷均「松雲大師の来日と朝鮮人捕虜人の送還について」をもとに作成）。

資料2 自力で朝鮮へ帰国した朝鮮人捕虜—儒学者 姜沆(カンハン)—

「(1597年)突然、(日本軍の)賊船に出遭(であ)いました。私は脱出できないと悟りましたので、家族と共に海の中にとび込みましたが、岸よりで水が浅く、みな倭奴(とう)(日本)に執(と)われてしまいました。‥‥伊予州(いよ)(愛媛県)の大津県に到着し、そこに留置されました。‥‥わが国の男女で前後して囚われている者が実に千余人にものぼり、新しく(虜(とら)われて)来た者は、朝晩巷に群(ちまた)をなして泣き叫んでいたのであります。‥‥倭京(京都)に連れてこられてからというもの、日本の内情を知ろうと思って、時々倭僧と接した。‥‥妙寿院の僧 舜(しゅん)首座(藤原惺窩(ふじわらせいか))*なる者がいる。‥‥(彼は)大変聡明で、古文を(よく)解し、書についても通じていないものがない。‥‥ある時は、わが国(朝鮮)の士分の俘虜(ふりょ)や私の兄弟に、六経(りくけい)(儒教で大切とされる基本的な六つの経典)の大文を書いてほしいと頼み、(その代価として)ひそかに銀銭で私たちの羈旅(きりょ)(帰国)の費用を補い、帰国時の準備にあててくれた。‥‥(1600年)私は、わが国の士分の人で、すでに約束を結んでおいた人々を集め、船頭で倭人の家にいる者も呼び出し、あれこれと得た銀銭をまとめて、ひそかに船1艘(そう)と食糧を買った。‥‥私はこうして、家族10人と虜われの士分の人、そして船頭とその妻女、(合わせて)38人と同船し、4月2日に倭京を出発した。‥‥5月19日、釜山にもどり停泊した。」

(『看羊録(カンヤンロク)』**、一部を補足)

* 文章中の「僧舜首座(藤原惺窩)」は、日本の近世儒学の祖となる人物である。

**『看羊録』は朝鮮の文官姜沆が帰国後に日本の情勢を朝鮮政府に報告したもので、門人によって編纂・刊行された。

【問1】 資料1の、朝鮮人捕虜が盛んに帰国を果たした時期と人数の推移に着目して、その変化の原因や背景となった出来事が何かを読み取ってみよう。

【問2】 資料2から、姜沆の日本での捕虜の生活や交流、帰還の過程を読み取ってみよう。

2. 日本にやって来た通信使がなぜ日光まで行くことになったか

次の資料3は、1636年に日本に来た通信使の正使、任絖(イムグァン)が著した記録の一部で、資料4は、『朝鮮王朝実録』の、通信使が帰国した1637年3月条の一部である。これを読み、問いを考えてみよう。

資料3 通信使の日光行き

(1636年12月)10日、‥‥江戸本誓寺に逗留(とうりゅう)する。(対馬島主の宗(そう))義成(よしなり)が来て関白(将軍徳川家光(いえみつ))の言葉を伝え、「朝鮮が通信使を送って来て、私はこの上なき慶事と存じている。‥‥」と言い、次いで遊覧することを要請した。我等が、「いわゆる遊覧とは何処(どこ)なのか知らぬが、我等の厳しい日程には限りがあって、滞留することはできない」と言うと、答えて、「我が国の名山としては、日光が第一であり、往復に2・3日掛かるだけです。‥‥」と言った。‥‥同11日、‥‥朝方に(宗)義成が藤智縄(とうのともなわ)(通訳官)をして、日光に行くことを要請させ、洪喜男(ホンヒナム)(通訳官)がその訳を尋ねると、智縄が言うには、「行かぬと関白(将軍)が使臣に遺憾(いかん)の意を抱くということはなく、また許しを得られぬと、関白が島主(宗義成)を怒られるということはありません。土井利勝(としかつ)・林道春(はやしどうしゅん)たちは関白に申し上げ、〈関白の要請は、使臣を尊敬するもので

99

あります。義成がもし喜んで周旋したのであったなら、使臣がどうして許されないことがあったろうか〉と言って、或るいは激怒するとか、根拠のないことを作り出して、時に乗じて話をでっちあげることが限りなく、このために苦しんでおります」とのことであった。洪喜男が入って来て告げて、「島主（宗義成）の形勢（立場）が危うくて恐ろしい状態にあります。去る9日に道春が詰問したことから見ても、このようなことがないとは言えません。朝廷（朝鮮）では既に義成のために今回の通信使を派遣され、少しでも目を掛けてやることができれば、両国間に間隙（摩擦）が生ずることはないのではないかと思います。大凡使臣を交換（通信使を派遣）して以来、接待し尊敬することが今回のように盛んなことはありませんでした。私が多方面に聞いてみたが、これは専ら誇張から出たもので断じて他意はありません」と言った。‥‥12日、‥‥朝、義成がまた関白（将軍）の言として、日光遊覧を請うので、我等が答えて、「このように懇請されるので伝命してから一度行くことが、なんの難しいことがありましょう（行きましょう）」と言った。‥‥14日、‥‥正使以下が冠帯を整え、国書を奉じて関白の居所（江戸城）に向かった。

（『丙子日本日記』、一部を意訳）

資料4　帰国した通信使と国王の問答（1637年）

　　国王はこれ（任絖）を召して日本の事情を尋ねられた。

任絖：その国の令は厳しく、隣国の使臣をして其の事情を知り得ざるようにしてあります。しかし臣が見たところでは、関白（将軍）は軍事には力を用いず、鉄砲を放つことを専ら廃し、其の地の人は鉄砲の音を聞けば、驚愕して転倒してしまいます。

国王：日本の戦船には、また武器があるのか。

任絖：四方にありますが幔幕が張り巡らしてあり、その中に軍器が隠されております。

国王：接待の礼は如何であったか。

任絖：其の杯盤は清潔で山海の珍味を並べ、其の贅沢なことはこの上なく、礼貌は立派なものであった。‥‥

国王：関白のひととなりはどうなのか。

任絖：其の内（内面）は知ることができぬが、外貌は凡庸の人ではないようで、凶年になれば緩やかな政をするように力を用い、また財物を好まず、平（豊臣）秀吉よりは優れているようです。

（『朝鮮王朝実録』）

【問3】 通信使は、日光東照宮の大規模改築を行った将軍家光から、予定になかった日光行きの打診を受け、はじめ拒否の意向を示すが、最終的には承諾して日光に参詣した。なぜ通信使は日光行きを承諾したか、その理由を資料3やその他の資料を調べながら考えてみよう。

【問4】 朝鮮国王は、この通信使を派遣したねらいとして、どのようなことを考えていたか、資料4における国王の質問内容に注意をして考えてみよう。

3．通信使外交は日朝間の摩擦をどう乗り越えたか

次の資料5は1719年、朝鮮王朝から通信使として日本に派遣された従事官 申維翰の記録である。

これを読みながら、日本と韓国は、通信使外交における摩擦をいかに乗り越えたかを考えてみよう。
Aでは、通信使発遣の経緯を、Bでは、方広寺の宴席をめぐる日朝間の摩擦を、Cでは、2人の外交官の親交を、それぞれ記録している。

資料5 通信使の申維翰と雨森芳洲

A、日本国関白源吉宗（徳川吉宗）が新しく即位した（新将軍になった）。そこで、日本から対馬宗氏をして朝鮮に使者を派遣させ、新君の襲位を告げ、旧例にしたがって信書を奉じて隣国間の親睦を修めることを請わせた。朝廷（朝鮮王朝）では通信使の派遣を許可し、洪致中（ホンチジュン）を通信正使に任命した。‥‥ 近ごろ倭人（日本人）が文字を求める風潮が盛んになり、学士大人と呼びながら群れをなして慕い、詩を乞い文を求める者は街に満ちあふれ通過できないくらいである。だから、彼らの言語に応接し、我が国の文化を伝えたたえることが、必ず製述官の責任とされるのである。誠にその仕事は繁雑であり、その責任は大きい。‥‥

B、（1719年11月1日）午前中に倭京（京都）に着いた。‥‥ 対馬の宗氏より、「前回の通信使の時から、必ず帰路に大仏寺（方広寺）に立ち寄る。関白（将軍）は、あらかじめ家臣に酒宴を設けさせているので、明朝、道理を枉げて臨席されよ。」との連絡があった。通信使の使臣は、「‥‥ 大仏寺は秀吉の発願した寺であると聞く。秀吉は我が国の百年の仇である。なぜそのような寺で飲食ができようか。謹んで厚意をお断りをする。」と答えて言った。これに対して、京都の役人や対馬の朝鮮方役人の雨森芳洲ら皆が臨席することを請い、さらに対馬の宗氏は「通信使の使者のように断られるとなると、私どもは将軍の命を受けているので罪を逃れられません。どうか寺門の外に幕をはって宴席を設けるので、どうでしょうか。」と伝えた。通信使の使臣からは、「そうしたことであれば、寺からやや遠い場所にある一家屋でも足りる。なぜわざわざ幕を設けることをするのか。」と言ってきた。‥‥

　このように終日問答が行われ ‥‥ 京都の役人から『日本年代記』という書物が示され、「大仏寺（方広寺）を再建されたのは、源家光（徳川家光）が関白（将軍）となった年で、平氏と源氏は対立する立場で、源氏の世では、秀吉の子孫が絶えているので、どうして大仏寺を築きそれを崇拝する道理があろうか。」と述べたところ、正使は「今、この寺が秀吉ではなく徳川によって建てられたことを知った。そして、当方は秀吉を仇ととらえ決して忘れることのないことを日本に伝えた。今ここに国史が示され、我々が信じなければ、前日の誤伝にまどわされることとなる。」と述べ、副使はこれを良しとしたが、従事官は不可と言った。‥‥（11月3日）従事官が宴席に着かなかったため、雨森芳洲が朝鮮語と日本語をあわせて怒りを伝えてきたので、私は雨森を呼んで「君は読書人ではないか。なぜ理に反してそのように怒っているのか。」と言い、雨森は「すでに当方が奔走し、国史をもとに疑いを解いたのに、さらにこちらの礼を受けないのは私どもを蔑む行為ではないか。」と述べた。私は、「従事官は病いを理由にして欠席したわけである。君が血が上って一訳官と私闘しているのは見当ちがいというべきではないか。」と述べたので、雨森は謝って去った。‥‥

C、（12月28日）使臣から、明日対馬を出船するとの知らせがあった。雨森芳洲が来て、別れの挨拶を述べ、私が「今夕有情来送我　此生無計更逢君」の詩句を詠むと、雨森はこれを見て、声を殺して泣いた。‥‥ 私はその様子を見て、外見では言葉巧みにして、内には刃を秘めるも

101

のとうかがえ、もし彼が国事を担っていれば、隣国と事を構える（かま）こともあろうが、一小島の役人として終わることを残念に思っている。‥‥（1720年正月24日）朝、漢江を渡って入京した。

（『海游録』、一部を意訳）

【問5】従事官の申維翰は、なぜ日本側が設けた酒宴をあくまでも拒んだか、Bの記述を踏まえて、申維翰の気持ちを考えながら答えてみよう。また、日本側が設けた宴席に対して、最終的には正使が臨席に応じたのは、どのような考えからだと思うか。

【問6】一般的には、雨森芳洲は、大仏寺（方広寺）が秀吉にゆかりのある寺であることと、大仏寺に隣接して耳塚（慶長の役〈丁酉再乱〉で朝鮮・明国兵の耳や鼻を取って葬った塚）が置かれていることも認知しており、京都での事件を後に悔いたではないかと思われている。雨森は数年後に著した「交隣提醒（こうりんていせい）」の中で、自身の自戒をこめて「互いに欺（あざむ）かず、争わず」「誠信の交わり」を心がけよと記しているが、Bの記述のように、なぜ雨森は憤慨した対応をみせてまで、通信使一行の宴席への出席を主張したのだろうか。

【問7】政治や文化の異なる2つの国が互いに外交関係を保っていくためには、互いの国の歴史のとらえ方の違い、摩擦を乗り越えていく必要がある。日韓両国が歴史問題を抱えている今日、どのような知恵が必要とされると思うか、大仏寺（方広寺）の事件を踏まえて答えみよう。

4．通信使は、現代においていかなる日韓の架け橋となっているか

　次の資料6は韓国の釜山市中区龍頭山（ヨンドゥサン）公園一帯で行われる「朝鮮通信使の平和の行列」を写したもので、資料7は、通信使の影響を受けたといわれる「唐子踊（からこおどり）」（岡山県牛窓市（うしまど））の様子、資料8は、やはり通信使の影響を受けた「朝鮮通信使の瓦人形（かわら）」（滋賀県近江八幡（おうみはちまん））である。

資料6 朝鮮通信使の平和の行列（釜山市）

資料8 瓦人形（滋賀県近江八幡市）

資料7 唐子踊（岡山県牛窓市）

【問8】 なぜ日本と韓国双方で、このようなイベントが開かれているか、またはなぜこうした踊りや
人形が今日、日本で伝えられているのか、資料6〜8を参考に、これまでの学習から考えて
みよう。

次の資料9は、「通信使」に関する記録が、ユネスコ「世界の記憶」へ登録されたことについて述
べた文である。これを読み、下の問いに答えてみよう。

資料9 「朝鮮通信使に関する記録」がユネスコ「世界の記憶」に登録

> 2017年10月末、「朝鮮通信使に関する記録—17世紀〜19世紀の日韓間の平和構築と文化交
> 流の歴史」（世界の重要な記録遺産の保護と振興を目的としたユネスコの事業）がユネスコ「世界の記
> 憶」に登録された。
> 　NPO法人朝鮮通信使縁地連絡協議会（日本）と財団法人釜山文化財団（韓国）が申請し、第13
> 回ユネスコ「世界の記憶」国際諮問委員会（IAC）の審議を経て、ユネスコ事務局長が決定した。
> 日本と韓国に所在する、通信使にかかわる外交記録、旅程の記録、文化交流の記録などの計333
> 点（うち、日本所在資料は209点）を対象とする。1607年から1811年までの間に、日本の江戸幕
> 府の招請により12回派遣され、両国の使節団を通じ、文化交流を続け平和な関係を築いたこと
> が評価された。

【問9】 資料9のように、日韓共同の取り組みによって「通信使」に関する記録の、「世界の記憶」
への登録が実現した。同様に、日本と韓国の高校生が共同で取り組めることにはどのような
ものが考えられるだろうか。

教材解説

〈教材のねらい〉

　1は、通信使外交の前史として、朝鮮侵略後、日朝両国がいかにして国交を回復したかをテーマとしたものである。朝鮮侵略における日本へ連行された朝鮮人捕虜は数万人と言われているが、その人々がいかにして帰国を果たしたか、またはなぜ帰国することができずに日本の地で定住することを余儀なくされたかを考えさせたい。

　2と3は、両国の国書が交わされる対等な通信使外交の内幕で様々な摩擦があり、両国がその摩擦をいかに乗り越えていったかを資料をもとにしながら考えることを目的とした教材である。

　4では、現代に生活する学習者の視点から、歴史的なできごとと、今を生きる私たちとの関わりについて考えさせることを目的とする。資料6は、釜山市で行われている通信使の行列を再現したパレードの様子であり、このパレードは、対馬市や下関市でも行われている。両国に残る、直接の交流の歴史が残した足跡の現代的な意義を考え、現代、将来への建設的な関係構築への思考から、歴史的事象を考えるための教材である。

〈資料の解説〉

　資料1は、米谷均「松雲大師の来日と朝鮮捕虜人の送還について」（参考文献参照）をもとに作成したもので、朝鮮侵略により多くの朝鮮人捕虜が日本に連行され、戦後間もない時期より、日本から朝鮮への帰国者が自力や国家間で送還が行われるようになったことがわかる。この背景には、対馬が積極的に国交回復のための使節を朝鮮に送り、その過程で朝鮮人捕虜の返還が実施されていた。資料1の表には記していないが、1636年に朝鮮王朝から通信使が派遣された背景には、後金の太宗ホンタイジ（皇太極）が皇帝に即位し、国号を清と改め、朝鮮に対して臣従するよう要求し、朝鮮が清と戦う準備に入るなど（のちの丙子胡乱）、東アジア世界における状況の変化があったことを考えさせることも大切である。清と対峙していた朝鮮としては、日本との対立を避け、日本側の使節派遣要求に応え、親和的な関係を維持することが必要とされた。

　資料2は、朝鮮侵略で日本へ連行され、後に自力で朝鮮に帰国した儒学者にかかわる史料、『看羊録』（平凡社、1984年）の一部で、朝鮮の文官姜沆（1567〜1618）が、帰国後に日本の情勢を朝鮮政府に報告し、門人により編纂・刊行されたものである（太平洋戦争期には日本によって強制的に没収された）。

　資料3は、通信使一行の正使、任絖が著した記録（若松實訳『丙子日本日記　江戸時代第四次（寛永13）朝鮮通信使の記録』日朝協会愛知県連合会、1988年）の一部で、通信使が江戸に到着して間もなく、将軍家光から日光新廟への参詣が伝えられる。神祖家康を祀り、寛永の大造替による大規模改築が行われた東照宮を外国使節に見せ、国内外に政権の勢威を示そうとしたものである。通信使側は内命のない日光行きを拒むが、幕府側も強硬で、間に入った宗義成は説得に努めた。背景では、幕府内部で宗氏を支持する井伊直孝らと、義成の家老で前年に流罪となった柳川氏を支持する土井利勝らと確執があり、義成は自分が失脚させられるのを避けるため、必死で説得に当たっていた。

　資料4は、『朝鮮王朝実録』（『仁祖実録』34巻 丁丑年（1637）3月戊申の条、『丙子日本日記　江戸時代第四次（寛永13）朝鮮通信使の記録』）の一部である。任絖は、復命に当たって、直接日光行きには触れ

ず、日本の実情、将軍家光の人となり、日本側の接待などについて、概ね好意的な報告をした。

　資料5は、使節（正使洪致中）の製述官の日本紀行文（申維翰『海游録』平凡社、1974年）の一部である。内容は日本の自然、風物、制度等の観察から、対馬藩真文役雨森芳洲、大学頭林信篤などとの筆談にまで及ぶ。記述の内容から、実際の通信使の道のりの過程では、多くの様々な問題、対立が生じていたことがわかる。また、朝鮮側の朱子学的な価値観からの視点、回答兼刷還使を起源とする使節の使命からの日本に対する評価、日本側の国内事情による使節待遇の変化など、国家間外交ゆえの困難が絶え間なく続いていたことがうかがえる。この過程からは現実的な外交の難しさや対立と向き合い、双方が粘り強く解決を模索し続けた上での平和外交であることを学ぶことができる。この理解こそが真の学習課題として重要かつ有効な教材となりえる。

　他にも、雨森芳洲の「交隣提醒」の有名な誠信外交を説く一節も利用でき、彼の来歴とともに東アジア社会への理解と外交姿勢を学ぶことに利用できる。こうした交流について、通信使側はどのような姿勢を示していたのであろうか。使節はその成り立ちの経緯から、文化先進国として学問的教化により日本の再侵略を防ぐという使命を負った。『海游録』からは、儒学者たちが競って学問的交流を求めたことや、一般庶民との交流を読み取ることができる。

　与謝蕪村が「高麗船の／寄らで過ぎ行く／霞かな」と詠んだように、通信使の周期を考えると、庶民にとっては一生におよそ一度か二度の特別な見物であり、長崎以外で直接接することができる「異国」であった。庶民にとっては通信使との接触は一つのブームと表現できるものとなっていった。また、使節が各地の接待所を経由しながら海路・陸路を通って進んだこと、また、日本の大坂、京都など主要都市を通り江戸まで行く間、多くの人々の目に触れたという点をおさえたい。通信使一行が漢城（ソウル）を出発して対馬、そして瀬戸内を通って江戸へと進んでいった様子がわかる。

　資料6～8のように、日本各地で通信使の行列などを起源とすると考えられる「唐人踊り」などの祭りが現在でも続く。このほか、三重県など通信使が通過しなかった地域でも、18世紀後半、祭礼の際の各町の出し物「風流行列」の中に、「曳船一艘」「大名行列の真似」「はりぬき大頭」「鐘曳」「仙人の真似」「山伏の真似高野聖の真似」などと並んで、ある町が「唐人行列」をおこなっていたとの記述があり（祭礼の次第「勢陽雑記」）、紆余曲折を経つつも、現在も唐人踊りがおこなわれている。

　資料9にかかわり、NPO法人朝鮮通信使縁地連連絡協議会が、「通信使」に関する記録の、ユネスコ「世界の記憶」への登録を目指し、日韓親善友好の歴史的資産である朝鮮通信使を支えた「誠信の交隣」の精神を広く世界に広めるため、ユネスコ委員会に提出した「ユネスコ世界記憶遺産登録申請書」の一部なども参照してみたい。日韓で共同に進めることのできる事業を、生徒に創造させることができるとなおよい。

〈問いの意図・解答例〉

【問1】は、帰国する朝鮮人捕虜の人数は、終戦直後が多く、また使節の来日時に急増するが、1605年と1607年をピークに減少していったことや、この背景に、朝鮮からの使節が日本に送られるようになったこと（当初は「探賊使」と呼ばれて、再び日本が侵略してくるような動向がみられるか、実情を探索せることがねらいであり、その後、国交が回復した後は「回答兼刷還使」ということで、日本の国書に対して回答し、朝鮮人捕虜の送還にあたる使節が派遣された）、日本と朝鮮との国交回復が進行していったことが背景になっていること、などを読み取らせたい。この動きは、第2回・第3回の刷還使を経てさらに進められたことが読みとれる。

　【問2】は、資料2から読み取らせ、姜沆が慶長の役（丁酉再乱）において、家族と共に日本軍の藤堂高虎に捕らえられ、伊予国大洲に拘留され、のち伏見に移送されたこと、そこで、日本の近世儒学の祖となる藤原惺窩と出会い、約3年にわたる捕虜生活を経て、自力で家族と共に帰国を果たしたこと、などを読み取らせたい。

　【問3】は、将軍の意向や幕閣内部の対立などがあり、通信使側は苦境に陥った宗氏の立場に配慮せざるを得ず、また、前述したが、1636年は、朝鮮が清との戦いを避けられない事態に陥っていたこともあり、「遊覧」という名目を前提に、両国の不和を避けたこと、などを捉えさせたい。

　【問4】は、資料4から、清の侵攻の危機を抱えていた国王が、日本の軍備の様子や侵略の恐れの危険性がないか、権力者の人柄がどうか、などを確認していたことがわかる。時期は下ることになるが、資料5のＡの箇所も、使節派遣のねらい（文化先進国としての教化）がうかがえる記述である。

　【問5】は、正使が（日本側が国史の典拠を示したことで）理解を示して出席することで、日本側の接遇に代表して応じ、従事官が日本側の接遇を拒否したのではなく、「病い」を理由にしたことで名目は立ったと主張したことに、解決の知恵を見出した点に気付かせたい。

　【問6】は、「誠信の交り」を朝鮮との交流の柱とした雨森ではあったが、対馬藩の一役人であり、江戸幕府の意向をうけた外交政策を遂行する官僚的性格を備えていたことを考えさせたい。

　【問7】は、現在も絶えまなく惹起する様々な歴史問題に対して、日本と韓国が双方で主張を繰り返しつつも、どこかで折り合いをつける知恵、相手の立場を思いやる知恵を持ち、互いの妥協点を見いだす工夫が必要となることについて考えを深めさせたい。

　【問8】は、通信使行列が対馬から江戸へと各地を通過していくことで、異国の言語・文化・風俗等が人々の関心を集め、その風俗が物産として形となって残されたり、影響を与えていたこと、また、後世の人々が、隣国との歴史的な交流に意味を見出し、それが地域の祭事や観光資源に取り入れられ、町おこしの一翼を担っていることなどを理解させるものである。

　【問9】日韓両国について、訪れたい場所、楽しみたい味、聞きたい音楽など、自由な発想から、高校生が考える相互の「遺産」をあげてみたい。

〈参考文献〉

後藤権司『朝鮮通信使・琉球使節の日光参り』随想舎、2007年

辛基秀・仲尾宏 責任編集『大系 朝鮮通信使　第1巻〜第8巻』明石書店、1993〜1996年

仲尾宏『朝鮮通信使』岩波書店、2007年

米谷均「近世日朝関係における戦争捕虜の送還」『歴史評論』595、1999年

米谷均「松雲大師の来日と朝鮮捕虜人の送還について」『朝鮮義僧将・松雲大師と徳川家康』明石書店、
　2002年

10 漂流民を通した交流は、日朝間でどのように行われたか

学習課題

　東アジアに位置し、海と深くかかわりをもってきた日本と朝鮮では、船で荒海に乗り出した人々が、異国の地に漂流することもあった。17〜19世紀前半の日本や朝鮮では、貿易や海外への出入国が厳しく制限されていたが、そうしたなかで漂流民は異国でどのような扱いを受けたのだろうか。この節では、日朝間の漂流民を介した交流について考えてみよう。

キーワード　海外渡航の制限　漂流民　長崎　対馬　釜山

1．海外渡航の取締り

　東アジアの明・清や朝鮮では、海賊の禁圧や密貿易を禁止するため、貿易や海外へ渡航を制限する政策をとっていた。日本の江戸幕府も、外国と交流する窓口を制限し、かつ貿易を統制して海外への渡航を禁止する政策をとっていた。資料1は、17世紀前半に江戸幕府が出した渡航制限についての法令である。

資料1　1635年　江戸幕府の渡航制限

　一　異国へ日本の船が渡航することは、厳しく禁止する。
　一　日本人が異国へ渡航することは許されない。もし密かに渡航する者がいた場合には、
　　　その者を死罪とし、その船と船主は拘留するので、報告すること。
　一　異国へ渡航し、海外に暮らしていた日本人が帰国した場合は、死罪とすること。
　　　　　寛永十二（1635）年　　　　　　　　　　　　　　　　　　　　　（『教令類纂』）

【問1】江戸幕府は、外国へ渡航しようとする者や、外国へ渡航して暮らしている日本人の帰国をどのように扱ったか。また、それはなぜだろうか。自分の言葉でまとめてみよう。

2．日本の漂流民の実態と変動

　漁民や商人らが海に出た時、潮流の変化や高波、台風などの影響で漂流し、目的地にたどり着けないこともあった。資料2は、17世紀〜19世紀前半の日本船の漂流地であり、資料3は、日本船の漂流件数を示したものである。

資料2　17〜19世紀の日本船の漂流地（数字は件数）

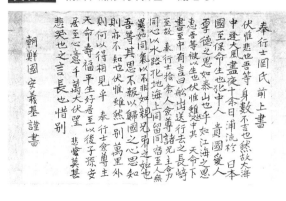

外国船による救助　45
無人島　2
不明　27
＊数字は人数

資料3　日本船の漂流件数

時期	件数	年平均
1611〜1700年	65	
1701〜1800年	106	
1801〜1868年	170	

（平川新『開国への道』より）

【問2】資料2をみて、日本船の漂着件数が多い地域の上位5位までを答えよう。

【問3】資料3に示した各時期の1年あたりの平均の漂流件数を計算して空欄に書き込み、17〜19世紀半ばの件数がどのように変化したか、確認しよう。

3．朝鮮の漂流民の行方

　異国の地に漂着した漂流民は、どのような処遇を受けたのだろうか。

　資料4は、1819年に現在の日本の鳥取県に漂着した朝鮮の人々を描いた絵である。その上部には、朝鮮語で説明書きがあり、行間にはそれぞれの字に漢字を当て、「朝鮮国江原道平海郡人十二」「己卯年　七日大風漂来」などと小さく書かれている（己卯年は1819年にあたる）。

　また、資料5はこの時漂着した朝鮮人船長の安義基が世話になった日本の役人に宛てて書いた謝恩状である。資料6はそれを意訳したものである。

資料4　漂流朝鮮人之図

資料5　朝鮮人船長安義基の謝恩状

資料6 朝鮮人船長安義基の謝恩状（意訳）

岡奉行様に上申致します

考えてみますと、私たちは不運なことであったのでしょうか。沖に出て大風に遭い、昼夜十余日も漂流して日本に至り、貴国の方々のおかげで助かることができました。

しかし、船を出して長崎まで送れという江戸幕府の命を受けて、岡奉行様ほか10数名の皆様が協力してくださり、長崎まで一緒に生活を送りながら、親兄弟のようにお世話をしていただきました。私たちはその御恩に報いることなく、帰国致します。お別れして万里を隔てた地に至れば、もうお目にかかることはないでしょう。

奉行様をはじめ皆さまのお幸せと子孫安寧とをお祈りします。名残惜しいことですが。お別れを申し上げます。

朝鮮国の安義基が謹んで書きます　　　　　　　　　　　（『漂流朝鮮人之図』）

資料7 朝鮮の漂流民の送還ルート

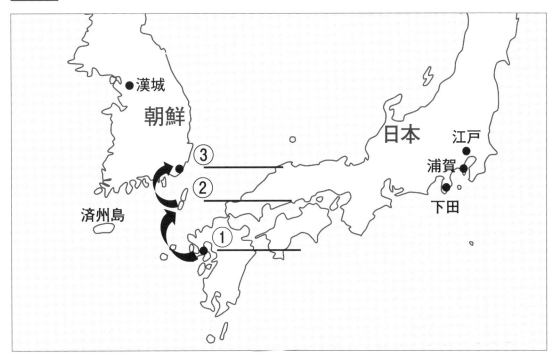

【問4】 資料4・5を参考にして、日本に漂流した安船長らの朝鮮人は現地の日本人とどうコミュニケーションを行ったのかについて、意見交換してみよう。

【問5】 資料6を手がかりにして、安船長らが朝鮮の港を出航した後、日本に漂着して帰国するまでの経緯を整理してみよう。

【問6】 資料7の矢印は漂流民が帰国するまでの送還ルートである。資料6も参考にしつつ、送還ルートの①〜③の3つの地名を答えなさい。そして，なぜそれらの場所を通るのかを考えてみよう。

4．異国からの漂流民の送還

　朝鮮に漂流した日本人の場合はどうだったのか。一般的には、釜山に設置されていた倭館まで送還され、そこから対馬、長崎を通して帰国することができた。しかし、日本と朝鮮との間だけではなく、他の周辺地域に漂流した人々は、その後どのような運命をたどったのであろうか。また、周辺諸国から日本や朝鮮に漂着した人々はどうなったのだろうか。資料8は、朝鮮への異国からの漂着者と、朝鮮から異国に漂流した文淳得についての記録である。

資料8　朝鮮の済州島に漂流した異国人

> 　この日、呂宋国の漂着者を清国の盛京に移送し、本国に送還した。
> 　これに先立ち、辛酉の年（1801年）の秋、異国人5人が済州島に流れ着いた。しかし、言葉が分からなかった。国名を書き取らせたところ「莫可外」と答えただけで、どこの国の人か分からなかった。そこで、移咨官とともに清国の盛京に送り届けた。壬戌の年（1802年）の夏、清国の礼部から、どの国の人か分からないという回答とともに、ふたたび送り還されてきた。‥‥ときに、羅州黒山島の文淳得が呂宋国に漂着し、その国の人の容貌や衣冠をみて、その方言を記録して戻ってきた。その記録が、漂流して滞在している人々の容貌や衣服に似ていたので、呂宋国の方言で問答してみたところ、一言一句がぴったりと合った。‥‥こうして彼らが漂着してから9年ぶりにして、はじめて呂宋国の人だと分かった。「莫可外」というのは、その国の官吏のことであった。そこで、全羅道・済州の役人に、（彼らを呂宋国に）送還するよう命じた。
>
> （『朝鮮王朝実録』1809年6月26日条）

【問7】　資料8の中の「済州」「呂宋国」「盛京」のそれぞれの位置を地図で調べよう。

【問8】　呂宋国からの漂流民は、済州島へ漂着してから送還までの9年間、どのように扱われたか、資料8を読んでまとめてみよう。

【問9】　文淳得は、漂流民の送還にどうして貢献できたのだろうか。その理由を考えてみよう。

教材解説

〈教材のねらい〉

1では、日本と朝鮮に共通する、貿易統制と海外渡航の制限という外交政策の特色を確認させたい。特に、江戸幕府の法令を事例に、日本人の海外渡航と帰国が禁止されていたことを捉えさせたい。

2では、朝鮮半島でも日本列島でも、海が重要な役割を果たすこととともに、気候条件による漂流の可能性が常に存在することに気づかせたい。そして、17~19世紀にかけて漂流件数が増加傾向にあったことを確認させたい。

3は日朝の間に存在していた漂流民送還制度について学ぶ教材である。両国が「鎖国」政策により閉鎖していたという誤った歴史認識が未だに確認できることに対して、通信使以外にも民間の日朝交流が様々な地域で頻繁に行われていたことを強調したい。

4は、3の延長線で、相互送還制度が整っていたのは、朝鮮・日本・清国・琉球との間だけであったので、それ以外の地に漂流した人々の事例について考えさせるための教材である。東アジア全体において、漂流民を介した国際交流に着目させたい。

〈資料の解説〉

資料1 は、『教令類纂』を出典とし、寛永12年（1635）に老中から長崎奉行に出された法令（いわゆる「第3次鎖国令」の1つ）の現代語訳である。外国渡航に関する規定だけが掲載してある。この資料から、日本人は海外に渡航することを禁じられ、さらに海外にしばらく滞在し住居をもった者は帰国できないことが読み取れる。

資料2 は平川新『開国への道』に掲載されている「漂流船の表着地と件数」を示す地図で、平川が江戸時代にわたって「各地に残された漂流記や、幕府編纂の『通航一覧』に記載された漂流記事などを集計」したものである。実際の漂流件数はこの数10倍あると思われるが、この資料の件数だけでも、相当の頻度で漂流する日本人と朝鮮人がいたことが分かる。

資料3 も平川新の整理による時期別の日本から海外への漂流民の発生件数である。3つの時期は期間が異なるので、「1年あたり」の発生件数を計算して比較すれば、変化がより明確になるだろう。ちなみに、平川によれば、朝鮮から日本に漂着した例は、1599~1872年の274年間で971件に達する（前掲書）。

資料4・5 は鳥取県立図書館が所蔵している、12人の朝鮮人の図「漂流朝鮮人之図」で（資料5 が資料4 の上部に記されている）、資料6 は漂流した安船長による謝恩状（資料5）の意訳である。資料6 から、日本に漂流した朝鮮人たちの状況・待遇が良好であったこと、安船長らが長崎まで行ってから帰国することも読みとれて、相互送還制度に関する理解が高まると期待できる。

資料7 は漂流民の相互送還制度（日本側）を表す地図で、筆者が作成したものである。朝鮮通信使に関する予備知識があれば、理解しやすい地図であると思われる。

資料8 は朝鮮から漂流した文淳得に関する記録である。『朝鮮王朝実録』純祖9年（1809年）6月26日条の現代語訳である。その内容から、文淳得がフィリピンに漂流したこと、その後朝鮮に帰国したことが分かる。朝鮮・清でも、どこから来た漂流民が分からなかったが、文淳得を通して、彼ら

が呂宋国（フィリピン）の人であると判明したことが読みとれる。

〈問いの意図・解答例〉

【問1】は、江戸幕府は外国への渡航を厳しく制限（ほぼ禁止）していたこと、そして「外国へ渡航して住居を構えている日本人」を帰国させない措置をとっていたことを確認させたい。一方で、「やむをえない事情」により「外国に滞在し、その滞在期間が5年以内で帰国してきた者」に対しては、帰国の可能性が残されていることにも気づかせたい。資料を掲げなかったが、朝鮮においても日本と同様に海外渡航には制限があったことを付け加えておきたい。

【問2】は、東アジアの地理を確認しながら、日本を出航した船がどこに漂着する例が多かったのかを確認させたい。「風や海流に乗って、遠いところまで漂流した人がいた」、「意外なところまで漂流した日本人がいた」といったコメントを期待したい。

【問3】は、17世紀以降、漂流件数が増加傾向にあったことを確認して、その理由について意見交換をすることによって、資料1の有効性に対する疑問、貿易船の増加、海路使用頻度の増加など、「鎖国」ではなかった日本と朝鮮のイメージを与えたい。

【問4】は、資料4に書物を持つ人物がいること、資料5が漢字で書かれていることに注目させ、日本に漂流した朝鮮人は現地人と漢字を使って筆談でコミュニケーションを行ったことを推測させたい。通訳（訳官）がいなかった場合でも、東アジアの漢字文化圏であれば、通訳がいなくてもある程度のコミュニケーションが可能だったことに気づかせたい。

【問5】は、資料6の内容を確認するものである。安船長らは日本に漂着してから、①日本で保護され、手厚い待遇を受け、②長崎まで連れて行かれ、そして③帰国させられたこと、を確認させたい。

【問6】は、資料6の記述を踏まえて、①が長崎と判断でき、歴史・地理の予備知識から、②が対馬（本書第4章第6節参照）、③が釜山（本書第4章第5節参照）に当たることがわかるだろう。また、なぜそれらの場所を通るのかについては、日朝の国際交流の「窓口」であったことを改めて確認させる機会としたい。通信使に関する知識があれば、理解しやすい。

【問7】の「済州」は朝鮮の済州島、「呂宋国」はフィリピン、「盛京」は清の奉天（現在の瀋陽）、をそれぞれ表している。

【問8】は、資料8を丁寧に読んで経過を時系列で整理させたい。資料8によれば、およそ以下のとおりである。1801年に呂宋国の人が朝鮮に漂着したが、言葉が通じず、どこの国の人か分からなかったため、清国に移送した。翌年、清国から返答があり、やはりどこの国の人か分からないとして、漂流民も朝鮮に送還された。その後、風波のために呂宋国に漂着した文淳得が帰国した。文淳得は同国の人の風貌や衣冠、言葉を記録しており、漂流民の姿と似ていた。そこで、漂流民に呂宋国の言葉で質問したところ、彼らが呂宋国からの漂流民だと判明し、1809年に清国の盛京に移送して、盛京から呂宋国に送還することになったのである。

【問9】は、【問8】と重複するが、漂流民は長く現地に留め置かれている間に、現地の役人や民間人との接触があり、それによって、その土地の言語を知り、文化や風土、行政組織についての情報を獲得しえた（この点については、資料4〜6からも予測しうる）。文淳得の場合、そうして蓄積された知識が、帰国後、偶然にも呂宋国からの漂流民の本国送還に貢献することになったという点に気づかせたい。

〈参考文献〉

池内敏『日本人の朝鮮観はいかにして形成されたか』講談社、2017年

岡本隆司『世界のなかの日清韓関係史－交隣と属国、自主と独立』講談社、2008年

後藤権司『朝鮮通信使・琉球使節の日光参り』随想舎、2007年

平川新『全集日本の歴史12　開国への道』小学館、2008年

三宅英利『近世の日本と朝鮮』講談社、2006年

第3章
近現代の交流をたどる

日本と朝鮮はどのように開港するに至ったか

学 習 課 題

　19世紀前半までの日本と朝鮮は、限られた国と通交・交易をしていた。しかし、19世紀中ごろより東アジアでは欧米諸国の圧力にさらされるようになった。アジアの伝統的な社会関係が大きく改編を強いられるなかで、日本と朝鮮は欧米諸国にいかに対応したのだろうか。そして開港に至るまでの両国の欧米への対応の違いとその後の日朝外交の展開を学習しよう。

> キーワード　列強の接近　攘夷　斥和碑　書契問題　江華島事件　日朝修好条規

1．19世紀、欧米列強の東アジアへの接近

　19世紀前半、中国がイギリスにアヘン戦争で敗れると、それまでの中国を中心とする国際秩序に変化のきざしが見えてきた。ここでは、列強の接近にともなって、日本と朝鮮の欧米（船）に対する関わりや日朝関係の変化を考えてみよう。

資料1　日本・朝鮮を中心とした東アジア関係年表（【日】＝日本、【清】＝清国、【朝】＝朝鮮）

年	出来事とその説明
1840～42	【清】イギリスと戦うが、圧倒的な兵力差もあり敗れる（アヘン戦争）
1842	【日】アヘン戦争の結果を受けて薪水給与令を出し、異国船打払令を緩和する
1854	【日】アメリカと日米和親条約を結ぶ
1858	【日】アメリカと日米修好通商条約を結ぶ 　　米・英・仏・露・蘭と本格的な貿易が開始される
1863～64	【日】薩摩藩や長州藩はイギリスなどの欧米列強との戦闘に敗れ、攘夷の不可能なことが明らかになった（薩英戦争・下関戦争[四国艦隊下関砲撃事件]）
1866	【朝】興宣大院君政権下において、仏カトリック信者を迫害する（丙寅教獄） 【朝】朝鮮人を捕縛した米船ジェネラル＝シャーマン号を沈没させる 【朝】江華島に侵入したフランス艦隊に対して抗戦する（丙寅洋擾）
1867	【日】江戸幕府は大政奉還を申し出て、翌年明治新政府が樹立される
1868	【日・朝】日本側は国交を求め親書を朝鮮に送るが、朝鮮側は親書が東アジアの国交締結の通例に従わない形式だったために拒否する（書契問題）
1871	【朝】米よりジェネラル＝シャーマン号事件の報復として攻撃される（辛未洋擾） 【日・清】日清修好条規を締結する
1873	【朝】興宣大院君が退陣し、高宗は開化政策へ転換する
1875	【日・朝】日本の軍艦雲揚号が江華島付近を測量し、その結果両軍が衝突する（江華島事件）
1876	【日・朝】朝鮮の開港などを定めた日朝修好条規を調印する

資料2 米船に載せられた朝鮮の
帥字旗（1871年）

資料3 朝鮮の斥和碑

洋夷侵犯 非戦則和 主和売国
戒我萬年子孫
丙寅作辛未立

（西洋の蛮夷が侵入してくるのに戦わないのは和
親しようとすることだ。和親を主張するのは国を
売ることだ。
万年にわたって子孫を戒める
丙寅の年に作り辛未の年に立てる）

【問1】 1871年朝鮮とアメリカは交戦に至り、その結果、朝鮮の軍旗（帥字旗）がアメリカに持ち
帰られた（資料2）。この当時の朝鮮と諸外国の戦闘およびその結果についてインターネッ
ト等を用いて調べよう。

【問2】 1871年頃に、朝鮮では「斥和碑」（資料3）が国王の父興宣大院君の命によって建てられた
といわれている。この碑に書いてある主張は何だろうか。

2. 日本の開港を考える

　欧米列強の来航を経て、日本では商品だけでなく金も大量に国外へと流出した。開港後のインフレ
は深刻なものとなり、経済は混乱した。経済不安が社会不安へとつながり、物価高騰の原因が開港に
あるとして、欧米諸国に対する排斥運動が激化した。そのため朝鮮と同様に日本においても欧米諸国
と交戦した地域があった。

資料4 下関戦争における長州藩とフランス軍との戦闘（1863年）

「馬関戦争図」（部分）藤島常興筆

【問3】 資料4から下関戦争（長州藩と4ヵ国連合艦隊との衝突）の結果をグループで話し合い、書籍
やインターネットなどで、日本に与えた影響について調べてみよう。

3．1870年代ごろの日朝関係

　日本では、明治新政府が成立し、アメリカをはじめとする欧米諸国と国交を結び、近代化の機運が高まった。朝鮮では、清国（中国）を中心とした東アジアの伝統的な外交秩序を維持し、他国と一定の距離を保とうとする大院君が政権を担った。日本は、朝鮮に対して、欧米型の近代的な外交秩序の下での国交締結を強く求めるようになった。

資料5　1868年の「書契問題」

> 　1868年12月、対馬藩の使節は、国内で政権が交代した事実を伝える書契（外交文書）を東莱府（トンネブ）にもたらした。交渉担当者である東莱府の訳官は、書契のなかに日本の天皇にかかわって「皇」「勅」などの文字がもちいられていたことなどについて<u>定例</u>に反するとして、受理を拒否し、翌年にはいると、「皇」「勅」の文字を使うのは、やがて朝鮮を日本の臣下とする野望を抱くものであると非難した。日韓両国はその後約8年にわたり、この問題を巡って議論することになった。
>
> 　　　　（糟谷憲一ほか『朝鮮現代史』及び石田徹「明治初期日韓交渉における書契の問題」をもとに作成）

【問4】 資料5の下線部「定例」に関連して、17〜19世紀前半の日本と朝鮮は、どのような外交関係を築いていたのだろうか。当時の東アジア世界に着目しながら、「通信使」の語句を用いながらまとめてみよう。

　書契問題で日朝間の外交交渉が行き詰まるなか、日本政府は、この問題と並行して清国と国交を結ぶ外交交渉をおこなうこととした。日本政府は、代表伊達宗城のもと欧米の形式に則って、1871年日清修好条規に署名した。

資料6　日清修好条規（抄）

> 第1条　こののち大日本国と大清国は、いよいよ和誼（わぎ）を敦（あつ）くし天地と共に窮まりなかるべし、また両国に属したる邦土もおのおの礼をもって相待ち、いささかも侵越する事なく永久安全を得せしむべし。
>
> 第7条　両国好みを通せし上は、海岸の各港において彼此共に場所を指し定め、商民の往来貿易を許すべし、なお別に通商章程を立て両国の商民に永遠遵守せしむべし。
>
> 第8条　両国の開港場には彼此何れも理事官を差置き、自国商民の取り締まりをなすべし、およそ家財産業公事訟訴に関係せし事件はすべてその裁判に帰し、いずれも自国の律例を按（あん）じて糺弁（きゅうべん）＊すべし‥‥　　　　　　　　（『日本外交年表並主要文書』）
>
> ＊正しく調べること

【問5】 日本は「書契問題」によって日朝の国交樹立ができない状況の中で、なぜ清国と条約を結ぶことにしたのだろうか。資料6の内容をまとめた上で考えてみよう。

　日本政府は、清国と条約を締結したのちにも朝鮮に対して強く国交樹立を迫った。しかし、朝鮮側

は、釜山の倭館に対馬の商人以外の者が出入りすることを禁じるなどして管理を強めて、日本では征韓論が高まった。その後、日本は、軍艦を派遣して圧力を加える方針をとり、1875年江華島事件を起こした。日本政府は、意図的な挑発を行ったにもかかわらず、江華島事件を朝鮮からの砲撃の責任を問うという口実で、朝鮮政府に開港を迫った。日本国の全権黒田清隆は朝鮮の接見大管申に対し、武力を背景に調印を迫り、資料7のような条約を結ばせた。

資料7 日朝修好条規

> 第1款：朝鮮国は自主の邦(くに)にして日本国と平等の権を保有せり。事後両国和親の実を表せんと欲するには、彼此互いに同等の礼儀を以て相接待し、少しも侵越猜嫌(しんえつさいけん)（ねたみ嫌うこと）することあるべからず。
>
> 第9款：両国既(すで)に通好を経たり、彼此の人民各自己の意見に任せ貿易せしむべし。両国官吏毫(かんりごう)も（少しも）これに関係することなし。また貿易の制限を立てあるいは禁沮(きんそ)（禁止）するを得ず‥‥
>
> 第10款：日本国人民、朝鮮国指定の各口*に在留中、もし罪科を犯し朝鮮国人民に交渉する事件はすべて日本国官員の審断に帰すべし。‥‥
>
> 【日朝修好条規附録】
>
> 第7款　日本国人民、日本国の諸貨幣をもって朝鮮国人民の所有物と交換し得(う)べし。
>
> （『日本外交年表並主要文書』）
>
> *各口：開港した釜山・仁川・元山の三港のこと

【問6】 資料7を読み、日本と朝鮮が国交を結ぶ過程と締結内容の特徴をまとめよう。

資料8 朝鮮の儒学者の崔益鉉(チェイッキョン)が日朝修好条規締結に際しておこなった上表

> 1. わが国が弱々しく無理矢理開港すれば、この先相手がしてくるどんな要求もすべて聞かなければならない。
> 2. 我が国の物貨は生命がかかったもので有限だ。無限のぜいたく品に変えれば国が滅びる。
> 3. 日本と西洋は全く同じだ。カトリックが広がり伝統倫理が崩れるだろう。
> 4. 日本人が財産と婦女子を略奪し、民が安らかに暮らすことができないだろう。
> 5. 日本人は貪欲で道理を知らぬ獣のようだ。どうして人間が獣と交流をするだろうか
>
> （イイ(インソク)ほか『検定版　韓国の歴史教科書高等学校韓国史』）

【問7】 資料8から、朝鮮の儒学者がこの条約締結に対して、どのような危機感を抱いていたのかを読み取ってみよう。

教 材 解 説

〈教材のねらい〉

19世紀中頃まで、日本と朝鮮は欧米諸国と通交・交易を限定的に行う政策をとってきた。しかし、欧米諸国は、捕鯨や茶貿易に力を入れ始めると、アジア地域を補給などの寄港地及び交易の場ととらえ接触を図った。アジア諸国は、アヘン戦争に代表されるように、欧米諸国との交戦などから欧米の武力や文化に圧倒されることとなった（ウェスタン・インパクト）。このような欧米列強のアジア進出という状況の中、日朝はこれにどのように対応したのか、そして両国が開港に至るまでのプロセス及びその後においていかなる相違点が生じたのか探究させたい。

〈資料の解説〉

資料2は辛未洋擾での戦闘後、朝鮮の軍旗である「帥字旗」を米船が戦利品として持ち帰ったことを示す。辛未洋擾では朝鮮側が米国側に比べて多くの死傷者を出すなど損害が大きかった。しかし、朝鮮側が抵抗を継続し、交渉を拒否した結果、アメリカ艦隊は撤退した。

資料3の斥和碑は各地につくられたといわれている。斥和碑の原文は生徒には難解なため、資料3に訳文を掲載した。なお碑の書き下し文は「洋夷侵犯するに戦いを非とするは則ち和なり。和を主とするは売国なり」である。

資料4はフランス軍艦船が長州に対して発砲している様子である。これは、下関付近を航行したフランス船が長州によって攻撃された事件の報復である。この後も長州藩は攘夷運動を継続したが、アメリカやイギリス、フランス、オランダと戦い、下関砲台を占領された（下関戦争〈四国艦隊下関砲撃事件〉）。これにより攘夷が不可能なことが明らかになった。

資料5・6は日朝、日中関係を同時に考えることができる資料である。日本は開港後欧米式の書契での国交の締結をねらった。しかし、朝鮮は旧来の国交締結のあり方とは異なることなどを理由に拒否した。この動きをみて、日本政府の中では、欧米方式を採用した清との国交締結を経て朝鮮との外交政策を展開した方が良いとする意見も出た。日本は朝鮮との交渉と並行して清国に接近し、日清修好条規を締結した。日本は清国と外交上は対等な立場となった。

資料7は、江華島事件とその後を示す資料となっている。前近代では、日本と朝鮮の交渉の場は主に釜山などの倭館が中心であった。しかし、江華島事件の交渉は漢城に近い江華島で圧力をかけながらおこなわれたのは資料7の通りである。その際、開港させた三港、特に「仁川」と首都漢城との距離を地図で確認させたい。日本に軍事防衛拠点である江華島を占領されると、漢江下流から首都漢城に侵入することも可能であり、朝鮮政府は日本の進出を許すことになった。

資料8の崔益鉉は、衛正斥邪運動（朱子学を「正学」として「邪学」であるカトリックなどを排斥するほか欧米文化や思想を排除する運動）を展開した人物で、晩年は日本に捕らえられ、対馬に連行されて死亡した。日朝修好条規の内容や当時の社会状況を受けて、崔益鉉は今後、朝鮮が日本の影響を強く受けると危惧した。上表内容は、開港による朝鮮の経済状況の悪化や日本の朝鮮半島への進出による弊害に触れており、当時の朝鮮側の受け止めを理解する一助となる。

〈問いの意図・解答例〉

【問1】では資料2の「1871年」の記述から、この写真が辛未洋擾を示すことに気付く。そして、軍旗の帥字旗（将軍旗）が米船に積まれている様子から、朝鮮にとって厳しい戦いになったこともわかる。実際にこの戦闘で朝鮮は多くの死者を出した。米国側の勝利と考えられよう。しかし、興宣大院君は勝利宣言をしたという。これは丙寅洋擾や辛未洋擾後も開港をしなかったことが理由として挙げられる。開港せずという政治方針を転換しないことは勝利に等しいと興宣大院君は考えていたのである。そして【問2】では、斥和碑の文言より、欧米との戦闘のあとも引き続き欧米をかたくなに拒否しようとする意志があったことを生徒に読み取らせたい。この欧米排除の姿勢はさらなる衝突を生むこととともなった。

【問3】では、この戦闘によって、長州藩では攘夷が不可能であることが明らかになり、イギリスと戦った薩摩藩とともに倒幕へと舵を切ることとなったことを理解させたい。

【問4】では、「中国を中心とする東アジアの伝統的国際秩序のなかで、日朝は対馬・朝鮮間で貿易が行われ、朝鮮からは通信使が派遣されて国書を交換する、日朝の対等外交が展開されていた」という解答例が挙げられる。そして【問5】では、欧米型の近代的な国際秩序において日本と清が外交上同列になることをねらって、明治新政府は中国への接近を強めたことを解答させたい。外務省は中国へ使節を派遣し、中国と同等の格になれれば朝鮮を一等下に見ることができると考え、朝鮮との国交締結を画策していた（外務省調査部編『大日本外交文書』第3巻）。

【問6】では、日朝修好条規が朝鮮側に領事裁判権を認めさせる（第10款）など、日本側に有利な不平等条約であり、欧米方式にならった条規の締結であることを念頭にまとめさせたい。日本の武力を背景にした開港を要求し、朝鮮は政府内で多くの反発がありながらも、これを受け入れざるを得ない状況に陥っていた。

【問7】では、崔益鉉は開港反対運動をしていた儒学者の一人で、彼は宮廷の前で自らの考えを表明するなど、当時の日本や西洋による朝鮮への蹂躙に対する危機感を持っていたことを具体的に読み取らせたい。

〈参考文献〉
石田徹「明治初期日朝交渉における書契の問題」『早稲田政治経済学雑誌』356、2004年

イインソクほか『検定版　韓国の歴史教科書高等学校韓国史』明石書店、2013年

大石学編『幕末維新史年表』東京堂出版、2018年

糟谷憲一ほか『朝鮮現代史』山川出版社、2016年

姜徳相編『錦絵の中の朝鮮と中国―幕末・明治の日本人のまなざし』岩波書店、2007年

中塚明『これだけは知っておきたい日本と韓国・朝鮮の歴史』高文研、2002年

藤田昌志「日本の中国観―明治時代―日中比較文化学の視点」『三重大学国際交流センター紀要』10、
　　2015年

2 伊藤博文と安重根が考えていた東アジアの「平和」とは何か

学 習 課 題

　日本と韓国及び東アジアの歴史を語る上で欠かすことのできない人物が伊藤博文と安重根である。1909年10月26日、韓国独立運動家である安重根が前韓国統監の伊藤博文を射殺する事件が起きた。本節では、日本が韓国を支配する過程を資料から学び、2人の韓国及び東洋の平和に対する考え方の違いを読み解こう。

キーワード　安重根　伊藤博文　韓国統監　東洋平和論

1．安重根の「義挙」と「射殺」

　19世紀末から20世紀初頭にかけて、日本は韓国に対して植民地化に向けた協約を結ぶよう圧力を強めていた。これに対して、韓国国内では抵抗運動が各地で盛んにおこなわれた。

安重根

　「コリア、ウラ（韓国万歳）！」

　これは1909年に安重根（アンジュングン）がハルビン駅で伊藤博文（いとうひろぶみ）を射殺した際に叫んだ言葉である。その後、安重根は逮捕され、日本人による取り調べが始められた。

資料1　駅での安重根（左）と伊藤博文（右）

資料2　ハルビン駅の場所と鉄道網

資料3　安重根に関する年表

西暦	安重根の足跡
1879	朝鮮の黄海道海州で両班の長男として誕生する 安應七とも称す
1894	金亜麗と結婚する 父とともに、東学信者の蜂起による農民の動乱を鎮める
1897	仏人宣教師に援助されたことを機に、カトリックに改宗する
1905	日露戦争後、日本の影響が強まったことに激怒し、危機感を抱く
1906	愛国啓蒙教育のために学校を設立する
1907	救国をねらって北間島に亡命し、国権の回復の拠点としようとする 第3次日韓協約締結に対抗し、義兵運動に参加する
1909	同志とともに左手薬指を切り落とし、「断指同盟」を結ぶ 伊藤博文がハルビン駅に降り立ったときに発砲し射殺する
1910	裁判が開かれ死刑が宣告され、処刑される ［日韓併合条約によって、韓国は日本に併合される］

（『安重根義士の生と国を愛するストーリー　獄中自叙伝』を参考に作成）

【問1】　安重根はどのように生きた人であったろうか。資料3や他の文献等を用いて調べてみよう。

　日本人領事官や検察などの聞き取りによって、安重根の思想や日本政府に対する考えが次第に明らかになった（資料4）。さらに伊藤博文を射殺（義挙）に及ぶ前に決意の詩（資料5）を詠んでいたこともわかっている。

資料4　安重根が語った伊藤博文射殺理由（一部）

・閔妃（明成皇后）を殺害した罪 ・韓国の皇帝を強制的に廃位させた罪 ・韓国人に不利益となる条約を締結させた罪 ・国権を強制的に奪った罪 ・軍隊を解散させた罪 ・罪のない韓国人を虐殺した罪 ・鉄道、鉱山、山林、河川を強制的に奪った罪	・教科書を押収して燃やしてしまった罪 ・韓国人の新聞購読を禁止させた罪 ・韓国人の外国留学を禁止させた罪 ・東洋の平和を破った罪 ・韓国人が日本人の保護を望んでいると世界に嘘を広めた罪

（安重根義士崇慕会編『大韓国人安重根義士』を参考に作成）

資料5　義挙の決意をした際に詠んだ詩

　丈夫が世の中に処するとその志は大きい
　時代が英雄を作り、英雄が時代を作るだろう
　天下を雄視し　いつの日業を成そうか
　東風がますます冷たくなるが　壮士の義は熱い
　憤慨して一度行くのだから必ず目的を成し遂げるだろう
　鼠賊伊藤とどうして正しく命に比べられよう
　ここまでに至ったのは時勢のしからしむるところである
　同胞同胞よ　速やかに大業を成そう
　万歳万歳　大韓独立だ　万歳万歳　大韓同胞だ
　　（佐木隆三『伊藤博文と安重根』、『安重根義士の生と国を愛するストーリー　獄中自叙伝』を参考にして意訳）

資料6　尋問での安重根の応答

　私は正々堂々と陣をはって、伊藤の韓国占領軍に対抗すること3年、各地で義軍を起こし、苦戦奮闘、かろうじてハルピンで制勝し、伊藤を殺した私は独立軍の中将である。衆目を集めたハルピンで理を得た独立軍の公明正大な行動はおそらく各国人の是認する所であろう。
　（「旅順監獄で境警視の13回尋問に対する供述」（1910年12月27日）『韓国独立運動史資料』7、李泰鎮・安重根ハルビン学会編著『安重根と東洋平和論』より引用）

【問2】 韓国では伊藤博文射殺を安重根の「義挙」と表現することが多い。このように表すのはなぜだろうか、資料4～6を読みまとめよう。

2．伊藤博文と安重根の東アジア「平和」観の相克

（1）伊藤博文

　伊藤博文は青年期に攘夷運動に参加していた。しかし、イギリスへの渡航などを契機として攘夷思想を転換させ、明治新政府樹立後には使節団の一員として訪欧し、欧米文化を積極的に受容する政策を展開した。1870年代には工部卿として日本の富国強兵や殖産興業のために「お雇い外国人」を招聘し工業化の礎を築いた。

　1882年には再び欧州を訪れ、シュタイン、グナイストらに師事し憲法作成や政治学について学んだ。帰国後、伊藤博文は初代内閣総理大臣を務めながら、ロエスレルなどの助言を受け憲法制定に尽力した。

　その頃、日本は本格的な韓国統治に乗り出した。1889年に大日本帝国憲法発布を見届けた伊藤博文は韓国統治を先導した。伊藤博文は1905年に第2次日韓協約を締結し、初代統監として韓国統治を実施した。伊藤博文の考えでは、東アジアの「平和」は、韓国を「富強」させることなしに達成できないものであった。それは韓国に対する強圧的な姿勢で進められることとなった。

資料7　第2次日韓協約調印に際して、韓国王宮を包囲した上での伊藤博文による韓国閣僚に対する呼びかけ

> 　この協約案は日本政府が会議を重ねた結果のもので、全く変更の余地の無い案である。これをもし韓国政府が拒むようなことがあったら、韓国の地位はこの協約を締結すること以上の困難な状態、一層不利益な結果となることを覚悟されたい。
>
> （「伊藤博文韓国奉使記事摘要」西四辻君堯『韓末外交秘話』）

資料8　韓国大邱の地方官吏への伊藤博文の訓示（1909年1月12日）

> 　昔は、東洋では中国、朝鮮、日本のような国々の間に多少の人々の交流があったが、今日ほどではなかった。ましてや今日ではヨーロッパ諸国や南北アメリカに至るまで、地球上にある国々との交流がある。昔は他の国を滅ぼしてその国の領土を奪うことをすることこそが豪傑強国のように考えられていたが、今は違う。他の国と共に力を合わせることが重要なのである。弱国はすなわち強国の障害物である。現在の強国は弱国を助けて、その弱国を富強させて、共に力を合わせて各々の国周辺を守ることが求められる。この理を知らないで、昔を振り返るだけで、現在の状況を知らないのでは国家を保持することはできない。この誰でもわかる道理を理解しないで、昔を懐かしみ自ら奮起しようとしない国やその国民は大いに反省しなければならない。
>
> （「郡守両班儒生に訓示」瀧井一博編『伊藤博文演説集』）

【問3】 資料7・8より、伊藤博文が抱いていた韓国観や東アジア観を読みといてみよう。

　伊藤博文は1909年6月14日韓国統監を退いた。しかし、その後も伊藤博文は東アジア地域の権益に関心を持ち、視察のためにハルビン駅に向かった。

資料9　ロシアのマレーヴィッチ駐日大使の電報

> 　伊藤はハルビンで（ロシアの）蔵相に会うことを熱望している。‥‥ 彼が言うには、公的な資格なしで行くけれども、中東鉄道と満鉄の協定と（両国の）商業関係の進展に関連して、日露のより緊密な関係（構築）が可能かどうか明らかにするため、この視察と、特にココフツォフ（ロシア蔵相）との会談を利用したい ‥‥
>
> （麻田雅文「日露関係から見た伊藤博文暗殺：両国関係の危機と克服」）

【**問4**】伊藤博文はなぜハルビン駅へと向かったのだろうか。資料9を読み、この当時の国際情勢、特に日本と韓国とロシアの3カ国の歴史的状況を踏まえて、考えてみよう。

（2）安重根

　安重根は獄中で「東洋平和論」を著した。これは書き終える前に死刑が執行されたため、未完の書である。また、安重根は書の名手とされ、獄中などで漢詩を書き、自らの政治的信条を書き残している。これらは韓国ではしばしば参照されているが、日本で読まれる機会はきわめて少ない。彼が考えていた東洋のあるべき姿、東アジアの「平和」とはいったいどのような考え方であったのだろうか。

資料10　安重根の「東洋平和論」

　天皇が（日露戦争を）宣戦布告する文に「東洋平和を維持し、大韓独立を強固にする」とした。（日露戦争に勝利した時）韓国・清国の心ある者は、はからずも自分たちが同じく勝ったかのように喜んだ。‥‥悲しい！　勝利した日本は、凱旋するなり最も近くて最も親しく善良で弱い、同じ人種である韓国を抑圧して条約を結び、満州の長春以南である韓国を、租借を口実にして占拠した。世界のすべての人々に疑惑の雲が湧きおこり、日本の偉大な名声と正大な勲功は、一朝にしてロシアよりも甚だしい蛮行にかわってしまった。‥‥今、西洋勢力が東洋に伸びてくる愚難を東洋人が一致団結し、極力防御するのが最上策という事は、たとえ子供でさえもよく知っていることである。にもかかわらず、何の理由で日本はこのような当然な順理の形勢を振り返らず、同じ人種の隣国を撃ち友誼を切り、自ら蚌鷸之勢（争）（貝と鴫が互いに咬んだり咬まれたりしながら争う形勢）をとり、西洋勢力の利益を図るのか。

（安重根著、伊東昭雄訳「東洋平和論」『世界』796 をもとに作成）

資料11　安重根の遺墨

欲保東洋先改政略　　時過失機　　追悔何及

（東洋を保持しようとすれば　まず侵略政策を改めねばならない　時を逃せば　後悔がなんになろうか）

（李泰鎮・安重根ハルビン学会編著『安重根と東洋平和論』をもとに作成）

資料12　検察官の溝淵孝雄による、安重根の尋問調書

（韓国に対し統監府の支配が長引くことや韓国が日本に比べて劣っていることを検察官に言われて）

　私は、日本が韓国に対し野心があろうが無かろうが関係ありません。私はただ東洋の平和と言うことを眼中に置いており、伊藤さんの政策の誤っていることを憎んでいるのです。韓国は今日まで進歩しているので、ただ独立自衛のできないことは、君主国である結果によるため、その責任は上にあるか下にあるかは疑問であろうと考えています。

（市川正明『安重根と日韓関係史』、李泰鎮・安重根ハルビン学会編著『安重根と東洋平和論』をもとに作成）

資料13 死刑宣告を受けた後に安重根のまとめた記述

　（量刑は）私が考えたものと異ならなかった。昔からのあまたの忠義志士たちが、死をもって、恨（ハン）となし、諌（いさ）め、政略を立てたことは、後日の歴史おいて一致しないものはない。私は東洋の大勢を心配し、真心を尽くし、身を捧（ささ）げて方策を立てたが、結局無駄（むだ）になってしまい、痛嘆（つうたん）の極みである。しかし日本国４千万の民族が「安重根の日」を大きく叫ぶ日は、遠くないだろう。東洋の平和がこうして壊れるのだから、百年の風雲はいつ終わるのだろうか。今や日本当局者が少しでも知識があったなら、決してこのような政策をとらないだろう。その上でもし日本に廉恥（れんち）と公正の心があったなら、どうしてこのような行動ができるだろうか。

　（『安重根義士の生と国を愛するストーリー　獄中自叙伝』、李泰鎮・安重根ハルビン学会編著『安重根と東洋平和論』をもとに作成）

【問5】 資料10〜13を読んで、安重根がどのような思いを持っていたのか、伊藤博文と安重根の東アジアに対する考えにはどのような違いがあるのか、それぞれまとめよう。そして、まとめた内容をグループで話し合おう。

コラム 伊藤公資料館と安重根義士記念館を訪ねる

①伊藤公資料館

　出身地の山口県光市にある伊藤公資料館は、初代内閣総理大臣 伊藤博文の遺品等を展示して業績を紹介するとともに、幕末から明治末までの日本の動きを学習する場として2004年に開設された。本館の外観は、レンガ造りの明治風建築となっている。

②安重根義士記念館

　ソウル特別市南山の朝鮮神宮の跡に、1970年に開館して以来、安重根義士記念館は、2010年に新しく建設された（第3章第5節参照）。安重根の「断指同盟」を象徴する12個のガラス柱を縛った形の建物で構成される。展示室には出生から殉国に至るまでの全生涯を展示する。

教 材 解 説

〈教材のねらい〉

　多くの日韓の高校生は、すでに中学校などで伊藤博文が韓国独立運動家の安重根に射殺されたことを学習している。しかし、日本の生徒はこの事件を学習する過程で様々な疑問を抱くことが予想される。「なぜ、安重根は射殺しようと思ったのだろうか」、「なぜ伊藤博文はハルビンにいたのか」、「なぜ韓国の人は安重根の行動を「義挙」と見なすのか」などである。そこで、当時の東アジアを概観できるよう、節のタイトルを「伊藤博文と安重根が考えていた東アジアの「平和」とは何か」とし、伊藤博文の「訓示」や安重根の「東洋平和論」などの資料を配列した。この教材を学習することによって、多様な歴史像を描くことに結びつけたい。また昨今、日本国内では、安重根をテロリストとして理解するうごきもあるが、彼の遺墨や遺書から、深い思慮のもとで行動に移したことが確認できる。これは、韓国で安重根が「義士」と称されることと大きく関係し、日本の高校生にとって新たな発見となるだろう。

　日本が韓国に勢力を拡大する過程を、東アジア全体の関係性をもとに学習することは、一国史観を乗り越えることにつながると考えている。なぜならば、この時期の日本の韓国進出を考える際、本来は中国の状況やロシアの南下政策など多岐にわたる国際情勢の理解が必要となるためである。しかし、学習の最初から日本を含めた東アジア各国の歴史を複合的に見ることは難易度が高い。今回はその緒として、日本と韓国の歴史的交差をみる際に適当な人物を伊藤博文と安重根とし、彼らを通して東アジアの状況を幅広く理解させることをねらう。

〈資料の解説〉

　資料1・2は本節の導入として用いてほしい。ロシアの警備が手厚いなか、安重根はハルビン駅に降り立った伊藤博文の腹部を射撃したといわれている。伊藤博文は手当てされたものの亡くなり、安重根はまもなく逮捕され拘置所に送られた。伊藤博文の死は各国で新聞報道され、世界的なニュースになり、その後の東アジア関係に変化を与えることとなった。

　資料3では、日本の生徒は安重根の半生を知らないなめ、年表を作成し、彼の生涯を追えるようにした。年表の内容が高校生にとっては詳細に記述した箇所もあるため、授業者が取捨選択をして活用して欲しい。

　資料4は伊藤博文を射殺した15の理由の一部を掲載した。一部としたのは、安重根が語った理由には必ずしも歴史的事実にそぐわないものもあるためである。

　資料5・6は、安重根の伊藤博文射殺が韓国で「義挙」といわれる所以を示した資料となっている。彼の詩や尋問に答える内容を読み解くと、安重根が当時の日本の韓国支配を否定的に捉え韓国の独立を願っていること、自分自身が立ち上がらねばならないとする義憤を覚えていたことなどが理解できる。

　資料7・8は、伊藤博文が高宗に圧力を与えていることがわかる資料である。伊藤博文は韓国保護を名目として韓国の外交権を委任するよう強く求め、第2次日韓協約締結を強要した。

　資料9は、当時の東アジア情勢を概観及び追究するために配置した。

　資料10〜13は安重根の思いが率直に述べられている。資料の文章量は多いものの、本教材の核

心に触れる部分でもあるため、ぜひ生徒に読み取らせたい。先述したとおり、日本では安重根をテロリストとする見方もあるが、韓国人からは日本の支配から脱却し、独立運動としての一端を担い、東洋平和を確立するための行動だったと理解されている。20世紀前半の東アジアの国々は相互に複合的な要因が絡み合いながら関係性を保っており、この資料の読み取りから、日本中心で一方向な考えを相対化する契機としたい。安重根の行動の背景を捉え、なぜこのような伊藤博文射殺事件が起こってしまったのかを考えられることができれば、幅広い視野のもとで20世紀初頭の東アジア史を探究できる。特に 資料12 にある「私は日本が韓国に対し野心があろうが無かろうが関係ありません。‥‥」の箇所に着目したい。

　最後に、コラムとして伊藤博文と安重根に関する記念館について紹介した。生徒が本教材で学んだ後で、これらの博物館を訪れて、学習を深める機会としてほしい。

〈問いの意図・解答例〉

　【問1】は安重根の人物像に迫る問いである。安重根の生涯やその略歴は、日本の教科書や資料集には掲載されておらず、彼がどのような人物なのか、日本の生徒が知る機会はあまりない。そのことが「安重根＝テロリスト」という単純かつ安易な帰結となってしまうひとつの理由ではないかと考え、問いを設定した。安重根は、義兵運動に参加する以前は、カトリック教徒、学校を設立した教育家として活動していた。また、写真を見るとわかるように、安重根の薬指が切り落とされているが、これは、「断指同盟」を結ぶときに切り落とし、抗日運動をより強く決意した証とされる。

　【問2】は安重根の考えを理解するためだけでなく、東アジア全体の状況や日韓での歴史的背景を探る問いである。資料4 の各項目はそれぞれが連関しているため、大きく日韓関係史をとらえることも可能となる。例えば、「韓国人に不利益となる条約を締結させた罪」に着目すれば第1次から第3次にわたる日韓協約の資料等にあたることになる。時間が許せば、ひとつの項にとらわれず複数の項を取り上げた方が効果的であろう。さらに、安重根の詩を読み解くと、彼の並々ならぬ決意を読み取ることができる。これらの資料から、彼の行動は衝動的な殺意によるものではないことがわかり、韓国独立運動家として安重根がもつ大義がうかがえる。

　【問3】では、伊藤博文の東アジア全体及び韓国に対する考え方を捉えることができる。資料7 では高圧的な日本の姿勢が見られる。さらに 資料8 にある「強国」は日本を、「弱国」は韓国をあらわし、日本が韓国支配を正当化していることが読み取れるだろう。伊藤博文の脱亜論的な考えを生徒に読み取らせたい。さらに、伊藤博文の発言では、日本の韓国に対する政策は西洋の植民地政策のそれとは異なるとしているが、実際におこなわれた政策を見てみると、西洋的近代思想に大きく影響を受けていることがわかる。韓国に対する政策から旧来の東アジアの形式を軽んじていること、日本人が当時から持っている「韓国蔑視観」などに韓国の人々は大きく反発した。

　【問4】を通して、日本の朝鮮半島進出は東アジア社会での地位保全をねらっていることが理解できる。ロシアの南下を防ぎ東アジアにおける日本の権益を確保しようとしていた。日露戦争後、朝鮮半島への進出を有利にした日本であるが、大国ロシアの動勢を注視していたことが伊藤博文の動きから見えてくる。また、この時期、日本はアメリカと満州市場の権益を争う関係にあった。日英同盟で英国を同盟国とした日本は、4次にわたる日露協約でロシアと協調関係を築き、満州権益を国際社会に認めさせようとしていた。

　【問5】「東洋平和論」は獄中で書かれ、今回提示した「東洋平和論」は、一部であるものの安重根

の考えが表現されている。「東洋平和論」を読んで「伊藤博文は韓国を近代化するための道具のようなものと認識し、その中で日本は日露戦争の過程で韓国へ勢力を拡大してきた。安重根は日本の戦争行為が韓国への勢力拡大に大きく影響したことも批判している。また伊藤博文は東アジアの平和は日本が先導して達成するものだと考えていた。一方で、安重根は東アジア全体で協同して発展をねらうべきだとし、伊藤博文の考えを批判した。」というような本節をまとめる表現を期待したい。さらに、安重根の韓国の政治（家）に対する憤慨も 資料10 ～ 13 から読み取ることができる。

　20世紀初頭の東アジアは日韓をはじめとして各国の関係性が複雑になっただけでなく、それぞれの国で社会状況に対して不満や変革を求めていたこと、他国を支配し、その一方で支配からの脱却を目指そうとする動きが展開された世界であった。安重根と伊藤博文は、そうした時代のなかで「東洋の平和」のあり方をめぐって対峙していたことを、生徒は本教材を通して知ることになろう。

〈参考文献〉

麻田雅文「日露関係から見た伊藤博文暗殺―両国関係の危機と克服」『東北アジア研究』16、2012年
安重根義士崇暮会編『安重根義士の生と国を愛するストーリー　獄中自叙伝』ソウル、峯山文化社、
　　2013年
イインソクほか『検定版　韓国の歴史教科書高等学校韓国史』明石書店、2013年
磯川全次『安重根事件公判速記録（初版）翻刻版』批評社、2014年
糟谷憲一『朝鮮の近代』山川出版社、1996年
糟谷憲一ほか『朝鮮現代史』山川出版社、2016年
李泰鎮・安重根ハルビン学会編著『安重根と東洋平和論』日本評論社、2016年
佐木隆三『伊藤博文と安重根』文藝春秋、1992年
瀧井一博『伊藤博文―知の政治家』中央公論新社、2010年
吉野誠「咸鏡道防穀令事件―賠償請求案の検討」『東海大学紀要文学部』66、1996年

3　在朝日本人とはどのような存在だったのか

学 習 課 題

　1876年の日朝修好条規締結、1905年の第2次日韓協約、そして1910年の韓国併合以降の植民地支配によって、朝鮮半島に暮らす日本人（在朝日本人）の数は増加していった。その変遷にはどのような特徴があるのか、当時の歴史的背景や国際情勢なども踏まえて考えてみよう。また、在朝日本人の植民者としての意識やそれへの葛藤を探り、その実態に迫ってみよう。

キーワード　在朝日本人（2世）　東拓移民　引揚げ　浅川巧　森崎和江

1．日本人はいつ頃からどのような目的で朝鮮半島に渡っていったのか

　『帝国統計年鑑』に記載された「海外旅券付与数」によれば、朝鮮への渡航者は1876年から1904年まで年平均2,686名にのぼり、ハワイ「官約移民」開始（1885年）まで、朝鮮は最多の渡航先であった。在朝日本人について、資料1は人口推移と主な出来事をまとめたグラフ（事項のカッコ内は年号を示す）、資料2は朝鮮における道別分布、資料3は職業別人口をまとめた表である。

資料1　在朝日本人人口の推移

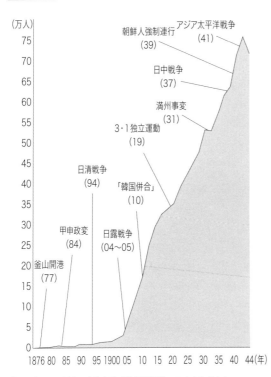

（『日韓交流の歴史』、高崎宗司『植民地朝鮮の日本人』より）

資料2　在朝日本人の道別分布

	1912年			1942年		
	人	A（%）	B（%）	人	A（%）	B（%）
京畿道	70,336	28.9	4.4	206,627	27.5	6.4
忠清北道	4,003	1.6	0.6	9,417	1.3	0.6
忠清南道	12,532	5.1	1.2	28,228	3.8	1.7
全羅北道	13,594	5.6	1.4	35,363	4.7	2.1
全羅南道	16,210	6.7	1.0	45,250	6.0	1.6
慶尚北道	14,959	6.1	0.9	45,244	6.0	1.7
慶尚北道	58,507	24.0	3.8	98,974	13.2	4.0
黄海道	5,800	2.4	0.5	26,189	3.5	1.3
平安南道	16,219	6.7	1.7	51,263	6.8	2.8
平安北道	2,623	3.1	0.7	32,252	4.3	1.7
江原道	4,516	1.8	0.5	21,101	2.8	1.1
咸鏡南道	11,708	4.8	1.1	73,990	9.8	3.6
咸鏡北道	7,722	3.2	1.6	78,925	10.5	6.4

A＝全在朝日本人に対する比率
B＝該道総人口に対する比率

（『朝鮮総督府統計年報』各年版、『朝鮮事情』1944年版）

資料3 在朝日本人の職業別人口

区分	1917年			1921年			1925年		
	世帯戸数	人口	比率	世帯戸数	人口	比率	世帯戸数	人口	比率
公務・自由業	27,533	89,064	26.8%	34,528	110,297	30.0%	41,742	140,925	33.2%
商業・交通業	25,876	96,338	29.0%	30,327	121,042	32.9%	33,676	133,273	31.4%
工業	12,263	44,328	13.3%	16,306	60,570	16.5%	17,364	66,864	15.7%
農業・林業・牧畜業	9,447	37,605	11.3%	10,134	41,225	11.2%	9,156	39,030	9.2%
その他有業者	11,694	41,169	12.4%	4,333	16,579	4.5%	5,385	21,362	5.0%
漁業・製塩業	2,741	11,293	3.4%	2,479	11,722	3.2%	3,145	12,802	3.0%
無職・職業を申告せざる者	3,805	12,659	3.8%	1,578	6,183	1.7%	2,786	10,484	2.5%
合計	93,359	332,456	100%	99,685	367,618	100%	113,254	424,740	100%

（『朝鮮総督府統計年表』1925年度版。朝鮮総督府『朝鮮の人口現象』1927年）
＊1925年を基準に人口が多い順に並べている。職業別の人口には主業者、その他の業務を有する者、無業者が含まれている。
李東勲『在朝日本人社会の形成―植民地空間の変容と意識構造―』明石書店、2019年より作成。比率は在朝日本人人口全体に対する各職業人口の割合を指す。

【問1】 資料1から、在朝日本人の人口推移にはどのような特徴があるのか読み取ってみよう。また、日本人はどのような目的で朝鮮に渡ったのか。資料2・3から考えてみよう。

2.「東拓移民」とはどのような人々か

　東洋拓殖 株式会社（東拓）とは、1908年に創立された半官半民の会社で、主に朝鮮で土地「開発」・農業経営・移民事業など拓殖事業を行う、日本の植民地政策の中心的機関であった。この東拓による、日本人の朝鮮への農業移民を「東拓移民」という。資料4は「東拓移民」を勧めるうえで作られた手引きであり、資料5は「併合」以降、1910年代の日本人地主の土地所有の変遷、資料6は1930年代半ばまでの朝鮮の米穀生産と日本への移出量をまとめたものである。

資料4 朝鮮移住の手引

　本社の募集する移住民は、朝鮮に永住し自ら農業を営む者に限り、日雇い稼ぎ、労働人夫などの目的で一時的に出稼ぎする者を募集する趣旨ではない。また、本社が移住民の世話を担う理由は、移住民各自の都合便利を図ると共に、さらに進んで朝鮮人を指導して農業の改良、土地の開発、並びに地方経済の発達を図ろうとすることにある。移住民に貸し付ける土地は、将来未墾地や原野などを開墾してこれに充当する場合は、少なくならざるをえないが、現在においては、朝鮮人は広い面積の土地を極めておおざっぱに耕作するので、これを集約的に耕作させる余裕が生じた土地を移住民に貸付する方針である。そうであるから、移住民はよくその模範を示して、粗雑な耕作方法を改良させて、収穫が著しく増加する事実を理解させるべきである。こうして付近の朝鮮人の農民を導き助けて、共に地方の発達を期すべきである。これは、本社の移住民が単に労働を目的とする出稼ぎ、または未墾地や原野のみの開墾をする移民とは大いにその趣旨が異なるものである。

（東洋拓殖株式会社『朝鮮移住手引草』増補第3版）

資料5 日本人地主の土地所有

年度	日本人地主（人）	水田（町歩）	畑（町歩）	合計（町歩）
1909	692	42,880（既墾地）		42,880
1910	2,254	2,584	26,727	69,311
1911	3,839	58,004	35,337	93,341
1912	4,938	68,376	39,605	107,981
1913	5,916	89,624	60,403	149,927
1914	6,049	96,345	63,517	159,862
1915	6,969	108,742	62,311	171,053

（小早川九郎編著「発達編」『朝鮮農業発達史』）

資料6 朝鮮の米穀生産と日本への移出

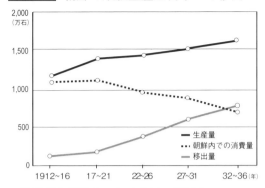

（徐毅植ほか『日韓でいっしょに読みたい韓国史』）

【問2】 資料4から「東拓移民」のねらいを読み取ってみよう。

【問3】 資料5・6を見て、日本人地主の土地所有の変遷とその背景について考察してみよう。

3．在朝日本人の存在とはどのようなものであったか

　朝鮮に移り住んだ日本人の多くは、植民者としての支配者意識や優越意識を有していた。また、朝鮮に暮らしながらも、日本人としてのコミュニティや生活を維持し、あるいはそこにある差別や貧困の問題に無関心であった。資料7はある朝鮮人による回想、資料8は在朝日本人の経験を持った、朝鮮史研究者である旗田巍の回想である。

資料7 朝鮮人への蔑視・偏見

　使用人に日本名をつけて呼んだり、年下の日本人店員が年上の朝鮮人店員を呼びつけにしたり、というようなことも多かった。銭鎮漢が京城の本町にあった寺田商会に勤めはじめたとき、主人は、銭より年下の山木には、「この子は、銭と呼びなさい」と言い、銭には山木を「山木さま」と呼ぶように、と言った。そして、夜間中学入学のために勉強をしていた銭に対して、「朝鮮人のくせに！」と言いながら、電灯の使用を禁じた。銭は耐えられずに店をやめた。そのとき銭は、「肌着一枚」で追放された。銭が「日本打倒」を決意したのはこの日のことだったという。

（尹青光 編『忘れ得ぬ日本人』）

資料8 旗田巍の回想

　当時の私たちは朝鮮に住んでいながら、朝鮮については無知であった。小学校でも中学校でも、朝鮮語はもとより、朝鮮の地理や歴史を特別に教えることは全くなかった。歴史といえば神話に始まる皇国史観を教えられ、小学生のときに天皇歴代の名前を暗記させられた。馬山には崔致遠＊が寄寓した月彰台という遺跡があるが、小学校では崔致遠のことは全く教わらなかった。朝鮮の地理や歴史については無知であったが、朝鮮人についての印象はもった。子供心にいだいた印象は、まず何よりも貧しいことであった。住居も服装も食事も貧しいものであった。どうして日本人より貧しいのかわからなかったが、貧しいという印象を強くもった。‥‥

またどういうところででも日本人が支配していることが明白に目にうつった。役所では上のものは全部日本人であった。日本人と朝鮮人が喧嘩をすれば、かならず日本人のほうが勝った。当時、朝鮮人が日本の支配に力強く抵抗していたことはわからなかった。3・1運動のデモにはおびえたが、それは一時のことで、それがすぎると、日本人の支配する姿だけが目についた。

（旗田巍「朝鮮史研究と私」『朝鮮学事始め』）

＊「崔致遠」は、新羅末期の著名な文人。

【問4】 資料7・8を読んで、在朝日本人がどのような存在であったかを考えてみよう。

植民者である在朝日本人の中にも、植民地支配の矛盾に葛藤し、朝鮮人に寄り添おうとした人物がわずかながらいた。朝鮮の孤児院の子どもたちと歩んだ田内千鶴子（1912-1968）、朝鮮人革命家朴烈の妻で思想的同志として共に活動した金子文子（1903-1926）、朝鮮で教鞭をとった上甲米太郎（1902-1987）などがその例として挙げられる。「植民者」としての優越意識をもつ在朝日本人が圧倒的に多かったなか、彼らは朝鮮および朝鮮人に対してどのようなまなざしをもっていたのだろうか。在朝日本人の一人、浅川巧を具体事例として考えてみよう。

| 資料9 | 浅川巧 |

浅川巧は1891年山梨県に生まれ、山梨県立龍王農林学校を卒業後、1914年兄伯教のいる朝鮮に渡った。朝鮮総督府農工商部山林課の林業試験所に下級技師として勤務し、禿げ山の多い朝鮮の山を緑化するため、土壌に合った樹木の研究・育成に努めた。朝鮮の美術工芸にも造詣が深く、朝鮮民族美術館開設にも尽力した（本書第1章第1節参照）。

| 資料10 | 浅川巧の記念碑（韓国の林業試験場一同、1984年建立） |

「韓国の山と民芸を愛し、韓国人の心の中に
生きた日本人、ここ韓国の土になる」
（ソウル郊外の忘憂里墓地）

| 資料11 | 朝鮮人への所感 |

道へ出ると美しく着飾った子供達が喜々として往来している。朝鮮人の子供の美しさは又格別だ。何となく神秘の美しさがある。今日は何となく朝鮮の天下のような気がする。この美しい天使の様な人達の幸福を自分達の行為がどこかでいつか妨げていたら神様どうかゆるして下さい。俺の心には朝鮮民族が明瞭に示された。彼らは恵まれている民族であることも感じられた。

（『浅川巧日記』1922年1月28日）

| 資料12 | 朝鮮民族の文化遺産破壊に対する怒り（1922年6月4日） |

少し下ると朝鮮神社（後の朝鮮神宮）の工事をしていた。美しい城壁は壊され、壮麗な門は取

り除けられて似つきもしない崇敬を強制する様な神社など巨額の金を費やして建てたりする役人等の腹がわからない。山上から眺めると景福宮内の新築庁舎（朝鮮総督府の庁舎）など実に馬鹿らしくて腹が立つ。白岳や勤政殿や慶会楼や光化門の間に無理強情に割り込んで座り込んでいる処はいかにもずうずうしい。然もそれ等の建物の調和を破っていかにも意地悪く見える。白岳の山のある間永久に日本人の恥をさらしている様にも見える。　　　　　　　（『浅川巧日記』）

【問5】浅川巧は、朝鮮および朝鮮人をどのように見ていただろうか。資料10～12を参考に考察してみよう。

4.　日本の敗戦を受けて、在朝日本人はどのような軌跡をたどったのか

　1945年8月15日、戦争の終結とともに、朝鮮半島にいた日本人の本国帰還、いわゆる引揚げが始まった。在朝日本人は、どのような経緯をへて朝鮮半島を去ったのだろうか。資料13は、京城帝国大学医学部助教授、京城日本人世話会罹災民救済病院庶務課長であった田中正四の日記の一節であり、資料14は朝鮮北部から日本へ帰還した在朝日本人が置かれた状況について述べたものである。

資料13　田中正四の日記

・（1945年8月16日）いつも通り大学に出かける。街も極めて平穏である。今や外国の地となったこの街の平穏さが、むしろ自分には不思議に思われてならない。
・（8月18日）ぶらぶらと街を歩く。街では日本人の家具の売払いが盛んである。…… 今夜日本引揚げの最初の列車が出るという噂が伝わってくる。
・（8月24日）治安が落ちつき、生命の危険が少なくなるにつれて、日本人がだんだん内地帰還をしぶり出したのは当然のことながら面白い現象である。…… 敗戦後、統一がとれなくなり、各列車区でやたらに釜山行きの列車を出したので、釜山では船の手配がつかず、それらの人であふれているという。
・（9月12日）南北朝鮮は正式に分断されることになった。その余波は日本人にも及び、北部朝鮮から南下する日本人は、いかにしてこの38度線を突破するかに苦心しているようである。
・（10月27日）トルーマン・アメリカ大統領の、海外における日本人は戦闘員・非戦闘員の別なく、一応すべて日本に送還するという声明は、満更デマでもなさそうだ。南部朝鮮地区の日本人の計画輸送も一日一万人の予定で近く始まるという。

（森田芳夫・長田かな子『朝鮮終戦の記録　資料篇』2）

資料14　朝鮮北部からの日本人の帰還

　38度線以北に進駐したソ連軍が、北朝鮮に住んでいた日本人の送還を正式に開始するのは、終戦から約1年4ヵ月もたってからであった。北朝鮮に取り残された日本人は、劣悪な環境下での生活を余儀なくされ、栄養失調と感染症によって多くの人が命を落とした。正式な引き揚げを待ちきれぬ人々は、命がけで38度線を越え、南朝鮮を経て日本への帰還を果たした。

（城内康伸・藤川大樹『朝鮮半島で迎えた敗戦—在留邦人がたどった苦難の軌跡』）

【問6】 在朝日本人は1945年の戦争の終結をどのように迎えたのだろうか。当時の様子について、資料13・14を比較しながら考察してみよう。

5. 戦後、「朝鮮で生まれたこと」に向き合った日本人

「どうして日本人の私が朝鮮で生まれ育ったのか」。戦後、多くの日本人はこのことに深い疑問をもたず、日本に引揚げその後の人生を送ったが、「朝鮮で生まれたこと」に向き合った人もいる。その一人が在朝日本人2世の森崎和江である。

在朝日本人2世とは、親の朝鮮移住に伴い朝鮮で生まれたり、幼少期を朝鮮で過ごしたりして、敗戦後に日本へ引き揚げてきた人たちである。両親は植民者であり植民地支配に責任はあっても、「生まれたところ、育ったところが朝鮮だった」2世に植民地支配の責任はあるのだろうか。

森崎和江は1927年、韓国慶尚北道大邱に生まれた。当時、父が大邱公立普通学校の教員であった。進学のために日本に帰国する1944年まで、大邱・慶州・金泉で暮らした。日本に帰ってからは、福岡の筑豊、宗像に住み、文筆活動を行っている。資料16は、戦後、森崎和江がかつて朝鮮で過ごした経験を回想した『草の上の舞踏—日本と朝鮮半島の間に生きて』の一部である。

資料15 森崎和江

資料16 詩を書きはじめた頃

朝鮮の風土や風物によって養われながら、そのことにすこしのためらいも持たず、私は育った。それでも、敗戦の前後を日本に来ていたので、やがて、支配民族の子どもとして植民地で感性を養ったことに苦悩することとなる。それはぬぐい去ることのできない原罪として私のなかに沈着していった。戦後はなばなしく動き出した帝国主義批判ふうの思潮にも、心をよせることはできなかった。なぜなら、私は政治的に朝鮮を侵略したのではなく、より深く侵していた。ことに新羅の古都・慶州に移ってからは、朝鮮への愛情は深くなり、はっきりと意識しつつその歴史の跡をたのしみ、その心情にもたれかかり、幼ない詩を書いて来たのである。

（森崎和江『草の上の舞踏—日本と朝鮮半島の間に生きて』）

【問7】 資料16を参考に、森崎和江は戦後どのような思いで「朝鮮で生まれたこと」に向き合ったか、話し合ってみよう。

教　材　解　説

〈教材のねらい〉

　植民地朝鮮に渡って生活していた日本人（在朝日本人）について、各資料からおおまかな全体像を把握する。さらに具体的な人物の言説を通じて、植民者としての意識やそれへの葛藤に迫るとともに、植民地支配下の朝鮮にとってどのような存在であったかを考えさせたい。

〈資料の解説〉

　資料1から、在朝日本人の人口は植民地期を通じてほぼ増加の一途をたどったことが分かる。末期には70万人を超える日本人が朝鮮で暮らしていた。1930年実施の国勢調査によれば、在朝日本人の29.4％が朝鮮生まれであり、いわゆる植民2世も増加していた。資料2からは、在朝日本人の分布が京畿道（ソウル）と慶尚南道（釜山）に偏っていたことが分かる。末期において咸鏡南・北道など北朝鮮地域の日本人が急増するのは、軍需工業化政策および満州侵略政策と関連するものである。資料3を見ると、商業及び交通業、公務及び自由業の割合が一貫して高いことが分かる。農林牧畜業の低下、工業の増加など、時期ごとの構成比の変化に気づかせたい。

　資料4は土地調査事業を背景に考えたい。韓国併合直後から、朝鮮総督府は約10年の歳月をかけて、土地調査事業を実施した。その目的は、朝鮮全土の土地を測量して、面積と所有者を確定し、台帳と地価を定め、土地に課す税金を徴収する基礎を確立することであった。こうした背景から日本人の土地売買が可能になった。資料5は、日本人地主の土地所有が短い期間に急速に拡大したことを示している。続いて、朝鮮総督府が実施した産米増殖計画（1920～1933年）によって、日本への米の流出がもたらした影響も考えたい。日本では、1918年の米騒動で米不足が明らかとなり、さらに資本主義の発展によって都市生活者が増え、食料の消費量が増えていた。その解決策として朝鮮半島の米を求めた。資料6は、日本への米の流出量が生産量の増加より何倍も多かったことを示している。結果として、朝鮮人の食料不足を引き起こし、零細な農民は土地を失い、故郷を離れて中国東北部や日本に移住せざるをえなくなった人々も多かった。

　資料7・8から、代表的な在朝日本人の意識を探りたい。資料8の旗田巍は、朝鮮に関して無知であったといいつつも、一方で強い関心を持っていた点にも注目したい。また、浅川巧のような日本人がいたことにも気づかせたい。資料11・12から、浅川の朝鮮文化に対するまなざしと生々しい感情を読み取りたい。

　資料13からは、朝鮮半島に置かれた日本人の状況が一変したことが読み取れるとともに、長い期間そこで暮らしてきた日本人の生活の一端も垣間見えるだろう。資料14は、朝鮮北部からの日本人の帰還について述べたものであり、劣悪な環境下での生活や引揚げの苦労が読み取れる。

　資料16の森崎和江は、多感な時期を朝鮮で過ごした在朝日本人2世である。この資料の引用、『草の上の舞踏』（藤原書店、2007年）の副題に「日本と朝鮮の間に生きて」とあるように、朝鮮で暮らした経験に戦後どのように向き合えばよいのか、葛藤が続いたことがうかがえる。

〈問いの意図・解答例〉

【問1】資料1から人口推移を読み取ることで、在朝日本人社会の全体像を大まかにつかみたい。

概ね 1940 年代に至るまで人口は増加し続けるが、例えば、1920 年には人口の伸びが鈍化している。これは前年の3・1独立運動の影響が関係している。資料2 は、在朝日本人の分布がソウルと釜山に集中しており、その大多数が都市生活者であったことを示す。資料3 を見ると、商業及び交通業、公務及び自由業の割合が高いことから都市生活者が多かったことを裏付ける。

【問2】資料4 では、「単に労働を目的とする出稼又は未墾地原野のみの開墾をなす移民とは大に其趣旨を異にする」移民であったことに着目させるとともに、なぜそうした移民が必要とされたのかを考察させたい。永住土着を目的とした移民であること、荒れ地を開墾して農地を獲得するのではなく、朝鮮人が耕してきた農地をあてがおうとしている点などが読み取れる。

【問3】資料5 から、日本人の土地所有の拡大の変遷と地主として地方で存在感を増していった過程を考察したい。資料6 から、日本への米の流出量が生産量の増加より何倍も多かったことが分かる。10 余年の間に、米の生産高は 1200 余万石から 1500 余万石へ増加しただけだが、米の移出高は 300 余万石から 800 余万石へ急激に増加した。その結果、朝鮮半島ではどのような影響があったのか、在朝日本人社会の拡大と併せて、土地支配という側面から考察させたい。

【問4】在朝日本人の具体的な言行から、彼らの存在はいかなるものであったか考えたい。大きく分けて次の二点である。「植民者」としての支配者意識、優越意識と、朝鮮に暮らしながら日本人としてのコミュニティや生活を維持し、朝鮮や朝鮮人、あるいはそこにある差別や貧困の問題に無関心であった点である。資料7 から前者の視点を、資料8 から後者の視点を読み取りたい。

【問5】浅川巧は、総督府の下級技師として朝鮮の山の緑化に努める一方で、「民芸運動」の提唱者で知られる柳宗悦とも親交があり、朝鮮の美術工芸にも理解が深かった。浅川は 1931 年に 40 歳で亡くなるが、資料10 の記念碑にあるように「朝鮮人の心の中に生きている日本人」と評価されるのはなぜだろうか。資料11・12 から、浅川が朝鮮民族や文化について、どのような考え方や感情を持っていたのか、その一端を探りたい。

【問6】朝鮮半島を離れることになった日本人の視点から 1945 年当時の状況を考えたい。資料13 は 1945 年の 8 月 15 日以後の 2 か月半余りの状況を記している。また、資料14 と 資料15 との比較から、朝鮮半島の南部と北部で在朝日本人の置かれた状況が異なったことにも気づかせたい。

【問7】森崎和江は、戦後「朝鮮に生まれたこと」にどのように向き合ったのか、そこにはどのような葛藤や問題意識があったのか、想像し話し合うことを通して、在朝日本人2世の戦後などを探ってみたい。

〈参考文献〉

木村健二『在朝日本人の社会史』未來社、1989 年

城内康伸ほか『朝鮮半島で迎えた敗戦―在留邦人がたどった苦難の軌跡』大月書店、2015 年

高崎宗司『植民地朝鮮の日本人』岩波書店、2002 年

高崎宗司『朝鮮の土となった日本人―浅川巧の生涯』草風館、1998 年

森田芳夫・長田かな子編『朝鮮終戦の記録　資料篇』2、巌南堂書店、1980 年

歴史教育研究会・歴史教科書研究会編『日韓歴史共通教材　日韓交流の歴史』明石書店、2007 年

関東大震災下の朝鮮人の犠牲に 人々はどう向き合ってきたか

学習課題

1923年に起こった関東大震災では多くの建物が崩壊し、火災による被害も深刻だった。大震災の教訓はさまざまある。ここでは、震災直後から「朝鮮人が井戸に毒を入れた」「暴動を起こした」といった流言が瞬く間にひろがり、日本人が多くの朝鮮人を殺害してしまったことについて、資料を読みながら考えてみよう。

キーワード 関東大震災 流言飛語 大韓民国臨時政府 国際支援 慰霊・追悼 防災

1. 被災した人々は震災当時をどのように記してきたのだろうか

1923年9月1日午前11時58分、関東地方一帯はマグニチュード7.9の大地震にみまわれた。巨大地震は生活を一変させ、人々は不安と恐怖のなかにあった。東京・神奈川・埼玉・千葉では「戒厳令」が敷かれ、11月まで軍の指揮下に置かれた。死者や行方不明者は10万人を超えた。

被災した日本人は、当時、次のように震災下の朝鮮人について書いている。

資料1 日本人の子どもが書いた作文

「9月1日は、大震災というこわい物が、ふいにぐらぐらと来た ・・・・ 夜になると、あちらでもこちらでも朝鮮さわぎとなってきたから、僕が竹やりをもってまわりをかこっていると、むこうでは朝鮮人をころして万歳々々とさけんでいる ・・・・」

「山の中を歩いていると朝鮮人が立木にゆわかれ 竹槍で腹をぶつぶつさされ のこぎりで切られてしまいました」

「その頃はだれでも殺気立っていた。それが為に なんにもしない朝鮮人や また日本人もまちがって大勢殺された。まるで戦国時代のようだった。」

(横浜、東京の児童生徒の作文(1924年)より)

資料2 吉野作造(政治学者、東大教授)の日記

「(1923年9月3日)この日より朝鮮人に対する迫害始る。不逞鮮人*の この機に乗じて放火、投毒等を試むものあり、大いに警戒を要すとなり、予の信じる所に依れば宣伝のもとは警察官憲らし。無辜の鮮人の難に斃る者少なからずという」

「(1924年7月9日)去年9月のこと ・・・・ これを悔いざる国民は禍である」(吉野作造『吉野作造選集』14)

*「不逞」は「不逞の輩」等と使われる(「不逞不逞しい」は俗語)。「鮮人」は「朝鮮人」の差別語。

【問1】資料1、2を読んで、当時の状況について想像したことを話し合ってみよう。

また、被災したある朝鮮人は、後に、次のように回想している。

資料3 朝鮮人留学生の震災時の回想

九死一生の思いで、猛炎に包まれた被服廠〔現在の都立横網町公園、両国駅近く〕を後にしながら ‥‥ 上野の山にようやく辿り着いたのが8時過ぎ頃であっただろうか。‥‥ 山は何時しか親を呼び子を探してわめきさけぶ修羅場と化したまま夜が明けて9月2日、偶然佐原の実家へ帰るという一人の学友に出逢い、‥‥ 友人と共に車中の人となり、彼は佐原へ、私は八街へ向った。

関東大震災頃（大正末）の鉄道路線

汽車が次の駅〔船橋駅〕に停車した時、手に手に棍棒、鳶口など持った青年団、消防隊とおぼしき一団がどかどかと乗りこんだと思うと大声に叫んだ。「そこの海岸に今朝鮮人が船で来襲して町に放火し、井戸に毒薬をまき、女子供を殺している。この車中にも朝鮮人がいるから今から征伐する。」そして一人一人捕らえて発音の不正確なものを片っ端から引き摺り降して、皆してこづきまわしながら引き立てて行く。私は友人と二人並んで腰掛けていて学生服だったせいか初めのうちは別に怪しまなかったが、その中一人がつかつか寄って来たかと思うと、いきなり「きさまら朝鮮人だろう。」とつめよって来た。友人はすかさず「朝鮮人だったらどうする。朝鮮人だからといってみんな悪いわけではあるまい。第一おれはれっきとした日本人だ。失敬な。」意外なけんまくにたじろいだか、後方にいた5、6人の中の一人が「うそつけ、生意気な。朝鮮人だ。」といいざま、鳶口を肩先に打込んで引摺ろうとした。私はたまりかねて彼が正真正銘の日本人であること、佐原の田舎へ帰省するのだというようなことをくどくど言い立て、二人の上にふりかかった難から逃れようとした。

あるはずもない悪辣なデマを仕組んで残虐を恣いままにする者への憤りに、身の危険をおかしてまで私をかばおうとした、この日本人の友のために、吾こそは朝鮮人だと名乗って、彼をかばい得なかった私自身への不甲斐なさも加わって、身も世もない思いで、その友の上に重って私は泣き伏せた。‥‥

次の駅に停車して見ると、騒ぎはなお一層大きくなっているのを知り、これは或は全国的にまき起こった計画的な虐殺ではなかろうか、とも思った。私はこの時地獄図絵さながらの光景が目の前に蘇って来た。それはほかでもない。幼心にもやるせない憤懣と恐怖におののきながら太極旗を懐にして参加した、かの3・1運動の「万歳」当時、日本帝国主義が演じたあくなき貪欲とその残忍な仕打ちの数々であった。

（申鴻湜「歴史に汚点残すな！ この惨虐」『関東震災白色テロルの真相』）

【問2】資料3を読んで、この朝鮮人留学生はなぜ助かったのか、考えてみよう。

コラム 中国人や日本人にも いわれなく殺された人々がいた

　関東大震災下でいわれなく殺された人は朝鮮人だけではない。中国人は朝鮮人と誤認され殺された人が多いが、クリスチャンで労働者のための社会活動を行っていた王希天のように、意図的に連行され軍に虐殺された人もいる。こうした事実が中国に伝わるようになると、中国でも、張学良や中国政府をはじめ、各界が日本に抗議し、真相究明を求めた。

　日本人でも、大杉栄と伊藤野枝など、震災に乗じて憲兵隊や警察に捕らえられ、殺された人がいる。言語障がい者や沖縄出身者など、日本語がうまく発音できずに朝鮮人とみなされて、殺された人もいた。

２．流言飛語の広がりと日本政府の対応

　朝鮮人に対する流言はどこから始まり、どのように広がっていったのか。それは遅くとも９月２日朝までには日本政府に認識され、戒厳令布告の根拠とされた。

　地震直後の会議では、戒厳令を自然災害で発令できるかが議論になった。警視総監赤池濃、内務大臣水野錬太郎は、以前、朝鮮総督府で警務局長、政務総監を務めていた。彼らは日本での米騒動や朝鮮での３・１独立運動を鎮圧してきた経験から、地震や火災の恐怖、食糧難などが民衆の大規模な暴動を引き起こし、独立運動や社会主義運動を高揚させるのではないかと警戒した。こうして２日に戒厳令が敷かれた。流言が直ちに統制され、朝鮮人が保護されることはなかった。

　逆に、内務省警保局長は海軍の船橋送信所から全国の知事に向けて電文を送り、朝鮮人が不穏な行動をしている、取り締まりを強化せよ、と次のように呼びかけた。

資料4 内務省警保局長から各地方長官宛て電文（９月３日）

　東京附近の震災を利用し、朝鮮人は各地に放火し、不逞の目的を遂行せんとし、現に東京市内において爆弾を所持し、石油を注ぎて放火するものあり。既に東京府下には一部戒厳令を施行したるが故に、各地において充分周密なる視察を加え、鮮人の行動に対しては厳密なる取締を加えられたし。
（姜徳相・琴秉洞編『関東大震災と朝鮮人』）

　日常的に朝鮮人を侮蔑してきた経験は、震災のパニックのなかで、日本人の流言を疑う判断力をにぶらせた。あおられた恐怖心は、日本人による朝鮮人拘束や殺害を助長した。東京の荒川土手では、警察や軍の出動の下で、朝鮮人虐殺が行われたという日本人住民の回想がある。

資料5 東京・荒川土手における日本人住民の回想

　「２日ごろ、警察が毒物が入っているから井戸の水は飲んではいけないと言ってきた。それでもぼくらは飲んでいたけどね。そのうち大勢の人が言うから、自分一人否定するのは心細くなった。でも信憑性のある話はいま考えると一つもなかった。実際に見たものはなかった。みんな人から聞いたことだった。朝鮮人が集団で追っかけてきて逃げたという話も、よく聞くと追いかけられた朝鮮人の前を歩いていてそういう状況になったということだった。」

> 「軍隊は2日あたりから来ていた。いきなり戒厳令で町角町角に歩哨を立てていて、夜、町を歩いていると『だれか』と言っていた。初年兵ばかりを使っていた。2日か3日ごろ、軍隊が荒川の葦のところに機関銃を打ちこんで、危なくて近づけなかった。旧四ツ木橋に兵隊を連れた将校が先達で来て2、3人射殺したという話を聞いた。」
>
> 「一個小隊ぐらい、つまり2、30人くらいいたね。二列に並ばせて、歩兵が背中からつまり後ろから銃で撃つんだよ。二列横隊だから24人だね。その虐殺は2、3日続いたね。住民はそんなもの手をつけない。まったく関知していない。朝鮮人の死体は河原で焼き捨てちゃったよ。憲兵隊の立ち会いのもとに石油と薪でやいてしまったんだよ。」
>
> （関東大震災時に虐殺された朝鮮人の遺骨を発掘し追悼する会『風よ鳳仙花の歌をはこべ』）

【問3】 資料5のように、井戸に毒を入れるなどの行為を見ていないのにもかかわらず、日本人が朝鮮人を捕らえ、殺害するという事件が各地で発生した。こうした虐殺事件はなぜ起きてしまったのであろうか。問2で考えた内容とも対比させながら考えてみよう。

　9月5日になると、対災総司令部（総裁は首相）として設置された臨時震災救護事務局警備部は、資料6のような内容が事の真相だと官憲、新聞紙等の各方面に宣伝する、と決めた。

資料6 臨時震災救護事務局警備部「朝鮮問題に関する協定（極秘）」（9月5日）

> 第1　‥‥朝鮮人の暴行または暴行せんとしたる事例は多少ありたるも、今日は全然危険なし、しかして一般鮮人は皆 極めて平穏順良なり。朝鮮人にして混雑の際 危害を受けたるもの少数あるべきも、内地人も同様の危害を蒙りたるもの多数あり。皆 混乱の際に生じたるものにして、鮮人に対し故らに大なる迫害を加えたる事実なし。
>
> 第2　朝鮮人の暴行または暴行せんとしたる事実を極力捜査し、肯定に努むること。
> 　なお、左記事項に努むること。
> 　イ　風説を徹底的に取調べ、これを事実として出来得る限り肯定することに努むること。
> 　ロ　風説宣伝の根拠を充分に取調べること。
> 〔第3、第4、第5　内容は記載されず〕
> 第6　朝鮮人等にして、朝鮮、満州方面に悪宣伝を為すものは これを内地または上陸地において適宜、確実阻止の方法を講ずること。
> 第7　海外宣伝は特に赤化日本人および赤化鮮人が背後に暴行を煽動したる事実ありたることを宣伝するに努むること。
>
> （姜徳相・琴秉洞編『関東大震災と朝鮮人』）

【問4】 日本政府は、震災当初、朝鮮人の動向をどのように認識し、どう対処したのだろうか。資料4・6を読んで簡単にまとめてみよう。

3．朝鮮内外への朝鮮人虐殺事件の波及

　資料6でみたように、日本政府は朝鮮人虐殺の話が広がるのを止めようとしていたが、それは数日もたたずに、朝鮮でも知られるようになった（資料7）。
　当時、3・1運動につづく朝鮮内外（とりわけ間島）での独立運動の鎮圧に苦慮していた朝鮮総督府

は、この事件の朝鮮での波及を直ちに警戒した。

『東亜日報』は調査団を派遣し、朝鮮人被災者に救済金を送ろうとしたが、総督府に中止させられた。その他の新聞も、ぎりぎりの表現で震災記事を出しつづけるが、多くは差し押さえられた。総督府は、人々が虐殺の話をすることを不穏な言動とみなし、検挙や処罰の対象とした。在朝日本人のなかには、報復が自らに及ぶのを恐れて、自警団を組んだ町もあった。

朝鮮ではこうして言論統制が進んだが、朝鮮外で真相究明の動きは続いた。上海の大韓民国臨時政府は、外相趙素昂が日本政府に宛てて、朝鮮人被収容者の釈放、在住者の生死調査、虐殺者の厳重処罰を要求した（資料8）。

日本にいた朝鮮人留学生は慰問団を作り、遺家族を訪ねながら各地をめぐった。臨時政府の機関紙『独立新聞』の特派員は、こうした留学生とともに調査を行った。北京でも虐殺を知らせる小冊子が刊行された。

震災にみまわれた日本の状況は、欧米の在日外国人や外国通信社からも報道された。国際社会の注目が集まるなか、日本政府としても多くの朝鮮人が殺害された事実を取り上げないわけにはいかなくなった。すると、次のように殺害に関与した自警団員だけが検挙されるようになった。

資料7　東京を脱出した2学生
（『東亜日報』1923年9月7日。下は記事部分訳）

‥‥ 彼等は地震が起きた当時、最も危険な京橋区にいたので、当時の惨酷な光景を目撃したし、火炎中、身を避けて、あらゆる困境を経て帰ってきた。彼等は朝鮮人としては、初めて帰国した人である。‥‥

資料8　大韓民国臨時政府の日本政府宛文書

資料9　臨時震災救護事務局警備部の決定事項（1923年9月11日）

> 1、今回の変災に際し行われたる傷害事件は、司法上、これを放任するを許さず。これを糾弾するの必要なるは、閣議において決定せるところなり。
> 　然れども、情状酌量すべき点少なからざるを以て、騒擾に加わりたる全員を検挙することなく、検挙の範囲を顕著なるもののみに限定すること。
> 2、警察権に犯行の実あるものの検挙は厳正なるべきこと
>
> （姜徳相・琴秉洞編『関東大震災と朝鮮人』）

検挙されたのは「顕著な者」に限定された。それでも人々は、民衆だけが罪を問われたことに、警官にけしかけられてやったのだと憤慨した。検挙は10月下旬までつづき、その後裁判が行われた。裁判の結果、被告の大半は執行猶予とされ、実刑判決を受けた人は少なかった。

こうした結果にハワイ在住朝鮮人は、米国政府を通して抗議しようと試みた。しかし日本政府は、裁判で処罰は済んだと説明した。

こうして、震災直後に集団で躊躇^{ちゅうちょ}無く行われた殺害行為は、一転して、町ぐるみでの「タブー」となった。日本政府は、国会で責任を問われたり調査報告を求められたりしたが、明確な返答は避けた。

資料10 ハワイ在住朝鮮人の活動

震災中の朝鮮人惨殺事件を米政府に調査を請願^{せいがん}

ホノルル湾「国民会」が奮起^{ふんき}して、調査委員4名を宣伝活動

ハワイ、ホノルル湾にある国民会では去る10月24日、朝鮮同胞500余名が集り、今回、東京、横浜大震に日本人が朝鮮人を虐殺したことに対し、大会を開き ‥‥ 満場一致で調査委員4名を選定してワシントンとロンドンにある欧米委員部に通報し、米国国務省に請願して、日本で朝鮮人を虐殺した事実を充分に調査するよう決議した。

日本外務省の発表によると、虐殺した理由と数が矛盾しているし、罪を犯した朝鮮人を公判に付し、世界の疑惑を解くようにと宣誓書を発表した。

ハワイ同胞の追悼会^{ついとう}

東京震災で惨殺された同胞のため先月28日に追悼式を挙行　　　　　（『東亜日報』1923年11月29日）

【問5】 関東大震災で多くの朝鮮人の犠牲を知った各地の朝鮮人は、どのような行動をとったのか、資料7・8・10から、事例をいくつか箇条書きしてみよう。

コラム　**関東大震災で日本が受けた国際支援について考えてみよう**

関東大震災では海外から多くの救護物資や義援金を受けた。米国はフィリピンから救護物資をのせた艦船をいち早く送り、医療活動をおこなった。米国中から集められた義援金は1000万ドルを超えた。

5・4運動以後、抗日運動が続いていた中国でも、震災直後に、官民ともにさまざまな救援活動がおこった。「外交上の抗争と天災の救済とは関連のない別々の事柄である」と捉えられた。

いっぽう日本は、外国からの人的支援を謝絶した。諜報活動^{ちょうほう}を危惧^ぐしたのである。成立直後のソ連からも艦船が来日したが、社会主義運動への影響を恐れ、結局、退去を要請した。

1925年に中国から送られた死者を追悼する梵鐘^{ぼん}^{しょう}（都立横網町公園）

4. 震災後、日本の各地では

震災後、吉野作造は、各地を調査した留学生とも交流しつつ、朝鮮人虐殺問題を追究した。だが『中央公論』への論評などは発禁処分に処せられた。弁護士の布施辰治^{ふせたつじ}も責任追及を続けた。布施は、死者に口なしで朝鮮人被害者に罪をかぶせるのか、一部に暴行などを行う朝鮮人がいたために多くの朝鮮人が誤解されて殺害されたといわれているが、日本人被害者の名前も朝鮮人加害者の名前もわかっていないと訴えた。在日朝鮮人は追悼行事を行うが、すぐに解散を命じられた。次第に日本社会では、真相究明どころか、公的に犠牲者を悼^{いた}むことさえ難しくなった。

　関東一帯の各地では、地元の人々によって朝鮮人慰霊碑が建てられた。だが、戦前につくられた碑には、その経緯などは詳しく刻まれていない。朝鮮人殺害をめぐる問題は、戦後（1945年以後）、再びその惨劇を語りだした人々に触発されて、各地で問いなおされるようになった。

資料11 関東大震災朝鮮人犠牲者に対する追悼碑（墨田区・都立横網町公園内）

追悼 関東大震災朝鮮人犠牲者

　1923年9月発生した関東大震災の混乱のなかで、あやまった策動と流言蜚語のため6千余名にのぼる朝鮮人が尊い生命を奪われました。私たちは、震災50周年をむかえ、朝鮮人犠牲者を心から追悼します。この事件の真実を識ることは不幸な歴史をくりかえさず、民族差別を無くし、人権を尊重し、善隣友好と平和の大道を拓く

追悼行事で献花する人々（2018年）

礎となると信じます。思想、心情の相違を越えて、この碑の建設に寄せられた日本人の誠意と献身が、日本と朝鮮両民族の永遠の親善の力となることを期待します。

1973年9月 関東大震災朝鮮人犠牲者追悼行事実行委員会

【問6】 関東大震災の慰霊碑はどこに、どのような経緯で建てられたのだろうか。いずれかの碑について、碑文、建立者、建立年、建立の経緯についてインターネットや文献を調査し、確認してみよう（資料11の碑を取り上げてもよい）。

　戦後70年を経て、いわれなく殺された人々を追悼し、真相を究明しなければならないと、地道に掘り起こされてきた事実は多い。しかし、犠牲者の人数をはじめ、依然として未解明な点は少なくない。何よりもこの事件については、日本でも韓国でもあまりよく知られていない。震災でパニック状態の民衆による「朝鮮人騒ぎ」「殺傷問題」なのか、日本の国家責任も問われるべき「朝鮮人虐殺」「ジェノサイド」なのか、その記憶の継承のしかたが、今なお議論になっている。

資料12 東日本大震災時にSNSを通じて拡散された流言飛語について考える

　「ナイフを持った外国人窃盗団が暗躍している」。警察庁によると2011年3月11日の東日本大震災後にも外国人のデマが東北地方に広がった。

　17日には、仙台市の中学校の避難所で「中国人がやりたい放題」「救援物資を根こそぎ」とツイッターに流れた。「中国人を追い出して」「自警団が必要」といった文言も飛び交った。

　当時の校長は「なぜ‥‥」と首をひねる。避難所の4割は近くの大学の留学生など外国人だったが、水や食料は分け合い、トラブルはなかった。そもそも、漏電火災のため避難所は14日に閉鎖されていた。

　当時の教頭は「私たちは、そこにいたから事実でないと分かったが、ネットで見た人には判断がつかない。怖さをかんじた」と、現実とネット空間のギャップに戸惑った。‥‥

（『東京新聞』2013年8月1日）

【問7】 関東大震災時の経験をめぐり、どのような問題があるのか、また、この経験を省み、私たちが継承すべきことはどんなことだと思うか、資料12も参考にしながら考えてみよう。

教　材　解　説

〈教材のねらい〉

　関東大震災時、多くの朝鮮人が殺害された問題について、その概要を知り、記憶の継承のありかたについて考えたい。これを日本の問題としてだけでなく、朝鮮内外、国際的な視座からも捉えなおして、真相究明を求める人々の尽力、地域での地道な事実の掘り起こしや追悼が、今も続いていることを認識したい。災害時の国際協力や的確な情報判断について考える一助にもしたい。

〈資料の解説〉

　資料1 の作文は、琴秉洞編『朝鮮人虐殺関連児童証言史料』（関東大震災朝鮮人虐殺問題関係史料Ⅰ、緑蔭書房、1989 年）から抜粋引用した。これには横浜や東京の尋常小学校、高等小学校の震災遭難記が収められており、児童生徒が朝鮮人について強い印象を受けていたことがわかる。

　資料2 は吉野作造によるものだが、その他、竹久夢二の「自警団遊び」（『東京災難画信』1923 年 9 月19 日）、芥川龍之介による、菊池寛との会話が記された「大正十二年九月一日の大震に際して」（1923 年 9 月）や「侏儒の言葉」（同年 11 月）なども参照したい。

　資料3 は、戦後まもなく出された関東大震災についての証言集である金秉稷編『関東震災白色テロルの真相』（朝鮮民主文化団体総連盟、1947 年）に拠る。この本では、人権派弁護士の布施辰治（1880-1953）も稿を寄せ、震災時の朝鮮人虐殺の事例を、朝鮮独立問題への列強の態度と類比させて論じている（布施は 2004 年に韓国の建国勲章を日本人初で受章。彼は震災当時には朴烈・金子文子の弁護も担っている。金子は日本人 2 人目の受勲者）。なお、資料の著者である申鴻湜の体験は『関東大震災における朝鮮人虐殺の真相と実態』（朝鮮大学校、1963 年）に収められたものがより詳しく読みやすいが、紙数の関係からこちらを抜粋掲載した。

　資料4・6・8・9 は、姜徳相・琴秉洞編『関東大震災と朝鮮人』（『現代史資料 6 』みすず書房、1963 年）からの引用。関東大震災に関して初めて出された、政府・軍関係の基礎資料、当時の写真、新聞、論考（吉野作造や布施辰治らを含む）等が多数収められた本格的資料集である。資料5 は関東大震災時に虐殺された朝鮮人の遺骨を発掘し追悼する会編『風よ鳳仙花の歌をはこべ』（教育史料出版会、1992 年）からの引用である。この会は、現在は「社団法人ほうせんか」として調査や慰霊を続けている（2009 年には慰霊碑を建立）。西崎雅夫『関東大震災朝鮮人虐殺の記録　東京地区別 1100 の証言』（現代書館、2016 年）もあわせ読みたい。なお、資料11 の碑を建てた関東大震災朝鮮人犠牲者追悼行事実行委員会は、当時の都議会の各会派代表を含んで構成されていた旨付記しておく。

〈問いの意図・解答例〉

　1 の【問 1 】では、震災下で日本人が朝鮮人を殺害した事実があることを、【問 1・2 】を通して、まずは確認したい。資料1〜3 から、大地震や火災の恐怖に加えて、朝鮮人が襲ってくる、あるいは朝鮮人というだけで襲われるという人々の戦慄感を追体験したい。特に【問 2 】では、朝鮮人留学生を救おうとした日本人の存在にも気づかせたい。日頃から留学生と交流していた日本人同級生は、非常時にも流言に煽られずに行動していたことを確認したい。困難な状況下でも朝鮮人を守ろうとした、その他の日本人の事例についても調べてみたい。

　２では、震災下での治安当局者の行動を、米騒動や３・１独立運動、間島（中朝国境の北側地域）での日本軍と独立軍との戦闘の鎮圧、社会主義運動弾圧という経験や時代状況のなかで考えたい。【問３】では、流言が広がるなかで、人々の冷静な判断が難しくなっていたことを確認したい。日頃、朝鮮人に差別的言動をとっていた人（そして、それを見聞きしていた人）は、恐怖心が増幅され、流言を受容しやすかった。つまり、日常的な信頼関係構築の欠如が、集団パニックを招きかねないことについて考えたい。なお、多くの証言によれば、警察や軍人による殺害容認の発言も、各地での殺害を促す要因となっていた。【問４】では、戒厳令発令直後から日本政府が率先して全国に向け、朝鮮人を厳重に取り締まれと発信していたこと（資料４）、しかし、その前提となる朝鮮人の不穏な行動については、後日になって証拠集めを促していること（資料６）などを読み取りたい。10月に司法省は朝鮮人の犯罪に関する調査結果を発表するが、姓名不詳や所在不明などばかりで、流言内容を実証できるものではなかった（山田昭次等の一連の研究に拠る）。

　３では、震災下の日本の状況が国際的にも注目されており、上海の大韓民国臨時政府をはじめ、各地の朝鮮人が虐殺に抗議して真相究明を求めたこと（【問５】）、それに対して日本政府も対応せざるを得なくなるが、政府の責任を問う動きは例外なく押さえ込まれていったことを概観したい。

　４では、震災当時より朝鮮人犠牲者の死を悼み、真相究明を訴える動きが日本にもあったこと、それは戦時下に一時中断を余儀なくされながらも、現在も各地の人々によって真摯に続けられていることを概観したい。もっとも、公的調査の不十分さも影響し、いまなお朝鮮人犠牲者数をはじめ、わからないことが多々ある（韓国では資料11にもあるように死者約6000人という数字がよく示されるが、日本では異論も多い）。また、そもそも虐殺などなかったという主張もある（工藤美代子・加藤康男など。これに対する実証的批判としては山田昭次、鄭栄桓、加藤直樹など）。日本では、こうした主張を根拠に、朝鮮人虐殺の問題を正面から取り上げない傾向が近年強まっているが、【問６】のように、各地の碑の設立の経緯を調べたり、慰霊・調査を続けてきた人々の話をうかがったりしながら、この問題をどう認識し、何を継承すべきか考えたい。そして、【問７】では、資料12のように、近年もなお災害時にデマ情報が流されていることをもふまえ、今後の、多文化共生をめぐる課題など日常的な地域社会のありかたについて、議論を深めたい。

〈参考文献〉

加藤直樹『九月、東京の路上で　1923年関東大震災ジェノサイドの残響』ころから、2014年

関東大震災90年記念行事実行委員会編『関東大震災記憶の継承　歴史・地域・運動から現在を問う』日本経済評論社、2014年（ほか５周年ごとに出される記念行事実行委員会編の文献）

姜徳相『関東大震災・虐殺の記憶〔新版〕』青丘文化社、2003年

「特集　関東大震災時の朝鮮人虐殺」『歴史地理教育』809、2013年

西崎雅夫『証言集　関東大震災の直後　朝鮮人と日本人』筑摩書房、2018年

波多野勝・飯森明子『関東大震災と日米外交』草思社、1999年

山田昭次『関東大震災時の朝鮮人虐殺　その国家責任と民衆責任』創史社、2003年

山田昭次『関東大震災時の朝鮮人虐殺とその後　虐殺の国家責任と民衆責任』創史社、2011年

5 帝国日本はなぜ朝鮮に神社を建てたのか

┌─ 学 習 課 題 ───┐

　日本が朝鮮半島に勢力圏を確保し、日本人の朝鮮への移住が進むと、日本の神社が朝鮮各地につくられるようになった。やがて朝鮮総督府はソウル（当時日本は「京城」と呼称した）に朝鮮神宮を創立した。帝国日本はなぜ朝鮮に神社を建てたのか。在朝日本人や植民地支配下の朝鮮の人びとにとって神社とは何であったのか、考えてみよう。

└───┘

キーワード 　朝鮮総督府　朝鮮神宮　植民地における神社政策　神社参拝の強要

1. 在朝日本人にとっての神社

　朝鮮の「開港」以降、日本人の朝鮮への移住が進むと、神社が朝鮮各地につくられるようになった。在朝日本人にとって神社は日本人意識のよりどころとされた。

資料1　在朝日本人と神社

┌───┐

　日本民族が神様を崇め敬う気持ちは祖先以来の慣習である。元々、祖先が死後に天照大神となってその子孫を密かに護ってくれているという思想は、どの国の歴史でも初期に見られる現象である。わが日本のようにこの思想がはっきりしていて勢いが極めて大きい国は少ない。日本の国のあり方が正統の神様の子孫を戴いて一国を組織しており、それゆえ、祖先を祀るということは、皇室からすればその祖先を祀るわけであり、国民からすれば、皇室の祖先を祀るというわけである。

　つまり、神様を敬う風習は、同時に皇室を崇め敬う意味であり、日本が神様を敬う風習が盛んで、国民の統一それが理由で成立している。皇室の尊厳はそれ故に倍となり、国家の強く揺るぎない様はますます増すことは言うまでもない。しかしながら、日本人が遠く母国を離れて朝鮮に移住し国情や風俗が異なる天地で成長すると、知らず知らずのうちに神様を敬う気持ちを磨れて消えてしまうことも予想される。この気高く尊く立派で美しい習慣が異境のまとまりのない国情や腐敗した空気に触れて消滅してしまうことを防ごうと思えば、常に子弟に神様を敬う気持ちを盛んにして吹き込んで行かなければならない。現在のようなさまざまな誘惑がしばしば日本人青年の精神を麻痺させて、神を敬う気持ちを磨れさせ消えさせてしまう今日であればなおさらそうである。

（京城居留民団役所編『京城発達史』、意訳）

└───┘

【問1】 資料1を読んで、「韓国併合」以前の在朝日本人のためになぜ神社が建てられたのか考えてみよう。

資料2 朝鮮神宮（1925年創建）

資料3 朝鮮神宮の位置（1920年代末）

2．朝鮮神宮の創建と朝鮮の人びとの反応

　1925年の朝鮮神宮（資料2）の創建（第3章第3節の資料12参照）を画期に、神社への「信仰」は、日本人のみならず、徐々に朝鮮人にも強制されるようになっていった。それは朝鮮総督府が朝鮮植民地支配の手段として展開した政策の一つであった（神社政策）。朝鮮神宮は、「京城」（ソウル）市内の南山の山上から京城府内を一望できる位置に建てられている。資料3からもその重要性が理解できよう。

資料4 朝鮮総督が首相原敬に宛てた、「朝鮮神社」に関する機密文書

> 　韓国併合以来さまざまな官僚官吏が奮って行き渡らせ、天皇による徳治による感化を広く一般に広げるとともに、朝鮮庶民の習慣習俗も日本人への融和同化の度合いも徐々に進むようになった。しかし、未だ朝鮮全土の一般民衆が尊び崇めることのできる神社は存在しない。朝鮮の民衆の気持ちを一つにしていき、天皇に忠義を尽くし、国を愛する気持ちを深くさせる点において、残念なことである。したがって、この際、国の風俗や習慣（くにぶり）を朝鮮に移植する根本として、日本人、朝鮮人ともに尊び崇めることのできる天と地の神様を迎えて祀り、朝鮮半島の住民に永遠に自然や祖先の恩恵に報いる誠実の心を尽くさせるようにすることは、朝鮮統治上、最も差し迫って必要なことと承知していることところである。
>
> （1918年12月16日内秘第434号『公文書類聚』、意訳）

【問2】　資料2の朝鮮神宮は誰によってどのような目的で創建されたのだろうか。資料4を読んで考えてみよう。

　次の資料5は、朝鮮神宮鎮座祭において、参拝した朝鮮人の様子を見た小笠原省三の手記「朝鮮神宮を拝して内鮮両民族の将来に及ぶ」の一部である。小笠原は朝鮮の始祖である檀君合祀派の神道評論家であった。

資料5 神社創建の祭祀である鎮座祭の夜の朝鮮神宮（1925年10月15日）

　其の夜の京城の街は、併合以来無き人出であった。空には花火が揚り、奉祝行列が後から後からと続いた。それらは悉く日本人のみかと思ったら、漢城見番の鮮人[*]が10人ばかり、笛を吹いて続いていた。哀音だ。奉祝には応はしからぬ哀音である。

　夜の8時頃、セルの単衣に羽織を重ねて宿を立ち出て、表参道から参拝した。内地人^{**}も鮮人も続続と石段を上る。しかし、拝殿の前まで行くと、内地人は脱帽して拝をし、鮮人はクルリ踵を廻して帰る。予は一時間以上拝殿の前に佇立していた。しかし、唯の一人の鮮人も「参拝」した者はなかった。われわれの常識からもってすると、「参拝」とは拝礼をし祈願する事だ。鮮人は「参拝」に非ずして「参観」であることを確め得た。これは何が原因するのであらうか－朝鮮神宮は、遂に、内地人のみの神宮に終るのであらうか？

（小笠原省三編『海外神社史』上）

*朝鮮人のこと。蔑称である。　**在朝日本人のこと。

【問3】 朝鮮神宮の鎮座祭の夜、「京城」（ソウル）の在朝日本人、そして朝鮮の人びとは、朝鮮神宮に対して、どのような思いを抱いたのか、資料5から読み取ろう。

　資料6は、朝鮮神社での勧学祭において、新入児童が拝殿に納めた誓詞（誓いの言葉）の文面であり、資料7は、勧学祭における誓詞の奉納の様子である。勧学祭とは学問を勧めるための祭りであり、新入学児童が神社に誓いを納めた。

資料6 朝鮮神宮勧学祭で朝鮮人新入児童が納めた誓いの言葉

　テンオウヘイカノゴオン　ソセンフボノゴオンニヨッテ　ワタクシハ　ハジメテガツコウニ　ニフガクスルコトガ　デキマシタ　コレカラハセセイヤ　オヤノイヒツケヲマモツテ　ヨクマナビヨクツトメ　リツパナニホンジントナリ　オクニノタメニツクスコトヲ　チョウセンジングウノオホマエニ　オチカイイタシマス

（吉田貞治「朝鮮神宮の年中祭祀」『朝鮮』246）

資料7 勧学祭での誓いの言葉の奉納風景

【問4】 資料6・7から、ソウルの朝鮮人新入児童に対して朝鮮神宮で行われた勧学祭の意味について、考えてみよう。

3．戦時動員と神社——日中戦争以降の朝鮮における神社政策

　朝鮮における神社政策の歴史をみていくと、朝鮮支配の変容を見て取ることができる。1930年代中盤以降、植民地朝鮮でも戦時体制の構築が求められるようになる。国民精神総動員運動のなかで、戦争への精神的動員のために朝鮮の人びとにも「内鮮一体」が求められ、「帝国臣民」として、神社参拝が強要されるに至った。

資料8　朝鮮における神社政策関連年表

	朝鮮神宮ほか	出来事
1876		朝鮮の開港
1905		日露戦争、第2次日韓協約、「統監政治」開始
1910		「韓国併合」＝植民地支配の開始
1912	総督府予算への朝鮮神社建設調査費の計上	
1916	京城神社が神社として認可される（「神社寺院規則」）	
1917	「朝鮮神社に関する件」（朝鮮総督が首相原敬に宛てた機密文書）（資料2）	
1919		3・1独立運動
1925	官幣大社朝鮮神宮創建・鎮座	
1931	神社を利用した統合政策の開始	満州事変勃発、農村振興運動の展開
1936	神社制度改編、一道一神社設置方針 京城神社、龍頭山神社、国幣小社に列格 夏季早朝参拝開始	
1937	国民精神総動員運動、朝鮮人に神社参拝強要	日中戦争の開始、戦時動員体制開始
1940	国民総力運動により神社参拝の強要がより強まる	
1941		アジア太平洋戦争開始
1945	8.15直後から神社焼き討ち相次ぐ	日本の敗戦／朝鮮の解放

資料9　神社・神祠数の推移

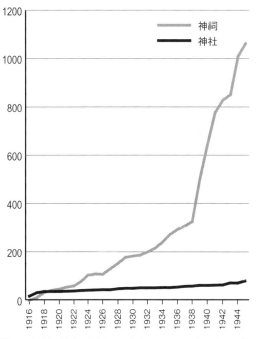

（『朝鮮総督府統計年報』各年版より作成。なお、1944年の数字は『朝鮮総督府帝国議会説明資料』10による。）

資料10　1930～40年代前半の朝鮮神宮参拝者数

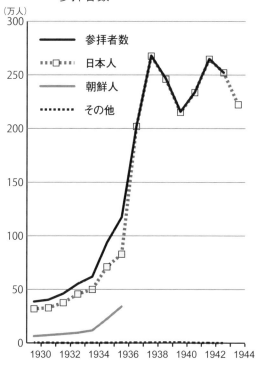

（『朝鮮神宮年報』1932～42年版より作成。なお、1944年の数字は『朝鮮総督府帝国議会説明資料』10による。1936年以降は日本人と朝鮮人の項目を統合して「日本人」として統計がとられた。）

【問5】 朝鮮において神社・神祠（簡易な神社）が増加してくる年代はいつごろだろうか。資料8・9
　　　　から読み取ってみよう。神社・神祠数の変化の要因を資料8から読み取ってみよう。資料10
　　　　から、どの年に神社参拝の対象が在朝日本人から朝鮮人にまで広がったのか読み取ってみよう。

資料11　朝鮮神宮を参拝する朝鮮の学生

資料12　培材中学生の朝鮮神宮参拝の心境

　　培材中 * 4年生のK（21歳）は、1942（昭和17）年4月24日、靖国神社臨時大祭に際し、早朝
学校職員生徒らと一緒に、朝鮮神宮に参拝した後、下宿先で「朝鮮神宮へとはあまりよい気が
しないことだが、仕方なく、平素より40分早く、下宿から出掛けた」と、日誌に朝鮮神宮参拝
の心境を書いた。Kは日誌への記載が密告され、裁判を受けることとなったが、起訴猶予となっ
た。Kの父はキリスト教長老派の牧師であった。
　　　　　　　　　　　　　　　　　　（朝鮮高等法院思想部『朝鮮に於ける不穏言論状況』、原史料をもとに構成）
＊培材中はキリスト教長老派系学校。1886年創立の朝鮮で最も古い近代教育機関である。

資料13　神社参拝への「面従腹背」

　　大戦 * 勃発以来毎月八日の「大詔奉戴日」には、夜のしらじら明け切らぬうちから隣組 ** の
旗を押し立てて神社へ出かけるが、あれも大ていは配給を貰おうがために過ぎないのであった。
出ないと配給を止められるからである。
　　「俺は、神社でいつも、日本が早く敗けるように祈るんだ」と肩を聳やかした朝鮮人さえあっ
た。　　　　　　　　　　　　　　　　　　　（中保与作「掠奪と赤色の劫火」『秘録大東亜戦史 朝鮮篇』）
＊アジア太平洋戦争のこと。
＊＊朝鮮では愛国班といった。

【問6】 朝鮮総督府による神社参拝強要に対する朝鮮人の想いを、資料11〜13から考えてみよう。

教 材 解 説

〈教材のねらい〉

　本教材案は、朝鮮に建てられた神社の朝鮮植民地支配における役割、機能の変容を理解することを通じて、帝国日本の朝鮮植民地支配の変遷を通時的に学習し、その植民地支配の意味について、日韓双方の生徒の立場から考えることをねらいとしている。なお、近代において、日本は「大日本帝国」と称し、帝国主義国になったことから、「帝国日本」という表記を使用した。

　日本の生徒には、植民地下の韓国・朝鮮の人々が神社に参拝させられることに対してどのように考えていたのかを読み取れる資料を掲載し、植民地支配をめぐる「心性」に考えを巡らせ、帝国日本の朝鮮植民地支配政策が、現在に至る韓国・朝鮮の人々に与えた影響について考える一助としたい。

　神社政策を通じて、帝国日本の朝鮮植民地支配の歴史的変遷（その画期と変容・展開）を日韓双方の生徒に理解してもらいたい。

〈資料の解説〉

　資料1では、①日本の国体は神孫をいただいて組織されているから、祖神を敬愛するということは皇室の祖先を祀ることであり、敬神の風は皇室を尊敬すること、②それが盛んになるということは国民の統一が一層十全となることであり、③在朝日本人社会において、こうした神社奉祀の習慣が消滅しないようにするためには、子弟に敬神の風を鼓吹するしかない旨が述べられている。在朝日本人のナショナルアイデンティティ消滅の危機感が読み取れる。なお『京城発達史』はソウル市史編纂委員会発行の翻訳本が存在している。韓国語版はそこから引用することが可能である。

　資料2は、李圭憲解説『写真で見る近代韓国［上］』ソウル、書文堂、1996年所収（歴史教育研究会・歴史教科書研究会編『日韓歴史共通教材　日韓交流の歴史』明石書店、2007年所収）から引用した。1925年、朝鮮総督府は日本式の神社をソウルの南山に創建した。同時に公園としてソウル市民のつどいの場としても整備された。ソウル市民にこの朝鮮神宮がどう映ったのだろうか。資料3で朝鮮神宮の京城府（ソウル）内における位置を示した（青井哲人『植民地神社と帝国日本』より作成）。

　資料4は、1925年に鎮座した朝鮮神宮の建立理由を朝鮮総督府が初めて公式的に述べた機密文書である。1917年12月、朝鮮総督長谷川好道は内閣総理大臣原敬に対して、朝鮮神社の創立を正式に願い出た。「韓国併合」（1910年8月）以来の総督政治の結果、朝鮮人の日本人への融合同化が徐々に進みつつあるにもかかわらず、未だ朝鮮全土の民衆一般に尊崇すべき神社が存在しない状況は遺憾である。日本人・朝鮮人がともに尊崇することが可能な「朝鮮全土の総鎮守」を創建し「民心の帰一」を図り、朝鮮全土の民衆に「忠君愛国の念」を深くさせ、報本反始の誠を致させることが朝鮮統治上もっとも緊要なことである。朝鮮総督府のこうした認識から朝鮮神宮創建の必要性が説かれたことが読み取れる。

　1925年10月25日、朝鮮神宮鎮座祭が執行された。資料5は、朝鮮神宮鎮座祭において、参拝した朝鮮人の様子を見た小笠原省三の手記の一部である。小笠原は朝鮮の始祖である檀君合祀派の神道評論家であった。小笠原は、拝殿前でも礼をせずに帰って行く朝鮮人参拝者の様子を「参観」に過ぎないと評して、「内地人のみの神宮に終る」のではないかという危惧を抱いていた。また、花火が揚がるなど華やいだ奉祝の風景とは対照的に奉祝行列に参加した京城見張り番の朝鮮人の吹く笛の音が

「哀音」であったとも記しており、その叙述は、朝鮮神宮が鎮座した当日の夜におけるソウルの朝鮮民衆の寂しげな心のあり様を表現している。より深く読み込むと朝鮮民衆の朝鮮神宮鎮座祭へのある種の想いがうかがえる叙述となっている。

鎮座以降毎年4月2日に行われた朝鮮神宮勧学祭では、総督府学務局長や京城府学務課長ら関係官並びに各校長の参列の中で、巻頭に神印を押捺した修身教科書を受け取った新入児童が、それぞれ担任教師か保護者に伴われて参拝し、拝殿にて修祓を受けて、石階段の前まで進み、持参した誓いの言葉（誓詞）を備え付けの缶に納めて参拝した後、お守りなどを貰って帰った。 資料6 の勧学祭の誓詞の内容は、こどもたちが学校に行けるのは、天皇と祖先父母の恩恵のおかげであり、さらに一生懸命勉強し、立派な日本人として国のために尽力することを朝鮮神宮の祭神、天照大神と明治天皇に誓わせるものであった。

資料9 から、朝鮮に建てられた神社数の推移を見ていくと、①朝鮮神宮が創建された1925年前後から第一の増加の波があること、②日中戦争以降に第二の増加の波があること、③アジア太平洋戦争開戦後に第三の波があることがわかる。また、神社数の微増を補うため、神祠数は神社よりも急激に増加していることが読み取れる。それは 資料8 の年表に示した、朝鮮総督府による3度にわたる神社政策の転換に対応する点に留意したい。その画期は以下のとおりである。

第0期　　　在朝日本人奉斎神社建設の時期（1876～1910年）
第1期　　　「国家祭祀」の整備過程（1910～1920年代中半）
第2期　　　「国民儀礼」としての神社参拝の整備過程（1920年代中半～1930年中半）
第3期　　　「国民儀礼」の強要過程（1930年代中半～1945年）

以上に示した第1～3期は、ちょうど日本の朝鮮統治政策の転換（1910年代「武断政治」期、1920年代～1930年代前半「文化政治」期、1930年代後半以降「大陸兵站基地化」政策期（ないしは「皇民化」政策期）にほぼ対応している。

資料10 より、1930～1940年代前半における朝鮮神宮の参拝者数が1930年代後半以降、増加していることを読み取って欲しい。それが戦争や皇民化政策（「内鮮一体」）の影響からであることを 資料8 の年表に示した政策の転換と合わせて考えてほしい。なお、1937年に日本人と朝鮮人の参拝者数を区別しなくなったことから、日本人も朝鮮人も共に「帝国臣民」であるとする「内鮮一体」化の政策が神社参拝者数のカウントにまで及んでいることを理解してほしい。

戦時期の朝鮮においては、個人の思想・信条までを地域（愛国班）と職域（仕奉隊／学校）から二重に組織化する「国民運動」の一環として、朝鮮民衆全体に神社参拝が強制されていった。神社参拝しない者には配給を割り当てないとし、愛国班単位で朝鮮民衆を戦争協力にむりやり駆り立てる精神動員政策としての神社参拝強要は、形式的には貫徹したようにみえるが、朝鮮民衆の心までは支配することができなかった。 資料11 は、朝鮮神宮に対する学校単位で行われた朝鮮人学生への参拝強制の風景である。 資料12 は、植民地権力に対する朝鮮民衆の「面従腹背」の典型的な事例を示した記録である。 資料13 は、朝鮮神宮に参拝したキリスト教徒の中学生の心境を示したものである。これらの資料から、同世代の青年の参拝への心境を推し量るとともに、「国家神道」と対立したキリスト教者の心情をも理解させたい。

〈問いの意図・解答例〉

【問1】日本人が神様を祀ることは祖先以来の慣習である。日本では神様すなわち皇室の祖先であ

る天照大神を祀ることが盛んであり、それは国民の統一を理由として成立する。しかし、在朝日本人が移住した朝鮮半島は国情や風俗が日本と異なるため、在朝日本人も知らず知らずのうちに神様を敬う気持ちが薄れて消えてしまうかもしれない。あるいは朝鮮半島におけるさまざまな誘惑が在朝日本人青年の精神を麻痺させて、神を敬う気持ちを無くしてしまうかもしれない。こうした在朝日本人のナショナルアイデンティティ消滅の危機を防ぎ、在朝日本人子弟に皇室の祖先たる神様を敬う気持ちを鼓吹するために、在朝日本人は朝鮮半島に神社を建立しはじめた。

【問2】朝鮮総督長谷川好道は原敬首相に対して、朝鮮における神社の創立を求めた。1910年の「韓国併合」以来、官僚の統治を通じて、朝鮮庶民の習慣・習俗も日本人に融け込み、「同化」していく度合いも徐々に進んでいる。しかし、未だに朝鮮半島全域に居住する一般の人々が敬うことのできる神社は存在しない。朝鮮の人々の気持ちを一つにして、天皇に忠義を尽くし、愛国心を深くさせることを考えると残念なことである。日本の風俗・習慣を朝鮮に移植する根本として神社を建て、朝鮮半島の住民に参拝させることで、永遠に自然や祖先の恩恵に報いる誠実の心を尽くさせることは、朝鮮統治上最も差し迫って必要なことである。長谷川総督は朝鮮統治上必要な施設として、原首相に朝鮮人の日本人への同化のための神社建立を求め、朝鮮神社（神宮）は創立されることとなった。

【問3】 1925年10月の朝鮮神宮鎮座祭では、日本人だけではなく、朝鮮人も朝鮮神宮の「参拝」を行っていた。小笠原省三は、拝殿の前で1時間たって、その「参拝」の様子を眺めていた。朝鮮人「参拝」者は、拝殿の前まで行くとクルリと踵を廻して帰っている様を見て、朝鮮人「参拝」者は、拝殿で拝礼し、祈願をしないので、朝鮮神宮を「参拝」しているとは言えない。朝鮮神宮「参観」にとどまっている。小笠原は、朝鮮人には神社信仰を理解できないまま、日本人（内地人）のためだけの朝鮮神宮に終わるのかと朝鮮人の神社信仰への無理解を嘆いた。韓国・朝鮮の人々からみれば、日本の神社信仰を理解することは全くもって難しいことであった。そうした状況を見て、小笠原は、朝鮮神宮が、朝鮮人の日本人への「同化」を促す役割を果たすことが出来ないのではないかと嘆いたと考えられよう。

【問4】朝鮮人の日本人への「同化」を促す政策は、まずは朝鮮人児童に対して行われた。朝鮮神宮の勧学祭に参列した京城（ソウル）在住の新入児童は、天皇や親のご恩により普通学校（小学校）に入学できたことに感謝すると同時に、先生や親の言いつけをよくきき、よく学びよく努め、立派な日本人になることを朝鮮神宮の前で誓うと書かれた誓詞を朝鮮神宮に奉納した。誓詞に書かれた「立派な日本人」になることとする文言が、朝鮮総督府学務局による朝鮮人児童への教育方針をよく示している。朝鮮神宮の勧学祭は、朝鮮人児童に「立派な日本人」になることを誓わせた神事であった。

【問5】資料9のグラフから、1938年以降1944年まで、朝鮮半島の神祠数が急激に増加していることが読み取れる。資料8の年表では、1936年に神社制度が改編された翌年の1937年には日中戦争が始まり、国民精神総動員運動によって、朝鮮人に神社参拝が強要されたことがわかる。戦争動員政策の遂行に必要とされた施設として、1930年代後半以降、神祠は急増することとなった。なお、神社についても、1936年の神社制度改編により、官幣大社朝鮮神宮以外に、龍頭山神社（釜山）と仁川神社に国幣小社の社格が与えられ、以後、社格を持つ神社が次第に増加していくこととなった。資料10のグラフにおいて、1937年以降、前年まで日本人朝鮮人別に示されていた朝鮮神宮参拝者数は、朝鮮人の項目を日本人の項目に統合して、日本人のみの参拝者数が示されることとなったが、これは朝鮮人を「血も肉も日本人」（南次郎総督）とする「内鮮一体」政策を神社政策に反映させた統計上の変化である。1936年に日本人、朝鮮人ともに朝鮮神宮参拝者数は急激に増加したことから、この時

期以降に、在朝日本人だけでなく、朝鮮人全体に神社参拝の対象がひろげられたことが読み取れる。

【問6】資料11に見られるように、朝鮮神宮に参拝した朝鮮の人々の心の中は複雑であった。資料12の中学生は日記に「朝鮮神宮へとはあまりよい気はしない」と記したことを何者かに密告され、裁判をうけることとなった。資料13からは、神社で日本が早く敗けるように参拝し祈願した朝鮮人の存在や配給をもらうために仕方なしに神社を参拝した朝鮮の人たちの存在を明らかにしている。朝鮮人は「国民儀礼」として神社参拝を強要されたが、神社信仰をともなったものではなく、心の中まで「支配」されたわけではなかった。これらの資料から韓国・朝鮮の人々の「面従腹背」の心性を読み取ることができよう。

〈参考文献〉

青井哲人『植民地神社と帝国日本』吉川弘文館、2005年

青野正明『帝国神道の形成―植民地朝鮮と国家神道の論理』岩波書店、2015年

菅浩二『日本統治下の海外神社』弘文堂、2004年

樋浦郷子『神社・学校・植民地―逆機能する朝鮮支配』京都大学学術出版会、2013年

山口公一「植民地朝鮮における『国家祭祀』の整備過程」」君島和彦編『近代の日本と朝鮮』東京堂出版、2014年

山口公一「植民地朝鮮における神社政策―1930年代を中心に」『歴史評論』635、2003年

6 朝鮮人は日本の戦争にどのように動員されたか

【学 習 課 題】

日中戦争・アジア太平洋戦争の時代、当時の日本の全支配領域において、多くの朝鮮人が日本の企業や日本軍での労役を強いられた。ここでは、日本政府が計画的に日本内地に朝鮮人を労働者として動員した理由と状況、日本軍に使われた人々が直面した問題について理解を深めよう。

【キーワード】 戦時動員　徴用工　朝鮮人日本兵　朝鮮人 BC 級戦犯

1．日本人に対する戦時動員

　1931 年 9 月 18 日、日本は中国東北部（満州）に侵略した（「満州事変」）。1937 年 7 月 7 日、日本と中国の戦争（「日中戦争」）が始まると、日本兵の死傷者は急増した（満州事変では約 6 千名、日中戦争は開戦から 1941 年までに約 51 万人）。資料 1 は、1935 年に満州の任地に向かう静岡歩兵 34 連隊の写真、資料 2 は、日中戦争が始まった後に同じ場所で撮影された写真である。

資料1	**資料2a**	**資料2b** 部分

【問 1】 資料 2 に写っている、帰路につく行列の人々が抱えている白い箱は何だろうか。

　日中戦争により出征する兵士が急増したため（日本の兵力は 1936 年約 51 万人だったが 1938 年には約 116 万人）、日本は労働力不足となった。日本政府は 1938 年 4 月、戦争のためならば国会の承認なしに、政府が自由に国家の人的・物的資源を用いることを可能とする国家総動員法を公布し、1939 年 7 月にはそれに基づき勅令として国民徴用令を出した。

　1941 年 12 月 8 日、アジア太平洋戦争が始まり、日本の兵力・労働力不足はさらに深刻化した。1943 年 10 月からはそれまで徴兵を猶予されていた大学生らも戦場に送られた（資料 3）。中等学校以上の生徒・学生や、未婚女性も軍需工場に動員された（資料 4）。1945 年 4 月、米軍が沖縄に上陸すると、沖縄の中等学生は「鉄血勤皇隊員」（資料 5）として戦場に動員された。1945 年には日本軍の兵力は 719 万人に達した。

資料3　学徒出陣

資料4　女子挺身隊

資料5　鉄血勤皇隊員と米兵

【問2】 1939年から、日本政府は計画的に朝鮮人を日本内地などに労働者として動員するようになった。その理由を、これまでの記述や資料3〜5より考えてみよう。

2. 日本の炭鉱で働く朝鮮人労働者の状況

　日本政府は計画的に朝鮮人を日本内地に動員する一方、当時は生活苦からの出稼ぎ等のため自ら日本に渡航する朝鮮人も多数存在した。1939年、日本政府による動員数は38,700人だが、日本内地に渡航した朝鮮人は合計326,114人にものぼった。にも関わらず、どうして日本政府は日本内地への計画的な動員をする必要があったのだろうか。

　計画的に動員された朝鮮人の多くは炭鉱に送られた。1939年以前から、日本の炭鉱で働いていた朝鮮人労働者の状況を資料6からとらえてみよう。

資料6　九州の赤坂炭鉱で働いた黄学成（ファンハクソン）の回想

　1928年から赤坂炭鉱で働いた。朝5時に入坑し、昇坑が夜10時ということも珍しくなかった。二交替制で、納屋の空いた万年床の布団に誰かが潜り込んで寝るので布団は真っ黒だった。検炭係がボタ（石炭として使えない粗悪な石炭や石）の量を実際より多く検査して実質的な質下げをした。賃金は普通の店より高い炭鉱の売店でしか使えない炭鉱発行の紙幣の場合もあり、現金に換えると手数料を取られた。朝鮮人は危険なところで働かされ、日本人より低賃金で景気が悪くなるとすぐクビになった。労働災害があっても朝鮮人には補償が適用されず、これは大変な差別だった。1934年にガス爆発があり、20数名が死傷したが大部分は朝鮮人だった。炭鉱側が坑内に生存者がいるのに密閉してしまったので、全員入坑を拒否したこともあった。

（林えいだい『消された朝鮮人強制連行の記録』をもとに作成）

＊赤坂炭鉱を含む麻生鉱業の、1927年から10年間のガス爆発や火災による大きな事故での死亡者数は、120人を超えていた。落盤などの小さな事故による死亡者を加えればその数倍の死者が出ていたと推定される。（竹内康人『調査・朝鮮人強制労働①炭鉱編』）

資料7　「たのむぞ石炭」

【問３】 赤坂炭鉱の労働環境や、職場での朝鮮人の立場はどのようなものであったか、資料６より考えてみよう。

【問４】 労働条件が劣悪で人手が集まりにくかった炭鉱に、戦時中、日本政府が計画的に多くの朝鮮人を動員した理由を、資料７の日本兵が叫んでいる言葉から考えてみよう。

３．日本政府の計画による朝鮮人の動員

　当時のエネルギーの供給源で戦争遂行に不可欠だった炭鉱の労働力不足を補うため、1939年から日本政府は計画的に朝鮮人を日本内地に動員した。当初はその約７割が劣悪な労働環境にある炭鉱に動員された。

　朝鮮人の動員は日本の戦局悪化にともない、２度強化された。当初は、朝鮮人労働者の雇用を望む事業主が、政府の書類審査に基づく許可によって朝鮮で労働者を募集した（「募集」）。次に、1942年からは事業主の雇用する職員とともに警察や「面」（行政区としての村）の役人が地域を訪れ、労働者を確保するようになった（「官斡旋」）。さらに1944年からは日本内地ですでに施行されていた国民徴用令が朝鮮半島にも適用され、拒否すれば国家総動員法によって懲役や罰金に処せられた（「徴用」）。

　「募集」「官斡旋」「徴用」により、日本政府は計約70万人の朝鮮人労働者を日本内地に動員した。しだいに軍需産業の工場などでも人手不足となり、炭鉱以外に動員される朝鮮人の割合も増えていった。これらすべてを韓国では「徴用工」とよぶことが多い。

　多くの朝鮮人が日本内地などに動員された結果、すでに「官斡旋」の時期においても様々な問題が生じた。資料８・９を読んでみよう。

資料８　九州の中鶴炭鉱に動員された趙永熙の回想

　1943年、面事務所から出頭命令が来た。日本の炭鉱へ行く徴用隊として、登録されているから行けといわれた。100人強制連行するのに２人不足しているので、募集係は何とかして集めなければならない。「日本帝国のために日本の炭鉱に行かなくてはならない。これは天皇陛下の命令だ！」と面長からいきなりいわれた。特高まで出て来て徴用は軍隊の召集令状と同じだという。「行く理由はない」と突っぱねると、「行かないなら命令違反で刑務所にぶち込む。２年の契約だからわずかの辛抱だ」。そのまま警察署の留置所に入れられてしまった。

　炭鉱（大正鉱業所中鶴炭鉱）では石炭増産が叫ばれていたが、どうしても人手不足、資材不足から保安が置きざりになり、毎日のように誰かが事故死した。肺ジストマ（※寄生虫の一種）になると強制送還されると聞き、ちょうど血痰が出て医師から肺ジストマと診断されたので喜んで労務係に帰国を申し出たが、「お前は今の時代を何だと考えるか。戦地の兵隊さんのことを思え。血痰があったくらいで帰らせてくれとは何事か」といわれただめだった。監視員は脱走者が出ると近くの駅に行って見つけ、見せしめのため全部の寮を連れまわって木刀で叩いた。叩かれた者は半殺しになった。　　　　　　　　　　　（『消された朝鮮人強制連行の記録』をもとに作成）

資料９　朝鮮に出張した内務省嘱託 小暮泰用の内務省管理局長宛報告（1944年７月）

　動員された労働者の家族への送金は、逃走防止策としての貯金の半強制的実施および払出の事

実上の禁止等があって十分になされず、労務送出は家計収入の停止となるのであり、まして作業中不具廃疾となって帰還する場合においては、その家庭にとっては一家の破滅ともなる。私が今回旅行中、金本奎東（23才）なるものが1943年北海道へ官の斡旋により渡航した家庭を直接訪問して調査したところ、渡航した後すでに1年近くになっても送金もなければ音信もない。家に残された今年63歳の老母一人が病気と生活難によりほとんど瀕死の状態に陥っている実情を目撃した。このような実情はこの義城のみならず西鮮（朝鮮西部）、北鮮（朝鮮北部）地方に極めて多い。朝鮮内の労務給源は非常に切迫を告げている。頭数だけを考えれば動員は可能であるが、女性のみが残る状態となり、食糧増産上多大なる影響を及ぼすものとして憂慮される。労務動員の実情については拉致同様な状態である。それはもし事前においてこれを知らせれば皆逃亡するからである。そこで夜襲、誘出、その他各種の方策を講じて人質的略奪拉致の事例が多くなる。

（水野直樹編『戦時期植民地統治資料』7所収資料をもとに作成）

*1944年7月は「官斡旋」の時期であった。

【問5】 日本政府の計画による朝鮮人の動員によって、具体的にどのような問題が生じたのだろうか。資料8・9から読み取ってみよう。

4．朝鮮人が日本軍の兵士や軍属に

日本の戦況が悪化すると朝鮮人も日本兵として動員された。1938年から志願兵の募集が始まり、1943年からは学徒からの募集が、1944年からは徴兵が実施された。これに伴い、日本に対する愛国心を高めるための皇民化政策も強化されたが（資料10・11）、日本兵を志願した朝鮮人は実際にはどのような理由で志願したのだろう。一例ではあるが、資料12を読んでみよう。

資料10 平壌神社に参拝する朝鮮人の陸軍兵志願者

資料11 陸軍志願を余儀なくされた李恩徽の壮行旗

1944年戦死。右は李の妻が夫の身代わりとして大切に保管していた壮行旗。旗に記された創氏された氏（宮本）に注目しよう。

資料12 日本大学の学生だったが志願して日本兵となった慎宜鉢の回想

1943年暮れのある朝、飯を食っていたら小磯国昭朝鮮総督のラジオ放送があった。それを聞いてあんまり驚いて思わず箸を落としちゃった。小磯は学徒兵が志願しなければ朝鮮人の運命はどうなるか責任が持てないと恫喝したんです。だから泣く泣く兵隊に行ったんです。だけど日本

の軍人になるなんて無理な話でしたよ。大学ではわれわれ朝鮮人を「野蛮人」と言う教師がいた。くやし涙がこぼれてノートに沁み込んでノートをとることができない時もありました。下宿も朝鮮人や台湾人には貸さないと追い立てられた。でも小磯が頭にくることを言うので、なら朝鮮人のために死んでやろう、われわれが死んでいけば朝鮮人をいじめないだろうという気持ちになった。後に残ったわれわれの民族が幸せになるならば死ぬ意味があるんじゃないか、そうとでも思わなければ死にきれない。日本のためとか天皇陛下バンザイなんて、とてもじゃないけれども言えませんよ。

（内海愛子『朝鮮人〈皇軍〉兵士たちの戦争』をもとに作成）

【問6】慎宜鈇（シンウィス）はどのような理由で日本兵を志願したのだろうか。資料12から考えてみよう。

　日本陸軍の軍属（軍に勤務する軍人以外の者）として捕虜の監視にあたった朝鮮人の中には、捕虜に暴力をふるい戦後連合国に逮捕された人もいた。その例として資料13を読んでみよう。

資料13　連合軍に逮捕された金完根（キムワンクン）

　1942年2〜3月、日本軍はシンガポール・ジャワを占領し25万人以上の連合国側の捕虜を収容したが、すでに日本の兵力不足は深刻化していた。陸軍省はまだ徴兵制が実施されていなかった朝鮮人・台湾人を捕虜の監視にあてることを決定した。金完根（1922年、全羅北道出身）は1942年6月、里長（集落の長）から名指しで、捕虜の監視をする軍属の募集に応じるように言われた。両親は長男だからとの理由で断ったが、日本人巡査は拒否するならこの家の配給を切ると言い、キム（金完根）はしかたなく「志願」した。朝鮮人についてはキムら、3016人が採用された。

　キムらは捕虜監視の任に就くため2ヵ月間訓練を受けた。しかし捕虜取扱いの国際条約はまったく教えられず、「尽忠報国」の精神で上官の命令に従うことを叩き込まれた。上官の下帯を洗わなかった等の理由で殴られることが何度もあった。

　1942年10月、キムらは太平洋戦争で日本軍がオランダから奪ったインドネシアに開設されたジャワ俘虜収容所に送られた。1943年5月からピッツ少佐が指揮するイギリス・オランダ将兵など2070名の捕虜をつれ、インドネシア東部のハルク島での飛行場建設に従事した。重労働だった。炎暑、寒暖の差、大雨、蚊の襲来に悩まされ、宿舎・食糧・衣類・靴・医薬品は不足していた。赤痢などで394名（捕虜の約19%）が死亡した。日本人上官から常に殴られてきた朝鮮人監視員たちも、命令に服従させるため、捕虜に対して暴力を振るったこともあった。キムはピッツ少佐を殴打した。戦後、キムは祖国解放に沸くジャカルタの朝鮮人民会にいたところをピッツに確認され、戦犯容疑者として逮捕され、連合国軍の裁判を受けた。

（内海愛子『キムはなぜ裁かれたのか　朝鮮人BC級戦犯の軌跡』をもとに作成）

【問7】資料13の金完根は、連合国の裁判によってどうなったのだろうか。下のa〜dの選択肢から一つを選び、選んだ理由をお互い話し合ってみよう。

選択肢　a. 無罪となり釈放された。裁判では責任は日本軍の上官にあるとされた。

b. 有罪となり刑に服した後、日本政府から日本人の元軍属に支給される補償を受けた。

c. 有罪となり刑に服した後、日本の植民地支配の被害者として韓国政府からの援助を受けた。

d. その他

教 材 解 説

〈教材のねらい〉

　日中戦争・アジア太平洋戦争遂行のため当時の日本の全支配領域で数百万人といわれる朝鮮人が動員された。ここではその背景、日本内地への労務動員、朝鮮人 BC 級戦犯の問題に絞り、なるべく具体的に生徒に理解させることをめざした。まず背景を理解させるため、戦局の悪化にともない日本人に対する動員が拡大したことを示した。そして日本内地への日本政府の計画的な朝鮮人動員は、主に労働条件が劣悪であったにもかかわらず、戦争に不可欠なエネルギーの供給源であった炭鉱での労働者不足を補うため、半ば強制的に実施されたことを資料を読み解くことで確認できるようにした。

　これらの認識は近年も見られる戦時動員に関する議論を深く考える手がかりにもなろう。さらに植民地支配の影響を清算できない例として、朝鮮人 BC 級戦犯の問題を取り上げた。

〈資料の解説〉

　資料1・2は 1937 年の日中戦争開始により日本の戦死者が急増したことを、象徴的に示す写真である。資料1は 1935 年、満州に向けて兵営を発つ静岡歩兵 34 連隊の初年兵である。日中戦争が始まると、この連隊は激戦となった上海に派遣され死傷率は 9 割に達した。資料2の行列は 1937 年、慰霊祭を終えて営門に向かう戦死した兵士の遺族たちである（鳥海靖監修『日本史写真集 第Ⅲ期近現代編』 No. 39 解説、山川出版社 1989 年）。なお 156 頁の満州事変・日中戦争の死傷者数は、総務省統計局監修『日本長期統計総覧第 5 巻』（日本統計協会、1988 年）、1936・1938・1945 年の日本の兵力数は、東洋経済新報社編『完結昭和国勢総覧 第 3 巻』（東洋経済新報社、1991 年）による。

　資料3～5はアジア太平洋戦争により日本人の戦時動員が拡大されたことを示す写真である。以下、資料3～5についての人数等の数値は『日本歴史大事典』（小学館、2000 年）による。1941 年から中等学校（現在の中学 1 年から高校 2 年位にあたる）以上の生徒・学生は、ときおり軍需工場等へ動員されていたが、1944 年度から 1 年間通して動員されることとなり、中等学校での動員率は約 84％に達した（「学徒勤労動員」）。資料3は、1943 年法文系学生に対する徴兵の猶予は中止され、推定 10 数万人が戦場に向かった「学徒出陣」の写真である。資料4は、1944 年から学徒・既婚者を除く 14 歳から 40 歳までの女性を軍需工場などに動員する「女子挺身隊」の様子である。隊員数は推計約 47 万人である。国民徴用令などによる被徴用者数は、敗戦時には約 616 万人に上った。資料5は、沖縄戦において、守備隊が中等学校生徒の戦場への動員について沖縄県と協議して各学校に学徒隊を編成させ、男子生徒約 1800 人が戦闘などにも用いられ、890 人が死亡した「鉄血勤皇隊」（下級生は「通信隊」）の写真である。

　資料6は、当時の炭鉱の労働条件が劣悪だったことを示す資料である。なお、157 頁の 1939 年の朝鮮人動員数、日本内地への渡航者数は、山田昭次ほか著『朝鮮人戦時労働動員』（岩波書店、2005 年）による。以下、日本内地で働いた朝鮮人労働者の流れを略述する。韓国併合後、朝鮮総督府がおこなった土地調査事業などによる農民の困窮化などにより、多くの朝鮮人が生活苦から逃れようと労働者の賃金が割高だった日本内地に移動せざるをえなかった。しかし、日本政府は日本人の失業を阻止し、日朝の民族間の葛藤の激化を避けるため、朝鮮人の渡航を厳しく管理した。それは次第に強化され、1934 年には朝鮮人の渡航を制限した（1942 年日本の戦局が悪化し、日本内地の労働力不足が深刻化す

ると撤廃)。その中で縁故を頼って日本に渡航した朝鮮人の場合、多くは工場に勤務し、炭鉱は労働条件が劣悪だったため勤務する者の割合は少なかった。例えば1939年9月〜1940年8月に、縁故募集に応じ渡日した朝鮮人労働者で、炭鉱などの鉱山に就業した者は7.8%であり、74.0%が工場に就業した（山田ほか『朝鮮人戦時労働動員』）。さらに日本内地では1930年代半ばから軍拡で重化学工業が発達し、その工場での労働力需要が増えたため、就業の選択が可能な朝鮮人労働者はそちらに吸収され、炭鉱では労働力不足が生じた。

　資料7は、石炭が戦争に不可欠な物資であることを示すものである（国立国会図書館所蔵）。日中戦争による労働力不足を補うため、日本政府は1939年から朝鮮半島で初めて労務動員計画による労働者の「募集」を始めた。1939年9月から1940年8月までの累計ではそのうちの68.0%が炭鉱に動員された（山田ほか『朝鮮人戦時労働動員』）。

　資料8は『消された朝鮮人強制連行の記録』（明石書店、2012年）をもとにした。資料9は水野直樹編『戦時期植民地統治資料』7（柏書房、1998年）をもとにした。資料8・9からは、日本政府が動員の方法を「官斡旋」とした時期の朝鮮人労働者の動員のされ方がわかる。これらの資料（特に資料9は日本政府内部の資料）からは、法的な強制力のない「官斡旋」の時期においても様々な問題が生じていたことがわかる（下記【問5】解説参照）。1944年からは法的な強制力のある「徴用」も行われ、計画的に日本内地に動員された朝鮮人は計約80万人に達した（内務省警保局関係資料など）。工場でも人手不足が深刻化したため炭鉱以外の労働現場への動員も増えたが、それでも全体の47.8%が炭鉱に動員された（山田ほか『朝鮮人戦時労働動員』）。なお韓国においては、日本政府の労務動員計画に基づく「募集」・「官斡旋」・「徴用」を、全て「徴用」と呼ぶ場合が多い。資料8にもそれが見られる。

　資料10は神社に参拝する朝鮮人の陸軍志願者である。資料11は陸軍志願者の壮行旗である。旗には日本式の創氏名が記されており、皇民化政策下で志願兵の募集がなされたことがわかる。

　資料12は学生であった慎宜鈇の回想である（内海愛子『朝鮮人〈皇軍〉兵士たちの戦争』岩波書店、1991年をもとにした）。朝鮮人の一般的な志願理由は、役人などの有力者による強制的な勧誘や、貧困から職を求めて、宣伝などに促されて等であった。また、積極的な志願により日本人からの差別の克服を目指す場合もあった。日本軍の朝鮮人兵士・軍属の総数や死亡数は不明だが、日本の厚生省のある調査によれば敗戦時に兵士・軍属として動員されていた朝鮮人は約36万4千人で、そのうち約2万2千人が死亡、約22万人が復員、残りの約12万2千人は生死不明であるという（糟谷憲一ほか著『朝鮮現代史』山川出版社、2016年）。

　資料13は、BC級戦犯となった朝鮮人軍属の金完根の生涯を追った研究からの引用である（内海愛子著『キムはなぜ裁かれたのか 朝鮮人BC級戦犯の軌跡』朝日新聞出版、2008年をもとにした。以下の解説も同著によるものである）。「生きて捕囚の辱めを受けず」（「戦陣訓」）という捕虜観をもっていた日本軍は、捕虜の処遇を定めた「ジュネーブ条約」（日本は批准しなかった）を準用すると連合国に伝えていたにもかかわらず、十分な食料や医薬品がないまま連合国軍の捕虜に重労働を強いた。連合国は何度も抗議したが、ドイツ・イタリアの捕虜となったアメリカ・イギリス兵士の死亡率が約4%であったのに対し、日本の捕虜になったアメリカや英連邦（イギリス、オーストラリア、カナダなど）兵士の死亡率は約27%に達した。捕虜監視を務めた朝鮮人は捕虜の惨状をよく知っていたが、権限のない最末端の軍属にどうすることもできなかった。しかし捕虜虐待は日本も批准していた「ハーグ条約」などに規定された戦争犯罪であり、虐待をおこなった個人の責任も追及され、裁判に付せられ処罰されることが連合国間で認められていた。ポツダム宣言には捕虜虐待に対する厳しい姿勢が盛り込まれた。

戦後、連合国の裁判により、朝鮮人捕虜監視員のうち129名が有罪となり、14名が死刑に処せられた。BC級戦犯とは、こうした捕虜監視員を含む、第2次世界大戦の特定地域で「通例の戦争犯罪」を行った日本人（朝鮮人・台湾人を含む）に対する呼称である（住吉雄幸ほか編『東京裁判ハンドブック』青木書店、1989年）。

　キム（金完根）は有罪となり10年の懲役を科せられ、シンガポールの刑務所さらに日本の巣鴨刑務所（スガモ・プリズン）で1952年まで服役した。その間、家族は窮し仲間の妻は自殺した。また1952年サンフランシスコ平和条約発効により、キムらは自らの意志に関係なく、日本国籍を剥奪された。日本政府は1953年、元軍属や戦犯にも恩給を支給する軍人恩給を復活させたが「国籍条項」があり、朝鮮人・台湾人は対象外だった。1965年に日韓基本条約が調印されると請求権問題は「完全かつ最終的に解決された」とされ、日本政府は韓国人・朝鮮人元戦犯との交渉に応じなくなった。

　1991年に元戦犯7人が日本の裁判所に謝罪と補償を求めて提訴した。しかし1998年最高裁は国会に早期の立法措置を促したものの、上告を棄却した。戦後、在日韓国人の団体は彼らを戦争協力者とみなしていた。出所後、日本で働いていたキムは、国交回復後、韓国の故郷を訪ねたが、自分たちが、「親日派」とされていることを知り、打ちのめされて日本に戻った。韓国政府も積極的な関心を示さなかったが、2006年になって、彼らを強制連行の犠牲者と認定した。

　なお、資料13では、「キム」を朝鮮人戦犯148人、なかでも捕虜収容所監視員129人を象徴する名前として、固有名であると同時に、朝鮮人を表象する一般名詞として扱った。それは原著者の内海愛子もいうように、そこからいまなお日本に生きなければならない朝鮮人の苦悩、日本の戦争がアジアの人たちに強いた人生を考えることが大事であると考えるためである（内海『キムはなぜ裁かれたのか』8頁）。

〈問いの意図・解答例〉
　【問1】では、戦死した兵士の骨箱だと判断させたい。【問2】では、朝鮮人を労働者として日本内地に動員したのは、日本兵の増加により日本内地の労働力が不足したからであり、朝鮮人を日本兵として徴兵したのは日本の戦局が悪化して日本兵が不足したからであると考えさせたい。【問3】は、労働条件が劣悪で生命の危険が伴い、朝鮮人は差別されていた。【問4】は、炭鉱は当時戦争遂行に不可欠なエネルギー源であったからである。

　【問5】では、「官斡旋」の時期でも強制連行といわざるをえない実態があったことのほか、資料9からは動員先でも暴力により移動の自由が奪われたことを理解させたい。にもかかわらず動員先から逃亡した朝鮮人も多く、1943年末において32.4％に達した（外村『朝鮮人強制連行』）。日本内地の朝鮮人集住地域の存在がそれを可能にした。資料10からは、すでに朝鮮の農村でも農繁期においては労働力が不足していたこと、働き盛りの男性を奪われ、逃走防止策としての半強制的な貯金などにより朝鮮半島に残された家族が困窮に陥ったことがわかる。【問6】は、日本のためではなく、差別され脅迫されている朝鮮民族を助けるためである。

　【問7】の答えは「d. その他」。金完根は有罪となり、その後日本政府の補償も韓国政府の援助も受けられず、2012年日本で死去した。加えて、生徒にそれぞれの国民の多数が自国政府による金らの救済に積極的に同意するかを問えば、植民地支配が終了したその後も、いかに個人にも理不尽な影響をもたらすかが理解できよう。

〈参考文献〉

外村大『朝鮮人強制連行』岩波書店、2012年

西成田豊『労働力動員と強制連行』山川出版社、2009年

樋口雄一『戦時下朝鮮の民衆と徴兵』総和社、2001年

水野直樹ほか編『図録植民地朝鮮に生きる』岩波書店、2012年

山田昭次・古庄正・樋口雄一『朝鮮人戦時労働動員』岩波書店、2005年

7 敗戦・解放後の新しい社会づくりはどのように進められたか

学習課題

　日本では、一般に8月15日を「終戦」記念日と呼んでいる。この日は、昭和天皇の肉声を通じて日本の降伏が国民へ伝えられた日として記憶されている。一方、韓国では8月15日を「光復」節と定め、植民地支配からの解放を祝う日としている。当時の人々は、1945年8月15日をいかに受け止め、新しい社会づくりをどのように進めていったのだろうか。

キーワード ポツダム宣言　冷戦　南北分断　占領　憲法

1．敗戦・解放へ至る過程

　連合国は第2次世界大戦を有利に展開させるなか、1943年に対日方針を定めたカイロ宣言を発表した。その後、1945年2月には米英ソ3国の首脳はヤルタで会談し、ドイツの処遇などの戦後処理の方針を定めるとともに、「ドイツが降伏しヨーロッパにおける戦争が終結したのち、2ないし3カ月後」にソ連が対日参戦することを密約した。

　そして1945年7月、連合国はポツダム宣言を発して日本に降伏を迫った。原爆投下やソ連軍の参戦をうけ、日本政府は8月10日にポツダム宣言受諾の方針を伝えた。その情報は瞬く間に各地に広がり、抗日戦が展開されていた重慶では11日付新聞がそれを伝え、歓喜にわく人々の姿がみられた。

資料1 日本の降伏過程

年月日	事項
1943.11	米英中首脳がカイロで会談（資料2）
1945.2	米英ソ首脳がヤルタで会談
4.1	米国軍、沖縄本島に上陸
7.17-8.2	米英ソの首脳がポツダムにて会談
7.28	鈴木貫太郎首相、声明黙殺の談話
8.6	米国軍、原子爆弾を広島に投下
8.8	ソ連、対日参戦を布告
8.9	ソ連、満州・朝鮮に進軍
	米国、原子爆弾を長崎に投下
8.10	日本、ポツダム宣言受諾の意向を連合国に通告（資料4）
8.12	米国、日本の申し入れに回答
8.14	日本、御前会議にてポツダム宣言の受諾を決定
8.15	天皇「戦争終結」の詔書を放送
9.2	重光葵ら、米軍艦ミズーリ号上で降伏文書に調印

資料2 カイロ宣言（1943年11月）

　三大同盟国は日本国の侵略を制止し且之を罰する為今次の戦争を為しつつあるものなり‥‥右同盟国の目的は日本国より1914年の第一次世界戦争の開始以後に於て日本国が奪取し又は占領したる太平洋に於ける一切の島嶼を剥奪すること‥‥前記三大国は朝鮮の人民の奴隷状態に留意し軈て朝鮮を自由且独立のものたらしむるの決意を有す

資料3 ポツダム宣言（1945年7月26日）の主な条項の要旨（6〜13条）

6．無責任な軍国主義を駆逐。日本国民を欺瞞して世界征服の暴挙に出る過ちを犯した権力・勢力を永遠に除去

7. 新秩序が建設され、日本の戦争遂行力が破壊されるまで、日本国領域内の諸地点を占領

8. カイロ宣言の履行。日本の主権は本州、北海道、九州、四国および連合国が決める諸小島に限る

9. 日本国軍隊の完全なる武装解除

10. 戦争犯罪人への厳重な処罰。言論・宗教・思想の自由、基本的人権の尊重を確立する

11. 軍事産業以外の諸産業の維持。将来、国際貿易への参加を許可

12. 責任ある政府樹立後の占領軍撤退

13. 日本国軍隊の無条件降伏　　　　　　　　　　　　　（『日本外交年表竝主要文書』をもとに作成）

資料4 日本のポツダム宣言受諾方針（1945年8月10日）

> 米英支（中国）三国対日共同宣言受諾（じゅたく）に関する件
> ‥‥帝国政府は昭和20年7月26日米英支三国首脳により共同に決定発表せられ、爾後（じご）ソ連邦政府の参加を見たる対本邦共同宣言に挙（あ）げられたる条件中には、天皇の国家統治の大権を変更するの要求を包含（ほうがん）し居らさることの了解の下に、帝国政府は右宣言を受諾す　（『日本外交年表竝主要文書』）

【問1】 資料2を読み、米英中の首脳がカイロ宣言において日本への対応方針と朝鮮の扱いに関して、どのような内容で合意していたかを確認しよう。

【問2】 資料3・4から、連合国はどのような条件を示して日本に降伏を迫ったのか、それに対し日本側はどのように応答したのかを読みとろう。また、資料1をもとに、日本政府がポツダム宣言への対応を留保しているうちに、どのような出来事が起きたかを確認しよう。

資料5 玉音放送（降伏宣言）を聞く日本人

資料6 刑務所から解放された抗日志士

【問3】 資料5・6は、それぞれ敗戦／解放直後に撮影された写真である。この写真から当時の人々のどのような心情が読み取れるだろうか。また、あなたが当時の日本人／朝鮮人の立場で8月15日を迎えていたら、その日の日記にはどのような気持ちを記すだろうか。

資料7 朝鮮建国準備委員会委員長 呂運亨の演説

> 朝鮮民族解放の日は来た。昨日15日朝8時、遠藤朝鮮総督府政務総監の招請（しょうせい）を受け、「過日、

朝鮮・日本両民族がひとつとなったことが朝鮮民衆に適当であったかどうかは言うことなく、ただ双方が別れる今日に当たり、気分よく別れよう。誤解により血を流すといった不祥事が起こらないよう、民衆をしっかり指導してくれ」との要請を受けた。

　私はこれに対し5つの要求を提出したところ、速やかに無条件で応諾した。‥‥ これにより、我が民族解放の第一歩を踏み出すことになったのだから、我々が過日に受けた苦痛はこの場ですべて忘れてしまおう。そうしてこの地を真に合理的な理想の楽園に建設しなければならない。このとき、個人の英雄主義は断じてなくし、最後まで集団的な一糸乱れぬ団結によって進もうではないか。‥‥ そして白旗を掲げた日本の胸中を慮ってやろう。もちろん我々の痛快な思いは禁じ得ない。しかし彼らに我々の雅量を見せてやろう。世界新文化の建設に白頭山の下に育った我が民族の力をささげよう。

（『毎日新報』1945年8月17日）

【問4】 1945年8月15日、朝鮮総督府は独立運動家の呂運亨を招聘し、ある協力を要請した。資料7からその内容を読み取り、総督府が要請した理由を考えてみよう。また、彼の呼びかけを朝鮮の人々がどのように受け止めたかを推察してみよう。

2．難航する朝鮮政府の樹立

　1945年8月8日深夜、ソ連はヤルタ密約にのっとり日ソ中立条約を破棄して朝鮮半島を含む日本支配地域への進軍を開始した。アメリカは8月10日から11日にかけての真夜中の会議で北緯38度線を境にした米ソの分割統治の方針を定め、その後、ソ連もこれを了承した。

　その後、1945年12月モスクワでの米英ソ外相会議で朝鮮問題を協議し、信託統治を経て朝鮮が独立する方針が決定された（資料9）。これに対し、李承晩（本書の第3章第9節参照）などの右派は信託統治反対の立場を示し、朴憲永などの左派はモスクワ協定を支持する立場を示し、左派・右派が激しく対立していった。

呂運亨（1885～1947年）
3・1運動時には大韓民国臨時政府に参加、朝鮮独立を訴え、吉野作造ら日本の知識人とも交流した。解放後は建国準備委員会委員長に就任した。左右合作委員会では左派の代表格となり統一政府樹立を目指したが、1947年7月にソウルで暗殺された。

資料8 朝鮮半島情勢関連年表

年月日		事項
1945	8.10	米国、日本軍の武装解除のための米ソの暫定分割線として、北緯38度線提案を決める
	8.15	天皇「戦争終結」の詔書を放送 呂運亨ら、朝鮮建国準備委員会を結成
	8.24	ソ連軍、平壌に進駐
	9.6	建準、朝鮮人民共和国の樹立を宣言
	9.8	米国軍、仁川上陸 11日から北緯38度線以南で軍政を導入
	10.1	米国軍、自らが北緯38度線以南唯一の行政府と宣言、朝鮮人民共和国を否認
	12.27	米英ソ外相がモスクワで会議、朝鮮信託統治案を発表（資料9）
1946	3	第1次米ソ共同委員会を開催（決裂）
	6	李承晩、北緯38度線以南での単独政府樹立を主張
	7	左右合作委員会結成（呂運亨、金奎植が中心）
1947	5	第2次米ソ共同委員会を開催（決裂）
	7.19	呂運亨暗殺され、左右合作運動挫折
	9.23	米国、朝鮮問題の国連での検討を提訴。ソ連は反対するも可決
	11.14	国連、国連監視下の南北朝鮮総選挙実施を可決
1948	1.23	ソ連、国連朝鮮臨時委員会の北緯38度線以北への立ち入りを拒否
	2	南朝鮮だけの単独選挙・政府などに抗議するデモ・ストが拡散
	3.12	国連、監視可能な地域での選挙実施を決議
	4.3	済州島で民衆蜂起
	5.1	北緯38度線以南での単独選挙を実施
	8.15	大韓民国樹立
	9.9	朝鮮民主主義人民共和国樹立

資料9　モスクワ三国外相会議の決議内容（1945年12月27日）

1　朝鮮の独立国としての再建と民主的諸原則による発展のための諸条件の創造と長期にわたる日本統治の有害な諸結果を迅速に一掃する目的をもって、民主主義臨時朝鮮政府が樹立される‥‥

2　臨時朝鮮政府の結成を助けるために‥‥南朝鮮の米軍代表と北朝鮮のソ連軍代表とをもって共同委員会を組織する。共同委員会は、その提案を作成するにあたって、朝鮮の民主的諸政党や社会諸団体と協議しなければならない‥‥

3　共同委員会の他の任務は、民主主義臨時朝鮮政府や民主的諸団体を参加させて、朝鮮人民の政治的、経済的、社会的進歩と、民主的自治の発展と、朝鮮の国家的独立の確立とを援助協力（信託統治）する諸方策を作成することである。

　共同委員会の提案は、臨時朝鮮政府と協議の後、5ヵ年を期限とする4ヵ国による朝鮮信託統治協定を作成するために、米・ソ・英・中諸国政府の審議を受けなければならない。

（神谷不二編『朝鮮問題戦後資料』1）

【問5】資料9を読み、モスクワ3国外相会議で朝鮮の独立がどのように構想されたのかを整理してみよう。

3．占領下の日本社会と朝鮮社会の諸相

　1945年9月22日、GHQは対日占領政策の基本方針を発表した。そこでは、占領の目的として「日本国が再び米国の脅威となり、または世界の平和及安全の脅威とならざることを確実にすること」が掲げられ、そのための措置として武装解除や非軍事化など軍国主義を徹底的に解体する方針が示された。

　その後、同年10月にはマッカーサーが女性への参政権付与などを求める五大改革指令と大日本帝国憲法の改正を要請し、これを受けて新しい憲法づくりが進められた。一方、米ソによる分割占領下にあった朝鮮半島では、1948年5月に南朝鮮だけでの単独選挙が実施された。これを経て選出された代表者が集う第1回国会で憲法草案の検討が進められた。

資料10　1940年代末の日本と朝鮮半島南部の諸相

A　食糧メーデー（日本：1946年5月）

　深刻な食糧危機が生じるなか、食糧配給政策に不満を持つ約25万もの人々が東京の皇居前広場に集い（写真）、民主人民政府の設立と食糧の人民管理を決議して、天皇に上奏文を提出した。翌日、マッカーサーは「暴民デモ許サズ」との声明を発した。

B　大邱（テグ）10月抗争（朝鮮：1946年10月）

　アメリカ軍政下の食糧政策や労働運動の弾圧などに不満を持つ人々が大邱で起こした抗議デモに対し、警察が発砲した。これが引き金となり、230万人が参加する騒乱へと発展した。翌日、米軍政は戒厳令を発して鎮圧にあたるが、その過程で136名の犠

牲者が出た。

C　朝鮮学校の閉鎖措置（日本：1948年1月）

　在日朝鮮人を敵対視するようになった
GHQの指示を受け、日本政府は「朝鮮人設
立学校の取り扱いについて」という通達を都
道府県知事宛てに発し、事実上、朝鮮学校の
閉鎖を求めた。これに抗議する運動が各地で
高揚し、4月に兵庫では米軍司令官アイケル
バーガーにより日本占領期間で唯一の「非常
事態宣言」が発せられた。（写真は愛知県守山
の朝鮮学校閉鎖の様子、1950年12月）

D　公職追放令（日本：1947年）と反民族行為処罰法（韓国：1948年）

　日本では、1946年にGHQが軍国主義者や国家主義的指導者を公職から排除する方針を示し
た。これに基づき公職追放令が勅令として定められ、1948年5月までに20万人以上が公職から
追放された。その後、占領政策の転換にともない追放解除・公職復帰が進む一方、「レッドパー
ジ」が加速され、労働運動や社会運動に対する弾圧が強まった。

　韓国では、1948年9月に日本統治時代に対日協力を行った者を処罰する反民族行為処罰法が
制定された。同法に基づき、反民族行為特別調査委員会が発足、反民族行為者の認定などが進め
られた。しかし、自らの支持基盤である軍・警察に影響が及ぶことを危惧した李承晩の方針によ
り、同委員会は1950年に解散した。

【問6】資料10のA～Dの出来事を調べ、それぞれ占領体制下にあった日本と朝鮮半島南部では、
どのような状況が進行していたかについて話し合ってみよう。

資料11　日本国憲法と大韓民国憲法の平和条項

日本国憲法　第9条　（1946年11月3日公布）
　日本国民は、正義と秩序を基調とする国際平和を誠実に希求し、国権の発動たる戦争と、武力
による威嚇又は武力の行使は、国際紛争を解決する手段としては、永久にこれを放棄する。
　②前項の目的を達するため、陸海空軍その他の戦力は、これを保持しない。国の交戦権は、こ
れを認めない。

大韓民国憲法　第6条　（1948年7月17日公布）
　大韓民国はすべての侵略的戦争を否認する。
　国軍は、国土防衛の神聖な義務を遂行することを使命とする。

【問7】資料11は、日本国憲法と大韓民国憲法の平和条項に関わる条文である。日本国憲法第9条
の特徴を大韓民国憲法と対比して説明し、このような条項が設けられた理由を考えてみよう。

　コラム　済州島4・3事件の悲劇

　済州島（チェジュド）4・3事件は、韓国現代史のなかで朝鮮戦争に次ぐ甚大な人命被害が生じた事件である。

　1945年12月に示された信託統治案は、朝鮮半島を激しい対立と混乱に陥れた。第1次米ソ共同委員会が紛糾して信託統治の道に暗雲が漂い始めるなか、1946年10月には米軍政に不満を持つ人々によるデモが各地に広がった。その規模は「3・1独立運動以後最大」とされ、これを鎮圧するために多数の警察・右翼団体が投入された。

　その後、アメリカ政府はモスクワ協定の合意を反故（ほご）にして朝鮮問題の協議を国連に委ねていく。国連は朝鮮半島全体での選挙実施を決定したが、北側はこれを拒否、その結果、1948年5月10日に朝鮮南部だけで単独選挙が実施されることとなった。

　済州島では、解放後に建国準備委員会が結成され、人々は新たな時代の到来に大きな期待を寄せ、平穏な暮らしを取り戻すことを切望していた。だが、1947年に済州島民が開催した3・1節記念集会で、警察の発砲により15歳の少年や乳児を抱えた若い母親を含む住民6名が死亡する事件が起きた。済州島民が島をあげてそれに抗議すると、「陸地」（本土）から派遣された警察や極右青年団体がテロと拷問をくり返した。そこには日本の植民地支配に協力した者もおり、彼らは再び島民を弾圧する側に返り咲いた。

　こうした情勢のなかで、1948年4月3日、島民弾圧に対する抵抗・自衛と、南のみでの単独選挙と単独政府樹立への反対を唱えて、済州島民による武装蜂起が始まった。蜂起した人は300人ほどにすぎなかったが、多くの島民には彼らを支持する心情があった。5月10日の選挙では済州島2選挙区の投票率が50%を下回って無効となり、単独選挙を拒んだ唯一の地域となった。

　8月15日に発足した韓国政府は討伐隊を投入し、11月には戒厳令を敷いて焦土化作戦を展開した。済州島の武装隊および一般島民に対する虐殺が繰り返される一方、討伐隊への報復行為も激化した。1949年に入り事態は収束に向かいつつあったが、朝鮮戦争が勃発すると再び殺戮（さつりく）が行われ、警察監視下にあった島民などが集団虐殺された。最後の武装隊員が逮捕されたのは1957年のことで、この間に130余もの村落が焼かれ、22万人の島人口のうち2.5万人〜3万人にも及ぶ命が失われた。犠牲者の8割は討伐隊の加害行為によるものであるが、武装隊の加害行為による犠牲者も1割余りあった。

　事件当事者の多くが、長らくその体験を語れなかった。それでも、民衆の苦難や事件の真相を明らかにし被害者を支援しようと、努力してきた人々がいた。こうした長年の尽力をうけて、韓国では2000年に「済州4・3事件真相糾明及び犠牲者名誉回復に関する特別法」（4・3特別法）が制定された。これ以後、韓国政府による取り組みも本格化するが、現在もなお、この出来事をどのように評価・記憶していくべきかについて、葛藤をともなう思索が続けられている。

教 材 解 説

〈教材のねらい〉

　本教材では、第2次世界大戦の終結過程とその後の占領体制を扱っている。第2次世界大戦の終結については、その意味を日本と朝鮮の視点から複眼的に捉えることに力点を置いた。解放後の朝鮮半島情勢については、解放以前から模索されてきた朝鮮人による国家建設の試みが国際情勢に妨げられ、多くの悲劇を生んだことを捉えさせたい。他方、日本では軍国主義を排する諸改革が進展していくが、その意味を東アジアの歴史空間のなかで考える構成をとっている。

〈資料の解説〉

　資料2のカイロ宣言は、1943年11月に開催された米英中の3首脳（ローズヴェルト・チャーチル・蒋介石）による会談を経て発せられた。同会談では、対日戦争を念頭に置いた軍事協力と将来の領土問題などが話し合われた。その際、「隷属状態」に置かれた朝鮮の人々に、「軈て（in due course）」自由と独立をもたらすことが確認されたが、その時期や方法は明示されなかった。朝鮮半島を一定期間の信託統治を経て独立に導く構想は、この「in due course」の具体的な方策としてローズヴェルトによって発案され、後のモスクワ協定に引き継がれていく。この信託統治案の背後には、独立した後もアメリカの影響力を行使することが企図されていた。

　資料4はポツダム宣言受諾に関わる日本側の申し入れで、8月10日に連合国側に伝えられた（歴史学研究会編『日本史史料[5]現代』岩波書店1997年より再引用）。8月9日の最高戦争指導者会議、閣議、御前会議では、降伏は止むなしとする主張が大勢を占めたが、その条件を「国体護持」に留めようとする天皇側近派と、在外日本軍の自主撤収・戦争犯罪の自主裁判・保障占領の拒否までを求める軍部強硬派の間で激論が交わされ、結局は「天皇の国家統治の大権」を変更しないことを条件に受諾する意向が伝えられた。これを受け、アメリカ側は天皇制の存廃を焦点に協議を進め、8月12日にバーンズ国務長官による回答を提示、そこには降伏後に「天皇および日本国政府の国家統治の権限は連合国最高司令官に制限（subject to）」され、「日本の政府の最終的な形態は、ポツダム宣言にしたがって、日本の人々が自由に表明された意志によって確立される」ことが示された。アメリカ内部にも、対日強硬派と占領のコスト削減などの観点から天皇制存続を唱えるグループ間の対立があった。バーンズ回答を受けた8月14日の御前会議では、国体護持の確証を得るべく再照会を求める意見もあったが、昭和天皇が「国体に就いては敵も認めて居ると思ふ毛頭不安なし」と言い切り、受諾を決定した。

　資料7は、8月16日に行われた朝鮮建国準備委員会代表の呂運亨による演説である（『「韓国併合」100年を問う』岩波書店、2011年に再録）。呂運亨は、『朝鮮中央日報』社長としてベルリン五輪での孫基禎・日章旗抹消事件に関わった経歴も持つ。多くの独立運動家が朝鮮外で活動したのに対し、呂は朝鮮内で解放運動を率いたことで抜群の知名度を持ち、民衆の広範な支持を得ていた。だからこそ、遠藤柳作は呂に会見を要請した。両者が会談したのは、玉音放送に先立つ8月15日早朝である。遠藤は日本人の生命・財産の補償や治安対策を要請、呂は①政治犯・経済犯の即時釈放、②8〜10月までの食糧補給の補償、③治安維持と朝鮮人の独立準備活動への不干渉、④学生の訓練と青年組織への不干渉、⑤労働者・農民の組織化・訓練への不干渉の諸条件を提示してこれを受諾した。呂をはじ

め、日本の敗戦を確信していた一部の朝鮮人たちは、8月15日以前から建国準備をいち早く進めていた。秘かに活動してきた朝鮮建国同盟が同日中に朝鮮建国準備委員会に改組、翌日、資料7 の演説に至った。解放を知った朝鮮民衆は歓喜にわき祝賀集会やデモが各地で繰り広げられたが、ラジオ放送でも報復を自粛する呼びかけがなされたこともあり、日本人への報復行為は少なかったと言われる。

資料9 は、1945年12月にモスクワで開催された米英ソ・三国外相会議を経て発せられた。米ソは既にヤルタ会談で朝鮮の即時自主独立を認めず、信託統治を実施することで合意していたが、その具体的な実施方策や期間については意見を異にしていた。会議の結果、臨時朝鮮政府と米ソ共同委員会を設け、5年を限度に米ソ英中の4ヵ国で信託統治を実施する方針が定められた。

だが、この方針は、朝鮮人の自治能力を疑問視して外部勢力の支配を正当化する点でかつての日本支配を想起させ、即時独立を望んでいた朝鮮の人々の反発を招いた。こうした心理を巧みに利用して勢力を広げたのが、それまで明確な支持基盤を持てなかった右派や「親日派」（植民地支配に協力してきた人々）である。彼らは信託統治を強要しているのはソ連であると宣伝し、左派勢力との対決姿勢を鮮明にした。しかし、実際には信託統治は米英ソの合意の産物で、しかもアメリカ側が20〜30年の信託統治を主張したのに対し、ソ連側はより早期の独立を要請していた。アメリカ軍政当局も、こうした不正確な報道を意図的に放置して右派を後押した。こうして、信託統治に反対する右派（反託）と賛成する左派（賛託）の対立構図が築かれていく。その後、モスクワ協定に基づく米ソ共同委員会が相次いで決裂するなか、「左右合作」を通して分断を回避する努力も重ねられていたが、大きな成果をあげられないまま挫折した。

〈問いの意図・解答例〉

【問1】では、カイロ宣言が朝鮮の独立に言及した初の国際的宣言で、その後の朝鮮問題の枠組みを形づくったことを伝えたうえで、朝鮮を自由かつ独立の国家とすることを謳いながらも、その時期や手続きが「軈て（in due course）」という表現で曖昧にされていた点を押さえたい。なお、ポツダム宣言にはカイロ宣言の履行を求める条項が含まれていた。しかし、敗戦後の日本社会では、この朝鮮の人々に対する責任が著しく軽視されていく。

【問2】では、戦争終結をめぐる連合国と日本との交渉過程に焦点をあてた。そもそも日本政府は「近衛上奏文」（1945年2月）が出されても、停戦交渉を進めてこなかった。ポツダム宣言も一旦は「黙殺」し、原爆投下を経てようやく降伏に向けた本格的な検討を開始するが、そこでは「国体護持」に固執する姿勢が貫徹されていたことを読み取らせたい。この間に多くの人命が失われ、朝鮮半島ではソ連の進軍により後の南北分断の要因が形成されたことを押さえたい。

【問3】では、2枚の写真から敗戦／解放直後の日本と朝鮮の対照的な光景を捉え、その背後にある民衆心理に迫る問いを設けた。「玉音放送」は朝鮮半島でも流れたが、難解な日本語が多かったため、朝鮮人の多くが内容を十分に把握できなかったと言われる。新聞やラジオでも日本の敗戦が伝えられたが、大多数の朝鮮人が確信を持てず、8月15日のソウルは静寂に包まれていたとの記録が多い。翌日になると状況が一変し、解放を実感した人々が独立万歳を叫びながらデモ行進する光景が各地でみられた。他方、日本では、資料5 が映し出す光景以外にも安堵や不安、困惑、虚しさ、驚きなど様々な受け止め方が存在した。民族・階層・世代・地域などによって8月15日の受け止め方は一様でなかったが、「日記に何を記すか」を考えるなかで、こうした多様な心情に迫りたい。

【問４】では、呂運亨の肩書と演説日に注目し、解放以前からの準備を基礎に建国準備委員会を直ちに組織して独立に向けて始動したことをつかませたい。その上で、朝鮮総督府側が朝鮮人の報復行為を怖れていたことを読み取り、それが植民地支配の過酷さを裏書きしていることに気づかせたい。そして、朝鮮の人々が呂の訴えをどのように受け止めたかを推察させ、実際には治安が維持され、朝鮮南部からの日本人の引揚げも他地域に比べて円滑に進んだことを伝えたい。

【問５】は、モスクワ協定の決定事項を確認する設問である。このモスクワ協定を受けて朝鮮社会が対立と混乱に陥る過程については、その概要を＜資料の解説＞に記した。信託統治反対を掲げて伸長した右派の内部にも、金九をはじめ南北統一を志向する動きはあったが、アメリカがモスクワ協定を一方的に退けて朝鮮問題を国連に移譲する間、単独政府樹立を主張する李承晩が主導権を握り、結局、朝鮮南部だけでの選挙が実施されることとなった。

【問６】では、ともに米国主導の占領体制下に置かれた日本と朝鮮南部の動向を取り上げ、比較参照する問いを設けた。紙幅の都合上、個々の事件の詳細に言及できないが、これらの発生理由・経過・帰結などを参照するなかで、共通した要素や占領形態の違い（間接統治／直接統治）などに起因する相違点について考え、一国史的な枠組みを超えた視野から出来事の意味を捉えさせたい。このような時代状況をより具体的に認識するために、済州島４・３事件のコラムを活用したい。

【問７】は、両国の憲法・平和条項を対比的に捉える問いである。日本国憲法第９条の成立をめぐっては、幣原喜重郎の関与をどう評価するかがその内在性・自主性に関わる論点となってきたが、ここでは外的・他律的条件に焦点をあてた。すなわち、第９条が定める戦力不保持は基本的に連合国側からの要請であり、天皇制を温存・利用する場合、アメリカ内外の対日強硬派を説き伏せるためには同条項を盛り込む必要があった。昨今の９条改正論議では「外敵の脅威」に対応できないことが盛んに主張されるが、当時は日本自体が脅威に位置づき、その解体を望む国際世論が強かったことを押さえたい。こうした見方を背に日本では占領期にラディカルな「改革」が進展したが、それは米ソ対立が深刻化していなかったからこそ実現した面があった。

これに対し、南北分断状況を背負い直接統治下に置かれた韓国の場合は「改革」が抑制される面があり、米ソ対立が前景化したなかで定められた新憲法も、労働権や大統領の権限などにおいて保守的な性格を帯びていた。また、新憲法に基づき設置された韓国軍は、発足後まもなくアメリカ軍政当局と協定を結び「反共軍」としての性格を強めていく。そして、麗水・順天事件（1948年10月）後には「憲法を脅かす者等を処罰すること」を目的とする国家保安法（1948年12月）が公布され、市民による自由な政治活動は委縮させられていった。

〈参考文献〉
川島真・貴志俊彦編『資料で読む 世界の８月15日』山川出版社、2008年
ブルース カミングス『朝鮮戦争の起源1―解放と南北分断体制の出現』明石書店、2012年
文京洙『済州島四・三事件―「島のくに」の死と再生の物語』岩波書店、2018年
李京柱『日韓の占領管理体制の比較憲法的考察―東アジアと日本国憲法の定位』日本評論社、2018年

8 朝鮮戦争に日本はどのように関わったのか

┌─ 学習課題 ─────────────────────────────────────┐

　朝鮮戦争は同じ民族同士で南と北に分かれて戦われた戦争だったが、韓国と北朝鮮以外にも、多くの国が参戦した。日本もこの戦争に直接・間接的に関わったが、具体的な状況は広く知られていない。ここでは、こうした朝鮮戦争と日本との関係について学ぶとともに、朝鮮戦争後の日本・韓国社会の変化や課題を東アジアの視座から考察してみよう。

└───┘

キーワード 朝鮮戦争　在日米軍（基地）　在日コリアン　朝鮮特需

1．朝鮮戦争とはどのような戦争だったのか

　1950年6月25日未明、北朝鮮の軍隊が、当時の軍事境界線である38度線を越えて南の韓国側に本格的に攻め入った。それ以後、約3年にわたって戦闘が続いた。この朝鮮戦争は同じ民族同士が南と北に分かれて戦った内戦であり、米ソ対立が激化する中で起きた国際戦争でもあった。1953年7月27日に休戦協定が結ばれて、今日に至る。

資料1 朝鮮戦争の展開過程

北朝鮮軍の南下（1950.6.～）

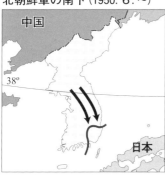

国連軍の参戦と北上（1950.9.～）

中国軍の介入（1950.10.～）

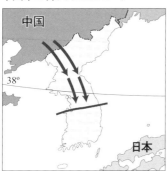

戦線の膠着と休戦（1951.1～53.7.）

資料2 国連軍構成国と派兵人数・戦死者数

国名	派兵人数	戦死者数
オーストラリア	8,407	346
ベルギー	3,590	106
カナダ	27,000	516
コロンビア	5,100	213
デンマーク	630	
エチオピア	3,518	122
フランス	3,760	270
ドイツ	117	
ギリシア	4,440	186
インド	346	
イタリア	185	
ルクセンブルク	89	2
オランダ	5,320	124
ニュージーランド	5,350	41
ノルウェー	623	3
フィリピン	7,500	120
南アフリカ	900	37
スウェーデン	1,164	
タイ	6,326	136
トルコ	14,936	1,005
イギリス	56,000	1,177
アメリカ	1,600,000	36,492
合計	1,755,301	40,896

（在韓UN記念公園管理処統計より）

資料3　朝鮮戦争の被害者（死傷者、行方不明者）数

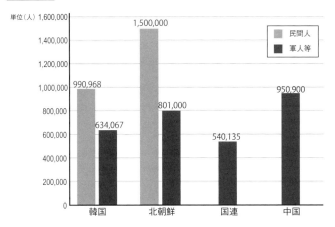

単位（人）

（『韓国戦争被害統計集』、*The US Military Experience in Korea* などより）

【問1】 資料1・2をみて、朝鮮戦争がどのように展開したのかを確認しながら、内戦が国際戦争化していった過程についてまとめてみよう。

【問2】 資料2・3をみて、戦争被害者の特徴についてまとめてみよう。

2．朝鮮戦争下の国連軍と日本社会

　資料2を参照すればわかるように、日本は、朝鮮戦争での国連軍構成国としては位置づけられていない。しかし実際には、日本も朝鮮戦争とは深く関わっていた。

（1）日本各地を拠点として参戦した国連軍

　朝鮮戦争に、米軍を主体とする国連軍の派兵が決まると、GHQの占領下におかれていた日本では、各地の空港や港が国連軍の出動拠点となった。

　地域によっては夜間に灯火管制が敷かれた。戦場から帰還した負傷者のための、国連軍の野戦病院に日本赤十字から派遣された看護師もいた。

　次の資料4〜6は、山口県岩国市の基地周辺の様子を表している。

資料4　岩国基地の年表

年	出来事
1938	日本海軍が飛行場建設開始
1940	岩国海軍航空隊の開設
1945.5	米軍、岩国基地と岩国市を爆撃
1945.9	米海兵隊の進駐
1946	英占領軍空軍基地となり、英連邦占領軍、米空軍が駐留
1948	車町に戦闘機墜落
1950	朝鮮戦争開始により米軍と英軍の爆撃・支援・補給基地となる 横山の民家に爆撃機が落下し、市民3人死亡
1951	室の木町に米軍機の焼夷弾落下 錦見に戦闘機墜落、山林を焼く 岩国市議会、町娼の激増で売春取締条例を可決
1952	日本の独立とともにアメリカ空軍に移管 市推定で1000人の娼婦が存在し、駐留軍は検診や取締り強化を要請
1954	アメリカ海軍に移管
1955	老人が米兵によって川に投げ込まれて水死
1956	米第一海兵航空団司令部が朝鮮半島から移駐 約2500名の海兵隊員を受け入れるために基地拡大
1957	日米共同使用（海上自衛隊と米海兵隊との共同使用）が始まり、現在に至る

（防衛省HP 岩国航空基地、山口県退職教職員協議会編『山口の教育運動50年－退職教職員100人の証言』）

資料5　岩国基地周辺の様子

　朝鮮戦争下、1950年前後の岩国は世界の縮図であり、朝鮮戦争直結の戦場であった。サイレンが鳴ると米兵のジープ、トラックが山麓めがけて退避し、夜となく昼となくひっきりなしに米

軍機が飛び立ち、野蛮な殺りくを繰り返していた。酒気をおび狂気じみた米兵の蛮行で、岩国の人々が辱（はずかし）められ、事故と犯罪が急増した。パンパンと呼ばれる米兵相手の娼婦（しょうふ）が基地やその周辺にあふれ、貧困からパンパンや米兵に間貸しする農家も増えた。‥‥毒々しい色合いの屋根瓦がならび、キャバレー、ダンスホール、その下を横行するアロハシャツ、売春婦、輪タク‥‥。そのなかで子どもたちが生活するという深刻な事態が進行していった。　（『山口の教育運動50年』）

資料6　岩国基地の状況

　岩国の場合、朝鮮戦争の前までは、先ほどお見せした地図で、ほぼ東西に滑走路が日本海軍によって作られていたんです。現在の滑走路は南北に走っております。これは1948年から1949年にかけて、米軍によって作られたのです。朝鮮戦争が1950年から始まりまして、新しくできた滑走路から（米軍が）直接朝鮮に行って、爆弾を落として岩国に帰って来るということがありまして、朝鮮戦争休戦になって韓国におった米軍の海兵隊が岩国に帰ってきたわけです。ですから当時でも、直接に北朝鮮を攻撃して帰って来る。

（河野勲「米軍基地を見つめて－岩国平和委員会の活動」『山口県史　史料編現代2』）

【問3】朝鮮戦争は基地周辺の地域社会にどのような変化をもたらしたのだろうか。資料4〜6を読み、気づいたことを書きだしてみよう。

コラム　日本人は朝鮮戦争に直接的に関与したのだろうか

　吉田茂首相は「朝鮮の自主と独立を守るために闘っている国連軍に、許されるかぎりの協力を行わずには日本の安全は守れない」という観点から国連軍への協力を展開した。日本人が朝鮮半島に赴いて戦争協力したことは極秘扱いだったために、その全貌はいまだに不明だが、防衛省によれば、掃海や輸送に従事した日本人は少なくとも8千人はいた。これまでも各種メディアや研究を通して、当時の回想が時々に紹介されてきている。

　角山安笒（かくやましずのぶ）さん（佐賀市）は1950年8月から3回、仁川（インチョン）へ米軍人や韓国人を輸送したという。角山さんは米潜水艦から魚雷攻撃を受けた経験があり、戦後は旧運輸省航海訓練所の教官として、帆船「海王丸」で船員を育てていた。彼はこの船で再び戦地に赴くことになった。「そりゃ怖い。でも、米軍のいうことは絶対。行きたくないなんて言えなかった」（『朝日新聞』2018年8月17日）。仁川上陸作戦でLST*運航を担った日本人船員もいる。

　1950年10〜12月には朝鮮沖で日本特別掃海隊による機雷除去が行われた。この海域へ海上保安庁の嘱託職員だった信太正道（しだ）さん（逗子市）が向かったのは1951年4月だったという。信太さんらは約2ヶ月間、海面を試験的に航行し、触雷しないか試す任務についた。「日本のためというより、『親会社』のような米軍に忠誠を示すためのどぶさらいのようだった」「いつ触雷するか分からず、船上から陸地にいるのが見える兵隊が、敵か味方かも分からず本当に怖かった」（『東京新聞』2015年7月12日）。

*LSTとは揚陸艦のこと。

（2）朝鮮特需と日本経済

　朝鮮戦争中、米軍など国連軍の補給基地となった日本では、戦争遂行上必要な軍需品等が大量に発注されることになった。この朝鮮特需によって、日本は経済的低迷から脱し、経済発展の足掛かりを得た。

資料7　日本の特需契約高

（単位：千ドル）

年	物質	サービス	合計
1950. 6 ～ 51.5	229.995	97.927	328.922
1951. 6 ～ 52.5	235.851	79.767	315.618
1952. 6 ～ 53.5	305.543	186.785	492.328
1953. 6 ～ 54.5	124.700	170.910	295.610
1954. 6 ～ 55.5	78.516	107.740	186.256
累計	974.605	644.129	1.618.734

資料8　日本の主な物資・サービスの契約高

（1950.6 ～ 1956.6の統計、単位：千ドル）

	物質		サービス	
1	兵器	148.489	建物の建設	107.641
2	石炭	104.384	自動車修理	83.036
3	麻袋	33.700	荷役・倉庫	75.923
4	自動車部品	31.105	電信・電話	71.210
5	綿布	29.567	機械修理	48.217

『資料戦後二十年史』日本評論社1966年

【問4】資料7・8から、朝鮮特需の特徴をまとめてみよう。

（3）在日コリアンと朝鮮戦争

　日本の身近な地域で戦争物資が作られ、基地から国連軍が朝鮮へと出撃していくなかで、在日コリアンはどのような思いでいたのだろうか。その多くは、戦火の中にある祖国や、故郷の家族・友人を案じながらも、生活苦を抱えて必死に生きていた。なかには戦況の推移にいてもたってもいられず、直接的に行動を起こした若者もいた。

資料9　国連軍に入って戦った在日コリアン

〈日本の慶応大学の学生だった在日2世の梁玉龍（ヤンオンニョン）は在日学徒義勇兵として、国連軍に入隊した。〉
　困難な条件のもと、再び始めた学業である。自分ひとりのことを考えるなら、当然学業を続けたかった。しかし、私の良心が決して、それを許さなかった。祖国がないという理由だけで、自分の国でない他国の軍隊、日本軍に入れられて、死線を超え生きて帰ってきた自分ではないか。万一祖国がなくなったら、また同じようなことが繰り返されない、と誰が保証してくるのか？それで志願を決意し指導教授を尋ね、私の思いを述べました。‥‥銃を取って戦場に赴くことだけが愛国ではなく、勉強している学業を継続し、修めた学問と知識で祖国の再建に貢献するのも、より大きな愛国ではないのか、と説得されましたが、今すぐにも祖国が崩壊しようとしている、破局を迎えかけている、という危機感が勝っていて、そのような説得を聞き入れる耳は持ちませんでした。
（在日学徒義勇軍同志会『在日同胞6.25戦争参戦史』）

資料10　朝鮮への武器輸送を止めようとした在日コリアン

〈大阪で製造された武器や弾薬は吹田操車場（すいたそうしゃじょう）に集められていた。在日コリアンや日本人労働者・学生など約1万人は、デモ隊を組んでそれらの輸送を阻止しようとした。〉
　しばらく進むと東海道本線の下をくぐる長いガードがあった。警官はそのガードの入り口の上に立って、ピストルを持っているわけ。わたしらデモ隊にしてみりゃ、このガードをくぐらないと、吹田操車場方面にはいけないわけだから、ここが天下分け目の関ケ原みたいな場所やね。

> 　‥‥すぐ後ろには、大きな太鼓を抱えた男がいて、これも胸を張って進んでいく。そのドーン、ドーンと鳴り響く音が、指揮しているわたしの心の中まで響いて、高揚したね。「デモをやり抜くんだ、朝鮮への武器弾薬を1分でも10分でも長く止めるんだ」という熱い気持ちがわいてくるんや。
>
> 　　　　　　　　　　　　　（夫徳秀「吹田事件・大阪で闘った朝鮮戦争」『在日一世の記憶』）

【問5】 資料9・10を読み、当時の在日コリアンの若者の心情や行動について、思いをめぐらしてみよう。

3．東アジア国際情勢の推移と朝鮮戦争

　東アジアの国際情勢が変動するなかで朝鮮戦争は展開し、休戦というかたちで停戦した。朝鮮分断の固定化は、以後の東アジア社会の在り方に、大きな影響を与えてきた。

　中国で1947年に国民党の敗退が明らかになると、アメリカはアジア太平洋政策を改めて、中華人民共和国の成立に備えた。アメリカは共産主義の拡大を「封じ込め」「巻き返す」政策のなかで、日本本土や沖縄、韓国に対する政策を再定義していった。

　朝鮮戦争を経て、中華人民共和国は成立当初の計画より、急いで社会主義建設を推し進めることになった。米ソ冷戦体制構築のなかでの朝鮮戦争の経験は、小国の自立をめぐる議論を深め、非同盟・中立への動きを促すことにもなった。

　こうした東アジアや世界の動きのなかで、日本と韓国では、朝鮮戦争を経てどのような変化や課題が生まれたといえるだろうか。

資料11　朝鮮戦争の開始から休戦までの朝鮮半島と日本の動き

年	朝鮮半島の動き		日本の動き	
1950	6月	朝鮮戦争勃発 国連安保理が北朝鮮の行為を「平和に対する侵犯」と決議 北朝鮮軍ソウル占領、南に進軍 安保理決議に則って米軍出動決定	7月	GHQ、韓国向け重要物資の輸送を指令 安保理が国連軍創設、マッカーサーが司令官となる、司令部を東京に設置 レッドパージによる大量解雇が始まる
	8月	韓国政府、釜山に臨時首都をおく	8月	①GHQが日本に警察予備隊設置を指示
	9月	国連軍、仁川に上陸し、ソウル奪還	9月	株式市場各地で熱狂的相場続出、出来高大記録
	10月	国連軍平壌占領後、中朝国境付近まで進軍 中国人民志願軍の参戦 国連軍後退	10月	在日コリアンの義勇兵出兵 針尾入国者収容所（長崎）設置（→12月大村に移転し、大村収容所となる） 元山（北朝鮮）港内で日本の掃海艇が機雷に触れ沈没
			11月	GHQ、朝鮮戦争以来、日本の特需累計を1億4377万2000ドルと発表
		（朝鮮戦争での原爆使用の可能性が度々示唆される）		（朝鮮戦争下で、核兵器反対の「ストックホルム・アピール」署名運動が広がる）
1951		（38度線付近での戦線の膠着）	1月	対日講和のための日米交渉開始 GHQ経済科学局、特需契約2億ドル突破と報告
	4月	米国政府方針に背いて北へ進撃しようとしたマッカーサー解任される	6月	吹田事件、枚方事件
	7月	開城で停戦会議本会議始まる	9月	サンフランシスコ平和条約・日米安全保障条約調印（→52年4月発効）
	10月	日韓予備会談開始		
1952	1月	李承晩大統領「李ライン（平和線）」宣言	4月	講和発効に伴う、出入国管理法制整備
1953	7月	②休戦協定調印	7月	破壊活動防止法の成立
	8月	韓国の首都がソウルに戻る	10月	保安隊設置

（遠山茂樹『資料戦後二十年史』、笹本征男・大沼久夫「朝鮮戦争と日本・沖縄年表」『朝鮮戦争と日本』）

【問6】 資料11下線①の「警察予備隊」はなぜ新設されることになったのか、朝鮮戦争との関係や、その後の展開をふまえて調べてみよう。

【問7】 資料11下線②の「休戦協定」調印について、調印者の構成と協定の内容について調べてみよう。そして、平和（終戦）協定締結への課題について話し合ってみよう。

教 材 解 説

〈教材のねらい〉

　朝鮮戦争は、日本の植民地支配から解放された後、分断された朝鮮半島で、同じ民族同士が国家統一をめざして戦った出来事である。休戦という形での停戦、南北分断の固定化は、今なお、冷戦克服が課題である東アジアの現実を浮き彫りにしている。ところが日本では、朝鮮戦争を「隣国の戦争」というスタンスでしか捉えず、戦争の経過や経済関係以外はあまり学校で扱っていない。

　本教材のねらいは、日本が朝鮮戦争にどのような形で関わり、またどのような影響を受けたかを学び、その意味について考えてみることである。朝鮮戦争の性格を問いなおしながら、特に、日本の地域社会の変化や朝鮮特需、在日コリアンに焦点を当てて考察してみたい。こうした学習を通じて朝鮮戦争が、日本と韓国に、そして戦後の東アジアにおける国際秩序の形成に、どのような影響を与えてきたかを考えたい。

〈資料の解説〉

　資料1 は朝鮮戦争の展開過程を大きな局面に従って①北朝鮮軍の南下、②国連軍の参戦と北上、③中国軍の介入、④戦線の膠着と休戦、という4段階に区分したものである。38度線付近での軍事衝突は以前より頻発していたが、6月25日未明からの①段階では、北朝鮮による大規模な先制攻撃によって、韓国の地域はほとんど占領されてしまった。②段階では、国連軍が参戦し（仁川上陸作戦）、釜山近くまで進軍していた北朝鮮軍の補給ルートを遮断して、戦局を逆転させた。国連軍はソウルを奪還するとともに、38度線を越えて北上した。マッカーサーは国連軍を中朝国境近辺へと進軍させた。資料2 より、国連軍の主力部隊は米軍であったことも確認したい。③段階では、中国の参戦で、国連軍と韓国軍は38度線以南にまで退却した。中国は正規軍ではなく、志願軍という形で軍隊を送ったが、米国対中ソの全面戦争に展開しかねない状況となり、緊張がさらに高まった。米国は原爆の使用も企図した。④段階では、現在の軍事境界線付近で両軍が攻防を繰り広げた。トルーマン大統領はこれ以上の戦争の拡大を望まず、停戦会議が開かれることになった（こうした方針に反して、北へ進軍しようとしたマッカーサーは罷免され、後任はリッジウェイとなった）。停戦会議が始まってからも、陣地戦や空爆戦は続いた。資料1・2 を通して朝鮮戦争の展開過程だけでなく、戦争の様相が内戦から国際戦争へと拡大されていったことを確認したい。

　また、資料2・3 は朝鮮戦争による戦争被害者を表したものである。民間人と軍人を問わず、甚大な人命被害があったことを通して、戦争の惨状を読み取りたい。米国の主導で、国連軍の構成が実に多様となったことも理解したい（在韓 UN 記念公園管理処「安葬者及び戦死者の現況」を一部修正のうえ作成〈http://www.unmck.or.kr/kor_un_01_4.php『サイバー UN 記念公園』2019 年 11 月 11 日確認〉）。なお、朝鮮戦争では日本人も、海上での掃海や物資の輸送支援のみならず、地勢案内や通訳等、軍属のようなかたちでも、ひそかに戦地に赴いていた。こうした過程で、日本人にもかなりの死傷者が出たことが明らかになっているが、平和憲法体制の下での日本人の関与は、極秘事項として扱われてきた。

　資料4～6 では、日本の山口県岩国基地周辺を事例に、朝鮮戦争下における地域社会の変化を資料から探ることにした。資料は教職員の視点から当時の岩国基地の状況を伝えるものである。なお、福岡県小倉での黒人米兵集団脱走事件（1950年7月）をモチーフに描かれた松本清張の小説『黒地の

絵』（1958年）も、基地周辺の様相や、戦争下のいたましい人間の姿を描いている。

　資料11は朝鮮戦争関連の年表である。当時の政治や経済に関する事項を提示した。年表内の事項から、いくつか補足説明するなら、1950年6月の朝鮮戦争勃発をうけて米国の主導の下に急遽ひらかれた国連安保理では、北朝鮮の攻撃を平和への侵犯だとし、敵対行為の即時停止および38線以北への朝鮮軍の撤退を求める決議（1950年の安保理決議82）がなされた。米国はこの決議に基づき、直ちに軍事介入を決めた。7月には韓国を武力攻撃から防衛し、地域の平和と安全を回復するために、国連加盟国が米軍指揮下の軍を支援すること、この軍に国連旗の使用が許可されることが決まった（安保理決議84。この間、ソ連は安保理を長期欠席中）。

　こうして安保理決議に基づいて創設された国連軍が9月に戦局を大きく変える。また、10月の針尾収容所の設置（佐世保引揚援護局下の収容所の改組。12月に大村に移転）からは、戦禍を逃れ、在日コリアンの親族などを頼って渡日した韓国人が多かったことを読み取りたい。こうした、いわば戦争難民を、日本は「不法入国者」として在留の可否を判断していた。国連軍に参加した後、帰ろうとした学徒義勇兵の在日コリアンでさえ「不法入国者」と扱われ、日本への再入国が困難だった。また、収容者には、朝鮮戦争の反対運動などが占領軍に対する違反行為とみなされ、強制送還処分が下された在日コリアンもいた。こうした情勢を背景に日本の出入国管理法制は整備され、1980年代初めにインドシナ難民受け入れを契機に改正されるまで、日本の外国人政策の基軸となる。1952年4月以降、在日コリアンは日本国籍を一斉剝奪され、不安定な在留条件の下での生活を余儀なくされた。なお、1950年3月に採択された「ストックホルム・アピール」の日本での署名運動は、朝鮮戦争反対運動とともに展開され、51年2月採択の「ベルリン・アピール」署名に引き継がれていった。

〈問いの意図・解答例〉

　【問1】の意図は、朝鮮戦争が国際戦争化していった展開過程を、資料1・2を用いて具体的に理解させることにある。

　【問2】は、資料2・3から、その被害者（死傷者・行方不明者）が多国籍に及ぶことや、その人数の多さをまずは確認させたい。軍人等より民間人の被害者が多いことも、朝鮮戦争の性格について考える上で示唆的である。日本は国連軍の後方支援拠点となり、実際に日本人にも死傷者が出たことが明らかになっているが、資料にはあらわれていないことにも意識を傾けさせたい（日本の国連加盟は1956年）。

　【問3】の解答例は次の通りである。「岩国の場合、終戦後、GHQ下におかれていた、かつての日本軍の飛行場が、朝鮮戦争勃発によって、米英軍（国連軍）の基地となった。朝鮮への出撃に伴い、岩国の町にも米軍機や爆弾の落下による被害がでるなど、戦場さながらの様相になった。米兵から市民が暴行されるなど、大人だけでなく子どもにもその悪影響が及んでいた。」なお、発展的には、岩国基地周辺だけの問題ではなく、日韓をはじめ、世界各地の基地周辺の地域で、どのような社会問題が起き、どのように解決が図られてきたかについても考える機会としたい。

　【問4】は日本の高度経済成長への足掛かりとなった「朝鮮特需」の特徴を、資料から具体的に読み取ることを目標としている。当時、「天佑」とも称された「朝鮮特需」は、言葉としては学校で教えられるが、詳細は学んでいない。解答例は次の通りである。「朝鮮特需は、（休戦協定後の1955年までの5年間で）16億ドルを超える規模となり、その約6割が物資調達で、4割がサービス調達であった。前者の物資の内訳は兵器や石炭が主であり、後者のサービスは建物の建設のほか、自動車修理、

荷役・倉庫などであった」。

　【問5】では、朝鮮戦争下で、日本にいるコリアンの若者がどのように行動したのかの一例を示した資料を手がかりに、在日コリアンと朝鮮半島・日本社会についての理解を深めたい。

　なお、3のリード文でも示したように、中国情勢をうけて、アメリカの政策が「封じ込め」から「巻き返し」へと変化したことも、朝鮮戦争の背景として認識したい。アメリカの戦略転換だけでなく、ソ連も1950年には新中国と中ソ友好同盟相互援助条約を結び、1945年に中華民国と結んでいた中ソ友好同盟条約を破棄するなど、米ソの東アジア政策が大きく変化するなかで、朝鮮戦争は起きた。

　【問6】では、こうした状況下で、朝鮮へ出撃していく日本占領軍の治安維持や防衛力を補充すべく、警察予備隊が設置されたことを確認したい。首相直属で、警察力を補うとされたが、装備・訓練は米軍に依存する組織だった。必然的に日本の再軍備をめぐる議論が、憲法9条との兼ね合いを含めて本格化し、このなかで対日講和問題が急展開した。警察予備隊は、講和後をみすえた51年10月には保安隊に、また54年7月には自衛隊へと改編される。日本の平和主義は、朝鮮半島情勢とセットで考えるべきだという権赫泰の議論もある。発展的には、今日の日本社会における、憲法改正をめぐる議論にも関わる問題である。

　【問7】朝鮮戦争の休戦協定の調印者は国連軍総司令官・米国陸軍大将のクラーク（52年5月にNATO司令官となったリッジウェイの後任）と、朝鮮人民軍最高司令官・朝鮮民主主義人民共和国元帥の金日成、中国人民志願軍司令員の彭徳懐で、当時、「北進統一」に固執していた李承晩政権下の韓国は、調印には携わらなかった（朝鮮・中国軍代表として南日、国連軍代表としてウィリアム・ハリソンが署名した後に、上記3者に渡され署名されて発効した）。前文で「最終的な平和解決が達成される時まで、朝鮮での敵対行為と一切武力行為の完全な停止を保障する停戦を確立する」ことが述べられ、以下、軍事境界線や非武装地帯などを規定した諸条文が示されている。今日、2018年の米朝首脳会談や、南北首脳会談でも、この「最終的な平和解決」（「恒久的で安定的な平和構築」）が模索されている。こうした昨今の推移をもたどりながら、終戦への国内的・国際的課題について認識を深めたい。

〈参考文献〉

大沼久夫編『朝鮮戦争と日本』新幹社、2006年
田中恒夫『図説朝鮮戦争』河出書房新社、2011年
西村秀樹『朝鮮戦争に「参戦」した日本』三一書房、2019年
韓国歴史研究会現代史分科『歴史学の視線で読む韓国戦争—史実から総体的認識へ』ヒューマニスト、
　　2010年（韓国語）
ハンチョルホほか7人『韓国史』ミレエン、2011年（韓国語）

9 韓国の4・19革命から何を学ぶか

学習課題

　1960年4月19日、長期にわたり韓国大統領を務めた李承晩の退陣を求め、中高生を含む多くの市民がデモを決行した。後に「4・19革命」と呼ばれるこの出来事が起きた経緯と、韓国社会に与えた影響を考えてみよう。また、若者の政治参加の必要性や立憲主義の危機が叫ばれる現在の状況をふまえ、4・19革命から導き出せる教訓は何かについて話し合ってみよう。

キーワード 4・19革命　李承晩　民主主義　ろうそくデモ　安保闘争

1. 4・19革命の背景

　1948年8月15日、李承晩（イ スンマン）は大韓民国の初代大統領に就任した。李承晩は1950年の国会議員選挙の結果、自らの支持基盤が弱まり大統領に再選される可能性が狭まると、改憲の道を模索して1952年7月に大統領直接選挙を骨子とする憲法改正案を通過させた。

　その後、1954年には大統領3選への道を開く憲法改正に取り組んだ。国会での票決では必要な票数に1票不足しているにもかかわらず、四捨五入すれば達するという奇異な主張によって改憲を強行した。ここでは李承晩がいかにして長期政権を実現してきたのかを確認してみよう。

資料1 李承晩政権関連年表

年月日	事　項
1948年7月	制憲憲法の公布（大統領間接選挙制度）
1948年8月15日	大韓民国の樹立（李承晩、初代大統領に就任）
1950年5月	第2代国会議員選挙
1952年7月	第1次改憲（大統領直接選挙制度）
1952年8月	李承晩、第2代大統領に就任
1954年11月	第2次改憲（3選禁止条項撤廃）
1956年5月	李承晩、第3代大統領に就任
1960年3月15日	第4代大統領選挙（不正選挙）
1960年4月19日	大規模な学生デモ勃発（4・19革命）

資料3 第4代大統領選挙で投票所に向かう人びと

資料2 3・15不正選挙を指示する秘密指令

　ア．4割が事前投票：投票の当日の「自然棄権票（きけん）」と選挙人名簿に虚偽記載（きょぎ）した「幽霊有権者票」、金銭で買収し棄権させた棄権票などを、その地域の有権者の4割程度ずつ作り、投票が始まる前に自由党の候補に記入して投票箱に前もって入れておくこと。

　イ．3人組または9人組の公開投票：自由党の候補に投票できるように前もって工作した有権者に3人組または9人組のチームを作らせて、その組長が組員の投票状況を確認したうえで、各

組員が書いた投票用紙を自由党側の選挙運動員に提示し、投票箱に入れさせること。

ウ．腕章部隊の活用：自由党側の有権者に「自由党」という腕章を着用させて、投票所付近を自由党に有利な雰囲気に変え、野党支持性向の有権者に心理的な圧迫感を与えて自由党に投票させること。

エ．野党の参観人の追い出し：民主党側の参観人を買収し、参観を諦めさせるか、適当な口実をつけて投票所の外へ追い出すこと。　　　　　　　　　　　　　　（『東亜日報』1960年3月4日付）

【問1】 資料1を手がかりにして、李承晩政権のもとで実施された憲法改正の内容とその意図を説明してみよう。

【問2】 1960年3月に実施された第4代大統領選挙が「不正選挙」と呼ばれた理由を、資料2から読みとろう。また、資料3の写真はどのような状況を映し出しているだろうか。

2．4・19革命の展開

　朝鮮半島南部は解放以来、アメリカからの経済援助に大きく依存する構造を備えてきた。しかし、1950年代末頃になるとアメリカが経済援助を大幅に削減する方針に転じたことで、韓国経済は1957年をピークに不況局面に突入した。以後、経済成長率は毎年低下し、1960年の失業率は34.2％にまで達していた。

　こうしたなか、第4代大統領選挙の不正を追及する抗議デモが勃発した。その後、デモに参加した高校生が無残な水死体で発見されたのを契機にデモは全国へ広がり、広範な人々を巻き込みながら李承晩退陣要求運動へ発展した（資料4）。ここでは、4・19革命を担った若者たちの課題意識に触れつつ、運動の広がりを確認してみよう。

資料4 抗議運動の広がり

月日	事項
2月28日	大邱(テグ)地域の高校生が日曜日の強制登校に抗議
3月15日	馬山(マサン)で「4割事前投票」などへの抗議
3月16日	ソウル、釜山などで高校生による抗議
4月11日	馬山沖で馬山商業高校 金朱烈(キムジュヨル)の遺体が発見
4月18日	高麗大学の学生によるデモ
4月19日	大学生や高校生、中学生を含む全国的なデモ
4月25日	大学教授団が時局宣言文を採択
4月26日	李承晩、退陣表明

資料5 学徒よ、目覚めよ

　全国の学徒よ、目覚めよ。君たちの心に真の革命烈士の血が流れているのならば、目に銃弾が撃ち込まれたまま、惨殺された我々の兄弟の死体が漂流している馬山を思い出せ。平和的デモは、我々の自由なり。馬山事件の際、銃口の前で民主主義を叫んだがゆえに行方不明になってしまった兄弟の殺傷の責任を問おう。この惨劇を目の辺りにして義憤(ぎふん)に燃える我らはもう我慢できない。

（東莱高等学校の宣言文　1960年3月）

資料6 漢城女子中学2年生の陳英淑(ジニョンスク)さんの「遺書」（1960年4月）

　時間があまりないので、お母さんに挨拶できないまま家を出ます。最後まで不正選挙デモで闘います。いま、私と私のすべての友、そして大韓民国のすべての学生は、わが国の民主主義のた

めに血を流しています。

　お母さん、デモに参加する私を責めないでください。私たちでなければ、誰がデモを行うでしょうか。私は、まだ世間知らずです。でも、国家と民族のための道がどのようなものか、知っています。私の学友はみんな、死を覚悟して立ち向かいます。私は命を捧げて闘うつもりです。デモのなかで死んでも怨みはありません。お母さん、私を愛して下さる心で、とても悲しまれるでしょうが、来る民族の解放と同胞のために喜んでください‥‥。

資料7 国立4・19民主墓地にある陳英淑の墓

手紙（遺書）を書いた4時間後に銃弾を受けて亡くなった。

資料8 4月革命の犠牲者等の職業分布

職業	犠牲者数（%）
小学生、中学生	19（10.2%）
高校生	36（19.4%）
大学生	22（11.8%）
会社員及び教員	10（5.4%）
下層労働者	61（32.8%）
無職者	33（17.7%）
未詳	5（2.7%）
計	186（100%）

資料9 大学教授団の時局宣言文

　4・19惨事は、我が学生運動史上の最大の悲劇であり、この国の政治的危機を克服するための重大な事態である。これに対する徹底的な反省と是正なしには、この民族の不幸な運命を到底に挽回する道がない。

　我ら全国大学校の教授は、この非常時局に対処して良心の訴えて次のような我らの所信を宣言する。

1. 李大統領は、直ちに退け。
2. 不正選挙は、やり直せ。
3. 殺人鬼を処断せよ。（『東亜日報』1960年4月25日付）

資料10 学生たちの血に応えよという横断幕を掲げてデモする教授団

【問3】 資料5・6を読み、4・19革命を主導した中高生たちがどのような思いでデモに参加したのかを推察してみよう。

【問4】 中高生たちの抗議運動が、その後、どのように広がっていったのかを、資料8・9を用いて説明してみよう。

3. 4・19革命の歴史的意義

　1960年4月26日、李承晩は下野の意向を表明して翌27日に大統領を正式に辞任し、5月29日にハワイに亡命した。その後、1960年6月に新憲法が公布され、7月の総選挙では李承晩政権と敵対

してきた民主党が圧勝した。4・19革命がどのような成果を残し、韓国の歴史及び私たちの民主主義社会にとってどのような歴史的な意味・意義を与えたかについて考えてみよう。

資料11 第3次改憲の主な変更点

> 1．言論・出版・集会・結社の事前許可または検閲制を禁止した。
> 2．政府による政党の解散は、憲法裁判所の判決に依るものとした。
> 3．選挙年齢を20歳へと引き下げるとともに、公務員の政治的中立を保障した。
> 4．完全な議院内閣制を採択し、大統領の地位を原則的に儀礼的・形式的地位に限定した。
>
> （「李承晩第三次改憲に関する資料」国家記録院アーカイブス）

【問5】 資料11は、1960年6月に公布された大韓民国憲法の改定内容の要点を示している。4・19革命までの動向を踏まえ、それぞれの変更点の持つ意味を説明してみよう。

資料12 ろうそくデモにおける学生宣言文（2016年11月）

> 　1960年4月19日、学生らは校門から飛び出して自由と正義の回復を叫んだ。彼らの怒りは、よりよい社会の中で生きたいという、そして生きていけるという希望の印であった。希望に基づいた彼らの怒りは、行動を引っ張り出し、進歩した社会へと導きだした。今、我々は60余年前、我が祖国で成し遂げられたその憤りと行動の歴史を受け継ごうとする。我々は、祖国を愛するがために独善と権威に抗い、祖国を愛するがために怒り出す。‥‥
> 　我々は要求する。一つ、朴槿恵大統領が崔順実ゲートに繋がるすべての問題に対して下野することで責任を取ることを要求する。‥‥ 我々が宣言する理由は、我が祖国に民主主義という烽火を上げたその時の歓声を覚えようとするからであり、彼らが守った美しい価値が退色しないようにするためであり、未来の知識人としてその価値を守り抜こうとするための動きの先頭に立とうとするためである。

資料13 ろうそくデモに参加する韓国の若者（2017年）

【問6】 2016年に朴槿恵大統領の弾劾を求める大規模なデモが発生した。資料12は、これを主導した学生たちによる宣言である。この宣言文を読み、4・19革命がその後の韓国社会にどのような影響を与えたのかを考えてみよう。

コラム 日本の「民主主義」

　日本の「民主化」は、GHQ による占領改革という「上からの改革」によって進められた。GHQ の戦後改革は、民主主義を標榜した国民主権、労働者の諸権利などの基本的人権の尊重、戦争を地球上から永久に放棄することを宣言した平和主義などの国家の理想像を示した。これら新しい民主化の原則は教育を通して育まれ、主に若い青年層によってその実現が模索されていた。

　しかし、中華人民共和国の成立や朝鮮戦争を経て、東アジアの国際秩序が再編されるなか、日本では政権を握る自由民主党に日本社会党が対峙する「55 年体制」が成立し、その後、自民党政権が長期間、継続した。1993 年に細川護熙を首班とする非自民 8 党派連立政権が発足したが、わずか 8 ヶ月で退陣し、再び自民党を中心とする連立政権の時代が続いた。2009 年には自民党から民主党への政権交代がなされたが、国民の支持を持続できず、2012 年に再度、自民党を中心とする連立政権が成立して今日に至っている。

　このような政治状況の下、今日までの日本社会は民衆運動によって政権交代を実現した経験が乏しい。しかし、韓国で 4・19 革命が起きた 1960 年には、日本でも学生を主体とする運動が盛り上がりをみせていた。彼らは日本国憲法が掲げる平和主義の理念に基づいて、日本が米国への従属を深めることを非難し、「平和」を脅かすこととなる日米安全保障条約改定に激しく抗議した（安保闘争）。また、1960 年代末には「ベトナムに平和を！　市民連合（略称：ベ平連）」による反戦運動のような、市民レベルの広がりをもった社会運動も存在した。こうした平和主義の渇望はフォークソングなど種々の大衆文化を通しても表現され、その後、若者たちのメインカルチャーへの反発・反抗ともいえるサブカルチャーの隆盛をもって、日本社会における現実政治を風刺する思想の底流をなしていくことにもなった。

国会を取り囲んだデモ隊（1960 年 6 月 18 日）

　21 世紀にはいると、新自由主義的改革のもとで発生した貧困・格差の解消を求める運動や、「戦争法」整備の動きに反対する学生運動（Students Emergency Action for Liberal Democracy（略称 SEALDs）など）も起きている。その背景には「生きること」を脅かされつつある若者たちの生活現実が深く関係しており、その不安や不満の声を直接、政治に届けようと行動する姿がみられた。

教　材　解　説

〈教材のねらい〉

　本教材のねらいの一つは、解放後の韓国社会が民主化に向けて歩む過程について、「4・19革命」を事例にして理解することにある。加えて、この韓国社会の経験に照らしあわせながら、これからの民主主義や立憲主義のあり方を展望することも企図している。かつての若者たちによる問題提起に触れながら、私たちが生きる現代社会の特質や課題、あるべき政治の姿、民主政治を成り立たせている諸原理などについて考えさせたい。

〈資料の解説〉

　資料2 は、1960年3月15日に実施された正・副大統領を選出する選挙における不正を報じた新聞記事である。大統領は与党・自由党の李承晩と野党・民主党の趙炳玉、副大統領は自由党の李起鵬と民主党の張勉の間で争われた。このうち、正大統領については趙炳玉が急逝したため、李承晩の当選が確定した。そのため、副大統領選挙が焦点となっていた。

　この選挙では、新聞記事が報じるような四割事前投票や三人組・九人組による公開投票、投票所における自由党腕章部隊の配置など狡猾な不正が行われた。このうち、資料3 は集団投票の様子を撮影したものである。こうした組織的な不正が行われた背景には、以下のような事情が関係していた。第1に、独裁的な政権運営と経済政策等の失政により自由党への支持が低下しつつあったこと。第2に、前回の大統領選挙では副大統領に野党（民主党）の張勉が選出されていたこと。そして、第3に、李承晩は既に70歳を超える高齢であったが、大統領が病気や死去などで職務を遂行できなくなった場合、副大統領が自動的にスライドする規定が定められていたこと。こうした事情から、与党（自由党）にとっては、副大統領選挙での勝利が重要な課題となっていた。あらゆる不正を尽くして実施された選挙の結果は、正大統領に李承晩が得票率89％、副大統領に李起鵬が得票率79％を得て「当選」した。

　資料5・6 は、4・19革命を主導した中高生たちの課題意識や心情を伝えている。4・19革命は「四月学生革命」と呼ばれることも多く、学生たちがその中心的な担い手となっていた。発端は高校生たちの素朴な抗議活動であったが、その後、大学生や一般市民などを巻き込みながら李承晩の退陣を求める大規模な抗議運動へと発展していった。当時の韓国社会では高等学校の大衆化が急速に進展していたが、その「高校生」のなかには朝鮮戦争等の影響などにより学齢期を超過した青年たちが少なからず含まれていた。彼らは一般市民の生活苦を目の当たりにしており、正義感から李承晩政権の強権的姿勢や不正選挙への不満を募らせていた。

　そして、デモに参加していた馬山商業高校の金朱烈が右目に催涙弾を撃ち込まれた無残な遺体で発見されると、彼らの義憤は一段と高まっていった。この動きは、同じく大衆化が進みつつあった大学にも波及していく。1950年代末はソウル大学校や弘益大学校、成均館大学校などで民主化闘争が展開された時期であり、この動きが4・19革命の下地となっていた。当時の大学生たちはエリート層であり、その使命感から運動に参加する者も多かった。

　なお、4・19革命の犠牲者たちの追悼施設に「4・19民主墓地」（ソウル特別市江北区）があり、資料6 の遺書を残して命を落とした陳英淑の墓石もみることができる。墓地内には記念塔やモニュメ

ントに加えて関連資料を展示する記念館も併設されている。資料6は、その展示資料を日本語訳したものである。また、毎年4月19日前後には追悼行事が行われている。こうした顕彰活動が、資料12の「ろうそくデモ」に示されるような精神的継承の基盤をなしてきたと考えられる。この点、日本社会における学生運動史への眼差しと対比すると、その特質が浮かびあがろう。

資料9の宣言文を発した大学教授団には、27大学から400名ほどの大学人が集結した。4月19日に総決起した学生たちが大統領官邸を包囲、4月21日には内閣が総辞職、24日には李起鵬が一切の公職を辞任、李承晩も自由党総裁を辞任した。このような経過のなかで4月25日に発せられた教授団の宣言文は、李承晩に対して下野の要求を掲げた。翌4月26日には、市民たちの街頭デモが大規模に拡大するなかで李承晩が下野の意向を表明、27日に大統領を辞任するに至った。李起鵬は28日に一家心中に追い込まれることとなった。

【コラム】では、韓国との比較を基軸に置きながら、敗戦から今日に至る日本社会の民主主義をめぐる動向を描いている。冷戦構造を背景に自民党政権が長期にわたって持続するなか、日本では韓国の民主化運動に匹敵するような社会変革の歴史的経験が蓄積されてきたとは言い難い。ただ、平和運動や学生運動が全く存在してこなかった訳ではない。こうした民衆運動の歴史に対しては時に「失敗」や「挫折」の烙印が押され、その後の世代にさしたる影響を与えてこなかったとの評価が下されることもあるが、今後の政治・社会情勢次第では新たに「出会いなおす」可能性がないわけではないだろう。日韓の若者たちが、お互いの社会で蓄積されてきた運動実践の成果や民主化をめぐる諸課題を共有しながら、それぞれの社会が公正で民主的であるためにはどのような姿勢や制度的条件が求められるのか、またそれを促進するためにはいかなる地域秩序や国際環境が求められるのかを考えさせたい。

〈問いの意図・解答例〉

【問1】【問2】は、4・19革命の背景となった政治情勢への理解を深める設問である。第1次改憲（1952年）に際しては、国会議員による間接選挙では大統領に再選される可能性が低いと判断し、大統領直接選挙を導入した。第2次改憲（1954年）に際しては、初代大統領に限り3選禁止規定を撤廃する改憲案を提出したが、一旦は改憲に必要な136票（議会の3分の2）に1票不足していたため否決された（全203議席中、賛成票135票、反対60、棄権6、無効1、欠席1）。だが、203議席の3分の2は「135.33…」であり、四捨五入すれば135議席であるという理屈で改憲案を通過させたのである。このように、本来は政治権力を縛るはずの憲法が都合よく変更されてきたことを押さえつつ、李承晩政権への不満や不信が醸成され、4・19革命への下地が形成されてきたことを理解させたい。

また4・19革命の直接的な引き金となった第4代大統領選挙（1960年）に際しては、公務員および警察組織を動員して様々な不正が行われた。資料2・3から地域の有力者を活用した買収、工作員の監視下での集団投票、野党支持者への圧力などの実態を読み取り、生徒たちが当然と考えている「秘密選挙」と「直接選挙」の原則の重要性を改めて伝えたい。

【問3】では、当時の韓国社会の社会情勢を踏まえながら、民主化運動を主導した学生たちの心情に迫る問いを設けた。一連の民主化運動の口火を切ったのは、大邱の高校生たちであった。大邱は野党（民主党）の支持基盤となっていた地域であり、その遊説に学生たちが参加するのを阻止するために、市内の中高生には日曜日に登校する指示が出されていた。これに抗議する高校生たちのデモが起こると、この動きが各地に波及していった。3月15日の選挙に際しては、馬山で学生・市民と警察

が衝突する事態に発展した。その後、馬山デモに参加していた高校生 金朱烈が右目に催涙弾を撃ち込まれた遺体で発見されると抗議運動は一段と拡大し、大学生がこれに連なる動きを示していった。

【問4】では、上述した学生たちの行動が社会全体に波及する過程を捉えるための問いを設けた。資料8 は、4・19革命の犠牲者186名の職業分布を示している（韓国民主主義研究所チョングンシク・イホリョン『4月革命と韓国民主主義』ソンイン、2010年）。4・19革命にどれほどの人々が参加したかは定かではないが、資料8 には学生以外にも会社員や下層労働者・無職者が含まれていたことが示されており、この運動がどのような立場の人々に担われていたのか、その一端をうかがい知ることができる。リード文に示した通り、1950年代後半の韓国経済は著しく低迷し、経済成長率は1957年に8.7％、58年に7.0％、59年に5.2％、60年に2.1％と急激に鈍化していた。この間の一人当たりの国民所得も80ドル前後の最貧国水準で推移していた。運動が高揚した背景には、こうした経済状況も大きく関係していた。また、資料9 に示した通り、4月25日には大学教授団が学生デモへの支持と李承晩の下野を要求する宣言文を発表してデモに合流し、李承晩の大統領辞任に決定的な影響を与えていった。

【問5】では、4・19革命の意義を第3次改憲の内容と関連づけて捉えるための問いを設けた。第3次改憲の要点を整理した資料11 には、言論・出版・集会の自由、政党の解散権、公務員の政治的中立、議院内閣制と大統領の地位などの事項が記されている。ここから李承晩政権の独裁的な政治運営の様相を改めて推察させ、これらが民主政治にとっていかなる意味・意義を持つかについて、昨今の社会情勢と関連づけて考えさせたい。なお、4・19革命は「未完の革命」とも呼ばれ、1961年の軍事クーデターによって韓国社会は再び軍部独裁の時代を迎え、第3次改憲も覆されてしまう。しかし、その後、1987年の民主化抗争では大統領直接選挙を骨子とする改憲が勝ち取られ、今日に至っている。

【問6】は、4・19革命の歴史的意義を、より長期的な視野にたって考えるために設けた。資料12 は、2016年に起きた朴槿恵大統領の弾劾を求めるデモにおいて、それを主導した学生たちが発した宣言文である。ここには、4・19革命の精神を引き継ごうとする意志が明確に述べられている。4・19革命の後、韓国社会は再び軍部による独裁政治を経験することになり、民主化の時代を迎えるのは1980年代のことである。その点において4・19革命は「未完の革命」であったものの、民主主義の「種」をまいた点で大きな成果を残したと言える。

〈参考文献〉

糟谷憲一・並木真人・林雄介『朝鮮現代史』山川出版社、2016年

徐仲錫『韓国現代史60年』明石書店、2008年

成田龍一『近現代日本史との対話　戦中・戦後─現在編』集英社、2019年

文京洙『新・韓国現代史』岩波書店、2015年

10 日本と韓国はどのように国交を正常化したのだろうか

学習課題

　1965年6月22日、14年間にも及ぶ交渉を経て、日韓基本条約とそれに付随する4つの協定が両政府間で調印された。国交正常化交渉が長期化した理由、そして1960年代半ばに妥結された背景を探ってみよう。また、両政府の合意内容を確認し、それがその後の両国関係にどのような影響を与えたかについて考えてみよう。

キーワード　日韓基本条約　冷戦　ベトナム戦争　戦後補償

1．韓国政府樹立直後の賠償要求と日本政府の過去認識

　解放後の朝鮮半島では、日本の植民地支配に対する被害補償を求める声が各地で起こった。そのため、韓国政府は1949年に対日賠償調査審議会を設置して調査活動を開始し、同年3月に『対日賠償要求調書』（資料1）を作成した。他方、日本政府も1945年11月に外務省内に平和条約問題研究幹事会を発足させ、戦後処理に関わる各種の対処方針の検討を開始し、1949年には朝鮮半島を含む旧支配地域の処遇に関する陳述書をまとめた（資料2）。

資料1　『対日賠償要求調書』序文（1949年）

> 　1、1910年から1945年8月15日までの日本の韓国支配は、韓国国民の自由意思に反する日本単独の強制的行為として、正義・公平・互恵の原則に立脚しない、暴力と貪欲の支配であった結果、韓国及び韓国人は日本に対する如何なる国家より最大の犠牲を被った被害者であり、「韓国人民の奴隷状態に留意し韓国を自主独立させる決意」を表明した「カイロ宣言」や、またこの「宣言の条項を履行すること」を再確認した「ポツダム宣言」によって、韓国に対する日本人の支配の非人道性と非合法性は全世界に宣布された。

資料2　外務省「割譲地に関する経済的財政的事項の処理に関する陳述」（1949年）

> 　（1）先ず指摘したい点は、日本のこれら地域に対する施政は決していわゆる植民地に対する搾取政治と認められるべきでないことである。逆にこれら地域は日本領有となった当時はいずれも最もアンダーデヴェロップな地域であつて、各地域の経済的、社会的、文化的向上と近代化はもっぱら日本側の貢献によるものであることは、すでに公平な世界の識者—原住民も含めて—の認識するところである。そして日本がこれら地域を開発するに当たっては‥‥一言にしていえば日本のこれら地域の統治は「持ち出し」になっていたといえる。

【問1】資料1・2を読み、植民地支配に対する、韓国政府と日本政府の認識の違いを説明してみよう。

2. 難航する国交正常化交渉

1951年9月8日、日本政府は連合国48ヶ国との間にサンフランシスコ講和条約を締結し、第2次世界大戦以来の戦争状態を終結させた。だが、韓国には「連合国」としての資格が与えられず、日本との国交正常化は個別の交渉に委ねられた。こうして、1951年の予備会談を皮切りに交渉が重ねられていったが、初期の会談では両政府の認識がすれ違い、互いの要求が鋭く対立した。特に、第3次会談（1953年）では日本側首席代表を務めた久保田貫一郎 外務省参与の発言により交渉が決裂した。「久保田発言の撤回」を条件として会談が再開されたのは、1958年のことであった。

資料3 第3次日韓会談における議論の様子

久保田：日本側としては対韓請求権があるという態度は堅持している。しかし歩み寄る気持ちは十分持っている、あなた方には請求権があり、当方にはそれがない、ということでは困る。

洪：歩み寄るというが、日本のいう請求権と、韓国のいうそれとは、法律的には意味が違う。韓国のいうのは、朝鮮が日本から分離することにともなう清算問題だ ···· 韓国の国会では水原の虐殺事件、韓日併合直後の虐殺事件、あるいは36年間の統治の間、治安維持法で投獄、死亡させられたりした点についての請求権を出さなくてはならない。また朝鮮米を世界市場より不当に安い価格で日本へ持っていった、その価格の返還を要求せよ、という意見もある ···· 日本側が36年間の蓄積を返せというならば、韓国側としても36年間の被害を償却せよという外はない。

久保田：韓国側で国会の意見があるからと、そのような請求権を出すというならば、日本としても朝鮮の鉄道や港を造ったり、農地を造成したりしたし、大蔵省は、当時、多い年で2千万円も持ち出していた。これらを返せと主張して韓国側の政治的請求権と相殺しようということになるではないか。

洪：あなたは、日本人が来なければ、韓人は眠っていたという前提で話をしているのか。日本人が来なければ、われわれはもっとよくやっていたかも知れない。

久保田：···· 私見としていうが、自分が外交史の研究をしたところによれば、当時日本が行かなかったら中国か、ロシアかが入っていたかもしれないと考えている。

張：千万円とか、2千万円とかの補助は韓人のために出したのではなく、日本人のために出したので、その金で警察や刑務所をつくったではないか。····

久保田：日本のためのみではない。朝鮮の経済のためにも役立っているはずだ。

洪：久保田さんは互譲の精神とか歩み寄りとかいっているが、当方は歩み寄りの余地はない。

（『朝日新聞』1953年10月22日）

【問2】 資料3は、第3次会談における久保田貫一郎と韓国側代表洪璡基による討議の一部を再現している。あなたが当時の新聞記者の立場でこの会談を記事にするとしたら、どのような見出しをつけ、いかにコメントするだろうか。

3. 歩み寄る日本と韓国

難航していた国交正常化交渉は、1961年に朴正熙が軍事クーデターにより政権を掌握して以降、

妥結に向かう動きを強めていった。この動きを促進させたのがアメリカの存在である。この時期、アメリカ政府は日韓両政府に国交正常化を図るよう積極的に働きかけていた。その結果、第6次会談（1962年）では、大平正芳外務大臣と金 鍾 泌韓国中央情報部長との間で、日本が支払う金額の総額や項目、支払期間などの検討が行われ、両者は大筋で合意に至った。

資料4	ベトナム戦争時に南ベトナム支援のために派兵した国々とその規模

（単位：人）

国名	1964年	1965年	1966年	1967年	1968年	1969年	1970年	1971年	1972年
アメリカ	23,000	184,000	385,000	486,000	536,000	475,000	335,000	158,000	24,000
韓国	200	20,620	45,605	48,839	49,869	49,755	48,478	45,663	27,438
台湾	20	20	30	30	29	29	31	31	31
フィリピン	17	72	2,063	2,021	1,593	189	74	57	47
タイ	0	16	224	2,242	6,009	11,568	11,606	6,265	38
オーストラリア	200	1,557	4,533	6,597	7,492	7,643	6,793	1,816	128
ニュージーランド	30	119	155	534	529	189	416	60	53
スペイン	0	0	12	13	11	10	7	–	–

（木宮正史「ベトナム戦争とベトナム特需」『韓国・台湾の発展メカニズム』）

資料5	日米の韓国への政府開発援助（ODA）の推移（1960～75年）

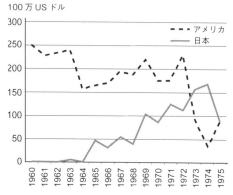

（OECD.Stat（http://stats.oecd.org/）により作成）

【問3】 なぜ、アメリカ政府はこの時期に日本と韓国の国交正常化を強く求めたのだろうか。その理由を、資料4・5をもとに推察してみよう。

資料6	金鍾泌と大平正芳による会談の回想

金部長：（大平）外相と私は請求権規模だけを決定し、あとの手続きは貴国の立場を十分に勘案して正式交渉代表間で決着するようにしましょう。今日のこの合意は、それぞれ朴〔正煕〕議長と池田首相に報告して確認を受けることにし、取りあえず合意事項のメモを作成しましょう。

大平外相：そうしましょう····1つだけ念を押しておくことがあります。メモに「請求権」となっていますが、日本の国会と国民がどうかすれば理解しにくいかもしれません。なにかほかの表現方法がないでしょうか。

金部長：困りましたね。韓国にも国民感情というものがありますから····。

大平外相 「経済協力」にすればいかがでしょうか。

しばし金部長はためらった。そしてついに決心した。

金部長：こうしたらどうでしょうか。韓国側には韓国側なりの立場がありますので「請求権」にしておきます。その代り貴国では「経済協力」という表現を使ってください。しかし、「経済協力」という表現に合意したことは内緒にしましょう。

（金東祚『韓日の和解—日韓交渉14年の記録—』）

【問4】 資料6は、駐日大使として交渉に関わった金東祚の回想をもとに、金・大平会談の様子を再現した文章である。日本から支払われる資金の名目をめぐって、日本側／韓国側がどのような名称を提案したかを読み取り、その違いが何を意味するかを考えてみよう。

資料7　日韓条約を批判する韓国・知識人の主張

　貴国が基本的にもっている韓国観ではいまのところ国交正常化にはまだまだ距離があります。自分の犯したあやまちに対するほんのわずかな反省もみせず、かえって傲慢になり、殺気にみちた目つきをしながらわれわれと手を握<ruby>握<rt>にぎ</rt></ruby>ろうとしたとて、それが順調にいくだろうと考えるのは愚かというものです。

　韓国人のだれ一人として、過去36年間を忘れてはいないし、その<ruby>血償<rt>けっさい</rt></ruby>にたいする正当な補償を放棄しようとはしていません。

（李在学「昔の韓国とは違います―韓国知識人から佐藤首相への公開書簡―」『エコノミスト』43-40）

資料8　「日韓会談粉砕」を掲げるポスター（1961年頃制作）

　われわれはのぞまない

　侵略の加害者になることも、被害者になることも――政府はなぜ朴ファッショ政権との同盟をいそぐのか

　池田内閣が国民の税金を2000億円も投じようとしている日韓会談は、南朝鮮との新しい軍事同盟をめざすものであり、国民大衆の利益をギセイにしてひとにぎりの人々の野心をとげようとする―かつての帝国主義のやりかたをまたくり返すものです。資本家は韓国で安い労働力を得ようとしていますから、日本の賃金水準は低くおさえられてしまいます。南北平和統一をねがう朝鮮の人たちの心もふみにじるこの企みを、安保反対にたち上がったすべての力を集結して阻止しよう。

（「安保反対・平和と民主主義を守る国民会議」）

【問5】 政府間の国交正常化交渉が進展する一方、両国ではこの動きを批判する運動が激しく展開された。資料7・8から、両国の反対運動がそれぞれどのような点を批判していたかを読み取り、その違いについて分析してみよう。

4.　樹立された国交、積み残された課題

　1965年6月、長期の交渉の末に両政府は日韓基本条約を締結した。これにより国交が正常化し、交流が再開された。また、基本条約に付随して締結された日韓請求権・経済協力協定では、第1条で日本から無償3億ドル／有償2億ドルの資金供与がなされることが定められ、これをもって両国及び国民間の財産権・請求権問題は「完全かつ最終的に解決された」（第2条）と規定された。

資料9　日韓基本条約 第2条

Article II　It is confirmed that all treaties or agreements concluded between the Empire of Japan and the Empire of Korea on or before August 22, 1910 are already null and void.

【日本語訳】

第2条　1910年8月22日以前に大日本帝国と大韓帝国との間で締結されたすべての条約及び協定は、もはや無効であることが確認される。

【韓国語版の日本語訳】

第2条　1910年8月22日以前に大日本帝国と大韓帝国との間で締結されたすべての条約及び協定は、すでに無効であることが確認される。

資料10 後宮虎郎外務省アジア局長の国会答弁

　‥‥ ナル・アンド・ボイドという字を使うこと ‥‥ 要するにかつては、一時は有効であった時代があるんだということが、はっきりわからなくてはいけないという意味で、オールレディという字句を入れることによって、少なくとも一時有効であった時期があるというわがほうの立場を表明した次第でございます。　　　　（1965年11月27日　参議院日韓条約等特別委員会における発言）

【問6】　日韓条約の締結に際しては、冷戦体制を背景とした戦略的な判断が優先され、両国民の信頼関係の根幹に関わる植民地支配の責任問題は曖昧に処理された。資料9は、日韓基本条約の第2条であるが、そのなかの「already null and void」という表記はかつての植民地支配に対する認識が折り合わなかったことから採用されたと言われている。この言葉を用いることで、日本側ではどのような解釈を可能にしようとしたのかを、資料10で確認してみよう。

資料11 韓国人が日本および韓国で提訴した主な戦後補償裁判

訴訟名	原告／被告	提訴地・提訴年、判決年・結果	概略
釜山従軍慰安婦・女子挺身隊公式謝罪等請求訴訟	元日本軍「慰安婦」・女子勤労挺身隊員／日本国	山口地裁1992年、1998年一部容認 広島高裁1998年、2001年棄却 最高裁　2001年、2003年棄却	元「慰安婦」や挺身隊員らが戦時中の性暴力被害や重労働などに対し、損害賠償や公式謝罪等を求めて提訴
日鉄大阪製鉄所元徴用工損害賠償請求訴訟	元徴用工／日本国・新日鉄	大阪地裁1997年、2001年棄却 大阪高裁2001年、2002年棄却 最高裁2002年、2003年棄却	戦時中に徴用工として重労働を強いられたことなどに対し、未払い賃金の支払や補償を求めて提訴
三菱名古屋・朝鮮女子勤労挺身隊訴訟	元女子勤労挺身隊員・遺族／日本国・三菱重工	名古屋地裁1999年、2005年棄却 名古屋高裁2005年、2007年棄却 最高裁2007年、2008年棄却	勤労挺身隊としての動員および従事中に受けた空襲・地震被害などに対し、謝罪・賠償を求めて提訴
三菱名古屋女子勤労挺身隊訴訟	元女子勤労挺身隊員・遺族／三菱重工	光州地方法院2012年、2013年容認 光州高等法院2013年、2015年容認 大法院2015年、2018年容認	日本での敗訴を受けて、同じ趣旨の訴訟を韓国で提訴
被爆者憲法訴願	韓国人被爆者／韓国外交通商部長官	憲法裁判所2008年、2011年容認	韓国政府が日本政府との交渉を怠り、憲法上の権利が侵害されたことの確認を求めて提訴

（山本晴太ホームページ（http://justice.skr.jp/index.html）を参照して作表）

【問7】　資料11は、韓国人を原告とする戦後補償裁判の主要事例である。それぞれの事例から、原告たちが戦時中にどのような被害を受けたのかを調べてみよう。また戦後補償を求める訴訟が韓国でも起きていることの意味を考えてみよう。

教材解説

〈教材のねらい〉

　本教材のねらいは、日韓国交正常化のプロセスと帰結、影響への理解を深めることにある。冷戦体制を背景に締結された日韓条約は、閉ざされていた交流の扉を開く一方、戦争・植民地支配に対する責任を明確化できず、後世に禍根を残すこととなった。日韓会談を取り巻いた歴史的状況を踏まえ、どのような判断が重んじられ、何が軽んじられてきたのかを考えさせたい。

〈資料の解説〉

　資料1は、連合国軍総司令部に提出された調書であり、太田修『日韓交渉―請求権問題の研究』（クレイン、2003年）より再引用した。第1巻が1949年3月、第2巻が同年9月に作成され、その後、1954年に改めて大韓民国政府編『対日賠償要求調書』が作成された。調査項目は地銀、地金、書籍、美術品・骨董品、船舶、「中日戦争・太平洋戦争に起因する人的物的被害」、「日本政府の低価格政策による被害」などであった。

　資料2は、幣原内閣のもとで外務省内に設置された平和条約問題研究幹事会が1949年12月に取りまとめた陳述書で、日本側の見解を連合国側に示したものである（『対日平和条約関係準備研究関係』5、所収、高崎宗司『検証 日韓会談』岩波書店、1996年より再引用）。項目（一）のほか、（二）では割譲地における日本人の公有・私有財産の剥奪が国際慣例上、異例であること、（三）では日本がこれら地域を国際法上の正当な方式で取得したことを、それぞれ訴えている。

　資料6は、第6次会談に同席した駐日大使 金東祚の回想録であり、いわゆる「金・大平メモ」が誕生した瞬間も回想されている。英語交じりの日本語で金額・期間などを記録した「金・大平メモ」は、2005年に韓国政府によって公開された。

　資料4のアメリカに関する数値は、ベトナム戦争の記録編集委員会編『ベトナム戦争の記録』（大月書店、1988年）、その他の国のうち1965年から1972年は、朴根好『韓国の経済発展とベトナム戦争』（御茶の水書房、1993年）、1964年はLarsen,Stanley R.and James L.Collins,Jr., *Allied Participation in Vietnam*, Washington,D.C.: Department of Army, 1975に基づく。

　資料7は、毎日新聞社の雑誌記事だが、もともとは韓国の総合雑誌『青脈』1965年8月号に掲載された韓国知識人の論考を翻訳・再録したものである。引用部分では過去の植民地支配に起因する不信感が綴られているが、このほかに「経済侵略」や従属化への危惧も示されている。

　資料8（http://oisr-org.ws.hosei.ac.jp/images/search/me/posbm/PB1433.jpg、2020年1月アクセス）のポスターを作成した団体は、いわゆる「60年安保」に際して共産党・社会党・総評などが結集して1959年に結成された安保条約改定阻止国民会議の流れを汲んでおり、南北分断や軍事同盟を論点にしながら日韓条約反対運動を展開していた。

　資料10は日韓条約の批准国会での答弁である。発言者の後宮虎郎は、外務省アジア局長として国交正常化交渉に関わった人物である。韓国側の批准国会でも第2条の解釈が焦点となったが、担当者は「null and void」によって旧条約の根本的な無効性が確認され、「already」によってこの点が揺らぐことはないとの答弁がなされた。いずれの批准国会でも強行採決されている。

〈問いの意図・解答例〉

　【問1】では、敗戦／解放直後に構想された両国の戦後補償政策を対比的に提示し、その違いを読み取る問いを設けた。植民地支配の不当性と被害を強調する韓国政府（資料1）に対し、日本政府は謝罪や反省はおろか植民地支配の「恩恵」や正当性を強調しており（資料2）、韓国との交渉の必要も感じていなかった。この溝が後の国交正常化交渉に影響していくことを理解させたい。

　【問2】では、国交正常化交渉における両国の対立の様相を具体的に捉えるために、第3次会談における「久保田発言」を取り上げた。その発言からは、日本側がいわば「逆請求権」として対外資産の返還・補償を要求し、それが歴史認識をめぐる対立に発展したことが読みとれる。なお、「水原の虐殺事件」は堤岩里事件を指すと思われる。この会談に対する生徒たちなりの評価を考えさせるために、新聞記者の立場でコメントする設問を設けた。

　【問3】は、難航していた交渉が急速に進展した理由を、東アジアにおける冷戦体制との関連で捉えることを企図している。この時期のアメリカ政府は、日本に「経済」、韓国などの前線地域には「軍事」を担わせる分担政策を展開した。資料4が示す通り、韓国はベトナム戦争に深く関与していたが、アメリカにとっては同盟国の支援を得てベトナムの戦局を打開するとともに、朴体制を支えることで「第2のベトナム化」を回避し、朝鮮半島を安定化することが重要な課題となっていた。他方、資料5からは、1960年代以降にアメリカの対韓援助が落ち込み、それを補完する形で日本の経済援助が増加したことが読み取れる。日本に期待されたのは反共軍事政権（朴政権）への経済的支援だったのであり、アメリカが早期妥結を促した理由もこの点にあった。そして、日本の政財界では「賠償」を道義的責任としてではなく、アジアへの経済的な「復帰」の足がかりに位置づけ、日本資本の対外進出を促す主張が台頭するようになる。韓国との国交正常化交渉における経済協力論の立場もこのような発想を基盤としていた。

　【問4】では、大平・金会談を取り上げ、両国が合意に向けて接近しながらも、互いに異なる思惑を持っていたことを読みとる問いを設けた。日本側からの「経済協力」への名称変更の提案が植民地・戦争責任問題との切り離しを図る意図を含んで提案されたこと、そのため韓国側としては容易には受け入れられず、被害補償を含意する「請求権」による妥結を望んだことを把握させたい。なお、日本側では「経済協力」とあわせて「独立祝い金」という名称も用いられていた。

　【問5】では、両国の日韓条約反対運動を取り上げ、そこで共有されていた心情を対比的に捉える問いを設けた。韓国の反対運動は、資料7に示した歴史認識に起因する不信感を基盤にしながら日本経済への従属化に対する警戒を表明し、屈辱的な外交を進める朴政権の正当性を糾弾する動きを示した。国民的規模で高揚した韓国の反対運動に対して、日本ではこの問題への関心が低いなかで反対運動が展開された。そこでは「60年安保」の枠組みを引き継ぐ形で反共軍事ブロック形成や独占資本、南北分断の固定化などを批判対象に位置づけ、冷戦構造を批判する姿勢が鮮明に示されていた。一方で、一部の知識人・団体を除いては、植民地支配への歴史的反省を掘り下げようとする動きは低調であった。

　【問6】では、交渉の帰結を確認する問いを設けた。日韓基本条約をめぐっては、植民地支配への言及がなされていない点や、韓国が「国連決議第195号〔Ⅲ〕に示されている通りの朝鮮半島にある唯一の合法的政府である」とした点（第3条）などが争点となってきたが、ここでは第2条を取り上げ、韓国併合条約について両政府が異なる見解を示した点に注目した。この条約が「不法かつ不当」だというのが韓国側の一貫した立場で、日本側がその合法・正当性を主張したため、「already null and void」の語を採用して二つの解釈が両立する余地を探ったと言われている。こうした玉虫色の政治決着を図ることで国交正常化が実現できた面があるにせよ、相互不信の隘路に陥っている今日の状況を踏まえるならば、信頼回復の重要な機会を逸したとも言える。

　【問7】は、日韓条約が戦争被害者の権利回復に寄与せず、むしろ新たな争点を生んできたことに気づかせる設問である。資料11 の裁判事例は戦争被害の多様性に配慮して選定した。個々の事例の詳細については、資料11 の出典に記した弁護士の山本晴太氏のホームページに各種裁判資料等が掲載されており、参考になる。原告たちの被害状況に目を向けつつ、日本で提訴された裁判の多くが退けられたこと、韓国でも提訴されていること、韓国政府を相手取る訴訟も存在することなど、現在まで続く戦後補償裁判の展開に触れて欲しい。

　韓国において戦後補償を求める動きが本格化するのは、民主化が進展した1990年代以降のことであり、被害者の多くは軍事独裁体制の下で沈黙を余儀なくされてきた。その口火をきったのは、元「慰安婦」金学順さんの訴えであった。以後、海外の戦争被害者が日本の裁判所に訴える事案が続発していくが、日本で提訴された裁判の多くは時効や国家無答責などを理由に相次いで棄却されていった。しかし、重要な点は、1990年代の戦後補償訴訟においては、日本政府が「日韓請求権協定で解決済み」と抗弁せず、個人請求権を否定しなかった点である。そもそも日本政府は、日本人を原告とする原爆訴訟とシベリア抑留訴訟において、対日平和条約および日ソ共同宣言で日本国が放棄した請求権は外交的保護権（自国民が他国の違法行為により損害を受けた場合に、相手国の責任を追及する権利）であり、被害者個人がアメリカやソ連に対して損害賠償を請求する権利は消滅しておらず、したがって日本政府が被害者の請求に応じる必要はない、との見解を示してきた。この論理からすれば、1965年の日韓請求権協定の締結にあたっても、放棄されたのは両国の外交保護権であり、被害者個人の請求権は消滅しないと考えるのが自然であった。

　だが、2000年以降に日本政府は従来の解釈を変更して「条約等で解決済み」との見解を示すようになり、2007年の中国人慰安婦訴訟および西松建設強制連行・強制労働訴訟では日中共同声明を理由に棄却する最高裁判決が示されることとなった。これ以降、日本の法廷で外国人戦争被害者の権利を回復することは困難となり、韓国人被害者の法廷闘争もその舞台を韓国へ移していくことになった。その一方で、西松建設訴訟では強制連行の事実認定がなされ、企業責任を認めたうえで裁判以外の方法での解決を促し、この勧告に基づき中国人受難者・遺族と西松建設との間に和解が進められている。そして、2018年に示された一連の韓国・大法院判決では、日韓請求権協定の交渉過程で日本政府が植民地支配の不法性を認めてこなかったことなどを理由に挙げて、原告勝訴の判断が示されるに至った。

〈参考文献〉

太田修『日韓交渉─請求権問題の研究』クレイン、2003年

高崎宗司『検証　日韓会談』岩波書店、1996年

山本晴太・川上詩朗・殷勇基・張界満・金昌浩・青木有加『徴用工裁判と日韓請求権協定─韓国大法院判決を読み解く』現代人文社、2019年

吉澤文寿『日韓会談1965─戦後日韓関係の原点を検証する』高文研、2015年

11 日朝・南北間の信頼醸成・平和構築はどう進められてきたのか

┌─学習課題─
　日本と朝鮮民主主義人民共和国（北朝鮮）との戦後処理はいまだに終わっておらず、国交正常化がなされていない。朝鮮戦争も終結はしておらず、南北両軍は現在も軍事境界線で対峙している。だが、それでも日朝・南北関係は変化してきた。これまでの関係改善のための努力に学び、東アジアの平和のためには何が望まれるのか考えてみよう。

キーワード　日朝国交正常化　日朝平壌宣言　南北共同宣言　朝鮮学校　離散家族

1. 国交正常化がいまだに課題となっている日朝関係

　日本の敗戦後、朝鮮との戦後処理は連合国の対日講和条約とは別枠で、南北別々に進められた。北朝鮮政府は 1955 年に初めて日朝国交正常化を呼びかけた。日本政府はこれに応じなかったが、民間レベルでは、日朝間の文化交流や経済交流が限定的ながらも行われていた。

　1965 年に日韓条約が締結され、日朝間の国交正常化はさらに難しくなった。1972 年、米中接近に始まる情勢変化のなかで、北朝鮮政府は日韓基本条約を破棄しなくても日本との国交正常化は可能という立場を示した。一時的に関係改善が進みそうな時期もあった。しかし、結局、政府レベルで日朝国交正常化交渉が始まるのは、米ソ冷戦体制が終結した 1990 年代に入ってからとなった。

　東欧・ソ連の社会主義政権の崩壊のなかで、北朝鮮は韓国や日本との関係改善に臨んだ。1990 年9 月には、日本の自民党、社会党代表が訪朝し、朝鮮労働党との間で「共同宣言」が発表された。日本は植民地支配の反省・謝罪の意を表明し、国交樹立をめざすことが合意された。こうしてようやく日朝交渉が始まったが、交渉は長期化している。

　2002 年 9 月に日本の小泉純一郎総理が訪朝し、北朝鮮の金 正 日国防委員長との間で、初の日朝首脳会談が行われた。「日朝 平 壌宣言」が出されたのは画期的だった。だが、北朝鮮側が日本人拉致を認めたのを契機に、日朝交渉は難航している。

資料1　日朝平壌宣言（抜粋）

┌──────────────────────────────────────
　両首脳は日朝間の不幸な過去を清算し、懸案事項を解決し、実りある政治、経済、文化的関係を樹立することが、双方の基本利益に合致するとともに、地域の平和と安定に大きく寄与するものとなるとの共通の認識を確認した。
1. 双方は、この宣言に示された精神及び基本原則に従い、国交正常化を早期に実現させるため、あらゆる努力を傾注する ‥‥
2. 日本側は、過去の植民地支配によって、朝鮮の人々に多大の損害と苦痛を与えたという歴史の事実を謙虚に受け止め、痛切な反省と心からのお詫びの気持ちを表明した。

> 　双方は、日本側が朝鮮民主主義人民共和国側に対して、国交正常化の後、双方が適切と考える期間にわたり、無償資金協力、低金利の長期借款供与及び国際機関を通じた人道主義的支援等の経済協力を実施し、また、民間経済活動を支援する見地から国際協力銀行等による融資、信用供与等が実施されることが、この宣言の精神に合致するとの基本認識の下、国交正常化交渉において、経済協力の具体的な規模と内容を誠実に協議することとした。
>
> 　双方は、国交正常化を実現するにあたっては、1945年8月15日以前に生じた事由に基づく両国及びその国民のすべての財産及び請求権を相互に放棄するとの基本原則に従い、国交正常化交渉においてこれを具体的に協議することとした。
>
> 　双方は、在日朝鮮人の地位に関する問題及び文化財の問題については、国交正常化交渉において誠実に協議することとした。‥‥

【問1】 資料1を読み、日朝国交正常化のために両国で確認されたのは、どのような内容なのか、まとめてみよう。

【問2】 資料1の宣言が出されたにもかかわらず、国交正常化交渉が進展しない背景には、どのような問題があるのか、考えてみよう。

2．一進一退しながらも、進展してきた南北関係

　朝鮮戦争の休戦協定締結後の南北は、軍事境界線で対峙し、時には非常に緊張が高まる経験を繰り返した。しかし、分断を超え、平和的共存、統一をめざす努力は続いてきた。

　1972年7月4日には、米中接近の国際情勢のなかで「南北共同声明」が発表され、南北間で「自主的、平和的、民族的大同団結をもって統一をめざす」という原則（統一三大原則）が合意された。しかし、その後、南北それぞれが国内体制を改め、南北対立はむしろ深まっていった。

　1980年代に韓国は民主化を推し進め、1988年のソウルオリンピックには社会主義国からも多くの参加があった。韓国の盧泰愚政権（1988〜93）は外交政策を一新して社会主義国との関係改善をめざした。統一後のドイツ情勢も、南北が互いの関係を見直す契機になった。

　米ソ冷戦体制が終結するなか、1990年9月に韓国と北朝鮮の南北首脳級会談が初めて実施された。1991年に南北は国連同時加盟を果たし、また「南北間の和解と不可侵および交流協力に関する合意書」「南北非核化共同宣言」を発表した。南北関係は「国と国との関係ではなく、統一を志向する過程で暫定的に形成される特殊な関係であることを認定する」とし、「統一三大原則」に則って、それぞれの体制を尊重しあいながら、交流と協力を図ることが合意された。

　その後、北朝鮮は核開発疑惑問題や金日成主席の死去（1994）等に対処しながら、米朝関係の改善を最重視するようになった。南北関係は冷え込んだが、韓国の金大中政権（1998〜2003）は「太陽（包容）政策」を掲げて、米日など周辺諸国を説得し、東北アジアの包括的な平和枠組み構築を目指した。2000年6月には初めての南北首脳会談が実現した。

資料2 「南北共同宣言」（6・15宣言）（抜粋）

> 1．南と北は国の統一問題を、その主人であるわが民族同士で互いに力を合わせ、自主的に解決していくことにした。

２．南と北は国の統一のため、南側の連合制案と北側のゆるやかな段階での連邦制案が、互いに共通性があると認め、今後、この方向で統一を志向していくことにした。

３．南と北は今年の８・１５に際して、離散家族、親戚の訪問団を交換し、非転向長期囚問題を解決するなど、人道的問題を早急に解決していくことにした。

４．南と北は経済協力を通じて、民族経済を均衡的（きんこう）に発展させ、社会、文化、体育、保健、環境など諸般の分野での協力と交流を活性化させ、互いの信頼を高めていくことにした。

【問３】 資料２を読み、初の南北首脳会談で合意された内容から、印象に残ったことを書き上げてみよう。

その後、南北は和解と協力を推進し、相互往来も増加した。しかし、2008 年に成立した李明博（イ ミョンバク）政権（2008 ～ 13）は、金大中・盧武鉉（ノ ム ヒョン）政権（2003 ～ 08）時よりも北朝鮮との対決姿勢を強め、次第に南北関係は停滞していった。米朝関係にも進展がみえず、北朝鮮は核実験を続けた。朝鮮半島の緊張はかつてないほどに高まった。

資料３ 南北往来者（観光客を除く）数と韓国からの金剛山・開城・平壌観光参加者数

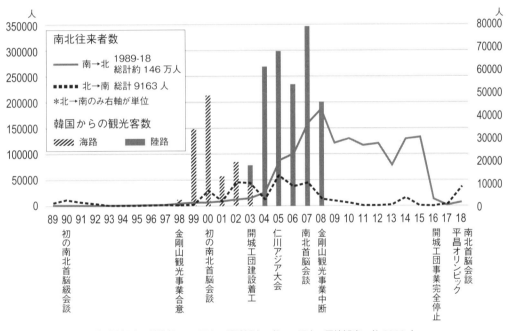

金剛山観光　総計約 193 万人、開城観光　約 11 万人、平壌観光　約 2000 人

【問４】 2000 年の「南北共同宣言」（６・15 宣言）を前後して、南北交流はどのように推移してきたのだろうか。資料３をみて南北間の往来者数、韓国の北朝鮮（金剛山、開城、平壌）観光事業への参加者数について読み取ったことを指摘しあってみよう。

閉塞感の強い日朝関係に対し、南北関係は進展が著しい。2018 年４月には、韓国の文在寅（ムンジェイン）大統領と北朝鮮の金正恩（キムジョンウン）国務委員長が、軍事境界線上にある板門店で 11 年ぶりとなる首脳会談を行った（本書第４章第９節参照）。それは、緊張と危機にあった情勢を劇的に転換させ、本格的な対話と交渉の場をきりひらく契機となった。同年６月にはシンガポールで米朝首脳会談が実現した。一進一退はあ

るが、その後も交渉は途絶えてはいない。今後、南北関係はどのように変化していくのだろうか。

3．東アジアの平和のために──どのように信頼醸成をめざしていくか？

外交交渉以外の場でも、日朝関係・南北関係の改善、そして東アジアの平和構築のための努力は続いている。各界、各地域における交流や、さまざまな離散家族の姿を紹介した以下の資料を参考に、具体的な取り組みについて調べてみよう。そして、わたしたちはどのように相互理解を深め、信頼関係を築きあげていくべきか、考えてみよう。

（1）交流の足跡をたどってみよう

資料4　スポーツ、芸術での交流

（左）世界卓球（於千葉）女子団体で優勝した南北統一チーム（1991年4月）
（右）平壌公演を行った韓国のアーティストたち（2018年4月）

【問5】 資料4を参考に、スポーツ、芸術、学術などの場で、知っている日朝・南北間交流の事例があれば、あげてみよう。

朝鮮学校は植民地下で奪われていた朝鮮民族の言語や文化の回復をめざして、戦後、日本各地につくられた。しばしば北朝鮮とのつながりが問題視され、日本人による排外主義的言動にさらされてきたが、日本の地域社会、そして韓国社会からは理解や支援の輪も広がっている。

資料5　韓国人からみた日本の朝鮮学校、そして在日コリアンの子どもたち

> 　同じ民族での殺し合い、果てしない敵対心と恐怖そして混乱…… こうして戦争は終わりました。いや、一時的に休止となりました。「朝鮮戦争が終わると、北側は在日同胞を海外公民として受け入れ、1957年から、当時としては相当な金額の教育援助費と奨学金を〔在日同胞に〕送りました。戦後の復旧で困難な経済状況の最中に送られた巨額の教育援助費は、同胞社会の熱い反響を呼びました。民族教育に対する関心も一層高まりました。」こうして時は流れていきました。休戦ラインの南側にいる私たちは、忘れてしまったのです。日本に住んでいた多くの同胞たちを。恥・か・し・く・も。
> …… こうして時は流れ朝鮮学校を発見する、思い出します。
> ……生涯、日本の地で暮らしながら、日本の子どもたちとは違って、朝鮮学校に通い学ぶ子どもたち。いつも日本の地で私は誰なの？　果てしなく問い続けてきたはずの子どもたち。すごい衝撃でした。…… 私は幼い頃から、朝鮮半島の近現代史を、きちんと学んだことがあっただろうか？　分断の現実に対して、肌で感じたことがあっただろうか？　実際に日本に来てみると、分けられた祖国の痛みが、日本の社会にそのまま残っていると感じることができました。…… 日

本社会の中で、ウリマル*を話し、日本語も話し、北を理解し、南を心で受け入れる子どもたち。‥‥ 日本で生まれたけれど、南と北を故郷として受け入れ、日本の社会を正確に理解しているから、架け橋の役割ができる人たち。日本という国で自由に考え、日本の文化を直接受け入れながらも、差別の歴史にも決して屈せずに生きてきた朝鮮学校の子どもたち。‥‥ 北と同じくらい南とよい関係を持ちたがっている、南の社会に対する期待と好意を持っている子どもたち ‥‥

（クォンヘヒョ『私の心の中の朝鮮学校』を抜粋編集）

＊ウリマルとは私たちの言葉という意味で韓国・朝鮮語を指す

【問6】 韓国のある俳優が、日本の朝鮮学校の子どもたちとの交流を振り返って書いた資料5を読み、考えたことをグループで話し合ってみよう。

2001年から東京・ソウル・平壌で絵画交流展が行われている。日本と韓国のNGOによって、日本の小学校や日本の朝鮮学校とともに、北朝鮮の平壌の小学校からも絵が集められている。展示された絵をみて書かれた手紙は、絵を描いた子どもに届けられる。

資料6 絵画交流展で未来のともだちに出会う

この10年間、北東アジア3カ国の間には、厳しい政治的関係が続いてきました。とりわけ、日本と朝鮮民主主義人民共和国の間には、最悪の状態が今日もなお続いています。‥‥ ここ数年の日本での北朝鮮へのバッシング、嫌悪感情をみていると、国家、政府と人々が一体化してとらえられているように思われます。‥‥ 「ともだち展」を観た多くの日本の大人たちのアンケートには、「北朝鮮を無意識のうちに先入観で観ている自分に気づかされた」 ‥‥ と記されています。とりわけ、私は日本の子どもたちの感想文にみられる「感動した」「心に響いた」ということばに注目しています。‥‥ 国連「持続可能な開発のための教育（ESD）10年」のコンセプトは「学びをつなぐ、未来をつくる」。私は、この「ともだち展」を、ESDのモデル活動としてとらえたいと考えているのです。

「南北コリアと日本のともだち展」（東京）

南北コリアと日本のともだち展実行委員会代表、日本ユネスコ協会連盟理事・米田伸次

子どもたちが描いた未来の世界や姿は、お互いに手をつないでいるものが多いように感じます。また、東京・平壌・ソウルを巡って完成した共同制作に表現されている子どもたちの思いは、決しておおげさなものではなくて、手を取り合っていっしょに心ゆくまで遊べたらいい、ただそれだけなのです。‥‥

私たちの「オリニオッケドンム」（＝肩を組み合うともだち）という団体の名前には、子どもたちが肩を組んで遊べたら、という思いが込められています。今は、絵を通してのみ出会っていますが、いつかは実際に手をつなげる日が来なくてはならない。これまでの活動は、まさにこうした未来を実現するための基盤となっています。　　　　オリニオッケドンム事務総長 黄允玉

オリニオッケドンムのワークショップ（ソウル）

　　この10年でもっとも印象的で嬉しかったことは、朝鮮の子どもたちの想いや心、希望を絵に込めて日本に伝え、さらに南（韓国）の地にも伝えてきたことです。‥‥ 当初は、日本というだけで良い気持ちがしませんでした。私は植民地時代に生まれているので、子ども時代に抱いた日本観、出版物や両親の話などから、朝鮮が受けた被害をよく知っているからです。‥‥ この10年で、ふつうの日本の人々が私たちを理解してくれていると感じるようになり、少しずつ日本に対するイメージが変化し、気持ちも近づいていきました。気持ちが近づくと、共通点も多いことに気がつきました。この共通点、同じ思いをあわせていけば、大きな力になるのではないでしょうか。　　平壌市ルンラ小学校校長 安玉寶（アンオクボ）

韓国や日本の子の絵をみて手紙を書く（平壌）

（南北コリアと日本のともだち展実行委員会編『2001-2010　南北コリアと日本のともだち展』より抜粋）

【問7】 絵画交流展の活動の10年を振り返って書かれた資料6を読んで、考えたことをまとめてみよう。

（2）離ればなれになった家族との「再会」を求めて

　日朝関係・南北関係の対立や滞りから、被害を受け、家族の離散（りさん）を強いられた人がたくさんいる。

資料7　家族の離散を強いられたさまざまな人々

南北離散家族の再会事業

朝鮮戦争後、初めて再会できた姉妹（金剛山、2018年8月）

拉致被害者の帰国を訴える家族

拉致された娘の帰国を40年以上も待つ母（2017年11月）

亡くなった家族の遺骨を求めて

左は旧日本軍軍属として死亡した父の遺骨が祐天寺（ゆうてんじ）（東京）にあるが、日本政府が入国許可を出さず、受け取れない息子。右は引揚（ひきあげ）途上等で亡くなった日本人が埋葬されている墓地で読経し、遺骨の送還を求める日本人僧侶（平壌、2019年5月）。

北朝鮮帰国者と会えない日本にいる家族

「北朝鮮帰国事業」（1959〜84年）で9万人を超える人（在日朝鮮人が大半、日本人も6千人以上）が北朝鮮に渡ったが、日本にいる家族との再会や里帰りは非常に難しい。写真は帰国船（新潟、1959年）。

【問8】 資料7を参考に、離ればなれになった家族への思いを訴えてきた人々について調べてみよう。

教 材 解 説

〈教材のねらい〉

　平和で人権が尊重される東アジアを展望するうえで欠かせないのは、朝鮮民主主義人民共和国（北朝鮮）との関係を考える視座である。第2次世界大戦後、70年以上を経ても、日本と北朝鮮との国交正常化はなされず、朝鮮戦争も休戦状態が65年を超えた。こうした日朝・南北の関係性は、政治・軍事レベルに限らず、家族や個人の生活レベルにまで、深刻なひずみを生み出している。

　だが、こうした現状を打破しようと、長年にわたって努力が積み重ねられてきたことも事実だ。北朝鮮に対する認識は、韓国では民主化運動の展開とともに多様化してきたが、日本では、依然として、政治指導者の言動のみで捉えられがちである。植民地支配、冷戦をどのように克服するかという問題とともに、日朝・南北関係の課題はある。各地の人々のさまざまな被害をみすえ、信頼醸成や再会をめざす努力のひとつひとつが日朝・南北関係を動かしていくことを考えさせたい。

〈資料の解説〉

　資料1「日朝平壌宣言」（2002年）は、現時点では最も基本的な日朝関係の基礎資料である。また、「南北共同声明（7・4声明）」（1972年）で合意された「統一三大原則」が受け継がれて、資料2「南北共同宣言（6・15宣言）」（2000年）は出された。これは、2018年4月「板門店宣言」等の基礎となっている。資料3は、韓国統一部の統計資料から作成した（最新の数値は、そこで確認できる）。韓国における北朝鮮観光事業は、「現代財閥」創業者の鄭周永（1915-2001年）が1998年に金正日に直談判して始まった。金剛山は、鄭の生まれ故郷近くの、民族の名峰のひとつ。金剛山へは当初は海路で行ったが、2003年からは陸路で行けるようになった（専用バスでのツアーのみ）。しかし、2008年に、禁止区域に立ち入った韓国人観光客が警告なしに射殺された事件を契機に、この事業は中断された。同時に、開城（高麗の首都、2013年に世界遺産登録）の観光事業も停止された。この開城では南北共同で工団事業が展開されていた。韓国の資本と技術、北朝鮮の土地と労働力とで事業経験が積まれた。「メイド・イン・DPRK（北朝鮮）」の商品は、韓国でアンテナショップができただけでなく、一時は日本の市場でも流通した。この事業も2016年には完全に操業が停止された。2018年に南北対話が再開され、韓国政府は観光事業、開城工団事業の再開を求めている。なお、金剛山は、朝鮮戦争の離散家族再会の場としても使われてきた。

　資料5の著者クォンヘヒョは「冬のソナタ」等に出演してきた俳優で、東日本大震災直後には韓国の歌手らとともに、被災した朝鮮学校を支援する団体の共同代表として活動した。東京枝川の朝鮮学校や京都ウトロの住宅問題など、近年では、韓国人による支援も増えている。なお、資料括弧内の文はチョンビョンホに拠る。資料6はJVC、在日本韓国YMCAなど、日本のNGOのネットワークが、朝鮮学校の協力を得て開催してきた「南北コリアと日本のともだち展」の10年誌からの抜粋である。「ともだち展」は各地の人々に、北朝鮮の子どもの姿や、交流する日本人、在日コリアン、韓国人の子どもの姿を伝えてきた。

　資料7では、日朝・南北関係の狭間で家族が引き裂かれ、切実に家族の再会を求める人々の姿を示した。南北の離散家族については直接再会や中継映像での再会も行われてはいるが、人道的見地からの抜本的な救済措置は講じられておらず、関係者の高齢化が懸念される。日本人拉致問題について

は、2014年にすべての在朝日本人の包括的調査（後述の日本人遺骨問題、「帰国事業」で北朝鮮に渡った日本人配偶者問題等を含む）のなかで、調査が行われることになったが（ストックホルム合意）、その進展はみられていない。旧日本軍の軍人・軍属として死亡した朝鮮人の遺骨は、本籍が南側の人については日本政府から故国への返還がほぼ終わったが、本籍が北側の人については未だ果たされていない。軍人軍属以外の動員者の遺骨問題は南北ともに未解決だ。引揚途上に北朝鮮で死亡した在朝日本人の遺骨も残されたままで、遺族は墓参を試みながら、その日本への移送を求めている。

〈問いの意図・解答例〉

　1では、日本と北朝鮮との戦後処理・国交正常化交渉が、日韓条約体制がつくられるなかで、どのように推移ししてきたのかを概観した。【問1】は、「日朝平壌宣言」（2002年）の合意内容を確認したい。なお、発展的には、この内容を日韓基本条約（1965年）と対比させて、その共通点・相違点についても考えてみたい。【問2】は、マスコミやインターネット等を通じて日常的に見聞きしている日朝関係の諸課題を、あらためて俎上に載せるための設問でもある。

　2では、朝鮮戦争休戦後、分断克服を志向する南北対話がどのように推移してきたかを概観した。【問3】は、南北関係の大きな画期となった「南北共同宣言」（2000年）の内容を理解するための設問である。【問4】では限定された形ながらも、往来の機会が90年代までに比べ格段に増え、この20年で約200万人の観光客、146万人に上る往来者を数えたことを、まずは捉えたい。（人数の増減の背景を分析するには、北朝鮮核問題の推移、道路・鉄道路・空路拡大、開城工団関係者数など、他の資料にもあたりながら考える必要がある。）

　3では、北朝鮮との交流を模索してきた人々の姿、家族の離散という苦しみを抱えて暮らしている人々の姿をたどりながら、信頼醸成や問題解決は、外交交渉のみならず、多様な場で多様なアクターによって担われていることを認識したい。【問5】では、南北での統一旗使用や統一チーム結成、北朝鮮応援団の訪韓について想起されるかもしれない。スポーツや芸術など、身近な場で、交流の場が作られてきていることを再確認したい。また、かつては学術目的での北朝鮮研究者の来日もあった。【問6】は、北朝鮮とのつながりを取りざたされ、日本で深刻なヘイト行為にさらされてきた朝鮮学校の子どもたちについて考えたい。【問7】では、その朝鮮学校が「架け橋」となり、日本、韓国のNGOと北朝鮮とをつなぐ役割を果たしている交流の事例があることを知り、その継続がきりひらく可能性について考えてみたい。【問8】では、資料7 を手がかりに、離散した家族との「再会」を求める人々の切実な思いや訴えを、インターネット等を用いて、より深く受けとめる契機としたい。

〈参考文献〉

石坂浩一編『北朝鮮を知るための55章』〔第2版〕、明石書店、2019年

姜尚中、水野直樹、李鍾元編『日朝交渉　課題と展望』岩波書店、2003年

キムジャニン、カンスンファン、イヨング、キムセラ『開城工団の人々』地湧社、2017年

金聖甫、奇光舒、李信澈『写真と絵で見る北朝鮮現代史』コモンズ、2010年〔韓国・歴史問題研究所企画、ウンジン、2004年の翻訳書〕

クォンヘヒョ『私の心の中の朝鮮学校』HANA、2012年

日本国際ボランティアセンター（JVC）編『北朝鮮の人びとと人道支援』明石書店、2004年

林典子『朝鮮に渡った「日本人妻」―60年の記憶』岩波書店、2019年

12 君たちは日韓関係の未来をどのように担っていくか

〈学 習 課 題〉

　日本と韓国は、幾多の困難な状況を乗り越えて、現在の友好関係を築いてきた。ここでは、高校生による訪韓・訪日してのレポートや、長い間、日韓間の相互理解を深めるために共通教材作りに取り組んできた歴史研究者・歴史教師の経験に学びながら、君たち一人ひとりが日韓関係の歴史を踏まえ、未来の日韓関係をいかに担っていくかについて考えてほしい。

キーワード　国際交流　戦争責任　歴史対話　教科書問題　共通教材作り

1. 日本と韓国の高校生は日韓の国際交流から何を学んだか

　次の資料1は、日本の高校生が韓国を訪れた後に記したレポート（2014年）の一部で、資料2は、韓国の高校生が日本を訪れた後に記したレポート（2002年）の一部である。

資料1　日本の高校生のレポート

　日中韓の学生がそろって歴史について討論するのは…… 日本の学生は、自分も含めて韓中とは勉強量が違う（少ない）し何かを質問されてもきちんと答えられるかとても不安でした。また、他の国の学生と、コミュニケーションをとってすごせるか…… などたくさんの不安と、他の国の学生と討論できるという期待を持ってこのキャンプに参加しました。私は、…… インターネットなどで東学農民運動について調べていても本当に少しの量の情報しか出てこなかったこと、グループで教科書の比較をしたときに日本で使っている教科書は中韓と比べて、客観的に見て内容が短かったこと、どちらも不思議です。…… 3日目に博物館などにたくさん行きました。…… 一番遺物のなかできれいだったのは、王の金製冠装飾、とても精密で昔から細かくきれいなものが作られていることがわかりました。一番迫力があったのはやっぱり百済金銅大香炉、…… 私的に一番すきなのは磨崖如来三尊像。仏像が笑っているイメージがなかったから、新しく普通の仏像よりも親しみを感じました。…… 日中韓の難しい問題も意見を交換し合ってわかり合えて進んでいけるような大切な経験ができ、感謝しています。…… このキャンプに参加して、学んだことは数えきれないほどあります。…… 最後に、私達日中韓は、「言葉は違うけど、心は同じ」です。

（『第13回東アジア青少年歴史体験キャンプ記録集　東アジア　未来・共同体』）

資料2　韓国の高校生のレポート

　（1月17日）もうすぐ日本へ行く。…… （1月19日）僕たちを迎えにきてくれた先生方や高校生たちと一緒に広島平和記念公園に行った。原爆が落ちた時唯一残ったというドームを見て、その威力を実感した。…… 平和記念資料館を見学しながら感じたことは、被爆者たちは自分たちの痛

みを語るだけで、どうしてそのような空襲をうけたのかについては触れなかった。前に言った話しとは食い違うことになるかもしれないが、戦争を起こしたのには国民にもかなりの責任があるのではないか。とにかく戦争はあってはならないということだとはっきり言える。そして公園の片隅にある韓国人犠牲者の慰霊塔に花と黙禱をささげた。本当にかわいそうなのはこの人たちだろう。なんだか悲しみがこみ上げてきた。‥‥ 僕は今、広島の先生の家でホームステイをしている。‥‥ 本当にみんな親切だった。‥‥（１月20日）どの国でも世の中の動きに無関係な子どもたちがいて、また自分自身の人生を一生懸命に生きるため努力する人々がいる。ところが僕たちはそのような人々の存在を忘れたまま、ただその国家が犯した行為だけを見て、うかつにもその国の国民も国家と同じだと判断しがちだ。‥‥

　（１月21日）飛鳥では高松塚古墳を見たが、そこにある壁画は韓国の教科書に出ていた写真と同じだった。‥‥ そこの風景は韓国の田舎の風景と似ていて、まるで韓国にいるような気分になった。‥‥（１月24日）今日は城西中学・高校を訪問した。‥‥ 僕たちは若く、同じ世代ということだけで十分通じ合った。僕たちをホテルまで見送り、十二時過ぎに帰る彼らを見ながら、このような気持ちがうまく合わせられたら僕たちの未来は明るくなるだろうと思った。

（『韓国高校生の歴史レポート』）

【問１】 資料１・２を読んで感じたことを話し合いながら、日本と韓国の市民や学生が相互に交流することの意味について考えてみよう。また、参加したくなる交流の場とはどんなものが考えられるか、自由に企画しあってみよう。

２．日韓の相互理解のため、歴史教育者らはどのような努力をしてきたか

　日韓の歴史対話は、1960年代にユネスコ本部の呼びかけに応じた両国の国内委員会が対話の試みを始めたことに遡る。しかし、この試みは順調には進まなかった。1982年、日本の文部省による高校歴史教科書の検定で、中国の華北地域への「侵略」を「進出」に書き改めさせたと報道を契機に、この問題は日韓間・日中間の外交問題に発展し、いわゆる「教科書問題」が起こった。歴史認識をめぐる問題は、その後も絶えず日韓の底流に流れてきた。歴史の教科書にどのような用語を用いて、いかに記述するか。異なる国同士が過去の歴史にどう向き合って、いかに共有できる認識を創出するか。こうした課題を踏まえ、長い間、日韓の歴史対話に真剣に取り組んできた、大学の歴史研究者や高校の歴史教師は少なくない。ここでは４人の関係者にインタビューした。

資料3 『日韓交流の歴史』を作って

〈鄭在貞へのインタビュー〉
Q 韓日間の歴史対話に積極的に参加するようになった動機と、その成果は何ですか。

　私は1979年から82年にかけて日本に留学しました。当時の日本の知識人は、韓国を軍事独裁の国、一般人は未開・野蛮の国と認識していました。そして、韓国がそうなった起源を歴史に求めました。私は韓国人と日本人の歴史認識にあまりにも大きな違いがあったことに衝撃を受け、絶望感を感じました。そして、その溝を埋めないと、韓国と日本の理解と共生は難しいと考

えました。私が帰国した直後に「日本歴史教科書の韓国史歪 曲 事件」﹡が起き、私の憂いは現実となりました。私はこの時から日韓歴史研究と歴史対話に積極的に臨みました。

　1997年には、ソウル市立大学校と東京学芸大学との共同研究チームを作って、日韓の歴史教科書と歴史教育を比較・研究しました。そして数回の討論を経て、その最終的な成果物として『日韓交流の歴史』を日韓で同時に出版しました。

﹡日本でいう1982年の「教科書問題」

Q 日本と韓国が互いに協力していくために、どのような努力が必要だと思いますか。

　政治家の発言、マスメディアの報道など、我々が日常的に接する歴史の言説には真実とは異なることがあまりにも多すぎます。歴史は事実に基づいて慎重に話さなければなりません。正確な知識の上で議論すべきであり、感情が先に走る場合があっ

国際シンポジウム「歴史教育をめぐる日本と韓国の対話」（2007年6月、江戸東京博物館）

てはならないです。我が国は日本と外交、経済、文化、安保などにおいて、ものすごく密接な関係を結んでいます。感情的な対応は禁物です。

〈君島和彦へのインタビュー〉

Q 日韓間の歴史対話に参加するようになった契機は何ですか。

　私は、1990年から92年にかけて開催された「日韓合同歴史教科書研究会」に参加したことをきっかけに日韓の歴史教育に関心を持ちました。同会では日韓の歴史教育者らが初めて互いの歴史教育について意見を交換し、本格的に日本の歴史教科書を検討しました。

Q「合同研究会」が終わった後、どのような歴史対話を行いましたか。

　「日韓合同歴史教科書研究会」が終わった後、私は96年に1年間、韓国のソウル市立大学校に留学しました。そのうち、私は日韓の歴史教育交流をより深めたいと感じ、東京学芸大学とソウル市立大学校の歴史研究者らで研究会を立ち上げて約10年間、交流しました。研究会の活動を通して教材を書く作業に入り、2007年に『日韓交流の歴史』という日韓歴史共通教材を出版したのです。

Q 日本と韓国の青少年たちに伝えたいメッセージがあれば、一言、お願いします。

　日韓の青少年には、相手のことをもっと知る必要があることを伝えたいです。近年、歴史を抜きにして、漫画やドラマなどを通じて、相手のことを知っている人々が増えています。これも意義のあることですが、でも、やはり歴史を踏まえて、相手のことを知る必要があるのではないでしょうか。相手の歴史を分からない人が、知らないがために大失敗する場合も少なくなく、そういうことを無くすためにも、歴史の本をきちんと読むべきだと考えています。なおかつ今の韓国、日本のことを知ることが重要で、そのことを基本にして交流してほしいですね。

資料4 『向かいあう日本と韓国・朝鮮の歴史』を作って

〈三橋広夫へのインタビュー〉

Q どのような歴史対話に携わってきましたか。

　私は、韓国の歴史教師と交流をしたいと思っている3人の日本の教員と共に、1993年「日韓

教育実践研究会」を立ち上げました。同会は93年ソウルで初の会合を開いて以来、基本的に毎年日本と韓国を行き来しながら、現在まで続いてきています。韓国の教師たちとの交流を通して、私は刺激を受けただけでなく、自分の授業を見直すきっかけにもなりました。また、2001年に起きた「歴史教科書問題」を受けて、日本の「歴史教育者協議会」と韓国の「全国歴史教師の会」は、共同歴史教材を作ることに合意しましたが、私はその作業にも参加しました。両会の努力は、2015年に『向かいあう日本と韓国・朝鮮の歴史』全3巻として実を結ぶことができました。これらの書籍は、日韓で同時出版されました。

Q 日本と韓国の青少年たちに伝えたいメッセージなど、ありますか。

　未来の世代には、大いに期待しています。例えば、日中韓の青少年キャンプというプログラムがあります。そこでは3国の中高生が顔を合わせて、自分の考えをもって、はっきりと意見を言ったり、相手の意見もしっかりと聞いたりしています。こうした経験が東アジアの平和構築に欠かせないことだと思いました。最初は意思疎通が難しくとも、互いに付き合う中で、相手のことを考え、理解するようになる姿を見て、青少年にはすごく希望を持っています。世の中のしがらみを突破するエネルギーを持っていると確信しています。

資料5　『朝鮮通信使』を作って

〈姜泰源（カンテウォン）へのインタビュー〉

Q 韓日共同副教材『朝鮮通信使』の作成過程などについて、教えてください。

　日本と韓国の歴史教師が集まって平和と和解のための交流を提案し、歴史副教材（『朝鮮通信使』）の編纂（へんさん）事業を進めるようになりました。朝鮮通信使は日本と朝鮮が友好的かつ平和的に交流した象徴でありますが、日本が朝鮮を侵略した歴史的事実も一緒に叙述する必要性を両国の教師は認識しました。それで戦争から平和へという大枠の下で教材を編纂しました。歴史副教材の作成のための協議の過程では、日本と韓国の生徒たちが互いの歴史に対してよく知らないことに気づきました。

　韓国の生徒たちは、メディアを通じて報道された歴史的事実に基づいて日本のイメージを持っていました。日本の電子製品、日本人の勤勉性などに対してもメディアを通して知っていることがほとんどでした。また、学校の歴史授業を通して日本の韓国支配の不当性、野蛮性、略奪性などのイメージを持っていました。大部分の生徒たちが日本の侵略と支配に対して体系的に詳しく知っていたわけではありませんでした。

　これに対して日本の生徒たちは、韓国に対してあまりにも知りませんでした。また、日本が韓国を植民支配した事実、壬辰倭乱（イムジンウェラン）のときに豊臣秀吉が朝鮮を侵略した事実、李舜臣（イスンシン）将軍などについてもほとんど知っていませんでした。我々は当然、知っていると思っていましたが、違っていました。日本の教科書に叙述されている韓国関連内容は、授業の中でほとんど言及さえされていなかったのです。

【問2】 資料3～5で紹介されている3つの教材、『日韓交流の歴史』『向かいあう日本と韓国・朝鮮の歴史』『朝鮮通信使』の一部を読んでみよう。そのうえで、歴史について相互理解を深めるために、日韓の高校生でディスカッションをするとしたら、どのようなテーマを選ぶのが良いと思うか、その理由をあげつつ、話し合ってみよう。

教 材 解 説

〈教材のねらい〉

　本節では、日本と韓国の高校生がそれぞれ互いの国を訪問した後に記した文章、資料1・2を読みながら、両国の高校生が互いの国に対して抱いた思いに触れて、国際交流についての考えを深めさせたい。そして資料3〜5では、日韓の歴史認識における相互理解を深めるために努力してきた4人の歴史研究者や歴史教師らのインタビューを通して、その歴史対話の経験に学ぶことで、生徒自身に未来の日韓関係を身近な課題の一つとして捉えさせたい。

〈資料の解説〉

　資料1は、2014年8月に日中韓の中高生が韓国で歴史体験キャンプを行い、事後の感想文をまとめたもののうち、日本の高校1年生の記述の一部（『第13回東アジア青少年歴史体験キャンプ記録集　東アジア　未来・共同体』「第13回東アジア青少年歴史体験キャンプ」実行委員会事務局、2014年）である。

　資料2は、2002年に韓国・中京高校歴史探究サークル（朴中鉉引率）が、日本の学生らとの交流（広島・奈良・京都・大阪・東京等を訪問し、城西中学・高校と交流）を行った際のレポート（『韓国高校生の歴史レポート　ハラボジ・ハルモニへのインタビューと日韓交流』明石書店、2006年）の一部である。

　レポートの第1段落で言及している「平和記念公園」「平和記念資料館」については、4章8節「ヒロシマを歩く」を参照されたい。

　資料3〜5は、日韓の相互理解のために努力してきた4人の歴史研究者や歴史教師に焦点を当てて、その歴史対話の経験をまとめたものである。

　4人は、「日韓合同歴史教科書研究会」、東京学芸大学とソウル市立大学校とのチーム、「日韓教育実践研究会」、日本の「歴史教育者協議会」と韓国の「全国歴史教師の会」とのチームなど、相互の研究交流を継続して行い、『日韓交流の歴史』（明石書店）、『向かいあう日本と韓国・朝鮮の歴史』（青木書店）、『朝鮮通信使』（明石書店）などの日韓共通歴史教材作りにおいて重要な役割を果たした。ここでは、歴史対話に参加した動機やその意味、そして今後の相互理解のためにどのような努力が必要かという観点から、インタビューを行った一部を掲載した。

　資料3は、『日韓交流の歴史』の作成にかかわった、2人の研究者をとりあげた。鄭在貞は、ソウル市立大学校の教授、東北亜歴史財団の理事長を歴任した。彼は1990年代初め日韓歴史対話に参加して以来、共同教材開発や歴史対立の克服のために努力している。君島和彦は、東京学芸大学教授、韓国のソウル大学校教授を歴任した。彼は1990年から日韓の歴史教育問題に関心を持ち、両国の歴史対話のために取り組んでいる。

　資料4は、『向かいあう日本と韓国・朝鮮の歴史』の作成にかかわった、日本側の三橋広夫をとりあげた。三橋広夫は、千葉県公立中学校教諭、日本福祉大学教授を務めた。彼は1992年以来、日本と韓国の歴史教育実践に取り組み、両国の歴史教師の交流に尽力している。なお資料4の「2001年に起きた「歴史教科書問題」」とは、文部省（当時）の教科用図書検定に合格した中学校用『新しい歴史教科書』（扶桑社）が日本の朝鮮半島に対する植民地支配とアジア太平洋戦争における中国侵略を正当化している内容を含んでいるとして、日本国内はもとより韓国や中国からも批判を受けた出来事である。

　資料5は、『朝鮮通信使』の作成にかかわった、韓国側の姜泰源をとりあげた。姜泰源は、大邱の高等学校に在職している。彼は日本で 2001 年に「歴史教科書問題」が起きると、日本との共同歴史教材の作成に主導的に参加し、歴史認識における相互理解のための教育実践を展開している。

〈問いの意図・解答例〉

【問1】同じ高校生であることを前提に、異なる文化や異なる価値観をもつ人たちと交流をし、相互理解を深めることの意義を確認したい。高校生として気軽に楽しめる交流企画として、スポーツや音楽、ゲーム、ダンスなどが考えられる。

【問2】資料1・2で記述された、日韓の高校生が互いの国を訪れた経験やそれぞれ抱いた思い、さらには資料3〜5の、4人の歴史研究者・歴史教師の経験とそこで得た知恵からもヒントを得たい。実際に相互の地域を訪れ、高校生同士互いに意見を交わす経験は重要である。過去の歴史をまずは内省的にとらえる姿勢を涵養しつつ、生徒とともに相手国の歴史に対する理解を深める教材を探したい。そして、資料5に記述されているように、「戦争から平和へという大枠」を踏まえた歴史教材の掘り起こしを大切にしたい。

〈参考文献〉

加藤章『戦後歴史教育史論—日本から韓国へ』東京書籍、2013 年

君島和彦・坂井俊樹編著『朝鮮・韓国は日本の教科書にどう書かれているか—相互理解のための日本からの報告と韓国からの発言』梨の木舎、1992 年

徐毅植・安智源・李元淳・鄭在貞『日韓でいっしょに読みたい韓国史—未来に開かれた共通の歴史認識に向けて』明石書店、2014 年

鄭在貞『日韓＜歴史対立＞と＜歴史対話＞—「歴史認識問題」和解の道を考える』新泉社、2015 年

日韓共通歴史教材制作チーム編『日韓共通歴史教材 朝鮮通信使』明石書店、2005 年

日韓歴史教科書研究会編『教科書を日韓協力で考える』大月書店、1993 年

歴史教育研究会編『日本と韓国の歴史教科書を読む視点』梨の木舎、2000 年

歴史教育者協議会・全国歴史教師の会編『向かいあう日本と韓国・朝鮮の歴史 前近代編上・下および近現代編』青木書店・2006 年、大月書店・2015 年

第4章
日本と韓国を歩く

日本と韓国の世界遺産を訪ねる

　文化や自然を保護・保全する国際的な取り組みのひとつに、「顕著な普遍的価値」を持つ文化財や自然などを「世界遺産」へ登録する仕組みがある。ここでは、世界遺産を切り口に今までの学習を振り返りながら、事例を通して日韓の文化財の特徴について考えてみよう。あわせて、文化財の保護・保全に向けたさまざまな取り組みについても考察してみよう。

キーワード　世界遺産　姫路城　南漢山城　無形文化遺産

1. 世界遺産を通して歴史を振り返ろう

　日本は 1992 年に世界遺産条約に批准し、2019 年 8 月現在、23 件（文化遺産 19 件、自然遺産 4 件）の登録物件を保有している。韓国は 1988 年に批准し、14 件（文化遺産 13 件、自然遺産 1 件）を保有している。特に文化遺産は、日本・韓国の歴史についての学習で取り上げられているものが多く、それらを訪れることで、各時代における学びを改めて振り返りたい。

資料1 日本の世界遺産の分布

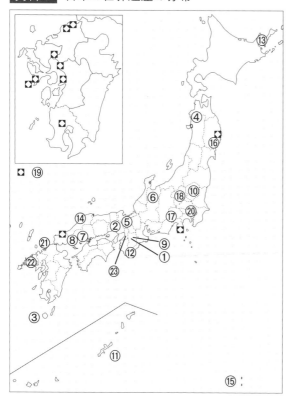

資料2 日本の世界遺産（2019 年 8 月現在）

①	法隆寺地域の仏教建造物
②	姫路城
③	屋久島
④	白神山地
⑤	古都京都の文化財
⑥	白川郷・五箇山の合掌造り集落
⑦	広島平和記念碑（原爆ドーム）
⑧	厳島神社
⑨	古都奈良の文化財
⑩	日光の社寺
⑪	琉球王国のグスク及び関連遺産群
⑫	紀伊山地の霊場と参詣道
⑬	知床
⑭	石見銀山遺跡とその文化的景観
⑮	小笠原諸島
⑯	平泉
⑰	富士山
⑱	富岡製糸場と絹産業遺産群
⑲	明治日本の産業革命遺産
⑳	ル＝コルビュジエの建築作品
㉑	「神宿る島」宗像・沖ノ島と関連遺産群
㉒	長崎と天草地方の潜伏キリシタン関連遺産
㉓	百舌鳥・古市古墳群

資料3 韓国の世界遺産の分布

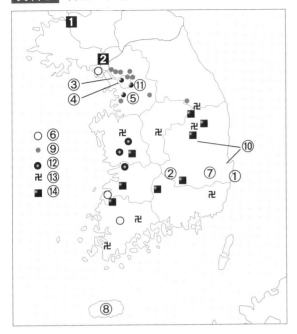

資料4 韓国の世界遺産(2019年8月現在)

①	石窟庵・仏国寺
②	海印寺大蔵経板殿
③	宗廟
④	昌徳宮
⑤	水原華城
⑥	高敞・和順・江華支石墓遺跡
⑦	慶州歴史遺跡地区
⑧	済州火山島と溶岩洞窟
⑨	朝鮮王陵
⑩	大韓民国の歴史的村落：河回と良洞
⑪	南漢山城
⑫	百済の歴史遺跡地区
⑬	山寺：韓国の山地僧院
⑭	書院：韓国の性理学教育機関群

〈北朝鮮の世界遺産(2019年8月現在)〉

1	高句麗古墳群
2	開城の歴史的建造物群と遺跡群

【問1】 日本と韓国の世界遺産の一覧を見て、どの世界遺産が日本と韓国のいつの時代のものであり、どのような歴史と関わるのかを調べて、今までの学習を振り返ろう。

2．両国の世界遺産を比べよう

　日本と韓国それぞれの文化的特徴を見るために、同じジャンルの登録物件を比較してみよう。ここでは、日本の姫路城（ひめじじょう）と韓国の南漢山城（ナマンサンソン）を比べながら、それぞれの特徴を調べていこう。

資料5 日本の姫路城の全体像

資料6 姫路城の天守（てんしゅ）

【問2】 資料5からは、姫路城がどのような場所に建築されていることがわかるか。

【問3】 資料5・6を見て、姫路城の天守にはどのような役割があったか考えよう。

資料7　姫路城の構造

⑫はの門	⑰西小天守	㉒大天守	㉗帯の櫓	㉜リの一渡櫓
⑬にの門	⑱備前丸	㉓東小天守	㉘りの門	㉝扇の勾配
⑭水の三門	⑲乾小天守	㉔への門	㉙太鼓櫓	㉞二の丸
⑮ほの門	⑳姥が石	㉕との一門	㉚お菊井戸	㉟るの門
⑯水の二門	㉑塩櫓	㉖備前門	㉛ぬの門	㊱三国堀

①菱の門	④渡櫓	⑦西の丸長局	⑨ろの門
②西の丸	⑤ヲの櫓	（百間廊下）	⑩ヌの櫓
③ワの櫓	⑥ルの櫓	⑧いの門	⑪化粧櫓

【問4】資料7を見ながら姫路城を巡ってみよう。菱の門から入り、いの門、ろの門、はの門、にの門、ほの門を通って大天守を目指そう。あわせて城郭の特徴をまとめよう。

資料8　韓国の南漢山城の全体像

資料9　南漢山城の門（西門）

【問5】 資料8からは、南漢山城がどのような場所に建築されていることがわかるか。

【問6】 資料9を見て、南漢山城の門にはどのような役割があったか考えよう。

資料10 南漢山城行宮

行宮とは、国王がソウルの王宮を離れて都城の外へ御成の時、臨時に居所するところである。南漢山城行宮は、戦争や内乱などの有事の時、後方の援軍が到着するまで漢陽の都城の王宮に代わる避難所として使用するために1626年建立された。南漢山城行宮は、宗廟と社稷*を韓国の行宮の中で唯一祀っており、有事の時に臨時首都の重要な役割を果たした。

*宗廟は先祖を、社稷は土地と穀物の神を指す。

【問7】 資料10から、南漢山城行宮が果たした役割をまとめよう。

【問8】 問2～7の学習を振り返って、日本の姫路城と韓国の南漢山城の特徴を比べ、違いを整理しよう。

3．世界遺産以外の保護・保全の取り組みについて考えてみよう

　有形物を対象とする世界遺産に対し、芸能や祭礼、伝統工芸などの無形物を対象とする「世界無形文化遺産」というユネスコの事業がある。例えば、日本の場合、多くの寺社が世界遺産となっている京都では「京都祇園祭の山鉾行事」が登録されている。韓国でも、朝鮮時代の歴代の王が眠る「宗廟」が世界遺産となっており、宗廟で行われる王室の祭礼である「宗廟祭礼と宗廟祭礼楽」が世界無形文化遺産となっている。

資料11 京都祇園祭の山鉾行事

資料12 宗廟祭礼（左）と宗廟祭礼楽（右）

【問9】 文化遺産についての学習を振り返りながら、あなたの周りにある地域の文化遺産を取り上げて、その特徴をまとめるとともに、どのように保護・保全がなされているか調べてみよう。

教 材 解 説

〈教材のねらい〉

　世界遺産は、「顕著な普遍的価値」をもつ文化財や自然などの保護を目的として、1972年の第17回ユネスコ総会で採択された「世界の文化遺産及び自然遺産の保護に関する条約」(いわゆる「世界遺産条約」)に基づいて登録が進められている。2019年8月現在、同条約には193ヶ国が加盟しており、国際条約としては最大規模となっている。同年末の登録件数は1,121件であり、その内訳は文化遺産869件、自然遺産213件、複合遺産39件となっている。本節では、日本と韓国の世界遺産登録物件について概観することで両国の文化の豊かさを把握し、城を事例に比較することで類似点や相違点を見出し、両国の世界遺産の多様性に気づかせたい。

〈資料の解説〉

　日本と韓国の世界遺産を概観する 資料1～4 に関連して、学習内容などを以下に整理する。

＜日本の世界遺産一覧＞

	登録物件名	所在地	登録年	主な構成資産と関連する学習内容
①	法隆寺地域の仏教建造物	奈良県	1993	【法隆寺】聖徳太子が建立、世界最古の木造建築物(607)
②	姫路城	兵庫県	1993	【姫路城】安土桃山時代～江戸時代を代表する城郭建築
③	屋久島	鹿児島県	1993	【自然遺産】植物の垂直分布、生物圏保存地域
④	白神山地	青森県 秋田県	1993	【自然遺産】造山運動、独特な生態系
⑤	古都京都の文化財	京都府 滋賀県	1994	【平等院】藤原頼通が鳳凰堂建立、末法思想(11世紀半ば) 【鹿苑寺】足利義満が金閣を建立、北山文化(14世紀末) 【慈照寺】足利義政が銀閣を建立、東山文化(15世紀末)
⑥	白川郷・五箇山の合掌造り集落	岐阜県 富山県	1995	江戸時代末期以降の合掌造りの建築物
⑦	原爆ドーム ＜負の遺産＞	広島県	1996	【原爆ドーム】アジア太平洋戦争末期にアメリカによる原子爆弾投下(1945)
⑧	厳島神社	広島県	1996	【厳島神社】平清盛が整備、平家納経が伝わる(12世紀後半)
⑨	古都奈良の文化財	奈良県	1998	【東大寺】聖武天皇による大仏造立の詔(盧舎那仏像)、聖武天皇の遺品を収蔵(正倉院)(8世紀半ば) 【唐招提寺】唐より鑑真が来日し戒律を伝える(8世紀半ば)
⑩	日光の社寺	栃木県	1999	【日光東照宮】徳川家康を祀るため徳川家光が建造(17世紀前半)
⑪	琉球王国のグスク及び関連遺産群	沖縄県	2000	【首里城跡】尚巴志が琉球王国を建設し、首里を都と定める(1429)
⑫	紀伊山地の霊場と参詣道	三重県 奈良県 和歌山県	2004	【金剛峯寺】空海が高野山に建立し真言宗をひらく(9世紀前半)

⑬	知床	北海道	2005	【自然遺産】季節海氷域、食物連鎖
⑭	石見銀山遺跡とその文化的景観	島根県	2007	【石見銀山】日本が世界中の銀の3分の1を産出していた頃の中心となった鉱山（17世紀）
⑮	小笠原諸島	東京都	2011	【自然遺産】独特な生態系
⑯	平泉	岩手県	2011	【中尊寺金色堂】奥州藤原氏初代の藤原清衡による建立、東北地方における浄土信仰の広がりを示す（12世紀前半）
⑰	富士山	静岡県 山梨県	2013	江戸時代の浮世絵など、芸術の題材となったほか、各地に富士講がつくられ信仰の対象となった
⑱	富岡製糸場と絹産業遺産群	群馬県	2014	【富岡製糸場】明治政府が殖産興業のために建設した官営模範工場で、海外にも生糸を輸出（1872）
⑲	明治日本の産業革命遺産	岩手県,静岡県,山口県,福岡県,佐賀県,長崎県,熊本県,鹿児島県	2015	【松下村塾】幕末期に西洋に学ぶことを説いた吉田松陰の私塾、伊藤博文ら明治政府の中心人物を育成（19世紀半ば）【韮山反射炉】江川坦庵の建議により幕末期に建造された溶鉱炉で、海防のために大砲などを製造（1857）【官営八幡製鉄所】国内初の銑鉄から鋼材づくりまで一貫して行う製鉄所で、日本の重工業化を支えた（1901）
⑳	ル＝コルビュジエの建築作品	東京都	2016	フランス人建築家ル＝コルビュジエが世界各地に残した建築物のうち、フランスを中心に7ヶ国17作品を登録。日本からは「国立西洋美術館本館」（1959竣工）が登録された
㉑	「神宿る島」宗像・沖ノ島と関連遺産群	福岡県	2017	4～9世紀頃の日本と大陸の交流にともない、航海の安全に関わる古代祭祀遺跡が残される
㉒	長崎と天草地方の潜伏キリシタン関連遺産	長崎県 熊本県	2018	【島原・天草一揆】江戸時代にキリスト教の信仰が禁じられた中で、信者の弾圧、「隠れキリシタン」として信仰を継続した集落、大浦天主堂における信徒発見までの流れを示す
㉓	百舌鳥・古市古墳群	大阪府	2019	【大山古墳】国内の古墳最大となる墳丘長486mを有する前方後円墳。仁徳天皇を祀るものとされている。

＜韓国の世界遺産一覧＞

	登録物件名	所在地	登録年	主な構成資産と関連する学習内容
①	石窟庵・仏国寺	慶尚南道	1995	【石窟庵】統一新羅の仏教文化、人工石窟（8世紀半ば）【仏国寺】仏教の理想世界を形象化した建築（8世紀半ば）
②	海印寺大蔵経板殿	慶尚南道	1995	【八萬大蔵経】高麗時代に制作された木版（13世紀）
③	宗廟	ソウル特別市	1995	【宗廟】朝鮮の王と王妃の位牌を奉安した祠堂（14世紀末）
④	昌徳宮	ソウル特別市	1997	【昌徳宮】朝鮮時代、景福宮の離宮として建てられた宮殿（1405）
⑤	水原華城	京畿道	1997	【水原華城】朝鮮時代、東西の軍事施設理論と築城術を集約した城（18世紀）
⑥	高敞・和順・江華支石墓遺跡	全羅北道 全羅南道	2000	【支石墓】朝鮮半島、青銅器時代の代表的な石の墓

⑦	慶州歴史遺跡地区	慶州市	2000	【慶州】新羅王朝の千年首都（前57〜後935）
⑧	済州火山島と溶岩洞窟	済州道	2007	【自然遺産】漢拏山、城山日出峰、拒文岳溶岩洞窟系
⑨	朝鮮王陵	ソウル特別市	2009	【王陵】朝鮮時代の王室関連の墓に王陵と陵苑がある
⑩	韓国の歴史村：河回と良洞	慶尚北道	2010	韓国の代表的な両班の村である
⑪	南漢山城	京畿道	2014	【南漢山城】軍事防衛施設を備えた朝鮮の非常時における臨時首都
⑫	百済の歴史遺跡地区	忠清南道 全羅北道	2015	【百済の歴史遺跡】5〜7世紀韓国、中国、日本の古代東アジア王国間の交流と、その結果として現れた建築技術の発展と仏教の広がりを示す考古学的遺跡
⑬	山寺、韓国の山地僧院	慶尚北道、慶尚南道、忠清北道、忠清南道、全羅南道	2018	7〜9世紀における創建から現在までの韓国仏教の歴史性を示す、通度寺をはじめとする韓国南部の山間部にある7つの寺院を登録
⑭	書院、韓国の性理学教育機関群	慶尚北道、慶尚南道、全羅北道、全羅南道、忠清南道、大邱市	2019	紹修書院をはじめ、朝鮮時代における性理学の発展を示す、韓国の中部から南部に点在する9つの書院を登録

資料5〜7 標高45mの姫山に位置する姫路城は、1333年に赤松則村が縄張（建築計画）を行い、1346年に赤松貞範が築城したのが起こりとされている。その後、羽柴秀吉らによって拡張・整備がなされ、1609年に池田輝政によって現在の五重7階連立式天守をもつ姫路城が完成された。城下についても、姫路城のある姫山を中心に堀を左回りのらせん状に巡らせて、3つの「曲輪」という区画に分けて整備された。さらに外堀によって城と城下町全体を囲む「総構」を持つ、防御性の高い城づくりを進めた。また、姫路城は白壁で統一された外観から「白鷺城」とも呼ばれ、美的完成度が高く、日本の城郭建築の代表とされている。

資料8〜10 南漢山城は、西側の端に清涼山（標高479m）、東側の端に蜂岩があり、険しい地形に囲まれている。城壁の外部の大半は急傾斜地で、自然の要害となっている。一方で城の内部は平たく浅い土地であり、山城の理想的な地形とされている。城壁の要所には甕城を構築して砲台を設置されたが、一般的な甕城と異なって城壁を保護するための施設とされている。このように城壁に付け加えて防御力を補強することは、既存の城塞にはなかった新たな技術で、中国の兵書である戚継光の『紀効新書』に収録されている中国の築城技術と共に、文禄の役（壬辰倭乱）のときに習得した倭城の築城技術によると推定されている。

資料11・12 不動産を対象とする世界遺産の枠組みには当てはまらない文化財を保護するための手立てとして、2003年に定められた「無形文化遺産保護条約」に注目したい。同条約では、伝統的な儀礼や風俗習慣、音楽・舞踏などの登録を進めており、2018年末現在、178ヶ国が加盟し430件が登録されている。資料11 の祇園祭は9世紀に京都で疫病が広がった際に災厄を治めるために始まったとされ、応仁の乱による中断を経て、1500年に町衆により再開された。祭礼が行われる京都は数多くの世界遺産を抱えている（本書第4章第3節を参照）。また、資料12 の宗廟祭礼は朝鮮王朝時代

の王を弔う儀式が子孫に継承されているもので、器楽の演奏が行われるなど荘厳な祭礼である。祭礼が執り行われる宗廟も世界遺産である（韓国の一覧③）。

　文化財の保護については、他にも1992年より「世界の記憶」事業も展開され、手紙や文書などの保護やデジタル化が進んでいる。政府による推薦が必要ないことから民間レベルでの推進が可能であり、2017年には日韓合同で「朝鮮通信使に関する記録」が登録された（本書第2章第9節参照）。

〈問いの意図・解答例〉

　【問1】世界遺産は登録物件名が文化財そのものを指すケースは少なく、複数の構成資産によって成り立つことから、その内訳に注目する必要がある。例えば、日本の一覧⑨「古都奈良の文化財」では、東大寺や唐招提寺など大陸との交流を伝える文化財の存在を気づかせたい。教材解説に示した一覧を参照しながら、構成資産に注目して各時代との関係性をまとめたい。

　【問2】姫路城の周囲に街並みが平坦に広がる様子から、平地に建てられていることがわかる。姫路城は平地の中にある姫山を中心に築城された平山城であり、西の船場川と東の外堀川を含め、防御の拠点と政治の拠点としての性格を併せ持つとされる。

　【問3】天守は城の中でひときわ高い建造物であることから、城主の権威の象徴であるとともに、周囲を見渡すことができることから軍事的な用途があったとされる。姫路城の天守は、大天守と小天守と櫓を連立した構造を取っている点に特徴がある。

　【問4】山地に築城された山城に比べて、平地では自然による防御は低下する。そのため、城の内部に複雑な曲輪を設けることで、外敵が天守に到達するまでの時間を稼いだ。

　【問5】南漢山城が山頂部に築城されていることとあわせて、城の内部が平坦な地形になっていることを読み取りたい。外部からは侵入しにくく、内部の移動は容易であることがわかる。

　【問6】南漢山城は城壁によって囲まれており、出入りを東西南北4つの門に限定することで防御性を高めていたことに気づかせたい。

　【問7】南漢山城は王の臨時の居住地となることに加えて、臨時の首都としての機能を有していたことを読み取りたい。1636年に丙子の役が起こると、仁祖が立てこもり清に抵抗している。

　【問8】姫路城と南漢山城の特徴について、問2〜7を振り返りながら比較することをねらいとしている。

　【問9】文化遺産は建築物のような有形物だけでなく、舞踊や祭礼などの無形物も含まれる。学習の振り返りとして、身近な文化遺産を見つめ、保全・保護の取り組みを調べさせたい。あわせて、祭礼などは参加し継承する人々の存在によって成り立つことから、自身の関わりを含めて考えさせたい。

〈参考文献〉

世界遺産アカデミー監修『すべてがわかる 世界遺産大事典 上・下』マイナビ、2016年

寺林俊編、北村泰生（写真）『世界遺産 姫路城遊歩ガイド改訂版』神戸新聞総合出版センター、2009年

中村治三（文）、今駒清則（写真）『国宝姫路城』清文堂出版、1998年

西村幸夫・本中眞編『世界文化遺産の思想』東京大学出版会、2017年

江戸・東京と漢城・ソウルを歩く

学習課題

　日本の都市江戸は17世紀前半にその基礎が作られ、19世紀後半に首都東京となり国政や経済の中心都市として発展を遂げてきた。一方、韓国の都市漢城は14世紀末に朝鮮王朝の首都に定められ、現在の首都ソウルの礎となった。2つの都市を見比べながら、それぞれの特徴や共通点と相違点を考えよう。

キーワード　江戸　東京　漢城　ソウル

1．江戸と漢城の成り立ち

まず、江戸と漢城、両都市の成り立ちを学ぶために、歴史地図を見比べてみよう。

資料1　17世紀半ばの江戸の地図（中心部を濠で囲んでいる）

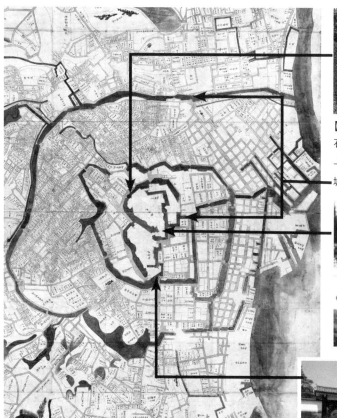

【北桔橋門】江戸城天守に近く、濠は深く、石垣は最も堅固で、濠にかかる跳ね橋は通常上げられていた。

城の周囲を濠が囲んでいる

【富士見櫓】櫓は倉庫や防御の役割を持つが、17世紀半ばに天守が焼失した後は代用とされた。現在に残る江戸時代の遺構。

【桜田門】江戸城内堀の門の一つ。江戸城の一部は現在皇居として利用されている。

資料2 19世紀半ばの漢城の地図（中心部を城壁で囲んでいる）

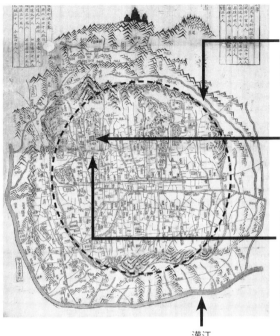

漢江

【城壁】点線のように都市を取り囲む城壁がめぐらされていた。全長8.2km。

【勤政殿（クンジョンジョン）】景福宮（キョンボックン）の正殿。朝鮮王朝における国家的な儀式を行う場所がある。

【光化門（クァンファムン）】景福宮の正門。植民地期に朝鮮総督府の建設にともなって強制的に移転された。朝鮮戦争で焼かれたが、2010年に再建された。

【問1】資料1・2より両都市の構成を見比べて、どのような違いがあるか話し合ってみよう。特に、都市の中心部がどのように守られているか、外部とつながる門がどこに設けられているかに注目してみよう。

2．東京とソウルの地名の由来

かつて「江戸」「漢城」と呼ばれた両都市は、どのようにして現在の都市名になったのだろうか。それぞれ資料から読み取ってみよう。

資料4 江戸を東京と呼ぶ由来

> 詔書（しょうしょ）
> このたび天皇自らが政務を執る（と）こととなり、万民を治めることになった。江戸は東国第一の都市で、全国から人や物が集まる土地であるので、天皇がここに移り政治を行うべきである。よって、以後江戸を東京と称する。これは、天皇が国中すべてを等しく、東西の分け隔（へだ）て無くとらえるためである。万民はこの天皇の意向を理解して行動せよ。　辰（1868年）七月　　　（法令全書、意訳）

資料3 「東京御着輦（ごちゃくれん）」（小堀鞆音画）

【問2】なぜ「東京」と呼ぶのだろうか、資料4を読んで考えてみよう。

資料5　ソウルという名称の由来

三国遺事版本（奎章閣本）

　　解放後、米軍軍政下にあった1946年8月15日に発表された「ソウル市憲章」第1章第1条には、「京城府をソウル市と称し、これを特別自由市とする」と記された。そして同年9月の米軍の法令によって、首都ソウルという名称が正式に復活した。

　「ソウル」という名称の由来は、三国時代の新羅初期の都（現在の慶州）の地名にさかのぼると言われる。13世紀末に編纂された『三国遺事』では、「徐那伐（ソナボル）」や「徐伐（ソボル）」（→「ソウル」）という名称について、「今、京の字を徐伐と読むのは、このためである」という注を付けて説明している。

【問3】　なぜ「ソウル」と呼ぶのだろうか、資料5を読んで考えてみよう。

3．近代と現代が調和する東京とソウルを見てみよう

　現在の両都市を歩くと歴史的建造物も多く残されており、その町並みには共通点も見られる。例えば、次の資料を見てみよう。

資料6　東京駅丸の内駅舎（1914年竣工、2012年復原）

資料7　文化駅ソウル284（旧ソウル駅舎、1925年竣工、2011年復原）

【問4】　資料6・7から、東京駅丸の内駅舎と文化駅ソウル284（旧ソウル駅舎）はなぜ似通っているのか、竣工した年に気をつけて歴史的背景を調べてみよう。

　東京とソウルは、それぞれ首都として発展する中で、多くの外国人定住者を受け入れてきた。ソウルの中の「ジャパンタウン」、東京の中の「コリアンタウン」における人々の生活について見てみよう。

資料8　「ソウルの中の日本」東部二村洞を知っていますか？

　東部二村洞は、地下鉄中央線と4号線が走る二村駅の4番出口方面に位置する。早朝になると、行き来する会社員と生徒たちで賑わうが、時間が経つと静かで穏やかな二村洞は、どこか日本の小さい駅に似ている。ここには、1960年代半ばから日本人が居住し、日本人村が生まれた。日本大使館及び企業がソウルの都心にあっただけでなく、当時、日本人学校が江南（漢江の南）にあったので、通勤に便利だった。また、東部二村洞には、日本語で対応してくれる病院や美容

室、銀行、不動産会社があり、日本人には便利であった。2010年に日本人学校が上岩洞へ移転されたことで、引っ越した日本人もいるが、多くの日本人が東部二村洞で暮らしている。…… 放課後、何人かの日本人の子どもたちは、新村などにある教科学院に通っているが、大多数の子どもたちは、街でサッカーやテコンドー、水泳などを習う。学校や家庭で日本語を使うので、子どもたちはあまり韓国語を知らない。　　　　　　　　　　（キムユンキョン「私の手の中のソウル」）

資料9　東部二村洞の様子（日本語の看板が見られる不動産会社）

資料10　大久保（東京都）の「コリアンタウン」

　日本各地で外国人住民の定住化が進むなかで、90年代の末には「多文化共生」が時代のキーワードになりはじめていた。多国籍の人びとが混在して暮らしを営んでいる大久保地区は、次第に周囲から「多文化共生の街」とみなされるようになり、広く注目を集めるようになっていった。……

　2002年の日韓共催ワールドカップ、2003年からはじまった韓流は、大久保の街の姿を大きく変えていった。2000年頃から職安通り近くの韓国系レストランは、それまでの家族経営の小さな店に代わって、派手な外観の大型店が目立つようになり、街の景観を大きく変えていった。さらに追い打ちをかけるように韓流の波が押し寄せ、特にJR山手線から明治通りにかけてのエリアでは、韓国系レストランや韓流ショップが集積し、メディアはこのエリアを「コリアンタウン」と呼称するようになった。週末の職安通りは、韓流目当ての日本人女性たちで、歩道も歩けないほど賑わう観光地になってしまったのである。

資料11　大久保の様子

　地元の人びとにとって、さらなる街の変化を印象づけたのは、韓国系の店舗等の大久保通りへの進出である。自営業者の多い大久保通りでは、ビルの中間階や地下階に外国人の店が入っていても路面店は少なかった。ところが（日本人の）商店主の高齢化や後継者不足で廃業する自営業者が増え、2000年頃から大久保通り沿道でも外国人の店が目立ちはじめるようになったのである。

（稲葉佳子「受け継がれていく新住民の街の遺伝子」『「移民国家日本」と多文化共生論』）

【問5】 資料8〜11を参照し、東部二村洞と大久保について、それぞれ街の成立の経緯を調べてみよう。

教材解説

〈教材のねらい〉

　本節では、日本の首都東京及び韓国の首都ソウルについて、それぞれの都市形成への理解を深めることをねらいとしている。具体的には、地図をもとに江戸・漢城の特徴への気づきを促し、現在の東京・ソウルという都市名の由来に触れ、現在の両都市の街並みに目を向けていく。あわせて、両都市を比較する問いを通して、共通点と相違点について考えていきたい。

〈資料の解説〉

　1では、江戸と漢城の成り立ちについて資料を用いて考察を行う。資料1「正保年中江戸絵図」（国立公文書館所蔵）は、北は日本堤・駒込・大塚から、西は大久保・渋谷、東は深川、南は目黒・品川までの広範囲を描く。江戸の町は享保年間（1716〜36）には人口100万人を超えたと推定され、パリの55万人やロンドン46万人をしのぐ、世界最大の都市となる。江戸城は周囲を濠に囲まれており、櫓により遠方まで見通すことで防衛を図った点に注目したい。

　朝鮮王朝期の14世紀末、王宮である景福宮を中心に、四方を山に囲まれた漢城の都市開発が進み、現在のソウル特別市の原型が形成された。資料2の1840年「首善全図」（高麗大学博物館所蔵）からは、漢城の全容を読み取ることができる。漢城は都市の周囲を城壁で囲まれ、4つの門からの出入りとすることで、人々が生活する都市内部の安全性を高めている点に注目したい。なお、城壁の一部は都市域拡張のため植民地支配期に取り壊された。また、門の1つ光化門は朝鮮総督府建設のため移設され、2010年に元の位置で再建された。

　2では、東京とソウルの地名の由来について、資料を用いて考えてみる。1868年、江戸は、約1000年間にわたって都が置かれていた京都の東方にある都として「東京」と改称された（資料4、原文は次のとおり）。明治天皇の京都からの行幸により（資料3）、首都としての地位を固めていった。

【原文】「江戸ヲ稱シテ東京ト爲スノ詔書」

朕今萬機ヲ親裁シ億兆ヲ綏撫ス江戸ハ東國第一ノ大鎭四方輻輳ノ地宜シク親臨以テ其政ヲ視ルヘシ因テ自今江戸ヲ稱シテ東京トセン是朕ノ海内一家東西同視スル所以ナリ衆庶此意ヲ體セヨ

　朝鮮王朝期の14世紀末、王宮である景福宮を中心に、四方を山に囲まれた漢城の都市開発が進み、現在のソウル特別市の原型が形成された。「ソウル」という言葉はハングルで「都」を指し、首都ソウルとしての呼称は1946年8月15日の「ソウル市憲章」で定められた（資料5）。

　3では、近代と現代が調和する東京とソウルの一側面を資料を用いてとらえる。資料6の東京駅丸の内駅舎は1914年に辰野金吾の設計により建設された。1945年の東京大空襲で焼失したが、2012年に建設当時の姿に復原され、現在も使用されている。資料7のソウル駅旧駅舎は、日本植民地下の1925年に辰野の弟子である塚本靖の設計により建設された。現在のソウル駅は2003年に竣工された新駅舎が使用されている（次頁左写真）。旧駅舎は2011年に復原され、韓国の史蹟284号の建造物「文化駅ソウル284」としてソウル駅の歴史を展示するなど複合施設となった。2017年11月には、京義・中央線のプラットフォーム移転により建物正面右側に改札口への入口が設けられた。

　なお、辰野金吾の設計した建築物としては、ソウル・南大門にある韓国銀行貨幣金融博物館（旧朝

鮮銀行本店、1912年竣工）も挙げられる（右下写真）。

資料8～11 については、現在の両都市の中に根付く、双方の文化について注目した。ソウルの東部二村洞は日本人が長く居住しており、「ジャパンタウン」としての性格を持つ。街中のいたるところで日本語表示を見かける。資料9 は不動産会社の写真であり、同地区は近年マンション開発が進んでおり、居住を希望する日本人への紹介も行っていることがわかる。東京の大久保は新宿駅の隣にあり、戦後長らく韓国人の定住化が進み、「コリアンタウン」が形成されてきた。2000年頃の韓流ブームで人気に火が付き、その後は街の多国籍化が進んだが、現在でも韓流アイドルのグッズやホットクなどの韓国の食べ物を求めて多くの観光客を集めている。

資料8 は、https://opengov.seoul.go.kr/mediahub/9143633（2019年11月23日閲覧）を出典としている。

〈問いの意図・解答例〉

【問1】については、江戸城の城郭は周囲に濠を巡らせ、外部からの侵入を防ぐような構造になっており、城郭の外に町が広がる点に特徴がある。一方、漢城は都市の周囲を城壁で囲み、4つの門からの出入りとすることで、人々が生活する都市内部の安全性を高めている点に注目したい。

【問2】東京という名称が、明治時代に入って皇居の移転とともに生じたことを読み取りたい。

【問3】この「ソボル」が変化したことで、新羅の首都の地名が首都を指す一般的な呼称となり、現在のソウル特別市の「ソウル」という名称に至ったと考えられる。

【問4】ドーム屋根や赤レンガ建築といったネオ・バロック様式に共通性が見られる。

【問5】〈資料の解説〉を参照のこと。

〈参考文献〉

岡本哲志『江戸→TOKYO　なりたちの教科書』淡交社、2017年

川村千鶴子編著『「移民国家日本」と多文化共生論－多文化都市・新宿の深層』明石書店、2008年

君島和彦ほか『旅行ガイドにないアジアを歩く 韓国』梨の木舎、1995年

志村直愛『東京建築散歩24コース』山川出版社、2004年

砂本文彦『図説ソウルの歴史』河出書房新社、2009年

竹内誠ほか『東京都の歴史（第2版）』山川出版社、2010年

3 「古都」京都を歩く

学習課題

　京都は、794年の平安京遷都を契機として、長らく日本の政治・文化の中心地として機能してきた「古都」である。貴重な文化財が数多く残る、日本を代表する観光地だといえるだろう。また、京都は文化的にも朝鮮半島や大陸との関係性が強い。現在も残るそれらの史跡を巡り、その歴史的背景について考察してみよう。

キーワード　京都　世界遺産　渡来人　半跏思惟像　秦氏

1．京都の世界遺産を巡ってみよう

　1994年、17カ所の寺院・神社・城から構成される「古都京都の文化財」が世界文化遺産に登録された。資料1は、「古都京都の文化財」に指定された主な寺社の概要とその位置を示した地図である。

資料1　京都市マップ

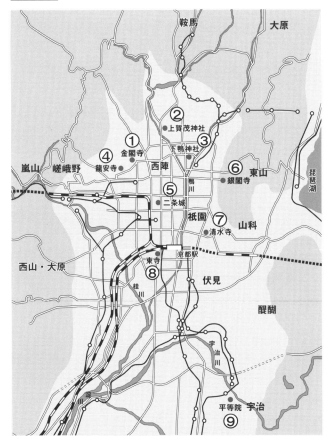

①金閣寺（鹿苑寺金閣）

足利義満が将軍引退後に住んだ北山殿に建てられた舎利殿で、1398年建立。彼の死後、法号の鹿苑にちなんで鹿苑寺とされた。内装は天井・壁すべてに金箔が押されている。1950年に放火で焼失したが、1955年に再建された。

②上賀茂神社

古代山城の豪族賀茂氏の氏神を祀る神社。5月15日に行われる両社の祭事である賀茂祭（葵祭）は京都の三大祭りの一つとして有名である。

③下鴨神社

④龍安寺

龍安寺の石庭は14世紀末の作庭。長方形の平庭に白砂と大小15個の石を配した構成で「虎の子渡し」の俗称をもつ。このような庭園技法は枯山水（水を用いずに山と水を表現）とよばれ、禅の精神世界に通じる。

⑤二条城

徳川家康が1603年に京の宿館として建設した平城。1867年に江戸幕府最後の将軍が大政奉還を行った場所としても有名である。

⑥銀閣寺（慈照寺銀閣）

室町幕府の将軍が東山山荘に建てた観音殿の俗称。1482年から造営で、慈照寺とよばれる。東求堂同仁斎はのちの和風建築に通じる書院造の代表例である。

⑦清水寺

平安京遷都以前からの歴史を持つ京都では数少ない寺院の一つ。「清水の舞台」で知られる本堂からは京都が一望できる。

⑧東寺

真言宗の寺院。金堂・五重塔・御影堂と3つの国宝がある。京都駅からよく見える五重塔の高さは55mで、木造塔としては日本一の高さを誇っている。

⑨平等院鳳凰堂

藤原氏の別荘を、1052年に寺院としたもの。10円硬貨に描かれていることでも有名である。

【問1】 資料1を参考に，自分が京都を観光するとしたら、どのようなコースが設定できるか考えてみよう。また，興味をもった京都の世界遺産について詳しく調べてみよう。

2．京都と韓国・朝鮮とのつながりを考える

京福電鉄嵐山線、太秦駅の北側に位置する広隆寺は京都最古の寺院であると同時に、秦氏の氏寺である。秦氏は東漢氏と並んで朝鮮渡来系氏族の双璧であった。広隆寺の創建については、厩戸王（聖徳太子）から仏像をもらい受けた秦河勝が622年に造ったとされる「蜂岡寺」が前身で、やがて現在地に移建されたと伝えられる。次の資料を参照して、古代の日本と韓国の関係について見ていこう。

資料2　広隆寺の創建

秋七月、新羅が大使奈末智洗爾を派遣し、任那は達率奈末智を派遣して、ともに来朝した。そして仏像一具及び金塔と舎利、また、大灌頂幡一具・小幡十二条を貢った。それで仏像を葛野秦寺に安置し、舎利・金塔・灌頂幡等は、皆四天王寺に納めた。　（『日本書紀』推古31〈622〉年条）

資料3　日韓に見られる半跏思惟像

資料4の広隆寺の半跏思惟像はアカマツの一木造。アカマツの木造は朝鮮半島に多く、秦河勝が厩戸王（聖徳太子）から朝鮮伝来の仏像を賜って広隆寺を創建したという伝承との関係が注目

される。資料5の韓国の半跏思惟像は金銅の像であり、1920年代に韓国 慶 州（新羅の都）で出
土したと伝えられる。広隆寺の半跏思惟像と全体の様式がよく似た金銅像である。半跏思惟と
は、台座に腰かけて右足を左太ももに乗せて足を組み（半跏）、かしげた頭に右手で頬杖をつき
深く考える（思惟）姿をいう。他にも、日本の奈良・中宮寺の半跏思惟像などが知られる。

| 資料4 | 京都・広隆寺の半跏思惟像（木像、像高84.2cm） |

| 資料5 | 韓国国立中央博物館所蔵の半跏思惟像（金銅像、像高93.5cm） |

【問2】 資料2を参考に、広隆寺と秦氏、朝鮮半島との関係について考えてみよう。

【問3】 資料3を参考にして、資料4と資料5の半跏思惟像を比較して気づいたことを話し合ってみ
よう。

　京都が都として発展していく契機となったのは、桓武天皇（在位781～806年）による794年の平安
京遷都であり、その造営には渡来人が深くかかわっている。資料6は、平安京の造営と渡来人との関
係について述べたものである。

| 資料6 | 都城の造営と渡来人 |

　桓武天皇の母であった高野新笠は、百済の武 寧 王の子孫 和 乙継の子で、光仁天皇の后とな
り桓武天皇などを生んだ。桓武天皇が実施した蝦夷征討に活躍した、征夷大将軍の紀古佐美や
坂 上 田村麻呂らも百済系渡来人である。長岡京（784年に桓武天皇が遷都）の造営使長官は藤原
種継であるが、その母親は渡来人の秦朝元の娘である。さらに造営使の補佐に藤原小黒麻呂、
坂上田村麻呂などが任命されている。

　新都長岡の地は、秦氏一族の勢力圏であった。長岡京造営の工事、財政などの面で秦氏一族は
実力を発揮し、とくに宮城を造営している。平安京遷都においても、藤原小黒麻呂、紀古佐美ら
が最終的見分をおこない、造京使・造宮使の長官には菅野真道と藤原葛野麻呂、紀古佐美らがつ
とめている。造営技術の責任者に秦都岐麻呂が選ばれている。鴨川や桂川が縦に流れ、大小の池
や沼があったのを、川の流れをかえ、運河をつくり、橋をかけるなどの工事の技術は、秦氏一族
がその手腕を発揮した。

【問4】 渡来人は、長岡京や平安京の造営にどのような役割を果たしたか。資料6から読み取って、
まとめてみよう。

教 材 解 説

〈教材のねらい〉

　世界遺産を切り口として観光都市としての京都の魅力はどこにあるのか考え、その歴史的背景を探究する。また、「古都」の契機となった平安京の造営、広隆寺などの寺院と渡来人のかかわりについて、多面的・多角的に考察することをねらいとする。

〈資料の解説〉

　1で扱う資料は、1994年に世界文化遺産に登録された「古都京都の文化財」であり、京都に行った時に、どの観光地を訪れようかを考える際の目安になるだろう。世界文化遺産に登録されたのは、賀茂別雷神社（上賀茂神社）〔京都市北区〕、賀茂御祖神社（下鴨神社）〔京都市左京区〕、教王護国寺（東寺）〔京都市南区〕、清水寺〔京都市東山区〕、延暦寺〔滋賀県大津市坂本本町・京都市左京区〕、醍醐寺〔京都市伏見区〕、仁和寺〔京都市右京区〕、平等院〔宇治市〕、宇治上神社〔宇治市〕、高山寺〔京都市右京区〕、西芳寺（苔寺）〔京都市西京区〕、天龍寺〔京都市右京区〕、鹿苑寺（金閣寺）〔京都市北区〕、慈照寺（銀閣寺）〔京都市左京区〕、龍安寺〔京都市右京区〕、本願寺（西本願寺）〔京都市下京区〕、二条城〔京都市中京区〕の17か所である。一部他県にまたがるものもあるが、京都市内はもちろんのこと、公共交通機関を利用すれば1日で数カ所は観光することができる。

　 資料1 の地図と図版を参考に、インターネットやガイドブックなどを活用して、自分なりの京都観光コースを考えさせたい。なお、発展的な学習としてさらに自分が訪れたい寺社などの歴史や世界遺産以外の観光地なども調べてみることによって、日本人のみならず多くの外国人観光客を惹きつける京都の魅力は何であるのかを探究してほしい。

　2では、具体的に京都と朝鮮半島とのつながりについて考えさせたい。桓武天皇（在位781〜806年）は、寺院勢力の強い奈良から山背国（794年以後、山城国）に都を移すことで政治の刷新をはかろうとし、784年に長岡京、続いて794年に平安京に遷都した。京都が都市として発展していく契機は、この平安遷都による。桓武天皇の母は百済系渡来人の和氏出身の高野新笠と伝えられ、その陵墓は京都市西京区の旧山陰街道沿いに現在も残る。

　平安京は東に鴨川、西に桂川が流れる葛野の地（現在の京都市）に造営されたが、この地は北東に賀茂（鴨）氏、西の太秦には秦氏が勢力を有していた。特に、4〜5世紀頃、応神朝に127県の民を率いて渡来した伝えられる弓月君を祖とする秦氏については、秦河勝創建とされる広隆寺や近くにある蛇塚古墳などから、その活動を考えることができる。この地は桓武天皇の母方である渡来系氏族と関係が深く、この地に都を遷したことは、天武系から天智系への皇統の変化の伴う人心の一新などをねらいとしたものであった。

　 資料4 の京都の広隆寺半跏思惟像と、 資料5 の韓国の慶州で出土したと伝えられる韓国国立中央博物館所蔵の半跏思惟像を比較することによって、古代の日本と韓国の文化的なつながりや交流に目を向けさせたい。広隆寺の半跏思惟像は、朝鮮半島の三国時代の半跏思惟像の様式に酷似している。平安京の成立は、渡来人をはじめとする朝鮮半島や大陸の人々との深いつながりがあることが指摘されるが、仏像という視覚的にも分かりやすい事例から、その具体的な交流が見えてくるだろう。

　『日本書紀』によれば、広隆寺は推古天皇の11年（603年）、秦河勝が厩戸王（聖徳太子）から賜っ

た仏像を本尊として創建された。また推古31（623）年には新羅から伝来した仏像が広隆寺に納められている。こうした記録と 資料5 の半跏思惟像との関係については確定できない。しかし、一般には、韓国の国立中央博物館にある半跏思惟像（金銅像）との類似性、材質が松であるという特殊性（飛鳥時代の木彫では樟を用いることが多いが、樟は朝鮮半島では産出しない）から『日本書紀』にいう推古11年新羅伝来説が有力である。

〈問いの意図・解答例〉

【問1】国内のみならず世界的な観光都市になりつつある京都の魅力はどこにあるのか、世界遺産という切り口から考えさせたい。観光コースの設定、興味を持った世界遺産の調べ学習などを通して、なぜ世界遺産となるような寺社が京都に多くあるのか、その歴史的背景や経緯について理解を深めさせたい。

【問2】【問3】京都広隆寺の弥勒菩薩半跏思惟像と、韓国国立中央博物館所蔵の慶州で出土した新羅時代の半跏思惟像を比較することによって、古代の日本と韓国の文化的なつながりや交流に目を向けてみたい。この二つの像は木像と金銅像の違いはあるものの、姿かたちが非常によく似おり、三国時代の半跏思惟像の様式に酷似している。朝鮮半島伝来のものか、またはそれらを模倣して日本で作られたものか、さまざまな可能性を話し合いながら、当時の日本と朝鮮半島の交流、人の往来や文化、技術の伝播などについて広く考察させたい。

【問4】高野新笠や坂上田村麻呂（坂上氏は東漢氏の阿知使主を始祖とする）、秦氏など、渡来系とされる具体的な人物名に注目させるとともに、平安京造営の経済基盤や技術の面で渡来人が果たした役割を考えさせたい。秦氏にゆかりがあると考えられる太秦などの地名を切り口として、現在の京都に残る渡来人の活動の痕跡にも注目させることができるだろう。

〈参考文献〉

井上満郎『古代の日本人と渡来人』明石書店、1999年

川尻秋生『シリーズ日本古代史⑤平安京遷都』岩波書店、2011年

小林丈広ほか『京都の歴史を歩く』岩波書店、2016年

鈴木英夫・吉井哲編『歴史に見る日本と韓国・朝鮮』明石書店、1999年

髙橋昌明『京都〈千年の都〉の歴史』岩波書店、2014年

朴鐘鳴『歩いて知る朝鮮と日本の歴史 京都のなかの朝鮮』明石書店、1999年

大阪のなかの韓国・朝鮮を歩く

学習課題

　17世紀以降、大阪は「天下の台所」とも呼ばれ、西日本や全国の物流の中心的位置を占めてきた。また淀川や大和川が合流して瀬戸内海に注ぐ一方、縦横の水路を形成しており、近代においては軍都でもあった。また、大阪は日本最大の在日コリアン集住地域である。これらのことを念頭に置きながら、韓国・朝鮮と関係の深い大阪城周辺や鶴橋を歩いてみよう。

キーワード　大阪城　軍都　李垠　鶴橋　在日コリアン

1．大阪城を歩いてみよう

　大阪城天守を中心に、北は寝屋川・大阪城ホール、西は府庁・大阪歴史博物館、南は難波宮跡（なにわのみや）、東はJR大阪環状線森ノ宮〜大阪城公園駅の非高架線路に囲まれた大阪城周辺を歩いて、近代史の跡をたどってみよう。

資料1　大阪市全域マップ

鶴橋

資料2　大阪城周辺マップ

資料3　大阪城

大阪城の天守閣は徳川政権期に再建されたもので、豊臣政権期の石垣の大きさに比してややアンバランスなのが特徴。

資料5　李玖

李垠（イ・ウン）の息子・李玖（イ・グ）は1940−41年大阪偕行社附属小学校に通った。

資料6　豊国神社の秀吉像

資料4　旧第四師団司令部庁舎

現在も天守閣横に存在する旧第四師団司令部庁舎（戦後、旧大阪市立博物館として使用）。

資料7 軍都 大阪（近代）

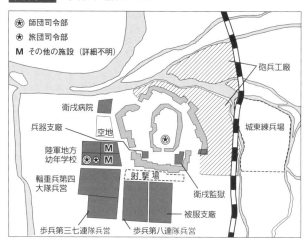

- ✪ 師団司令部
- ✪ 旅団司令部
- **M** その他の施設（詳細不明）

砲兵工廠

衛戍病院

兵器支廠

空地

城東練兵場

陸軍地方
幼年学校

射撃場

輜重兵第四
大隊兵営

衛戍監獄

被服支廠

歩兵第三七連隊兵営　　歩兵第八連隊兵営

資料8 李垠

大韓帝国最後の皇太子李垠は 1940
年 5 月 25 日～41 年 6 月 30 日ま
で留守第四師団長を務めた。

【問1】 大阪城にまつわる資料2～8の写真・地図をみて、近代（明治以降）における大阪城の役割
について考えてみよう。

2．大阪のコリアタウン

　大阪の鶴橋・生野のコリアタウンは、戦前 1930 年代ころから形成されたオールドカマーの街である。資料9は、「御幸通商店街」（猪飼野）を中心とした「生野コリアタウン周辺 MAP」で、鶴橋駅周辺は、戦後の闇市を起源とする「国際市場」（鶴橋卸売市場）の店舗が軒を並べ、賑わいをみせている。生野コリアタウンでは、海鮮チヂミや焼肉・冷麺、ホットク（韓国風おやき）など各種韓国料理や韓国の民芸品が購入できる。最近はやりのチーズホットドッグやチーズタッカルビなどの店も並ぶ。

資料9 コリアタウン周辺 MAP

（「生野コリアタウン」発行、2014 年頃）

資料10 1930年代の大阪の朝鮮市場

資料10 現在の生野コリアタウン

【問2】 この地域に在日コリアンが多く居住するようになったのはなぜだろうか。資料9・10とコ
ラムから考えてみよう。

コラム 「東洋のマンチェスター」大阪を支えた朝鮮人

　朝鮮の植民地農政や土地調査事業によって、土地を追われた朝鮮農民らは仕事を求めて、日
本で工業労働者として身を立てていくこととなった。なかでも当時、大阪は、日本における商
業・金融の中心地であると同時に、紡績業・機械工業などを有するアジア最大の工業都市であ
り、「東洋のマンチェスター」と称され、多くの労働者が集まった。

　朝鮮人労働者は、正規雇用者、雑役、日雇い労働者からなる巨大な労働市場を目指して、海
を渡って大阪にやってきた。その際、定期船「君が代丸」に乗り、済州島（チェジュド）から大阪にきた朝鮮
人は年間15,000〜20,000人に及んだという。彼らが大正期アジア最大の工業都市大阪を底
辺で支えた（『在日コリアンの歴史［第2版］』）。1930年代になると、鶴橋周辺で彼らは家族を
伴い、定住するようになった。朝鮮半島の解放後も親戚縁者を頼って、済州島などから朝鮮人
がこの地域にやってきて、今日に至るコミュニティーを形成することとなった。

教材解説

〈教材のねらい〉

　大阪府は、大阪城と百済寺跡を特別史跡として指定している。大阪城周辺は、日本と朝鮮半島の歴史と関係の深い史跡が存在する。また 1930 年代以来の在日コリアンの定住化に伴い、形成された鶴橋・生野のコリアタウンを学習者が実際に歩いて、大阪と朝鮮半島との関わりを学ぶ教材とした。枚方市の百済寺跡に関しては紙幅の都合から本教材では扱わなかった。なお、本教材で使用する「在日コリアン」という用語は、韓国・朝鮮籍に加えて、韓国・朝鮮系日本人でコリアンないし韓国人・朝鮮人としてのアイデンティティーを有する人たちを総称することにしたい（広義の在日コリアン）。

　【問1】では、韓国の一般向け大阪観光ガイドでは描かれない、近代大阪が「軍都」として位置づけられていく象徴としての大阪城を知ると同時に、大韓帝国後の皇太子であった李垠が 1940 ～ 41 年という戦時期に大阪の留守第四師団長として勤務し、戦時体制大阪における士気高揚に利用されていたことなど、実際に大阪城を歩きながら、近代における大阪と朝鮮半島との関わりについて考える契機としたい。

　【問2】では、大阪になぜコリアタウンが存在するのかということについて検討し、大阪にあるコリアタウンに対する理解を得ることがねらいである。実際に鶴橋・生野に訪れて、普段なじんでいる日本的・西洋的な空間とは異なる「異文化」を体感してほしい。「大阪のなかの韓国・朝鮮文化」のありようを感じてほしい。韓国・朝鮮の食べ物や民族衣装に触れることができる地域に対する興味関心から出発し、そこに生きる在日コリアンとの交流を通じて、今日の在日コリアン理解を深めてほしい。

〈資料の解説〉

　資料1「大阪市全域マップ」（大阪観光局 HP「大阪観光局公式ガイドブック」（https://osaka-info.jp）における大阪城周辺および鶴橋の位置を押さえた上で、資料2「大阪城周辺マップ」（歴史街道推進協議会公認ガイド『歴史街道を行く』昭文社、2009 年、86 頁所収）と資料9「コリアタウン周辺フィールドマップ」（生野コリアタウン発行）によって、それぞれの地における注目すべき史跡などを各資料で配置するかたちをとった。

　資料3・6（ペンハウス『大阪歴史探訪ウォーキング』メイツ出版、2009 年）は、大阪城天守閣、豊国神社における豊臣秀吉像である。現存する大阪城天守閣は、1931 年に再建されたものである。このとき豊臣政権期の石垣に対して、徳川政権期の天守閣は小ぶりでややアンバランスとのキャプションを付けた。また現在、大阪城周辺には豊臣秀吉を祭神として祀る豊国神社が存在し、秀吉像が置かれている（2007 年建立）。現在の大阪の人びとがもつ豊臣秀吉の「英雄」としてのイメージが示された像といえよう。第2章第8節でも扱われる秀吉の朝鮮侵略の理解とも合わせて、豊臣秀吉について改めて考える契機としたい。

　資料4「旧第四師団司令部（戦後は旧大阪市立博物館）」（同上所収）、資料8「李垠」（Wikipedia より引用）、資料5「李玖」（Wikipedia より）からは、「韓国併合」後、準皇族の扱いとされ、日本にとどめ置かれた旧韓国皇族（李王家）と大阪との関わりについて示したものである。

　【問1】では、資料7「1920 年代の大阪城内の陸軍施設」（堀田暁生「軍都大阪の形成」原田敬一編『古

都・商都の軍隊』［地域のなかの軍隊4 近畿］吉川弘文館、2015年）から、近代において大阪城が軍用施設（大阪造兵廠）として利用されていたこと、森ノ宮〜大阪城公園間の大阪環状線が高架となっていないことから、大阪造兵廠は城外から伺うことが出来ない軍事機密とされていたことを読み取らせたい。

　資料10　「1930年代大阪の朝鮮市場」（在日韓人歴史資料館編『写真で見る在日コリアンの100年―在日韓人資料館図録』明石書店、2008年）から、鶴橋・生野が戦前からコリアタウンを形成していたオールドカマーの街であることを理解させたい。なお、東京の大久保は、主に戦後日本に移住してきた韓国人により形成されたニューカマーの街であり、鶴橋・生野とは性格が異なる（本書第4章第2節参照）。また、コラム「「東洋のマンチェスター」大阪を支えた朝鮮人」は、1930年代以降、鶴橋がオールドカマーの街として形成されてきた理由を考察するために設けたものである。

〈問いの意図・解答例〉

　【問1】大阪城内には、大阪造兵廠が存在しており、高架上の大阪環状線から造幣廠内が見えることは軍事機密の保持上問題があるため、この区間のみ地上に線路が引かれたことが読み取れる。軍事機密が鉄道路線のあり方に大きく影響を及ぼす一事例であり、近代における大阪が「軍都」であったことがわかる。また、豊国神社の秀吉像は、豊臣秀吉が現在の大阪人の持つ「英雄」としてのイメージされていることが示される。そうしたイメージと秀吉の朝鮮侵略を合わせて理解したい。

　【問2】もともと朝鮮半島（済州島など）からの出稼ぎ労働者が大阪を訪れ、季節的に働いていたが、戦前1930年代になると、家族を伴った労働者たちが鶴橋（生野）に定住するようになった。当時、大阪は日本における商業・金融の中心地であると同時に、アジア最大の工業都市であった。朝鮮総督府の農業政策などもあって、土地を手放すこととなった多くの朝鮮人が職を求めて、家族を伴い、大阪にやって来るようになった。その際、彼らは地縁、血縁を頼って、この地に居を構え、定住していくこととなった。

〈参考文献〉

杉原達『越境する民―近代大阪の朝鮮人史研究』新幹社、1998年

『朝鮮をどう教えるか』編集委員会編『朝鮮をどう教えるか』解放出版社、2001年

能川泰治「十五年戦争と大阪城」『人文学報』104、京都大学人文科学研究所、2013年

藤田綾子『大阪「鶴橋」物語―ごった煮商店街の戦後史』現代書館、2005年

歴史教育研究会・歴史教科書研究会編『日韓歴史共通教材　日韓交流の歴史』明石書店、2007年

『歴史教科書在日コリアンの歴史』作成委員会編『歴史教科書在日コリアンの歴史［第2版］』明石書店、2013年

5 港町釜山を歩く

　釜山は韓国最大の貿易港で、かつ第2の都市である。そして、古くから日本とのゆかりのある地域で、韓国との相互交流の窓口となってきたが、日本による侵略の足跡も数多く残る。また、朝鮮戦争時には臨時首都で、戦争の惨禍（さんか）の中で未来に向けた希望を紡（つむ）いだ地域でもある。釜山は日本と歴史的にどのようなゆかりがあるか、調べてみよう。

キーワード　倭館　文禄・慶長の役（壬辰・丁酉倭乱）　釜山港　日本の埋め立て事業　峨嵋洞

1．交流と葛藤の歴史の現場

　15世紀に入り、朝鮮は日本の要請を受け入れて釜山浦（ブサンポ）、薺浦（チェポ）（現在の鎮海（チネ））、塩浦（ヨムポ）（現在の蔚山（ウルサン））を開き、制限された貿易を許可した。同時に倭館（わかん）を建て、日本人が朝鮮人と交易できるようにするなど、活発な交流が行われた。ところが1592年に豊臣秀吉が朝鮮を侵略して、両国は戦乱に巻き込まれた。釜山は交流と侵略の歴史を併せ持っている。

　資料1は、本節で取り上げる、釜山に残る遺跡の場所を示した地図で、それぞれ⑦は釜山鎮支城、⑦は倭館の推定地、⑦は峨嵋洞（ア　ミ　ドン）碑石村、⑦は釜山港、⑦は戡蛮（カンマン）コンテナ埠頭である。資料2は、1783年東莱府の画員が描いた倭館図である。倭館とは朝鮮で通商していた日本人の入国と交易のために設置した貿易所である（約10万坪に及ぶ）。

資料1　釜山の地図

資料2　倭館図

資料3　釜山鎮殉節図

資料4　釜山鎮支城（釜山鎮の東南に位置する支城）

【問1】資料2の倭館図の丸枠は、それぞれAが設門、Bが客舎、Cが大庁である。A～Cがそれぞれどのような機能を果たしていたかを調べてみよう。

【問2】資料3は、文禄の役（壬辰倭乱〈イムジンウェラン〉）が勃発〈ぼっぱつ〉した1592年4月に起きた釜山鎮城での激戦の場面を描いたものである。釜山鎮城の前の海（画面左手）は、多くの日本の軍船で埋め尽くされていて、上陸した日本兵が城を取り囲み、接近戦を繰り広げている様子が描写されている。この様子を通じて、文禄の役（壬辰倭乱）の戦況がどうであったかを考えてみよう。

【問3】資料4が示すように、釜山鎮支城（資料1 ⑦）には日本式の城壁がある。このような城壁が残る理由は何か。釜山鎮支城は、別名小西城と呼ばれる事を手掛かりに考えてみよう。

2．侵略と収奪の歴史の現場

　釜山は近代以降、日本の侵略によって変化していった。日本は、日朝修好条規により朝鮮を開港させ、倭館を拠点として自由な貿易を行った。釜山港は貿易の拠点になり、それを拡張させるための埋め立て事業が進められた。清によって進行された埋め立て事業を、日本人会社である釜山埋築株式会社が引き受けて大々的に事業を展開した。

　一方、朝鮮で財産を築いた日本人は、朝鮮人の土地を少しずつ奪った。一方、釜山港が貿易の拠点になったことで、日雇い〈ひやとい〉仕事の需要が増え、仕事を求めて多くの朝鮮人が移住してきた。ろくな住居地がなかった朝鮮人は、釜山港に近い山間に家を建てたり、誰も訪れない共同墓地に居住した。

資料5　釜山港の変遷

A

B

【問4】 資料5は、Aが1888年、Bが1910年の釜山港の写真である。1888年の釜山港の様子とは違っ
て、大々的な埋め立て事業によって、1910年の釜山港周辺の海には、広い陸地が形成され、、
多くの建物が建てられた。日本はなぜ、大掛かりな埋め立て事業を推進したのか。1910年
に着目して調べてみよう。

　釜山広域市の峨嵋洞には、碑石村と呼ばれる興味深いところがある。山村にぎっしりと建てられた
住宅には、日本人の墓石を用いた施設が所々に残っている。

資料6　峨嵋洞の共同墓地

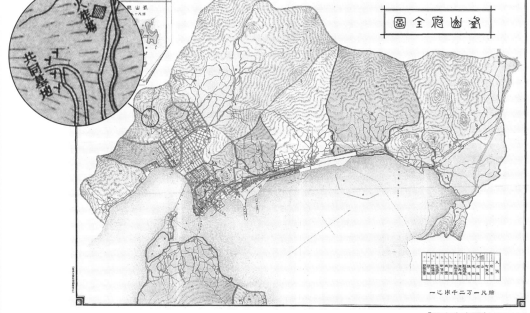

　1914年発行の釜山地図の中に出てくる峨嵋洞である。下図丸枠の中に‘共同墓地’と記されて
いて、かつて峨嵋洞一体が共同墓地であったことが分かる。

「釜山府全圖」（1914年）

資料7 現在の峨嵋洞碑石村

峨嵋洞には、村の所々に碑石が建物の一部を成している（写真丸枠の部分）。植民地期と朝鮮戦争の時に行き場のない人々が、墓地の碑石を使って家を建て、暮らしていたのである。

【問5】資料6・7を見て、なぜこのような場所にこうした住宅が残るようになったのだろうか。資料6から、峨嵋洞がどのような場所であったかを確認し、資料6の丸枠の箇所に着目しながら考えてみよう。

3．未来に向けた希望を紡ぎだしてきた釜山

釜山は日本による植民地支配を経て、さらには朝鮮戦争の惨禍など、多くの痛みを経験してきた。釜山は、そうした痛ましい経験を乗り越え、新しい未来を模索し、希望を紡ぎだしてきた場所でもある。現在は資料9のように、釜山は大阪などと旅客船で結ばれており、容易に行き来できるようになっている。

資料8 朝鮮戦争時の青空教室

朝鮮戦争の当時、釜山の慶南女子高校の授業場面である。板塀で間仕切りをし、いくつかの集団に分かれ、日差しを避けるため、帽子や布をかぶって授業を受ける姿が見える。

資料9 釜山と大阪をつなぐ旅客船

2002年に就航した釜山－大阪間をつなぐ旅客船の様子である。19時間程度の航海を楽しむことができる。このほか、釜山－対馬、釜山－博多の船便もある。

【問6】資料8から、当時の生徒たちがどのような思いで、青空の下で学習したのか考えてみよう。

教 材 解 説

〈教材のねらい〉

　釜山には、日本と韓国との間で起きた様々な歴史的事件の痕跡が残っており、そうした歴史の現場を歩き、見て、触れて、探究していくことが本節のねらいである。内容としては、倭館における日朝間の交易が行われる一方、文禄・慶長の役（壬辰・丁酉倭乱）が起きた時代、日本の植民地支配が行われた時代、そして現代、の３つの項を立てて構成している。

〈資料の解説〉

　資料２は「倭館図」（国立中央博物館所蔵）、資料３は「釜山鎮殉節図」（陸軍博物館所蔵）で、いずれも東莱府（釜山に置かれた朝鮮の役所）の画員が描いたものである。資料２の倭館（草梁倭館）は、1678年に新築された。ここには朝鮮人官吏だけでなく、日本から派遣された500～600人の日本人が交代に勤務し、年間50隻の貿易船が出入りするなど朝鮮後期の朝鮮と日本の外交と貿易の中心地であった。図のＡの設門は、密貿易を防ぐために設置したものであり、画面の左側の中間部分のＢが、日本から来た使節を接待する宴享大庁で、Ｃが客舎である。このほか、貿易所及び外交官の宿舎に加え、町屋や寺社などもあった。資料３の釜山鎮は、朝鮮政府が釜山の守備に築いた城で、1592年４月の文禄の役（壬辰倭乱）で最初に戦場となった。

　資料４は、釜山鎮支城（韓国学中央研究院『民族文化大百科事典』）で、釜山鎮の東南側の支城であった（子城台とも称した）。日本軍が釜山鎮を陥落した後、毛利輝元が支城として築城した。

　資料５は1888年の釜山港の写真（金在勝『記録写真から見る釜山・釜山港130年』）で、資料６は1910年のもの（同上）である。２つの写真を見比べることにより、日本の埋め立て事業により変貌していく様子をとらえたい。

　資料６の峨嵋洞の共同墓地（「釜山府全圖」1914年発行）が示すように、この地域は、釜山開港以降、植民地時代に入植した日本人の墓地（近隣の龍頭山や伏兵山にあった墓地を移した）があった場所である。その後、1945年の日本の敗戦により日本人が退去した後は放置状態となっていた。

　資料７は、峨嵋洞碑石村の建物の外壁の様子である。その後、朝鮮戦争が勃発すると、釜山には全国から避難民たちが殺到した。このため住むところに困る人々は自ら急斜面を切り開いて住む場所を確保したほか、峨嵋洞の日本人共同墓地を壊し、その碑石（墓石）を材料に住居や石段などを造り、生活を始めた。家屋の基礎や外壁に使われた碑石の墓誌銘の中には、その文字を読み取れるものもある。資料８は、朝鮮戦争時の青空教室の様子である。

〈問いの意図・解答例〉

　【問１】Ａの設門は北の境界に当たる地域で、役人が配置され、日本人の越境や抜け荷（密貿易）に目を光らせた。Ｂの宴享大庁は使者の応接所で、儀式が行われた場所であり、Ｃの客舎は日本（対馬）から派遣された使節（差倭）の宿泊施設であった。

　【問２】釜山鎮城に対して、日本軍の宗義智は、海側より城壁に攻め寄せ、火縄銃を用いて攻撃を行い、守備していた将軍を戦死させ、千余人の朝鮮の軍民を撫で切りにした。宣教師のルイス・フロイスは、城内では兵士ばかりでなく、老人や女性、子どもさえ、弓矢を運び、石を投げて戦ったこと

を書き残している。

　【問3】前述したように、釜山鎮支城は毛利輝元によって築かれるが、「小西城」とも呼ばれている。朝鮮侵略に出征した小西行長の名前が残るように、日本の築城技術が施された倭城としての遺構が残っている。破損も進んでいるが、現在は公園となっており、ある程度保存がなされている。遺構の保存は、朝鮮侵略の苦痛の歴史の一側面を忘れず、記憶されるべきものとして意義を持っている。

　【問4】を取り上げて釜山港が変化した歴史的背景を紹介する。1876年に江華島条約（日朝修好条規）が締結されると、日本人のために様々な利権と施設が設けられるようになった。代表的なものが、釜山港の埋め立て事業であった。1902年から始まった事業は、1907年に至るまで2回にわたり実施され、埋め立てられ、釜山港の大部分は、日本人の住居地や商店、工場などとして利用された。この事業によって港としての機能は強化されたが、美しい自然を失っただけでなく、最終的には植民地収奪の土台になったことも触れる必要がある。

　【問5】を扱いつつ、峨嵋洞に碑石村ができた背景を理解させる。ここは日本人の共同墓地があった場所である。一方、日本の植民地支配と朝鮮戦争を経て、その後、釜山の人口は爆発的に増え、家を求めた多数の庶民は、バラックを建てて暮らした。ところが、政府は無許可バラックを撤去し、追い出された人々はここへ押し寄せてきた。峨嵋洞は最も貧しくて力のない人々が集まった最後の選択肢であった。この村に人々が押し寄せても、ろくな建築資材は無く、墓石が家を建てる有用な材料となった。写真で見られるように、今でもその痕跡が所々に残っている。現在、碑石村の路地は、釜山の近現代の歴史の痛みを語る一方で、歴史観光名所として生まれ変わっている。

　【問6】戦争が引き起こす惨禍や痛みの一方で、子どもたちの力強さと教育の持つ重要性に改めて気付かされる。植民地支配と戦争の惨禍の中でも釜山は、常に未来に向けた希望をもって発展してきた。このような事実に言及しながら、日本と韓国は数々の葛藤の歴史もあったが、パートナーとして新しい未来に向けて交流していくことを強調したい。

〈参考文献〉

田代和生『倭館─鎖国時代の日本人町』文藝春秋、2002年

キムソングク『釜山発展論』東南開発研究院、1993年（韓国語）

釜山オーラルヒストリー研究会『離郷と境界の地　釜山の峨嵋洞、峨嵋洞の人々』釜山大学校韓国民族文化研究所、2011年（韓国語）

釜山博物館『釜山の歴史と文化』常設展示図録、2004年（韓国語）

ユスンフン『釜山は広い』クルハンアリ、2013年（韓国語）

6　対馬を歩く

　長崎県にある対馬は、福岡から130km、釜山から50kmの沖合に浮かぶ島である。その地理的条件から、日本列島と朝鮮半島の交流の窓口としての役割を果たし、一方で、両地域の軋轢（あつれき）を背景にして政治的・軍事的緊張にさらされた。また、倭寇活動の拠点にもなった。ここでは、島の史跡を訪ねながら、日韓交流の歴史を振り返ってみよう。

キーワード　金田城　モンゴル襲来　受職倭人　朝鮮出兵　通信使　孝行芋

1．島に残る交流の歴史

　対馬は、日本と韓国の交流の歴史をつないできた。島の中央部にある浅茅湾（あそう）は、リアス海岸を持つ天然の良港で、早くから交流の拠点として利用された場所の1つである。

　8世紀に編纂された『万葉集』には、この湾で風を待ち、新羅に渡ろうとする遣新羅使が詠んだ歌が収められている。新羅から日本をめざした外交使節の船もまたここに立ち寄ったのだろう。中世以降、対馬の領主としての地位を確立して、高麗・朝鮮と日本の外交・貿易を仲介したのは宗氏（そう）である。宗氏の本拠地厳原（いずはら）には、通信使の船が入港した。厳原では両国の交渉を担当する有能な外交官も活動し、両地域間の文化交流の場となった。宗氏による外交の中継的役割は、明治維新政府の樹立まで続いた。

　しかし、対馬には平和な交流の時間だけが流れたわけではない。その痕跡を現在に伝える遺跡や記録、語り継がれた記憶が各地に残されている。

資料1　対馬の史跡に関する説明文

ア、鰐浦（わにうら）

　1703年に、朝鮮の釜山から渡海した訳官使船が近海で遭難した。犠牲になった乗員108人のために慰霊碑が建てられている。空気が澄んだ日には、韓国展望所から釜山を遠望できる。

イ、金田城（かねだ）

　663年の戦いで唐・新羅に大敗した倭が、両国の侵攻に備えて浅茅湾の南岸に築いた山城。築城には朝鮮半島の技術を用いている。

ウ、小茂田浜（こもだ）（佐須浦（さすうら））

　1274年にモンゴルの軍勢が上陸した際、住民の多くが犠牲になった。近くの神社には犠牲者の霊も祀（まつ）られている。

エ、清水山城（しみずやま）

　1591年、豊臣秀吉は名護屋城（なごや）から朝鮮にわたる兵站（へいたん）基地としてこの城を築かせた。山城から

厳原を一望できる。

オ、万関瀬戸（久須保水道）

1901年、ロシアとの戦争に向けて水雷艇を浅茅湾に配備するために、開削された運河である。

資料2 対馬の史跡

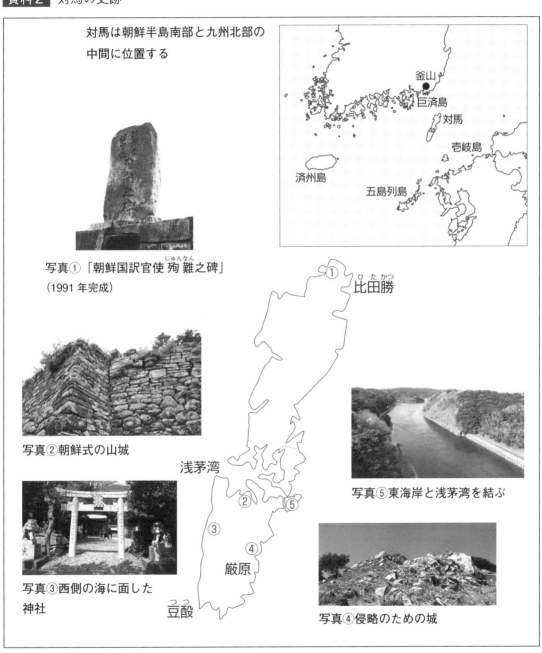

対馬は朝鮮半島南部と九州北部の中間に位置する

釜山
巨済島
対馬
壱岐島
済州島
五島列島

写真①「朝鮮国訳官使 殉 難之碑」
（1991年完成）

①比田勝

写真②朝鮮式の山城

浅茅湾

写真⑤東海岸と浅茅湾を結ぶ

⑤

②

③

写真③西側の海に面した神社

④

厳原

豆酘

写真④侵略のための城

【問1】資料1のア〜オの説明文は、資料2の①〜⑤のどの史跡と関係が深いか。教科書なども参考にして、扱っている出来事との関わりを書いてみよう。なお、地図の中の丸数字は、写真が撮影された場所を示している。

2．境界の島・対馬

　15世紀前半、朝鮮は倭寇の活動拠点となった対馬に攻撃を加える一方で、倭寇のリーダーに官職を授けるなど懐柔（かいじゅう）する策をとった。このとき、官職を与えられた人々を「受職倭人（じゅしょくわじん）」という。彼らには「告身（こくしん）」（辞令書）や「冠服（かんぷく）」が与えられるとともに、年1回の朝鮮への朝貢が義務づけられた。また、朝鮮に移住して土地や財物を与えられる者もいた。

資料3　朝鮮が発給した受職倭人への告身

　朝鮮で軍事を担当する兵曹（へいそう）が日本人の「皮古而羅（ひこてら）」に対して与えた告身（辞令書）。2行目から3行目にかけて、「皮古而羅を承義副尉虎賁衛司猛（スンイ ブウィホブンウィサメン）（武官の地位）に任命する」とある。「弘治十六年三月　日」、すなわち1503年3月に下されたものである。年号の上には「朝鮮国王之印」の押印があり、最後に役人の署名がみえる。この文書の大きさは106.6 × 78cm。

（国立歴史民俗博物館『日本の中世文書』2018年より）

【問2】 対馬の島民に官職や土地を与えるという政策は、朝鮮政府にとっては大きな負担にもなった。なぜ、朝鮮はこのような政策を実行したのだろうか。そして、対馬の島民はなぜそれを受け入れたのだろうか。その理由について話し合ってみよう。

コラム　「孝行芋」とはどんなイモか？

　対馬には「孝行芋」（コウコイモ）とよばれるイモがある。サツマイモのことである。南米原産のサツマイモ（甘藷（かんしょ））は、南蛮貿易とともに中国・琉球に伝わり、鹿児島県（当時の薩摩藩（さつま））や長崎で広く栽培されるようになった。

　対馬では18世紀初めに栽培がはじまった。原田三郎右衛門（はらださぶろううえもん）が薩摩に潜入して甘藷を持ち帰ったことに由来している。それ以来、やせた土地の多い対馬でも救荒作物として甘藷の栽培が行われるようになった。甘藷は島を襲った幾度もの飢饉（ききん）から島民を救った。やがて、対馬では甘藷のことを「孝行芋」とよばれるようになった。

　甘藷は対馬に立ち寄った通信使によって朝鮮にも渡った。韓国語で甘藷を「コグマ」というのは、「孝行芋」が訛ったものといわれている。

教 材 解 説

〈教材のねらい〉

　対馬に点在する交流の痕跡は、緊密にしてときに緊張や矛盾を内包した日韓両地域の関係をよく物語るものであり、これを教材として活用することは、日本と韓国の歴史を学び、考えるうえで有益である。本節では境界の島としての対馬の性格をふまえつつ、断片的ではあるが、日韓交流の歴史を振り返ることのできる教材をめざした。

〈資料の解説〉

　資料1には両国の交流の歴史にまつわる5つの場所、アの朝鮮国訳官使殉難之碑、イの金田城、ウの小茂田浜神社、エの清水山城、オの万関瀬戸をとりあげた。魏志倭人伝など中国の史書に早くからその名がみえる対馬は、朝鮮諸国と倭・日本をつなぐ重要な場であった。長い歴史のなかで幾度も外交使節が寄港し、ときに政治的な交渉や文化交流の舞台となった。通信使にまつわる寺院、両国の外交には誠心誠意を尽くすべきことを主張した雨森芳洲の墓も残っている。通信使が行き来した釜山と対馬は目と鼻の先とはいえ、ときに使節を乗せた船は遭難した。アはその慰霊碑である。通信使の足跡が現代における日韓交流の糸口となっていることにも注目させたい。

　一方で、対馬は日本と韓国を隔てる島でもあった。浅茅湾を背にして築かれたイは、北辺の防衛を放棄して敵の九州上陸を遅らせるための防御拠点であり、ウはモンゴルの日本侵攻の記憶をとどめる小茂田浜神社、エは仮道征明を標榜して朝鮮を蹂躙し、多大な被害をもたらした豊臣秀吉の朝鮮侵略に際して築城された山城、オは日露戦争直前に掘削された水路である。ロシアとの戦争は、日本の韓国併合にいたる極東・東アジア情勢の重大な変化をもたらした。

　資料3は「受職倭人」の告身である。長崎県下県郡竹敷村・早田忠三郎氏所蔵。14世紀末、朝鮮を建国した太祖・李成桂は、倭寇の根拠地になっていた対馬を攻撃した応永の外寇（1419年）の後、倭寇対策としてその頭目に降伏をうながすとともに、才能のある日本人を優遇して官職を授けるなどした。すなわち、対馬の島民を懐柔することにより、海賊行為の抑制を試みた。朝鮮との交易によって生活を営む対馬の島民の中には、これに応じて、朝鮮の官職や土地を手に入れる者があった。

　受職された者のなかには、漢城に住み、田畑や奴婢を与えられる者がいる一方、日本に戻ってしばしば朝鮮に出向いて貿易に従事する者もいた。後には、日本に住みながら受職する者も登場し、受職によって与えられた告身と冠服を朝鮮との通交のために別人が利用するという状況も生じた。この制度は、豊臣秀吉の朝鮮侵略によって途絶え、受職倭人は特権を失ったが、対馬の住人のなかには朝鮮側に協力したとして官職を授けられた者もいた。受職倭人制度は、倭寇に多大な被害を蒙った朝鮮による懐柔政策であった。対馬の人々にとっては、この制度により官職のみならず宅地や田畑・奴婢を得ることができたほか、朝鮮との交易にかかわる特権を得ることができたのである。

〈問いの意図・解答例〉

　【問1】ア～オはそれぞれ、①～⑤に対応する。①対馬は通信使の派遣に際して重要な経由であった。対馬の大名である宗氏は、江戸幕府の支配下にありつつ、朝鮮にも朝貢するという両属的な関係を維持した。島内には、対馬藩で朝鮮との外交に活躍し、通信使とともに江戸城に赴き、申維翰の

『海游録』（本書第2章第9節参照）にも登場した雨森芳洲の墓や、「通信使行列図」（朝鮮人行列図）を所蔵する対馬歴史民俗資料館がある。「朝鮮国訳官使殉難之碑」は1991年に日韓友好をめざす人々の手により建てられた。

　②百済の再興のために大軍を派遣した倭は、白村江で唐・新羅の連合軍に大敗を喫した。危機に瀕した倭は、唐・新羅の侵攻を恐れて北部九州から瀬戸内海、近畿地方にいたる交通の要衝に朝鮮式山城を築き、防人を置くなどして防衛体制を整えた。対馬に築造された金田城は、最前線に位置する防衛拠点である。③高麗を降伏させ、三別抄の抵抗を鎮圧したモンゴルは日本に矛先を向けた。鎌倉幕府・朝廷が朝貢要求を拒否すると、高麗に軍備を整えさせて侵攻に踏み切った。対馬は朝鮮半島南部の合浦から出軍したモンゴル軍の最初の上陸地となった。小茂田浜も被害を受けた場所の1つである。

　④明の征服を構想した豊臣秀吉は、九州北部に諸大名を集めて名護屋城を築かせて朝鮮侵攻を目指した。朝鮮に向かう「つなぎの城」として築かれたのが、壱岐の勝本城、対馬の清水山城である。⑤18世紀以降のロシアの極東地域への勢力伸長は、日本のみならず東アジアに大きな緊張をもたらした。日清戦争後、朝鮮の権益をめぐるロシアと日本の争いは、日露戦争の引き金となった。万関瀬戸は両国の緊張が高まるなかで開削された水路であり、これにより島の東側に面した浅茅湾と北部九州が直線的に結ばれ、対馬の軍事的重要性が高まることになった。

　【問2】前述の〈資料の解説〉の 資料3 を参照。

〈参考文献〉

佐伯弘次『対馬と海峡の中世史』山川出版社、2008年

佐伯弘次編『中世の対馬　ヒト・モノ・文化を描き出す日朝交流史』勉誠出版、2014年

瀬野精一郎ほか編『長崎県の歴史』山川出版社、2013年

田中健夫『倭寇－海の歴史』講談社、2012年

永留久恵『古代史の鍵・対馬』大和書房、1994年

中村榮孝「受職倭人の告身」『日鮮関係史の研究』上、吉川弘文館、1965年

日韓共通歴史教材制作チーム編『日韓共通歴史教材　朝鮮通信使』明石書店、2005年

歴史教育研究会・歴史教科書研究会編『日韓歴史共通教材　日韓交流の歴史』明石書店、2007年

7 沖縄を歩く

┌─ 学 習 課 題 ─────────────────────────────────────┐

　アジア太平洋戦争の末期，沖縄では住民を巻き込んだ激しい地上戦が繰り広げられ，20万人を超える人が犠牲になった。また現在，沖縄は「基地の島」として，日本のアメリカ軍基地の面積の7割以上が集中している現状がある。ここでは沖縄戦と朝鮮半島とのつながり，沖縄の米軍基地問題を考えてみたい。

キーワード 沖縄戦　平和祈念公園　平和の礎　韓国人慰霊　恨之碑　米軍基地

1. 東アジアにおける沖縄の地理的環境と沖縄戦について考えてみよう

　資料1は沖縄県那覇市を中心とした地図である。沖縄を中心に東アジアを見渡すとどのように見えるだろうか。また、沖縄は1945年3月末の米軍上陸に始まる大規模な地上戦が展開され、多くの住民が巻き込まれた。現在も多くの慰霊碑が残り、それらの中には韓国・朝鮮人慰霊碑も含まれる。資料2は、米軍の上陸・進攻過程、及び韓国・朝鮮人慰霊碑の位置を示した地図である。

資料1 沖縄県那覇市を中心とした地図

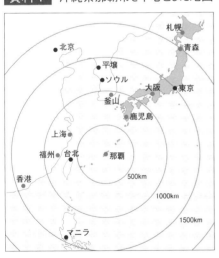

資料2 米軍の上陸・進攻過程と韓国・朝鮮人慰霊碑

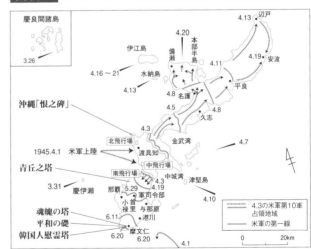

【問1】　資料1を見て，沖縄と東京，沖縄とソウルの位置関係を比較してみよう。

【問2】　資料2を参考に，沖縄戦がどのように展開したのか考えてみよう。また，以下の学びで考察する、沖縄戦に関連した韓国・朝鮮人の慰霊碑の位置を確認してみよう。

2. 沖縄の平和祈念公園を訪れてみよう

　沖縄島の南端、糸満市に位置する平和祈念公園は、国立沖縄戦没者墓苑及び霊域、沖縄平和祈念

堂、平和の礎、平和祈念資料館などからなる広大な施設である。資料3は平和祈念公園案内図である。それぞれの位置を確認してみよう。

資料3　平和祈念公園案内図

平和の火

沖縄戦最初の上陸地である座間味村阿嘉島で採取した火と被爆都市広島，長崎の火を合わせて灯し続けられている火。

平和の礎

国籍や軍人、民間人の区別なく、沖縄戦などで亡くなった全ての人々の氏名を刻んだ記念碑。

韓国人慰霊塔

1975年、韓国人慰霊塔建立委員会が石塚状の慰霊塔を建立した。韓国から取り寄せた石が石塚の正面に並ぶ。石塚手前広場の矢印は故郷の方向を示す。

まず、平和祈念公園内にある「平和の礎」について考えてみよう。資料4は、2018年現在、「平和の礎」に戦没者として刻銘された人数を出身地、国・地域毎にまとめた表である。この表の朝鮮半島出身者の刻銘者数は、実際の戦没者数よりも少ないと考えられている。資料5は朝鮮半島出身者の刻銘者数が少ない理由を述べた文章である。

資料4　「平和の礎」刻銘者数（2018年）

出身地		刻銘者数
日本	沖縄県	149,502
	県外	77,436
	小計	226,938
海外	アメリカ	14,009
	イギリス	82
	台湾	34
	朝鮮民主主義人民共和国	82
	大韓民国	380
	小計	14,587
合計		241,525

資料5　なぜ朝鮮半島出身者の刻銘が少ないのか

　沖縄戦最後の激戦地となった糸満市摩文仁の平和祈念公園の中に、戦後50年目にあたる1995年の6月23日、「平和の礎」が建立されました。打ち寄せる波をイメージした116枚の石碑に、おもに沖縄戦で亡くなった人たちの名前が、国籍や軍人、民間人の区別なく刻まれています。6か国約24万人が刻銘されていますが、日本軍と行動をともにして沖縄で死亡した朝鮮半島出身者約1万名のうち、その名前が刻まれているのは462名（2018年6月23日現在）にすぎません。なぜ少ないのでしょうか。その理由は、まず日本へ強制的に連れてこられた人たちが多いうえに、日本名を名乗ることを強制されていたので、実際どれだけの人が死亡したのか調査が難しいことがあげられます。さらに名前を刻まれることを断る遺族たちが多いこともその理由の一つと

なっています。朝鮮半島から連れてこられた人たちは、男性は飛行場や軍の陣地の建設に、女性は慰安婦などとして過酷な生活を強いられました。刻銘されることで、日本軍に協力したと非難されるのではないかと考える人も多く、韓国での遺族探しは難航しています。また、北朝鮮出身者については、調査することもできていません。　　　（楳澤和夫『これならわかる沖縄の歴史Q＆A』）

【**問3**】　資料4を見て、「平和の礎」の刻名者の人数や出身地、国・地域を比較して、気づいたことを話し合ってみよう。また、資料5を読み、朝鮮半島出身者の刻銘者数が少ない理由を考えよう。

次に、平和祈念公園内の韓国人慰霊塔がどのような経緯で建立されたのか、考えてみよう。資料6は、韓国人慰霊塔建立委員会常任顧問であった高尾常彦の「追悼の辞」、資料7は韓国人慰霊塔の碑文である。

資料6 高尾常彦による「追悼の辞」

　ひるがえって見ますれば、沖縄戦がはじまる直前、カデナ飛行場作業現場であなたがた（注＝朝鮮人）とお会いしたのが初対面でありました。

　休憩のひと時、乾パンとサツマイモを食べながら互いになつかしい故郷の思い出を語り合いました。その時あなたがたが歌ってくれたアリランの歌声はいまも耳に残っております。

　しかしそれもほんの短い間のことで、米軍の上陸作戦によってわれわれは別れ別れになり、最後には摩文仁近くの山城の壕の前で偶然再会しました。ぼろぼろの着物に手榴弾を持っていましたね。顔は真っ黒でみられたものではありませんでした。だがわれわれは言葉もなく抱き合って無事を喜び合ったものです。その日は雨が降っていました。

　あなたはぼろ着のポケットから、私の好きな煙草を出してくれました。長いこと煙草らしい煙草をすったことのない私にとっては、このうえもない贈り物でありました。一本の煙草を三切れにして、涙ぐましいくらい大事に吸いました。死線をさまようわれわれは、互いに地獄で仏に出会ったような心地でした。

　それから二日後、われわれが食糧を求めて外出していた間に爆撃にあい、壕の入り口が崩壊し、全員が戦死していました。あなたが私に残した最後の言葉は「アイゴお母さん！」のたった一言でした。

　このことは30年の歳月が過ぎた今日もなお私の脳裏から離れません。あなたの家族はソウルにいられると言っておられましたが、その住所と、さらに大邱出身者たちの住所、姓名を書き記していた手帳は、私が負傷したときでしょうか紛失してしまい、家族に知らせることができず申し訳なく思っております。　　　　　　　　　　（「NPO法人沖縄恨之碑の会」HPより引用）

資料7 「韓国人慰霊碑」碑文

　1941年太平洋戦争が勃発するや多くの韓国人青年達は日本の強制的徴募により大陸や南洋の各戦線に配置された。この沖縄の地にも徴兵、徴用として動員された1万余名があらゆる艱難を強いられたあげく、あるいは戦死、あるいは虐殺されるなど惜しくも犠牲になった。祖国に帰り得ざる魂は、波高きこの地の虚空にさまよいながら雨になって降り風となって吹くだろう。こ

の孤独な霊魂を慰めるべく、われわれは全韓国民族の名においてこの塔を建て謹んで英霊の冥福を祈る。願わくば安らかに眠られよ。　　　　　　　1975年8月　　韓国人慰霊塔建立委員会

【問4】　資料6・7を参考にして、平和祈念公園内にある韓国人慰霊碑はどのような思いを込めて建立されたのか考えてみよう。

3．沖縄と韓国にある二つの「恨之碑」を訪れてみよう

「稲穂を盗んだという理由で処刑された同僚たちのことが忘れられない。今も異郷の地でさまよう犠牲者たちの遺骨を故郷に持ち帰り、弔いたい」1997年7月、姜仁昌の証言と切なる願いが韓国、日本、沖縄の市民の心を動かした。1999年8月12日に慶尚北道英陽郡に「太平洋戦争・沖縄戦被徴発者恨之碑」（資料9）が、2006年5月13日、沖縄県読谷村に「アジア太平洋戦争・沖縄戦被徴発朝鮮半島出身者恨之碑」（資料8）が建てられた。資料10は沖縄「恨之碑」の除幕式直前に掲載された新聞記事、資料11は沖縄「恨之碑」の説明文である。

| 資料8 | 沖縄読谷村にある「恨之碑」 |

| 資料9 | 韓国英陽にある「恨之碑」 |

| 資料10 | 「恨之碑」除幕式に出席する元朝鮮人軍夫 |

平和な沖縄・アジアを

あす「恨之碑」除幕式（読谷）

元朝鮮人軍夫　姜さんも出席

沖縄戦に強制連行され死んでいった元朝鮮人軍夫たちの霊を慰め、同碑の発案者で元朝鮮人軍夫の姜仁昌さんが思いを語った。

碑は「沖縄戦の実相をアジアの視点から深め、もぞくの朝鮮人軍夫が強制連行されて沖縄にいたという歴史の教訓を後世に語り継ぐ「平和な沖縄・アジアをつくりあげる共同の取り組み」として韓国の国募金活動などを行い、沖縄側にも差別を受け、あまりにも無念で恨之碑を考える会などで爆弾を運ばされたこと、仲間を埋めて処刑する手伝いをさせられたことなどの戦争体験を語った。除幕式は十三日午後二時から、読谷村瀬名波の恨之碑前で行う。

恨之碑建立に当たり沖縄戦での体験を語る元朝鮮人軍夫の姜仁昌さん＝11日午後、県庁記者クラブ

（『琉球新報』2006年5月12日）

| 資料11 | 「韓国人慰霊碑」碑文 |

アジア太平洋戦争・沖縄戦において、日本は朝鮮半島から100万人以上と言われる人々を強制連行し、日本軍の軍夫・性奴隷として使役した。慶尚北道から軍夫たちが沖縄に送り込まれたのは1944年6月ごろ。姜仁昌さんは慶良間諸島の阿嘉島に、徐正福さんは宮古島に配属された。沖縄の地上戦は1945年3月26日に始まった。二人は、同胞たちの死を目のあたりにし、また同胞への処刑や虐待などに立ち会わされた。私たちは朝鮮半島と沖縄に向かい合う二つの同一の追悼碑を建立することを決めた。そして不幸な過去を心に刻み、平和・共生への決意の印をと、多くの賛同者・団体の寄付によりこの碑を建てた。　（「NPO法人沖縄恨之碑の会」HPより引用）

【問5】　「恨之碑」はなぜ沖縄と韓国に築かれたのか。資料10・11を読んで考えてみよう。また、資料2の地図中にある、魂魄の塔、青丘之塔についても調べてみよう。

4．なぜ沖縄に米軍基地が集中しているのだろうか

　日本の0.6%の面積しかない沖縄県に、在日米軍専用施設の約70%が置かれている。なぜ、沖縄に米軍基地が集中しているのか考えてみよう。資料12は、沖縄本島周辺の米軍基地を表した地図であり、資料13は、沖縄の位置づけについて述べた文章である。

資料12 沖縄本島周辺の米軍基地

沖縄県知事公室基地対策課編『沖縄の米軍基地　平成25年3月』（同課、2013年）

資料13 太平洋の要石

　沖縄は「わが太平洋のジブラルタル」、「太平洋のマルタ島」、「米国の城砦」などと呼ばれたが、当初米軍基地としてさほど重要視されていたわけではなかった。実際、「忘れられた島」、「はきだめ」、「太平洋のシベリヤ」と呼ばれていたこともある。なぜなら対日戦が終了すると同時に、（帝国）本土侵攻のための足掛かりという沖縄の重要性が薄れたためである。それが米ソの冷戦、中共革命の成功、そして朝鮮紛争といった相次ぐ国際情勢の激変にともなって沖縄の「軍事的な重要性」があらためて強調され、米軍関係者のあいだでは"Keystone of the Pacific"（太平洋の要石）と呼ばれるようになる。米国が極東政策を転換して沖縄を極東戦略体制の中核に位置づけたことは、沖縄が米国の世界戦略の一部になることを意味した。

（奥田博子『沖縄の記憶―〈支配〉と〈抵抗〉の歴史』）

資料14 普天間飛行場の移転問題

　宜野湾市の中心部に位置する普天間飛行場は、地域の新興開発の障害となっているだけでなく、航空機騒音の発生や航空機事故の危険性など、沖縄が抱える米軍基地問題の象徴ともいえる存在です。

　1996（平成8）年12月のSACOの最終報告により、同施設の全面返還が日米間で合意され、2002（平成14）年7月、「キャンプ・シュワブ水域内名護市辺野古沿岸域」がその移設先に決定されています。　　　　　　　　　　　　（沖縄県庁HP　米軍基地（FAC6051普天間飛行場））

【問6】　資料12・13のほか資料1の地図も参考にして、なぜ沖縄に米軍基地が集中しているのか考察してみよう。

【問7】　資料14を参考にして、普天間基地飛行場の移転をめぐってどのような問題が起きているか探究してみよう。また、沖縄県庁のHPなどを活用して、沖縄の基地問題をさらに調べてみよう。

教　材　解　説

〈教材のねらい〉

　米軍が「太平洋の要石（キーストーン）」と呼ぶ沖縄の地政学的位置について考えることを切り口として、沖縄戦に関連した韓国人・朝鮮人慰霊碑、米軍基地問題などについて探究することをねらいとしている。

〈資料の解説〉

　1では、東アジアにおける沖縄の地理的環境と歴史について考える。沖縄県は、九州島から台湾島まで弧状につらなる琉球弧の中核をなす160の島からなっている。沖縄本島を中心に宮古島、石垣島、西表島など48の有人島と112の無人島がある。本土と東南アジア諸国、中国との中間に飛び石状にならぶ島々は古くから有形無形の文化を伝えてきた。資料1は、沖縄を中心とした同心円状の地図である。沖縄を含む南西諸島は、日本のシーレーン（海上輸送交通路）と隣接しており、全貿易量の99％以上を海上輸送に依存する日本にとって極めて重要な位置を占めている。

　資料2は、「米軍の上陸と進攻」を示す地図である。1945年3月、沖縄島周辺には、約1500隻の米艦隊が集結し、3月25日、いっせいに艦砲射撃を開始した。押し寄せた米軍は、地上戦闘部隊だけでも18万余、海軍部隊・後方補給部隊を加えると54万に及んだといわれる。これに対し日本の守備隊は約10万。そのうち約3分の1は、沖縄現地徴集の補助勢力であった。4月1日、米軍は、読谷村から北谷町にかけての西海岸から沖縄島への上陸を開始し、沖縄島を南北に分断し、二手に分かれて北上と南下を開始した。ここでは沖縄戦の経過を大まかにつかみ、以下に出てくる南部の摩文仁にある平和祈念公園、韓国人・朝鮮人慰霊碑の位置を確認させたい。

　2で取り上げる沖縄県糸満市の摩文仁の丘は、敗戦が濃厚となる中で、後退してきた軍司令部が最後に辿り着いた所であった。自然壕を利用した第32軍司令部壕が置かれて、組織戦の最後の砦となった場所である。背後には崖がそびえ、逃げ場所を失った日本軍による組織的抵抗は、6月23日（実際は22日）に司令官牛島満中将が自決したことにより終わりを迎えた。しかし、アメリカ軍からの攻撃はやまず、多くの命が失われていった。現在は、沖縄県営平和祈念公園として整備され、数多くの慰霊碑が置かれた祈りの場であり、広い芝生の上は憩いの場所ともなっている。

　太平洋戦争・沖縄戦終結50周年を記念して1995年6月23日建設された「平和の礎」には、都道府県、国・地域別に沖縄戦で亡くなった人びとの名前が刻まれている。資料4は2018年現在の「平和の礎」刻銘者数を、資料5は「平和の礎」に朝鮮半島出身者が少ない理由を示している。前述したように、その正確な数は分からないものの、陸軍の水上勤務部隊として強制連行されてきた軍夫が約6000名、これに土建業者が連れてきた労務者、朝鮮半島出身兵、そして、一個中隊あたり6、7名従軍している例が多かったとされる多数の「慰安婦」を合わせて、沖縄における朝鮮半島出身者の人数は1万人を超えていたと推定されている。

　3では、沖縄（資料8）と韓国英陽（資料9）にある二つの「恨之碑」を取り上げるとともに、朝鮮人軍夫として沖縄に連行された姜仁昌（1920～2012）に焦点を当て、その「恨」の心情を探っていく。「恨之碑」建立の目的は、資料10の除幕式前の新聞記事、資料11の「NPO法人沖縄恨之碑の会」による説明文から読み取れるだろう。

　4では、なぜ沖縄に米軍基地が多いのかを考えさせたい。資料12 は、沖縄本島周辺の米軍基地関連施設の分布を示している。2019年3月現在、在日米軍の土地面積は約263.2㎢で、うち沖縄県が約184.9㎢と日本全体の約70％を占める。

　1945年3月、米軍は初代軍政長官となるニミッツによる布告で、沖縄を日本政府から分断して統治するとした。米軍は直接支配のもとで、「銃剣とブルドーザー」によって人々の土地を強制接収して基地を建設した。1953年の土地収用令で、1960年末までに接収した土地は沖縄本島の約25％に及んだ。

　資料13 は、沖縄の地政学的な位置とアメリカの極東政策における沖縄の位置づけについて述べている。1951年のサンフランシスコ平和条約で本土と分断された沖縄は、米軍の世界戦略の前進基地であり、「太平洋の要石」となった。その背景として、プライス勧告などを参考にしたい。「太平洋の要石」となった沖縄は、朝鮮戦争への出撃基地、ベトナム戦争の爆撃発進基地であり、訓練基地でもあった。戦後史の一側面としても注目したい。

　資料14 は、普天間飛行場移設問題について簡潔に述べた文章である。地図や写真など併用して考えさせたい。

〈問いの意図・解答例〉

　【問1】資料1 の、沖縄を中心とした同心円状の地図を見てみると、沖縄は東京よりも台北や上海、ソウル、マニラなどの都市の方が近いことが分かるだろう。

　【問2】米軍は1945年3月末の慶良間上陸、4月1日には読谷村から北谷町にかけての西海岸から沖縄島への上陸を開始し、沖縄島を南北に分断し、二手に分かれて北上と南下を開始した。資料2 から、米軍の侵攻及び沖縄戦の経過を大まかにつかみたい。激戦地となった南部には、ひめゆりの塔をはじめ多くの慰霊碑が建立されているが、韓国・朝鮮人慰霊碑も沖縄島の中南部に位置している。韓国人慰霊塔は 資料3 で確認できるように、平和祈念公園内に所在している。

　【問3】地上戦が展開された沖縄戦では、多くの住民が戦渦に巻き込まれた。ただし、沖縄出身者については沖縄戦に限らず、移民先などでの戦没者も含む数字である。県外出身者の数字が多いことにも注目したい。国別では、アメリカが多い。しかし、当時植民地下であった台湾や朝鮮半島出身者も相当数沖縄にいたことが推測されるものの、刻銘者の数は多くない。「平和の礎」建立当初、朝鮮半島出身の犠牲者の遺族のなかには、「侵略戦争に利用された地の慰霊碑に刻銘されるのは屈辱である」として、戦没者の刻銘を拒絶する人も少なくなかった。現在は、「平和の礎」建立の理念が理解され、身元の判明している遺族の多くが刻銘に応じているという。しかし、推定される1万人近い犠牲者のほんの一握りにすぎないことや、戦時中は一つであった朝鮮半島出身者が別々の国で刻銘されていること、現在に至るも女性の名前は刻銘されていないことなど課題も多い。

　【問4】資料6 の高尾常彦氏は沖縄戦の経験者であり、韓国人慰霊塔建立委員会の常任顧問として碑の建立に尽力した人物である。資料7 は、平和祈念公園内に建立された韓国人慰霊塔の碑文である。これらの資料から、祖国に戻ることなく、沖縄戦の犠牲となった人々を慰霊することにはどのような意義があるのか考えてみたい。

　【問5】元朝鮮人軍夫の姜仁昌らの行動が実を結び、沖縄と韓国双方に「恨之碑」の建立に至ったが、それは多くの賛同者を得たことが大きいだろう。資料10 の中に「沖縄戦の実相をアジアの視点から深め、歴史の教訓を後世に語り継ぎ、平和な沖縄・アジアをつくりあげる共同の取り組み」とあ

るように、平和・共生といったキーワードに注目したい。また、魂魄の塔、青丘之塔が建立された経緯についても調べてみたい。

【問6】 資料12 から、沖縄本島周辺の米軍基地関連施設の分布を考えたい。沖縄島の面積の約2割が米軍基地という現状がある。資料15 からは、沖縄に米軍基地が置かれるようになった歴史的背景と沖縄に米軍基地が集中していった背景を読み取りたい。

【問7】 資料14 はあくまで沖縄米軍基地問題の一事例である。基地問題に端を発する事件や事故は枚挙に遑がない。さらに、騒音問題や環境問題も大きな問題である。いわゆる「基地経済」による経済的効果があることも一面ではあるが、多くの米軍基地を抱える沖縄の負担について、具体的な事例から考えてみたい。普天間飛行場の移設問題は、日韓の共通教材という視点から韓国の龍山米軍基地の移転問題などの事例とも比較したい。また、沖縄からの視点を踏まえつつ、日米関係、東アジアにおける日本の立場や国際環境など、多角的・多面的に考察を進めていくことで理解を深めたい。

〈参考文献〉

楳澤和夫『これならわかる沖縄の歴史Q＆A』大月書店、2003年

大城将保『改訂版　沖縄戦―民衆の眼でとらえる[戦争]』高文研、1988年

沖縄県平和祈念資料館『沖縄県平和祈念資料館総合案内』2001年

奥田博子『沖縄の記憶〈支配〉と〈抵抗〉の歴史』慶應義塾大学出版会、2012年

櫻澤誠『沖縄現代史　米国統治、本土復帰から「オール沖縄」まで』中央公論新社、2015年

新城俊昭『改訂版書き込み教科書高等学校琉球・沖縄の歴史と文化』東洋企画、2010年

高橋哲哉『沖縄の米軍基地　「県外移設」を考える』集英社、2015年

8 ヒロシマを歩く

学習課題

　戦時下における広島・長崎に2度にわたって投下された原子爆弾は、大量の日本人被爆者だけでなく、在日していた朝鮮人にも、多くの被爆者を生み出すこととなった。なぜ多くの朝鮮人が被爆したか、被爆者たちが現在、どのような境遇にあるかを理解しながら、今日の平和のあり方について考えてみたい。

キーワード　ヒロシマ　原子爆弾　朝鮮人被爆者　平和記念公園　原爆犠牲者慰霊碑

1．平和記念公園を歩いてみよう

　JR広島駅から路面電車（広島電鉄）に乗って15分程で、平和記念公園（資料1）の北端に着く。平和記念公園は、旧太田川（本川）が元安川と分岐する三角州の最上流部に位置している。ここからは、「原爆ドーム」（旧広島県産業奨励館、1996年世界遺産に登録）が、すぐそこに見える。

　1945年8月6日8時15分、アメリカによって投下された原子爆弾は、一瞬にして多くの人命を奪った。爆発したのは、「原爆ドーム」から、南東へ約160mに歩いた上空約600mのところと言われている。平和記念公園の場所は、太平洋戦争期まで広島市の中心的な繁華街であり（旧中島地区）、この地域には数千人の人々が住み、民家や商店、寺院などが立ち並んでいた。原爆によって消え去ったこの地域は、世界の恒久平和の象徴として公園に整備された。

　平和記念公園には、原子爆弾の被爆の惨禍にかかわる様々な史跡がある。公園では、ミュージシャンたちによる音楽祭なども開催され、世界に向けて平和の発信が行われている。「ヒロシマ」－この表記には、被爆都市として世界の恒久平和を願い、そして実現をめざすことへの強い意志が込められている。

2．公園内の「韓国人原爆犠牲者慰霊碑」は何を意味しているのだろうか

　平和記念公園の「韓国人原爆犠牲者慰霊碑」（資料4）を訪れてみよう。「韓国人原爆犠牲者慰霊碑」は、もともと、朝鮮の王族であった李鍝（陸軍中佐）が被爆し倒れているところを発見された本川橋西詰めに建立された（1970年）。その後、なぜ平和記念公園内に一緒に建立されないのかとの声が高まり、1999年に平和記念公園内に移設された。慰霊碑は、死者の霊が亀の背に乗って昇天するという韓国の故事に倣って石像の亀の上に建っており、亀の頭の下の箱に死没者の名簿が納められているという。

　被爆当時、広島には約35万人の市民や軍人がいたとされるが、原爆によって亡くなった人の数については、現在も正確にはつかめていない。しかし、放射線による急性障害が一応おさまった、1945年12月末までに、約14万人が亡くなったと推計されている（広島市の発表）。そして、広島における朝鮮人の被爆者や死亡者の数も正確につかむことは難しいが、一説によれば数万人の朝鮮人が被害を受けたとも言われている。

【問1】軍都としての性格の強い広島で、多くの朝鮮人が被爆した理由について調べてみよう。

資料1 広島平和記念公園

原爆死没者の慰霊と恒久平和を祈る都市公園（約12万㎡）として、1956年に完成。

資料2 原爆供養碑（くよう）

ここには広島市内の身元不明の約7万人とも言われる多くの遺骨が埋納されている。

資料3 原爆ドーム（旧広島県産業奨励館）

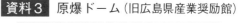

1996年、世界遺産に登録。

資料5 原爆の子の像

資料4 韓国人原爆犠牲者慰霊碑

建立の目的を「強制労働等により広島で被爆した同胞（どうほう）の慰霊と、再び原爆の惨事（さんじ）を繰り返さないことを願うため」としている。原爆死没者の名を記した原爆死没者名簿などが納められている。

原爆にかかわる展示・収蔵が行われ平和学習の場となっている。右記念碑の碑文には「安らかに眠ってください　過ち（あやま）は　繰返しませぬから」と刻まれている。

2歳で被爆し12歳で亡くなった佐々木禎子（きさだこ）さんを想い、級友たちが呼びかけてつくった。

資料6 （右）広島平和都市記念碑、（左）広島平和記念資料館（本館）（丹下謙三（たんげけんぞう）設計）（左手前）嵐の中の母子像

3.「在韓被爆者」のその後

　次に、広島平和記念資料館に入ってみよう。被爆の実相を伝え、核兵器のない平和な世界の実現へ

貢献することを目的に建設された資料館には、「朝鮮半島出身者　郭貴勲<ruby>郭貴勲</ruby>さん」や「在韓被爆者への医療支援」「故郷を離れた地で」などの展示において、朝鮮人の被爆者についてふれることができる。アメリカの占領下では、GHQ のプレスコードにより報道や研究が規制され、被爆者の実態が社会的に認識されなかったこともあり、被爆者への援護は乏しく、その後も医療支援は十分でなかった。次の資料７・８を見ながら、被爆者への援護の歩みを確認するとともに、「在韓被爆者」に対する援護についてはどのような課題があるか、考えてみよう。

資料7 「原子爆弾被爆者に対する援護に関する法律」（1994 年 12 月 16 日、法律第 117 号）

> 第一条　この法律において「被爆者」とは、‥‥ 被爆者健康手帳の交付を受けたものをいう。
> 第二条　被爆者健康手帳の交付を受けようとする者は、その居住地 ‥‥ の都道府県知事に申請しなければならない。　２被爆者健康手帳の交付を受けようとする者であって、国内に居住地及び現在地を有しないものは、前項の規定にかかわらず、政令で定めるところにより、その者が前条各号に規定する事由のいずれかに該当したとする当時現に所在していた場所を管轄する都道府県知事に申請することができる。３都道府県知事は、前二項の規定による申請に基づいて審査し、申請者が前条各号のいずれかに該当すると認めるときは、その者に被爆者健康手帳を交付するものとする。

資料8 在外被爆者への医療費支給

> 　2013 年 10 月、大阪地方裁判所にて、韓国で暮らす在外被爆者３人が国と大阪府を相手取り、海外に居住していることを理由に、被爆者援護法に基づく医療費支給の申請を認めないのは違法だとして、却下処分の取消しをなどを求めた訴訟の判決が出された。判決では、国内の被爆者に医療費支給を限定する規定は被爆者援護法にはないとし、大阪府の処分を取り消した。判決では、被爆者援護法が在外被爆者を排除する趣旨で作られた法律ではないと指摘し、国内の被爆者が海外で支払った医療費がやむを得ない事例として支給対象となっていることを踏まえ、韓国に住む原告らの支給申請も同様に認められるべきだと判断した。
> 　これまで国内在住の被爆者に対しては、医療費が支給されてきたが、４千人以上いる在外被爆者については被爆者援護法に基づく支給とは別に、国は上限がある助成制度を設けて対応してきた。今回の訴訟と同様に、被爆者援護法に基づく医療費支給をめぐっては、広島、長崎地方裁判所でも訴訟がおこされているが、支給を認める司法判断が出たのは初めてであった。
> 　こうした訴訟は現在も各地で続いているが、2018 年 12 月、広島で被爆後に帰国した韓国人４人（故人）が被爆者援護法から除外されたのは違法だとして、遺族が国に損害賠償を求めた訴訟では、提訴時点で被爆者の死後 20 年が経過し、損害賠償請求権が消滅する「提訴期間」が過ぎたとして、大阪高裁により控訴が棄却されている。

【問２】資料７の被爆者援護法によって、日本人被爆者と韓国人被爆者との間にどのような差が生まれただろうか、資料８を参照しながら考えてみよう。

【問３】問２で考えたような差別があったことを踏まえ、韓国人被爆者に対する援助についての問題点を調べてみよう。

教　材　解　説

〈教材のねらい〉

　広島市の原爆ドームや平和記念公園を探訪することを通して、核兵器による破壊の悲惨さを確認しつつ、その実態から人類全体への警鐘としていくことの重要性を認識させたい。そして、改めて被爆者の存在に着目させるとともに、日本国内にいる被爆者だけの問題だけではなく、在外被爆者、特に在韓被爆者についても、今日抱える現代的な課題であることをとらえさせたい。

〈資料の解説〉

　広島の地図は平和記念公園・周辺ガイド（地図）を参考とした。

http://www.hiroshima-navi.or.jp/information/guidemap/7343.php

　資料7 は、村山富市内閣時の 1994 年 12 月 16 日に公布された「原子爆弾被爆者に対する援護に関する法律」（法律第 117 号）で、医療特別手当を含む6つの手当支給を規定している。これにより、従前の原子爆弾被爆者の医療等に関する法律（1957 年、被爆者健康手帳を交付し、被爆者への医療給付を行う）、原子爆弾被爆者に対する特別措置に関する法律（1968 年、特別手当や医療手当の支給を定める）は廃止された。

　資料8 と同様な訴訟は、大阪・広島・長崎各地裁でも行われており、約 600 人が訴えを起こしている。最近でも、2019年8月、広島、長崎で被爆し、帰国後に死亡した韓国人被爆者の遺族が被爆者援護法の適用外とされたのは違法だとして国を訴えた2件の訴訟で、最高裁は、提訴時点で賠償請求権が消滅する「除斥期間」（20 年）が経過しているとして、遺族側の上告を退ける決定をしている。

〈問いの意図・解答例〉

　【問1】太平洋戦争以前または大戦中には、軍都広島に軍需工場が集中しており、その労働力を補うために、朝鮮半島で徴用・動員された徴用軍人や徴用工が集められ、多くの朝鮮人が集住していた。被爆者の正確な数字は不明であるが、多くの朝鮮人被爆者が生まれた背景となった。韓国被爆者援護協会（現、原爆被爆者協会）が 1972 年に示した被害状況によれば、広島で約5万人の朝鮮人が被爆したとされており、広島・長崎両市の原爆災害誌編纂委員会が発行した『広島・長崎の原爆災害』（岩波書店、1979 年）は、それを踏まえて、朝鮮人の被爆者 2.5 ～ 2.8 万人、被爆直後の死者 5000 ～ 8000 人と推定している。参考として、韓国原爆被害者協会に登録している生存被爆者の数は、2010 年9月末時点で総数2,639 名で、被爆後祖国に帰国した人数は、韓国が約23,000 人、北朝鮮が約2,000 人だとされている。ちなみに、2010年9月末時点では、韓国の陝川郡に住む被爆者（韓国原爆被害者協会ハプチョン支部会員）は 633 名である。

　【問2】朝鮮人被爆者はもちろんであるが、2世や3世の場合も健康実態の確認によって被爆者健康手帳が交付されれば、日本に居住している場合、年2回の健康診断が無料で実施され、毎月、病気に関連する手当（医療特別手当・特別手当・健康管理手当・保健手当・小頭症手当のどれか一種類）と家族介護手当が支給され、医療費が無料となり、死亡時には葬祭料なども支給されてきた。

　一方、日本国内に居住地を有していない被爆者にも在外被爆者に関する制度があり、在外被爆者は、1974 年の旧厚生省公衆衛生局長が発した 402 号通達により、健康管理手当が支給されてきた。

しかし、1978年の最高裁判所の判断によって、日本滞在中は支給を受けられるが出国すれば権利を失うと改められた。その後2003年には、在外被爆者への健康管理手当の支給が再開され、地方自治法236条2項にある時効援用不要の規定を理由に過去5年分も支給された。これに対して、2007年最高裁が、時効そのものも認められないとする判断を示したため（最判2007年2月6日）、厚生労働省は在外被爆者に未払い分を支給する方針を固めた。また、在外被爆者は、手当の申請を日本国内で行う必要があったが、2010年、韓国の日本大使館で原爆症認定の申請が可能となった。

このように、日本人被爆者と在外被爆者とは、長年その待遇に差異が生じていた。在韓被爆者の場合は、被爆者手帳の取得をめぐり、日本の行政と裁判で争い、2000年以降に少しずつ改善がなされてきた。1978年には、在韓被爆者の孫振斗氏の裁判で、被爆者手帳の取得が認められた。しかし、それは日本に滞在している間のみ被爆者援護のための法律が適用され、韓国に帰国すると手帳は失効するという限定的なものであった。

その裁判から約20年後の1998年、郭貴勲氏が韓国国内に居住したままでも適用されるように求めて提訴した。その結果、2002年には郭氏が第二審で全面勝訴し、2008年12月から韓国の日本大使館・領事館で被爆者手帳の申請ができるようになった。在韓被爆者を含む在外被爆者（手帳所持者、2014年3月現在で約4,280人）は、病気に関連する手当てや葬祭料は支給されるようになったが、医療費支給額の上限が年間30万円と制限されており、家族介護手当の支給は無い。

また、①ハプチョン原爆被害者福祉会館の運営費、②韓国原爆被害者協会の会員被爆者に対する医療費補助費月額10万ウォンの支給、③韓国原爆被害者協会の会員被爆者に対する医療費の一部支給がなされているが（在韓被爆者の手帳取得には、渡日の必要もなくなり、手帳は取得しやすくなったが）、手帳を取得するためには被爆の事実を証明する必要がある。

【問3】被爆の有無に対する証明などが在韓被爆者にとって不当な扱いとならないような措置や、被爆者の高齢化とともに療養機能を拡大するなどの改善を図る必要がある。例えば、陜川に設置されている原爆被害者福祉会館の診療機能を高めることなども大切である。また、原爆被爆者はもとより2世・3世の健康実態の把握と医療面の政策が必要とされている。

近年では、2016年1月、最高裁判決にて、韓国居住の被爆者が同国で受けた医療費に関し、原子爆弾被爆者に対する援護に関する法律（被爆者援護法）の規定を適用し、大阪府に対して医療費の支給を認める判決が出たことで、在外被爆者の医療費支給申請手続を定める省令が公布された。また同年5月、韓国で被爆者支援法案が成立し、被爆者の登録、実態調査、医療支援を実施するほか、犠牲者の追悼事業も行うとしている。被爆者たちの高齢化が進むなか、その補償の問題とともに、悲惨な体験と平和への思いをいかに語り継ぐかという点も大きな課題である。

〈参考文献〉

厚生労働省HP　https://www.mhlw.go.jp/bunya/kenkou/genbaku09/17.html

鄭美香「忘れられた被爆者──在韓被爆者の歴史と先行研究」『社学研論集』30、2017年

日本被団協HP「在外被爆者」http://www.ne.jp/asahi/hidankyo/nihon/seek/seek5-02.html

広島県HP「原爆被爆者援護事業概要について」https://www.pref.hiroshima.lg.jp/soshiki/52/jigyougaiyou29.html

広島平和記念資料館『図録　広島平和記念資料館　ヒロシマを世界に』1999年

9 分断の象徴 DMZ に向かう

キーワード　DMZ（非武装地帯）　分断　朝鮮戦争　平和　生物多様性

1．DMZ とは何か

　第2次世界大戦後、朝鮮半島における米ソ両軍による日本軍武装解除の境界線として定められた北緯 38 度線は、1948 年の政府樹立後も、南北を分け隔ててきた。

　朝鮮戦争後には、休戦協定で定められた軍事境界線（休戦ライン）が、南北の分断ラインへと変わり、それに沿って DMZ（非武装地帯）が設けられた。DMZ は南北2kmずつで、幅は4kmある。資料1の地図のように、朝鮮半島の東西両岸につながり、長さは約 250km（155 マイル）に及ぶ。

　鉄条網が続くこの一帯には韓国と北朝鮮の 50 万近い軍人が集結していて、相互の動きを注視している。DMZ 内には、あちこちに塹壕やバンカーが設けられ、地雷も埋められている。DMZ では拡声器での宣伝戦が行われるだけでなく、戦火を交えることもある。2010 年には、北朝鮮の砲撃で韓国領の延坪島が炎上した（資料2）。韓国軍2名、民間人2名が死亡し、多数の負傷者を出した。一方で、交渉の窓口もある。板門店には共同警備区域（JSA）が設けられている（資料3）。

資料2　延坪島への砲撃

資料3　JSA

資料1　軍事境界線と DMZ

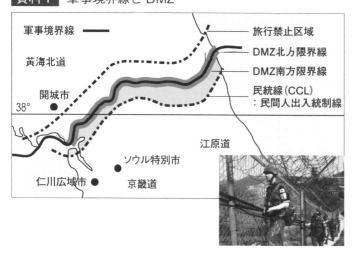

【問1】 板門店・延坪島の位置を地図で確認しよう。

【問2】 資料3は韓国側から北朝鮮施設「板門閣」を見たものである。インターネットなどを用いて、軍事境界線がどこを通っているのか、そして手前に並ぶ建物ではどのようなことが行われているのか、調べてみよう。

2．DMZ は平和の象徴に変われるか？

DMZ 周辺では、破壊された大地や山肌など、終結していない戦争の痕跡を目の当たりにする。こうした厳しい現実のなかでも、対立関係を乗り越え、和解と共生のための努力が続けられてきた。

例えば、朝鮮半島を縦断する鉄道路線は現在不通の状態だが、連結して南北交流を促進しようとする取り組みが行われた（資料4）。南北を縦断する道路も作られた。

また、2018 年 4 月 27 日に、板門店で南北首脳会談が行われ、歴史的な一歩を踏んだ。同年 10 月には南北共同で JSA 内の地雷撤去が行われ、完全非武装化が目指された。2019 年 6 月にアメリカ大統領が板門店を訪れたことも画期的な一幕だった。

DMZ では、見通しをよくするための野焼きや、埋められた地雷によって被害を受ける生物も多い。しかし同時に、絶滅が危惧されている動植物が数多く確認され（資料5）、生物多様性という観点からも注目されている。周辺自治体では、環境保全を掲げて平和の象徴へと転換しようという動きも始まっている。

資料4 南北鉄道連結の試み

資料5 DMZ 内の湿地に生息している絶滅危惧種のキバノロ（シカ科）の親子と鉄条網

【問3】 資料4・5を参考に、DMZ と鉄道路線、あるいは絶滅危惧種の野生生物について調べてみよう。

【問4】 朝鮮半島に平和が定着するために DMZ をどのように活用すればよいか話し合ってみよう。

コラム　DMZ 周辺を歩くことができるか

DMZ 内は基本的に民間人の立入禁止区域であり歩くことはできない。以前は板門店ツアー等に参加可能な外国人・在外韓国人以外は入れず、一般の韓国人は DMZ 沿いの限られた「統一展望台」から眺めるしかなかった。しかし、近年は臨津閣（京畿道坡州市）に平和公園施設が設けられるなど、誰でも DMZ を実感できる場所や機会が増えた。DMZ 周辺各地に、トレッキング、サイクリングができる特別なツアーコースも設けられている（資料6）。また、写真家や画家などのアーティストが DMZ に出向いて創った作品も増えている。植物図鑑『DMZ の植物 155 マイル』は、DMZ の鉄条網に沿って歩きながら、自生する植物を調査してまとめられたものだ。

資料6 DMZ サイクリングツアーに参加する人々

教 材 解 説

〈教材のねらい〉

　日本による植民地支配を脱した朝鮮半島は、米軍とソ連軍が占領して南北に分断された。政府樹立直後の1950年には朝鮮戦争が起き、再び戦争の惨禍を体験することになった。このような分断の象徴が朝鮮半島を分断するDMZ（非武装地帯）である。韓国と北朝鮮は、戦争以後も鋭く対立してきたが、1990年代以後、和解のための努力も重ねている。DMZの存在は、韓国と北朝鮮だけでなく日本、中国、ロシアなど東アジアの平和と密接な関わりを持っている。この節では、朝鮮半島の現実を理解し、東アジアの市民として平和への道をともに模索することをねらいとしている。

〈資料の解説〉

　資料1 の地図はDMZ周辺の地図で、軍事境界線を中心に南北2kmの幅で非武装地帯が定められ鉄条網が設置されている。また民間人が通常は立ち入りできないように統制する民統線が設けられている。軍事境界線は一般に38度線と呼ばれるが、それが北緯38度線と一致するわけではない。写真は、DMZに沿って設置された鉄条網の横を歩く兵士。

　資料2 の延坪島砲撃事件以外にも、ポプラ事件（1976年）をはじめ、DMZ内外では数々の衝突事件が起きてきた。

　資料3 は、DMZの中にあるJSA（Joint Security Area、共同警備区域）。日本で「板門店」としてメディアに取り上げられることがあるが、本来、板門店はこの地区の地名を指している。

　南北の鉄道遮断については、線路の最北地点に掲げられた「鉄馬〔汽車〕は走りたい」（江原道鉄原）という看板がよく知られてきたが、2000年の南北首脳会談以後、南北和解の歩みの一環として鉄道連結事業が推進された。都羅山駅の整備と運用はその象徴となった。資料4 は南北が連結された東海線の2007年の試運転の場面。その他、京義線、京元線などの連結も試みられた。ただし事業は順調には推移せず、開城への貨物列車の定期運航が短期間実現しただけで中断した。2018年には、約10年ぶりに再連結が合意され、韓国ではロシアのウラジオストクや、中国の丹東までつながる物流網の構築が模索された。特別列車の運行までは行われたが、再び事業は中断した。

　資料5 のキバノロのように、DMZ内には絶滅が危惧されている動植物が数多く確認されている。韓国環境省下の国立生態院が2018年に発表した調査によれば、韓国の絶滅危惧野生動物のうちDMZで生息しているものの比率は高い。ジャコウジカなど哺乳類が約6種、ツルやイヌワシなど鳥類が10種、両生類の水原アマガエル、魚類のシラヒゲカマツカといった、絶滅危惧第一級のものが18種、テン、ミヤコドリ、ベッコウトンボなどの第二級のものが83種発見されたという。DMZはユネスコ自然遺産等に選定され保護されるべきだ、経済協力や観光事業は重要地域を避けて行われるべきだ、と指摘されている（『東亜日報』2018年6月14日）。2018年より漢江河口地域を「南北共同水域」として船舶を航行可能とし、経済開発を推進する動きが加速されていたが（その後中断）、この地帯も絶滅危惧種クロツラヘラサギの休息地であるなど、生物多様性保全の重要地である。湿地帯保護の必要性が指摘されている（『ハンギョレ新聞』2019年10月21日）。

　資料6 は、DMZ沿いを含む民統線内で行われた、あるサイクリングツアーの様子である（*Korea JoongAng Daily*、2014年4月12日）。周辺自治体などの主催で、自転車だけでなく、トレッキングツアー

なども定期的に行われている。2019年には高城（江原道）のDMZ鉄条網沿いに遊歩道が設けられ、そこを韓国兵に伴われながら、一般市民が歩くツアーも行われた（*AFP*、2019年6月18日）。同年8月には、DMZ155マイルを15泊16日、100名で踏破するツアーも実施された。

なお、韓国国立樹木園分園のDMZ自生植物園が作成した『DMZの植物155マイル』（2019年）はネットでも公開されている。植物の生態からもDMZ内の生物多様性が再確認できる。

〈問いの意図・解答例〉

【問1】南北の軍事境界線やDMZの位置を、あらためて捉えなおしてみたい。板門店の位置を確かめながら、陸上では軍事境界線が定められているのに対し、海上は定められていないことを押さえたい。漢江河口を中立水域として民間船舶の航行を認め合おうとしたためだったが、実現はしなかった。そのため海上の境界線に対する南北の見解は異なっている。延坪島砲撃事件は、韓国が定める北方限界線内にある延坪島付近で軍事演習を行っていたところ、延坪島を含む海上軍事境界線を主張する北朝鮮側が砲撃をして起こった。

【問2】手前に並ぶ建物は南北の会談の場となった「軍事停戦委員会本会議場」（南北双方が行き来できる）で、これらの中央を軍事境界線が横断している。この境界線をはさんで兵士が相互に監視し合っている。文在寅政権は、ポプラ事件以前のように、JSA域内での南北自由往来を復活させたいとしたが、国連軍の反対で実現には至っていない（*AFP*、2019年5月1日）。このほか、南北首脳会談（2018年）、米朝首脳会談（2019年）で両首脳が歩み寄った場所や、それらで使用された「平和の家」「統一閣」「自由の家」がJSAのどこにあるのかも確認してみたい（本書第3章第11節参照）。

【問3】緊張緩和の手段として軍事安保交渉が重要であることはいうまでもないが、平和構築への道筋はそれだけではないことに気づかせたい。上記〈資料の解説〉も参照し、鉄道網を整備しながら南北共同で経済開発を促進したり、環境保護を掲げて平和への意識向上をめざすなどのさまざまな模索について、具体的に調べてみたい。植民地下での鉄道敷設の問題や、日本からDMZを経由してシベリア等へ飛んでいく渡り鳥など、時代や地域をひろげる発想からも考察を深めたい。

【問4】コラムも参考にし、鉄道や生物多様性のほか、自由にアイデアを出しあってみたい。同時に、DMZの平和的活用がなぜ模索されているのか、逆にそれを時期尚早であると主張する人は何を重視しているのか、議論してみたい。DMZにおける緊張緩和は、朝鮮半島のみならず、東アジア全体の平和構築に直結する問題であるという理解を深めたい。

〈参考文献〉

イヘヨン『非武装地帯を訪れて』ヌンピッ、2003年（韓国語）

カンマンギル『私たちの統一、どうするか』創批、2018年（韓国語）

キムジェハン『非武装地帯を超える道』アマゾンの蝶、2015年（韓国語）

キムスンニョル『分断の2つの顔』歴史批評社、2005年（韓国語）

パクテギュン『韓国戦争』本とともに、2005年（韓国語）

The Korea Foundation（2010）. *The DMZ*. Seoul Selection

The Korea Foundation『DMZ鉄条網を通して見つめた禁断の地』『Koreana 韓国の文化と芸術』23-3、2016年

本書作成の経過について

ここで、私たちの日韓教育交流、日韓歴史共通教材作成の6年間の経緯をたどりつつ、本書に触れる読者の理解を補っておきたい。

1. 日韓共同研究の新たな模索

私たちの教材作成のための研究会の活動は、2012年10月にさかのぼる。日本と韓国の高校現場をつなぐ教材開発を目的としたものであった。教材の開発にあたっては、教育現場のニーズに即した実践的な課題に直結するテーマを扱うこと、最新の研究成果に基づいた資料を積極的に活用すること、資料の活用や歴史の考察、思考力の育成や表現する学習などの教育的な配慮を行うこと、などを課題として研究活動をスタートした。

研究活動に集ったメンバーは、『日韓歴史共通教材 日韓交流の歴史―先史から現代まで』（明石書店）にもかかわった歴史学や歴史教育の研究者を中心に大学・高等学校の教員20余名であり、関東地区のほか北海道・青森・大阪・福岡など全国から参加している。

2013年4月、平成25〜27年度科学研究費助成事業（基盤研究（B））「自国史を越えた歴史認識の共有をめざす日韓共通歴史教材の基礎的研究」（課題番号25285249、研究代表者：田中暁龍、研究分担者：國分麻里・小瑤史朗・小林知子・小松伸之・鈴木哲雄・山口公一・山﨑雅稔）の助成を受け、韓国の研究協力者として、韓国高校教科書『東アジア史』執筆にかかわった、具蘭憙と朴中鉉の2氏を迎え、韓国の歴史学や歴史教育の研究者との研究交流を開始した。

2. テーマ案の構成と共通教材案の検討

2014年1月、第1回日韓国際シンポジウムを開催し（平成25年度日韓文化交流基金の助成金交付も受けた）、日本側が日本の歴史教育の動き、歴史共通教材作成の取り組みの成果と課題、教材案の提案を、韓国側が韓国の歴史教育の現状や「東アジア史」の実践を、それぞれ報告した。教材案作成にあたっては、見開き2または4ページで、「文化史」や「社会・生活史」など生徒の興味や関心に配慮した40〜50のテーマを選定し、学習課題や問いを設定すること、図表、絵画や写真等の資料を見やすく配置すること、資料そのものの活用や考察の方法に工夫を凝らすこと、などを確認した。

第1〜9回日韓国際シンポジウムの足跡をまとめると、下の表のとおりである。

その後、韓国側が国内研究会で「観点別のテーマ構成案」について検討したことを受け、日本側も国内研究会で、高校の授業に資するテーマを厳選して項目立てを行い、時代別テーマだけでなく、「文化にふれる（理解する）」や「歴史問題を考える」「日本と韓国を歩く」などの章立てを構想した。そして、より実践的な教材の

第1〜9回日韓国際シンポジウム（2014〜2019年）

回	日付	開催場所
1	2014年1月11日	國學院大學 渋谷キャンパス
2	2014年8月8日	ソウル・韓国放送通信大学校
3	2015年1月10日・11日	國學院大學 渋谷キャンパス
4	2015年8月7日・8日	國學院大學 渋谷キャンパス
5	2016年1月9日・10日	國學院大學 渋谷キャンパス
6	2016年8月12日・13日	城南・韓国学中央研究院
7	2017年1月7日・8日	北海道教育大学 札幌駅前サテライト
8	2018年1月6日・7日	釜山・釜慶大学校 教育研修院
9	2019年1月5日・6日	沖縄・沖縄県青年会館

（1回目「午前の部」は平成25年度公益財団法人日韓文化交流基金の助成金交付も受けた）

開発をねらい、「問い」とともに、末尾に総括設問（発展課題）などを入れることや、指導する教員向けに「教材解説」（「参考文献」を含む）を付すこと、などが検討された。

　韓国側のメンバーには、新たに申幼児、趙美暎、李慶勲、朴民力、黄芝淑、張翼修、金佳妍の諸氏が迎えられ研究体制が整った。そして、互いに作成した原稿の一つひとつに対して、日本側と韓国側がそれぞれ執筆者と検討者となって、教材の検討にあたった。シンポジウムでは、検討者からのコメントを提出し、その後、出席者から提案された意見を踏まえて継続的に原稿の修正を行った。

　2014年8月の第2回日韓国際シンポジウムでは、「Ⅰ章 文化にふれる（を理解する）」「Ⅱ章 歴史問題を考える」「Ⅲ章 時代別テーマ（前近代・近現代）」「Ⅳ章 日本と韓国を歩く」の4章構成を前提に、教材案について意見交換を行った。そこでは、教材の背景となる概説は極力省き、「資料」と「問い」を中心に構成することが確認された。

　2015年1月の第3回日韓国際シンポジウムでは、書式設定や表記等の確認が行われ、Ⅰ章については、導入的な教材となるよう、シンプルな内容とし、両国の事象を比較し、そこで学んだ視点が後続の学習に繋がるものとすること、などの意見が出された。Ⅱ章とⅢ章の中には、重複する項目があることから、Ⅱ章のねらいや内容について共通認識を図るために、意見交換を行った。

　2015年8月の第4回日韓国際シンポジウムでは、Ⅰ章の位置づけに関して議論が行われたほか、表題の表記方法に関して、「『〇〇〇と〇〇〇』という概括的な形」、「疑問形」、「テーマの内容を反映した形」などの類型があり、教材案とともに統一性を図るべきとの提案がなされたほか、組織づくりも含めて検討する必要がある、などの意見が出された。

　2016年1月の第5回日韓国際シンポジウムでは、Ⅲ章を通史ではなくテーマを重視した構成とすること、両国の高校生が共通に学ぶことのできる教材を目指すこと、原稿修正の際にはコメントを付すこと、などを確認した。他方、これまでの研究課題として、Ⅰ章は入門編という位置づけで共通理解をもったが、Ⅲ章の作業上の困難さが想定され、削除またはⅡ章中に吸収することなども提案された。また、韓国側からは、「学習課題」で現代的な話題の挿入から生徒の関心を高めたいとする教材案も提出され、全体としての統一性を図る一方で、どこまで教員の独自性や弾力性をもたせるかが、原稿量ともかかわり、大きな課題となった。

3. 実践的な日韓歴史共通教材の刊行

　2016年4月、新たに平成28～31年度科学研究費助成事業（科学研究費補助金）基盤研究（B）一般「自国史を越えた歴史認識の共有をめざす日韓共通歴史教材の発展的研究」（課題番号16H03801、研究代表者・研究分担者は同じ）の助成を受けて、研究活動は日韓歴史共通教材の刊行を目途として、さらに進展した。

　2016年8月に第6回日韓国際シンポジウム、2017年1月に第7回日韓国際シンポジウムがそれぞれ開催され、新しく作成された教材案を中心に検討を行った。その際、各教材案の合意事項・修正要求を中心に協議するとともに、計43項目にわたる教材案を検討した。そして構成に関しては、「Ⅱ章 歴史問題を考える」を「Ⅲ章 時代別テーマ（前近代・近現代）」に回すこととし、討論において教材案全体の構成や分量、書式などの点で、日本側・韓国側の間で意見の相違がみられることから、別途、会合を設けて調整を図ることとした。

　2018年1月の第8回日韓国際シンポジウムでは、全体会をもって教材案を検討し、教材案の構成（「タイトル→リード文→問い→資料」）や資料にかかわる問いの質（「事実確認の発問」「因果関係や影響など

関係を考える発問」「価値判断を含んだ発問」等）と意図（日本向け・韓国向けを併記しても良いかなど）などを検討した。このほか「教材解説」については、今後の検討課題とされた。

　2019 年 1 月の第 9 回日韓国際シンポジウムでは、教材案の検討のほか、全体の構成に関して議論が行われた。特に Ⅳ 章については、2 ～ 4 節を「旧都」として、5 ～ 8 節を「日韓をつなぐ港・都市」として、9 ～ 12 節を「平和を考える都市」として括って配列することなどが提案された。このシンポジウムが日韓間の最終の議論の場となり、この教材案を前提として、本書の編集の出発点とした。次の表は、2019 年 1 月時点で作成された教材のテーマ一覧である。

教材案テーマ一覧（2019 年 1 月段階）

章	節	テーマ	章	節	テーマ
Ⅰ	1	日本と韓国の正月風習を比較してみよう	Ⅱ	16	関東大震災と朝鮮人
	2	かなとハングルはなぜ創られ、どのように発達してきたのか		17	帝国日本は、なぜ朝鮮に神社を建てたのか？
	3	子どもは何をどのように学んでいたのか－書堂と寺子屋を通してみた前近代の教育－		18	日本本土・日本軍への朝鮮人動員
	4	近代に入る前の女性はどのように生きて来たのか		19	日本と朝鮮の人々は8月15日をどのように迎えたか
	5	日本の武士と朝鮮の両班		20	朝鮮戦争に日本はどのように関わったか
	6	大衆文化は日韓の友好関係の礎になりうるか？		21	日本と韓国はどのように国交を回復したのだろう？
Ⅱ	1	先史時代の人々の交流はどのようなものだったか		22	韓国の民主化運動－4.19革命－
	2	古墳を通して見た韓国と日本の文化交流		23	日本社会は「核」とどのように向き合ってきたのか
	3	新羅と日本の交流はどのように展開したか	Ⅲ	1	私たちは日韓関係の未来をどのように構築できるか
	4	東アジアを舞台にして結ばれた渤海人と日本人の友情		2	4人の先生から聞く日韓間の歴史対話
	5	高麗水軍に救出された日本人女性の証言　女真海賊の侵攻と東北アジアの国際関係		3	日本軍慰安婦の被害問題を考える
	6	高麗・李蔵用の外交と2通の高麗国牒状－13世紀後期のモンゴル・高麗・日本－		4	1945年以後、在日コリアンはどのような歩みを行ってきたのか
	7	倭寇をめぐる14・15世紀の日本と高麗・朝鮮		5	日朝関係・南北関係をたどり展望する東アジアの平和
	8	朝鮮侵略と東アジア－壬辰倭乱？文禄慶長の役？抗倭援朝戦争？－	Ⅳ	1	日本と韓国の世界遺産
	9	通信使外交は日朝間の摩擦をどう乗り越えたか		2	江戸・東京と漢城・ソウル
	10	「開国」前夜における捕鯨・漂流民による交流		3	「古都」京都を歩く
	11	欧米諸国が東アジアに与えた影響とは何か？		4	古都慶州を歩く
	12	伊藤博文と安重根が見ていた東アジアとは何か？		5	港都釜山
	13	女性はいかに人としての権利を獲得していったのか		6	大阪のなかの韓国・朝鮮を歩く
	14	植民地朝鮮における在朝日本人とはどのような存在だったのか		7	済州島から「平和」を考えてみよう
	15	故郷を離れ、日本に来た朝鮮人はどのように暮らしていたのか？		8	日韓交流の窓口・対馬
				9	ヒロシマを歩く
				10	沖縄について考える
				11	慟哭の壁、分断の象徴 DMZ
				12	近代都市　群山を歩く

　2019 年度の出版事業では、当初検討した、日本と韓国で同時に出版することは難しいと判断し、上記の科研の研究成果をもとに原稿執筆を行い、日本側のみで出版を行うこととした。このため基本的には日本側で原稿を整え、随時、韓国側に連絡をとって、原稿の確認や修正を行った。

　2019 年 2 月以降、執筆要項と編集計画等の確認を行い、章立てと教材の構成について検討を行った。その結果、従来の Ⅲ 章「歴史問題を考える」を削除し、1 章「文化にふれる」、2 章「前近代の交流をたどる」、3 章「近現代の交流をたどる」、4 章「日本と韓国を歩く」、の 4 章構成とした。

　なお、教材作成の過程では、執筆者が検討者のコメントを踏まえて教材の修正がなされてきたが、その修正にはシンポジウム参加者の意見が様々に反映されている。このことから、本書の奥付には、

各章・節の執筆者名をいちいち明記してはいない。この点は、読者のご理解を得たい。

4. 残された課題

　本書の特色は、すでに「刊行にあたって」で述べた通りであるが、古代〜現代にわたり、「資料」と「問い」を柱に据えた日韓共通の歴史教材であり、韓国側と議論を重ねることで教材作成に至ったものである。

　以下、残された課題について言及しておきたい。日本と韓国の高校生では、教育課程や使用する歴史教科書、または進路につながるところの大学入試制度等の違いを背景として、歴史学習に対する姿勢や関心、そして基本的な知識量が大きく異なっている。このことは必ずしも全体的な傾向とはいえないが、韓国の高校生の歴史学習に対する意識は高く、他方で日本の高校生においては、基本的な理解が不十分な側面があると思われる。

　日本側としては、これまで刊行された日韓歴史共通教材の内容が高校生にとって難解であったことから、可能な限り高校の教育現場で活用できるものを用意したいと考えていた。しかし、韓国側の想定する原稿の難易度が予想以上に高い傾向にあった。特に1章では、高校生の生活文化にかかわりの深いものを扱おうと考え、年中行事や衣食住、大衆文化に着目した素材を扱おうと試みたが、韓国側との十分な問題意識の共有には、なお時間を要するものと思われる。

　もちろん、使用する歴史用語の違いやその意味内容にも違いがあるわけで、教材作成にあたっては、歴史認識の相互理解を意図するだけでなく、相手国の教室の風景にまで思いを届かせる必要があった。本書には、大学・高校のそれぞれの現場において実践研究・分析を経た教材を多く収録しているが、両国の相互間の実践的摺り合わせについては、なお課題を残している。

　今回の実践的な教材作成においては、単なる資料教材のみならず「問い」の設定にこだわったが、そのことで、互いの教育方法や教育課題に踏み込まざるを得ず、その点での隔たりを実感することもあった。6年間の教育交流だけでは簡単に折り合いをつけることのできない課題が多々あり、さらに多くの議論が必要であったと思われる。

　本書の作成にあたって、これまでの日韓国際シンポジウムを通じて作成した教材のうち、掲載に至らなかった原稿がいくつかあった。第7回日韓国際シンポジウムまでは、「「国境」をめぐる現在をどう捉えるか」という「国境」の問題を扱った教材案も立ててきたが、韓国側からは教材化することには現状として留保したい旨が強く伝えられて、その後の教材案からは削除した。その他、女性や在日コリアンを主題としたテーマは、重要な主題であるとの共通理解の下で検討を進めながらも、限られた時間の中で議論を尽くせず、本書への収録には至らなかった。

あとがき

　本書は、2007年に刊行された『日韓歴史共通教材　日韓交流の歴史—先史から現代まで』（明石書店）の続編である。『日韓歴史共通教材　日韓交流の歴史』は、「先史から現代まで」の日韓の交流史の叙述を重視したものであったが、本書は、前書の成果を前提とした「日韓歴史共通教材」そのものである。

　本書の編集委員は前書の執筆者でもあったが、本書の作成にあたっては、韓国側の参加者はすべて入れ替わっており、日本側にも本書から参加した若手教員がいる。すでに前書の刊行から10年以上を経ていることもあり、新たな知見や視点を取り入れるべく努力した。

　さて、前書の作成過程では、本書の編集委員は大学院生であったり、若手の歴史教員であったりした。私たちにとって、前書での歴史教科書の相互検討や「日韓歴史共通教材」の作成に向けた討論の場に参加できたことが、本書作成の糧となっている。

　故加藤章氏（前上越教育大学学長・前盛岡大学学長）や故李元淳氏（ソウル大学校名誉教授）、李存熙氏（ソウル市立大学校名誉教授）には、困難な時代のなかにあっても、互いに交流を重ねて、それを継続することの大切さ、日韓の研究者と教育者とが研究の場で率直に意見を交換し、対話することの重要性を学ばせていただいた。また、懇親会の場での胸襟を開いた、人間交流・文化交流もまた大切であると。

　加藤章先生（ここでは先生とさせていただく）には、本書を真っ先にお届けし、ご覧いただきたかった。加藤先生は、お亡くなりになりになる直前の2016年1月の第5回日韓国際シンポジウムまで、継続して私たちのシンポジウムや国内研究会に出席下さり、最後まで温かい励ましの言葉を頂戴した。懇親会の席にて、笑顔でお話をして下さったそのお姿が、今でも脳裏に焼き付いている。

　君島和彦・木村茂光・坂井俊樹の諸氏には、活動当初より多くの助言をいただいてきた。発刊までには様々な困難に直面したが、諸氏等による前書『日韓歴史共通教材　日韓交流の歴史』の先業を振り返り、その重みを背にすることで本書の刊行にたどり着くことができた。

　そして、日本で研究を続けている金広植・柳準相の両氏には、忙しいなかにあっても、本研究会の運営を優先して、日本語から韓国語へ、韓国語から日本語への翻訳をしていただいた。また、シンポジウムの開催にあたっては、通訳をお願いしてきた。両氏の尽力が無ければ、本書の刊行は実現できなかったであろう。感謝を申し上げたい。

　最後に、本書の出版を引き受けていただいた明石書店 大江道雅社長、そして、編集委員会の会合にも出席をいただき、編集の労をとっていただいた明石書店の森富士夫氏に謝意を表したい。

　本書は、JSPS科研費16H03801（令和元年度 科学研究費助成事業（科学研究費補助金）基盤研究（B）一般「自国史を越えた歴史認識の共有をめざす日韓共通歴史教材の発展的研究」、研究代表者：田中暁龍、研究分担者：國分麻里・小瑤史朗・小林知子・小松伸之・鈴木哲雄・山口公一・山﨑雅稔）の助成による成果の一つである。

　　　　　　　2019年12月　　　　　　　　　　　　　　　　　　　　　　　編集委員会

図版・写真提供・出典

十周年記念』1937年、276頁

151頁 資料11 朝鮮神宮を参拝する朝鮮の学生　朝鮮神宮奉賛会編纂『恩頼　朝鮮神宮御鎮座十周年記念』1937年、257頁

156頁 資料1 静岡連隊の出動1935年12月13日　写真提供：毎日新聞社

資料2 遺骨を抱える静岡連隊1937年12月18日　写真提供：毎日新聞社

157頁 資料3 雨天の神宮外苑競技場で行われた出陣学徒壮行会1943年10月21日　写真提供：朝日新聞社

資料4 動員され爆弾の塗装作業をする女子挺身隊員1944年6月1日　写真提供：朝日新聞社

資料5 鉄血勤皇隊員と米兵　Wikipedia

資料7 「たのむぞ石炭」広告　『石炭統制会報』2、石炭統制会、1944年、裏表紙　国立国会図書館デジタルコレクション

159頁 資料10 平壌神社に参拝する朝鮮人の陸軍兵志願者　写真提供：民族問題研究所　植民地歴史博物館

資料11 陸軍志願を余儀なくされた李恩徹の壮行旗　写真提供：民族問題研究所　植民地歴史博物館

166頁 資料5 玉音放送（降伏宣言）を聞く日本人　『日韓歴史共通教材　日韓交流の歴史』明石書店、2007年、289頁

資料6 刑務所から解放された抗日志士　『日韓歴史共通教材　日韓交流の歴史』明石書店、2007年、290頁

168頁 資料10 食糧メーデー　Wikipedia

169頁 資料10 朝鮮学校の閉鎖措置　『名古屋市警察史』1960年　国立国会図書館所蔵

183頁 資料3 第4代大統領選挙で投票所に向かう人びと　『検定版　韓国の歴史教科書　高等学校韓国史』明石書店、2013年、346頁

185頁 資料10 学生たちの血に応えよという横断幕を掲げてデモする教授団　KBS「大韓民国パノラマ」(http://world.kbs.co.kr/special/kpanorama/japanese/years/1960.htm)

187頁 コラム 国会を取り囲んだデモ隊（1960年6月18日）　Wikipedia

194頁 資料8 「日韓会談粉砕」を掲げるポスター　法政大学大原社会問題研究所所蔵

202頁 資料4
左 世界卓球（千葉）女子団体で優勝した南北統一チーム（1991年4月）　写真提供：時事通信社

資料4
右 韓国のアーティストたちの平壌公演（2018年）　写真提供：APP＝時事通信社

204頁 資料7
左上 南北離散家族の再会事業　写真提供：APP＝時事通信社

資料7
左下 横田めぐみさんの母・早紀江さん　写真提供：朝日新聞社

資料7
右下 日本を出航する在日朝鮮人の帰国船　Wikipedia

215頁 資料5 姫路城の全体像　写真提供：姫路市

資料6 姫路城の天守　写真提供：姫路市

216頁 資料7 姫路城の構造図　提供：姫路市

資料8 南漢山城の全体像　「南漢山城」観光パンフレットより　南漢山城文化観光事業団発行

資料9 南漢山城の西門　写真提供：京畿道南漢山城世界遺産センター

217頁 資料10 南漢山城行宮　写真・図提供：京畿道南漢山城世界遺産センター

資料11 京都祇園祭の山鉾行事　写真提供：PIXTA

資料12 宗廟祭礼と宗廟祭礼楽　写真提供：韓国文化財庁

222頁 資料1 「正保年中江戸絵図」　国立公文書館デジタルアーカイブ

223頁 資料2 「首善全圖」(1840年頃)　Wikipedia

資料3 「東京御着輦」小堀鞆音画　聖徳記念絵画館所蔵

230頁 資料4 半跏思惟像（宝冠弥勒）　広隆寺所蔵

資料5 金銅半跏思惟像　韓国国立博物館所蔵

233頁 資料5 李玖　Wikipedia

234頁 資料8 李垠　Wikipedia

資料9 コリアタウン周辺案内MAP　提供：生野コリアタウン事務所

235頁 資料10 1930年代大阪市・猪飼野商店街　写真提供：毎日新聞社

238頁 資料2 「倭館図」　韓国国立中央博物館所蔵

239頁 資料3 「釜山鎮殉節図」　韓国陸軍博物館所蔵

資料4 釜山鎮支城　韓国学中央研究院所蔵

240頁 資料5 龍頭山東の釜山浦来航全景（1888）　PNU(로컬리티아카이브 사이트)(http://bpa.localityarchives.org/items/show/3176)

資料6 「釜山府全圖」1914年　国際日本文化研究センター所蔵

246頁 資料3 「受職倭人」の告身　長崎県下県郡竹敷村・早田忠三郎氏所蔵

262頁 資料2 延坪島への砲撃　大韓民国軍・韓国国防写真誌より　Wikipedia

資料3 板門店・共同警備区域（JSA）　Wikipedia

263頁 資料4 南北鉄道連結の試み　「ストレートニュース」2018年5月9日

資料5 DMZ内の湿地に生息している絶滅危惧種のキバノロ（シカ科）の親子と鉄条網　Koreana 2016年秋号 VOL.23 NO. 3 (https://koreana.or.kr/user/0003/nd5545.do?View&boardNo=00000568&zineInfoNo=0003&pubYear=2016&pubMonth=AUTUMN&pubLang=Japanese)

資料6 DMZサイクリングツアーに参加する人々　Korea Joongang Daily 2014年4月12日 (http://koreajoongangdaily.joins.com/news/article/article.aspx?aid=2987791)

執筆者一覧

編集　歴史教育研究会

編集委員

田中暁龍　桜美林大学教授（編集長）

鈴木哲雄　都留文科大学教授（副編集長）

小瑤史朗　弘前大学准教授

小林知子　福岡教育大学教授

小松伸之　清和大学准教授

山口公一　追手門学院大学教授

山﨑雅稔　國學院大學准教授

執筆者

阿久津祐一　栃木県立小山高等学校教諭

金子勇太　　青森県総合学校教育センター指導主事

國分麻里　　筑波大学准教授

小林　悟　　茨城県立牛久栄進高等学校教諭

島田哲弥　　国際学院中学校高等学校教諭

高柳昌久　　国際基督教大学高等学校教諭

日高　慎　　東京学芸大学教授

ル・ルー　ブレンダン　帝京大学准教授

具　蘭憙（구난희）　韓国学中央研究院教授

金　佳妍（김가연）　韓国学中央研究院博士課程修了

朴　民力（박민역）　奬忠高等学校教師

朴　中鉉（박중현）　永登浦女子高等学校教師

申　幼兒（신유아）　仁川大学校助教授

李　慶勲（이경훈）　書川高等学校教師

張　翼修（장익수）　韓国学中央研究院博士課程修了

趙　美暎（조미영）　豊文女子高等学校教師

黄　芝淑（황지숙）　仙遊高等学校教師

金　広植（김광식）　立教大学兼任講師

柳　準相（류준상）　東京大学大学院特任研究員

翻訳者

金　広植（김광식）　立教大学兼任講師

柳　準相（류준상）　東京大学大学院特任研究員

日韓歴史共通教材　調べ・考え・歩く　日韓交流の歴史

2020年2月15日　初版第1刷発行

　　　　　　　　　編著者　　歴史教育研究会
　　　　　　　　　発行者　　大 江 道 雅
　　　　　　　　　発行所　　株式会社 明石書店
　　　〒101-0021　東京都千代田区外神田6-9-5
　　　　　　　　　電　話　03 (5818) 1171
　　　　　　　　　ＦＡＸ　03 (5818) 1174
　　　　　　　　　振　替　00100-7-24505
　　　　　　　　　http://www.akashi.co.jp
　　　　　　　　　装丁　　　上野かおる
　　　　　　　印刷・製本　モリモト印刷株式会社

【日韓歴史共通教材】

歴史教育研究会（日本）
歴史教科書研究会（韓国）【編】

A5判／並製／464頁
●2800円

日韓交流の歴史
—先史から現代まで—

東京学芸大学とソウル市立大学校を中心とする研究者・教員が、15回のシンポジウムを経て10年がかりで完成させた初の日韓交流通史。記述は高校生向けに平易で、写真・地図等も多く掲載。各章の解説や、生徒用、教員・一般読者用の参考文献も載せ完成度は随一。

内容構成

刊行にあたって／この本の読み方
第1章　先史時代の文化と交流
第2章　三国・伽耶の政治情勢と倭との交流
第3章　隋・唐の登場と東北アジア
第4章　10～12世紀の東北アジア国際秩序と日本・高麗
第5章　モンゴル帝国の成立と日本・高麗
第6章　15・16世紀の中華秩序と日本・朝鮮関係
第7章　16世紀末の日本の朝鮮侵略とその影響
第8章　通信使外交の展開
第9章　西洋の衝撃と東アジアの対応
第10章　日本帝国主義と朝鮮人の民族独立運動
第11章　敗戦・解放から日韓国交正常化まで
第12章　交流拡大と新しい日韓関係の展開
より深く理解するために／参考文献（生徒用、教員用、一般読者用）／読者の皆様へ／索引

【日韓共通歴史教材】

日韓共通歴史教材制作チーム編

A5判／並製／224頁
●1600円

学び、つながる 日本と韓国の近現代史

近代の入り口で列強の圧迫を受けた東アジアのなかで日本と韓国はどのような選択をしたのか。帝国主義国の仲間入りと植民地化という異なる道を歩んだ2つの国。歴史を国家の視点からだけではなく、民の視点、地域の視点を重視して生徒と共に考える歴史副教材。

内容構成

はじめに　19世紀東アジア社会はどのような姿だったのでしょう
I章　開港と近代化
1　国と港を開く／2　日本と朝鮮の関係をめぐる意見の違い
II章　侵略と抵抗
1　日本、朝鮮を侵略し清と戦争を始める／2　大韓帝国をめぐって日本とロシアが戦争をする／3　朝鮮、日本の侵略に反対し闘う
III章　植民地支配と独立運動
1　日本が、大韓帝国を植民地にする／2　朝鮮を足場にして日本が大陸侵略戦争を展開する／3　植民地政策を支持した朝鮮人と反対した日本人／4　朝鮮、日本からの独立のために闘う
IV章　戦争から平和へ
1　日本の敗戦と解放を迎えた朝鮮／2　残された課題と日韓の友好をめざして
あとがき／年表／索引／参考文献

〈価格は本体価格です〉

【日韓共通歴史教材】
朝鮮通信使 豊臣秀吉の朝鮮侵略から友好へ

日韓共通歴史教材制作チーム編

A5判／並製／120頁 ●1300円

広島の平和教育をすすめる教師と韓国大邱の教師による初の共通歴史教材。豊臣秀吉の朝鮮侵略とそれに対する日韓の抵抗、戦後処理としての朝鮮通信使の復活、近世期の豊かな文化交流を軸に、日韓の若者に伝える新しい歴史教科書。

■内容構成■

序章 15世紀の東アジア──日本・朝鮮・中国

第1章 豊臣秀吉の朝鮮侵略
豊臣秀吉が朝鮮を侵略／秀吉の朝鮮侵略に反対した人々

第2章 戦争がもたらしたこと
「人さらい戦争」／「焼き物戦争」

第3章 朝鮮へ帰順した人々
朝鮮軍に加わった日本兵／日本軍と戦った日本人武士沙也可／沙也可はなぜ朝鮮に帰順したのか／より良い日韓関係のための架け橋

第4章 再開された朝鮮通信使
朝鮮通信使の再開を望む／朝鮮が通信使の再開に応じる／朝鮮通信使の再開に応じる

朝鮮通信使の編成／朝鮮通信使に選ばれた人々
朝鮮通信使が行く
漢城から江戸までのコース／旅に使われた船／朝鮮国王からの贈り物や徳川将軍からのおみやげ／朝鮮通信使一行を見物して

第6章 広島藩の接待
広島藩の海駅・三之瀬／迎えの準備／広島藩の接待

第7章 福山藩の接待
鞆の浦／福山藩の接待／朝鮮通信使との交流

第8章 朝鮮通信使廃止
対馬での応対／朝鮮通信使廃止／朝鮮通信使招聘を廃止

日韓でいっしょに読みたい韓国史
未来に開かれた共通の歴史認識に向けて

徐毅植、安智源、李元淳、鄭在貞著 君島和彦、國分麻里、山﨑雅稔訳

B5変形判／並製／220頁 ●2000円

日本の学生や一般読者に向けて韓国人研究者によって書かれた韓国史の概説書。韓国の歴史と文化、韓国と日本の文化交流の2部構成で、豊富な図版とともに大まかな流れが把握できるように叙述されている。
韓国人の歴史認識を理解するうえで好適な入門書。

■内容構成■

第1部 韓国の歴史と文化

第1編 文明の発生と国家の登場
第1章 いくつかの国から統一国家へ
第2章 統一新羅と渤海

第2編 新羅・高句麗・百済・加耶
第1章 新羅と渤海

第3編 統一国家の安定と文化の発展
第1章 高麗の発展と繁栄
第2章 朝鮮の成立と発展

第4編 欧米との出会いと近代社会
第1章 近代化の試練と主権守護運動
第2章 日本の統治政策と国家独立のための抗争

第5編 南北分断と大韓民国の発展

第2部 韓国と日本の文化交流

第1章 原始時代、東北アジア大陸と日本列島の文化交流
第2章 3国から日本列島に向かった人々、そして文化
第3章 統一新羅と高麗による対日外交の閉塞と民間での文化交流
第4章 朝鮮から日本に向かう文化の流れ
第5章 日本の近代化と文化の流れの逆転
第6章 韓国と日本の新しい関係と文化交流

〈価格は本体価格です〉

歴史教科書

在日コリアンの歴史【第2版】

在日本大韓民国民団 中央民族教育委員会企画
『歴史教科書 在日コリアンの歴史』作成委員会編

A5判／並製／164頁 ●1400円

在日の歴史を解放前と後に分け、前者では日本植民地時代の歴史を、後者では戦後の在日コリアンの歩みを高校生向けに分かりやすく解説。第2版では、新たな法的地位や初の在外投票、「韓流ブーム」とその反動など、近年の社会情勢の変化について追記した。

【在日韓人歴史資料館図録】

写真で見る 在日コリアンの100年

在日韓人歴史資料館編著

A4判／並製／160頁 ●2800円

在日コリアンはどう形成されたか。差別と偏見による苦難をどのように克服してきたか。民族の伝統と文化をどのように守り伝えたか。1世、5世代が生まれる中でどのような暮らしと生き方を創りあげてきたか。写真で見る100年におよぶ在日コリアンの歴史。(日韓対訳)

〈価格は本体価格です〉

〈価格は本体価格です〉